国家社会科学基金项目

（07XMZ030）

教育公平与乌江流域民族教育发展研究

JIAOYU GONGPING YU WUJIANG LIUYU
MINZU JIAOYU FAZHAN YANJIU

彭寿清 于海洪⊙等著

人民出版社

组稿编辑:陈光耀
责任编辑:李椒元
装帧设计:文　冉
责任校对:夏明朗

图书在版编目(CIP)数据

教育公平与乌江流域民族教育发展研究/彭寿清,于海洪等著.
　-北京:人民出版社,2011.9
ISBN 978－7－01－010065－4

Ⅰ.①教…　Ⅱ.①彭…②于…　Ⅲ.①乌江-流域-少数民族教育
　-研究　Ⅳ.①G759.2

中国版本图书馆 CIP 数据核字(2011)第 139280 号

教育公平与乌江流域民族教育发展研究
JIAOYU GONGPING YU WUJIANG LIUYU MINZU JIAOYU FAZHAN YANJIU

彭寿清　于海洪等　著

人民出版社 出版发行
(100706　北京朝阳门内大街 166 号)

北京世纪雨田印刷有限公司印刷　新华书店经销

2011 年 9 月第 1 版　2011 年 9 月北京第 1 次印刷
开本:880 毫米×1230 毫米 1/32　印张:13.25
字数:310 千字　印数:0,001－3,000 册

ISBN 978－7－01－010065－4　定价:28.00 元

邮购地址 100706　北京朝阳门内大街 166 号
人民东方图书销售中心　电话 (010)65250042　65289539

目 录

导　论 ……………………………………………………（1）

一、研究缘起 …………………………………………（1）

二、研究目标、研究路径与基本方法 …………………（3）

三、研究意义和价值 …………………………………（8）

四、主要内容和基本观点 ……………………………（9）

第一章　归纳与演绎：教育公平与乌江流域民族教育
研究述评 ………………………………………（16）

第一节　教育公平的理论渊源及界说 ……………（16）

一、教育公平实践的历史检视 ……………………（17）

二、教育公平理论的历史演进 ……………………（29）

三、教育公平的内涵分析 …………………………（37）

四、乌江流域民族教育公平的分析维度 …………（62）

第二节　民族教育理论的学理分析 ………………（69）

一、民族教育内涵的界定 …………………………（69）

二、中国民族教育理论的历史发展 ………………（73）

三、乌江流域民族教育研究的维度分析 …………（83）

第三节　乌江流域民族教育发展研究回顾 ………（86）

一、民族教育发展研究概况 ………………………（86）

二、乌江流域民族教育发展研究述评 ……………（91）

第二章　富饶与贫瘠：乌江流域概述 …………………… (97)

　第一节　乌江流域的地理范围 …………………………… (97)

　　一、关于"乌江"江名 …………………………………… (98)

　　二、乌江流域的地理范围 ……………………………… (101)

　第二节　乌江流域的生态资源 …………………………… (103)

　　一、乌江流域的自然资源 ……………………………… (103)

　　二、乌江流域的悠久历史 ……………………………… (115)

　　三、乌江流域的文化遗产 ……………………………… (128)

　第三节　乌江流域经济与社会的当代发展 …………… (149)

第三章　边缘与中心：乌江流域民族教育的发展
　　　　历程 …………………………………………………… (153)

　第一节　乌江流域民族教育发展的历史回顾 ………… (153)

　　一、原始形态的教育 …………………………………… (154)

　　二、封建教育制度的形成与发展 ……………………… (155)

　　三、近代学校教育体系初步建立 ……………………… (158)

　第二节　乌江流域民族教育的现实概况 ……………… (162)

　　一、民族基础教育 ……………………………………… (162)

　　二、民族职业教育 ……………………………………… (169)

　　三、民族高等教育 ……………………………………… (171)

　第三节　乌江流域民族教育发展的特点与规律 ……… (173)

　　一、乌江流域民族教育发展的特点 …………………… (174)

　　二、乌江流域民族教育发展的规律 …………………… (184)

第四章　个性与共性：乌江流域民族教育发展的个案
　　　　描述 …………………………………………………… (193)

　第一节　用教育托起明天的太阳：乌江流域民族
　　　　　教育发展的"务川现象" ……………………… (193)

一、"打篾鸡蛋"与民族传统体育运动进课堂 …… (195)

二、"留守儿童"与"留守儿童"托管中心 ……… (198)

第二节 被边缘化的城市边缘学校:湖北省恩施市

三岔乡茅坝小学调查 …………………… (211)

一、三岔乡茅坝小学基本情况介绍 ………… (214)

二、当前茅坝小学生存与发展的困境 ……… (215)

三、促使茅坝小学走出困境的应对之策 ……… (223)

第三节 民族文化进课堂:酉阳土家族苗族自治县

民族教育发展调查 ………………………… (224)

一、民族文化资源丰富的酉阳土家族苗族

自治县 …………………………………… (225)

二、富有特色的酉阳民族教育 ……………… (226)

第四节 "双语教学"路漫漫:松桃苗族自治县

苗族双语教学实地调查 …………………… (232)

一、关于松桃苗语 ………………………… (233)

二、当下松桃苗族自治县苗语环境示范区建设 …… (234)

三、松桃苗族自治县苗族双语教学实践 ……… (238)

四、松桃苗族自治县盘石镇民族小学校见闻

实录 ……………………………………… (240)

第五节 在困境中前行:威宁彝族回族苗族自治县

民族教育发展调查 ………………………… (245)

一、威宁彝族回族苗族自治县教育发展现状 …… (246)

二、威宁彝族回族苗族自治县民族教育发展的

当下困境 ………………………………… (247)

第五章 应然与实然:乌江流域民族教育公平发展的

问题分析 …………………………………… (251)

第一节　教育公平视野下乌江流域民族教育发展的
　　　　现实困境 ……………………………………（251）
　一、民族教育需求与供给不平衡 ………………（252）
　二、在传统与现代的冲突中民族教育遭遇公平
　　　发展的尴尬 ……………………………………（266）
　三、民族教育在发展中呈现出结构与功能失衡的
　　　状态 ……………………………………………（288）
　四、民族教育不同主体之间的权利与责任存在
　　　缺位和越位 ……………………………………（301）
第二节　乌江流域民族教育发展中遭遇不公平的
　　　　归因分析 ……………………………………（310）
　一、狭隘的教育观念阻滞了民族教育的公平
　　　发展 ……………………………………………（310）
　二、经济条件差距制约着乌江流域民族教育的
　　　公平发展 ………………………………………（318）
　三、不健全的教育体制难以化解民族教育公平
　　　发展中的矛盾 …………………………………（323）
　四、历史因素影响乌江流域民族教育的公平
　　　发展 ……………………………………………（328）
第六章　公平与发展：乌江流域民族教育发展的策略
　　　　研究 ……………………………………………（337）
第一节　创新教育理念，促进乌江流域民族教育
　　　　公平发展 ……………………………………（337）
　一、教育公平：政府教育政策的基本价值取向 ……（337）
　二、和而不同：民族教育公平发展新视野 ………（339）
　三、共生教育：民族教育公平发展新思路 ………（344）

四、培育核心竞争力：民族教育公平发展的
基本目标 ……………………………………………（345）

第二节 健全体制机制，保障乌江流域民族教育
公平发展 ……………………………………（347）

一、确立乌江流域民族教育公平发展制度设计的
基本原理 ……………………………………（347）

二、完善乌江流域教育公平发展的社会环境………（352）

三、落实和完善乌江流域教育公平发展的教育
投入制度 ……………………………………（355）

四、强化乌江流域教育公平发展的教育管理
制度 …………………………………………（357）

五、构建乌江流域民族教育公平发展的评价
制度 …………………………………………（361）

第三节 优化资源配置，确保乌江流域民族教育
公平发展 ……………………………………（367）

一、不为所有，只为所用：推动乌江流域民族
教育师资队伍建设 …………………………（367）

二、双管齐下，多措并举：持续增加乌江流域
民族教育投入 ………………………………（370）

三、实事求是，合理布局：改善乌江流域民族
教育就学条件 ………………………………（373）

第四节 强化执行落实，实现乌江流域民族教育的
公平发展 ……………………………………（379）

一、民族民间文化进课堂工程 …………………（380）

二、"以师为师，师从师出"的名师培训工程……（385）

三、义务教育薄弱学校救助工程 ………………（389）

四、虚拟家庭建设工程 …………………………（391）

五、民族职业教育振兴工程 ……………………（396）

六、民族教育信息现代化工程 …………………（400）

参考文献………………………………………………（404）

后　　记………………………………………………（415）

导　论

一、研究缘起

教育公平是社会公平的重要内容之一,教育公平是实现社会公平的起点和最有力的支撑,是人的全面发展的根本要求,也是促进社会和谐的必要条件。改革开放以来,我国教育实现了跨越式发展。从目前来看,九年义务教育已基本普及;高中阶段教育即将走向普及化,进入义务教育轨道;高等教育已经进入大众化的实质性阶段;职业教育实现了超常规发展。教育的发展使教育真正从"社会的边缘"走向了"社会的中心"。然而,教育公平问题在类似乌江流域的某些地区不但没有随着教育规模的扩大而得到有效的解决,反而有不断凸现的趋势,越来越成为社会各界关注的话题。鉴于此,研究如何推动广大民族地区、边远山区和贫困地区实现教育公平,显得非常迫切而又十分必要。

乌江是长江上游南岸最大的支流,乌江流域则是我国西南地区重要的少数民族聚居地区之一。千百年来,苗族、土家族、彝族、布依族、仡佬族、侗族、水族等少数民族及其先民在乌江流域这片土地上繁衍生息,辛勤劳动,创造了璀璨的人类文明成果。改革开放以来,特别是自2005年胡锦涛总书记提出"不仅要把乌江水电建设好,还要考虑乌江流域整个开发的事业"以来,乌江流域经济社会发展取得了很大成就,各族人民的社会生产、生活水平都有了很大提高,社会面貌焕然一新。但是,乌江流域仍然是我国经济社会发展相对滞后的民族地区之一,"老、少、边、穷"的地区特点还较为突出,社会发育程度不高,尤其是乌江流域民族教育发展落后,教育不公平问题突出。因此,深入分析和研究乌江流域民族教育公平发展问题,不仅是学术研究和理论建构的需要,而且是乌江流域民族教育发展的需要,更是乌江流域经济与社会整体发展的现实需要,也是构建和谐社会和建设社会主义新农村的客观需要。

从政治层面看,对少数民族教育与汉民族教育均衡发展的探讨,有利于促进乌江流域的教育公平。而教育公平又可以促进乌江流域民族教育发展及构建和谐社会,保持少数民族地区社会的稳定,促进区域之间的教育统筹发展。促进区域之间的教育统筹发展是实践科学发展观的重要内容之一,对乌江流域民族教育公平发展的关注,是理论工作者贯彻落实科学发展观的行动体现。

从政策学角度,从教育公平的视角审视乌江流域民族教育发展,有助于深化对教育公平和民族教育发展的认识与理解,能为乌江流域民族教育发展提供政策咨询和经验借鉴。

从教育学角度,通过对"大杂居小聚居"民族地区民族教育的研究,探讨"大杂居小聚居"民族地区民族教育发展的内涵、特点、现状等,寻找"大杂居小聚居"民族地区民族教育目标、学生培养规格、课程教学等方面的问题,是对民族教育发展的规律的把握,是教育学理论与实践的深入结合。

从经济学角度看,乌江流域民族教育落后与经济落后是一致的,同步的,但是目前教育的投入效益并没有充分发挥。通过对民族教育发展与经济的互动机制的探讨,有助于教育投入的经济效益最大化。

因此,我们申报了《教育公平与乌江流域民族教育发展研究》

项目,并于 2007 年被列入全国哲学社会科学"十一五"规划西部项目。

二、研究目标、研究路径与基本方法

(一)研究目标

本课题主要探究教育公平与乌江流域民族教育公平发展问题,希望通过本课题的调查与研究,达到以下研究目标:

1.拓展教育公平基本理论。通过本课题组对乌江流域民族教育发展的调查与研究,希冀对教育公平理论,尤其是对包括教育权利、教育资源分配、教育机会、教育过程、教育质量等方面进行理论反思和再探讨,在一定程度上拓展和完善教育公平理论。

2.挖掘乌江流域民族教育发展不公平的深层次原因。通过课题组大量的实地考察与理论分析,对当前乌江流域民族教育发展中教育机会、教育权利、资源配置等方面存在的不公平问题进行分析、归纳和总结,并在探究乌江流域民族教育发展历史规律的基础上,深入探讨了乌江流域民族教育发展存在不公平问题的原因,努力做到客观、理性地看待乌江流域民族教育发展过程中的不公平问题。

3.推动乌江流域民族教育的公平发展。通过对乌江流域民族教育不公平问题的原因分析,应用教育公平理论,探讨适合乌江流域民族教育公平发展的策略,提出解决教育经费投入保障、硬件设施建设、师资队伍建设、教育观念更新、民族教育政策、民族文化进课堂、留守儿童教育、"双语教学"等问题的对策和措施。

(二)研究路径与基本方法

本研究涉及基本概念和基本理论较多:教育公平的概念是什么? 教育公平的实质与标准是什么? 教育公平的标准与教育类型、类别有何关系? 乌江流域是一个地理概念还是文化概念? 乌江流域有什么特殊性? 研究教育公平对乌江流域民族教育有什么特殊意义? 乌江流域民族教育发展的历史与现状、特征与规律是什么? 乌江流域民族教育问题是一个什么问题? 是政治问题、教育问题、经济问题、社会问题,文化问题还是其他问题? 这些问题的本质是什么? 乌江流域民族教育发展的核心和关键是什么?

面对这些问题,课题组坚持"从实求是","理论—实践—理论—再实践—再理论"的研究思路,以民族学实地田野调查和文化比较研究为基本研究方法,广泛收集各种历史文献资料,以较长时段的实地调查获得第一手调查资料和个案,并在借鉴我国中、东部发达地区和西部民族地区教育公平与民族教育发展经验的基础上,兼具本土根基和全球视野,突出理论研究与实践操作相结合,紧紧围绕民族教育功能,以满足乌江流域经济与社会发展现实需求为基本目标,做好本课题的调查与研究工作。

在本课题获得批准后,课题组在原有研究人员的基础上,进一步充实了研究队伍,组建了一支职称结构合理、研究能力较强的专职研究队伍,并进一步完善了研究和调查提纲,分工合作,很快投入到课题研究工作中来。在课题调查与研究前,课题组进行了民族学田野调查知识专门培训,组织研讨民族学的基本理论与研究方法,翻检公开发表的学术论文和学位论文近700篇(部)。

由于乌江流域地域广大,课题组共分为四个调查小组开展分地域调查研究工作。每个小组至少由一位教育学专业、一位民族

学专业或相关专业、一位历史学专业的研究人员组成。在两次走
访部分高等学校、贵州省教育厅、重庆市教育委员会、湖北省恩施
土家族苗族自治州教育局等单位并收集教育统计资料的基础上,
分四条路线进行实地考察。具体路线为:第一小组从涪陵出发,沿
渝东南线路,负责完成重庆市渝东南相关区(县、自治县)、湖北省
恩施土家族苗族自治州相关县(市)的调查;第二小组途经重庆市
南川区,负责贵州道真仡佬族苗族自治县、务川仡佬族苗族自治
县、沿河土家族自治县、德江县、印江土家族苗族自治县、松桃苗族
自治县、思南县、石阡县、凤冈县、余庆县、瓮安县、湄潭县、绥阳县、
正安县、遵义市、桐梓县等区(市、县、自治县)的调查;第三小组途
经重庆主城、贵州遵义地区,负责贵阳市及附近清镇市、平坝县、普
定县、镇宁县、长顺县、龙里县、贵定县、福泉市、息烽县、修文县等
相关县(市)的调查;第四小组以毕节为中心,负责云南省镇雄县、
六盘水地区和毕节地区威宁彝族回族苗族自治县、赫章县、纳雍
县、毕节市、大方县、黔西县、金沙县、织金县等县(自治县、市)的
调查和资料收集工作。在此基础上,还对高等教育、职业教育和家
庭教育进行了专题调查研究。

在实际调查过程中,课题组将调查对象分五个层面:(1)教育
主管部门(贵州省教育厅及各区(市、县、自治县)教育局、重庆市
教育委员会及各区(县、自治县)教育委员会、湖北省恩施土家族
苗族自治州及恩施市教育局、利川市教育局、咸丰县教育局、云南
省镇雄县教育局以及相关省(市)民族宗教事务委员会;(2)部分
高等学校(实地调查了湖北民族学院、贵州师范大学、贵州民族学
院、遵义师范学院、铜仁学院、长江师范学院、重庆工贸职业学院,
通信调查了乌江流域部分其他本科院校、职业学院);(3)中小学
(每个市、县、自治县、区调查至少两个乡镇的基础教育情况,走访

不少于两所中、小学校);(4)教师(所到学校访问教师不少于20人,学校教师数低于20人的全部调查);(5)学生(每所学校调查学生50人左右,选择初二、高二的学生为调查对象,每所学校至少个别访谈学生5人)。

对于个案的选取,课题组坚持以下几个原则:一是选择有特色的地区,二是选择有代表性的地区。因此,我们在考虑不同民族、不同行政辖属和区域差异等因素的前提下,在进行宏观调查的同时,选取贵州省威宁彝族苗族回族自治县、务川仡佬族苗族自治县、松桃苗族自治县、湖北恩施土家族苗族自治州恩施市、重庆市酉阳土家族苗族自治县为本课题的田野调查个案点。

在具体操作过程中,课题组在多学科、跨地域研究的基础上,尽力实现理论与实践相结合、文献与田野相结合、点与面相结合,主要采取了以下研究方法:

第一,田野调查法。课题组经过分析后重点选择了乌江流域5个少数民族较为集中的地区进行实地田野调查,通过实地观察、开座谈会等手段,全面了解和把握当地民众的社会生产、生活面貌,内容主要涉及民族教育公平发展的相关问题,同时也包括当地的经济、社会、文化等方面的基本情况,切实感受和体验当地的民族教育公平发展的真实状态,以获得第一手的田野调查材料。

第二,问卷调查法。因乌江流域少数民族众多,地跨三省一市,情况较为复杂,因此,课题组根据需要自行设计了非标准问卷,内容涉及乌江流域的经济社会发展基本概况、人均收入、教育投入以及学校师资情况、基础设施建设、经费投入、教学管理与评价、教学内容与理念等内容,以全面把握和了解乌江流域经济社会发展概况与教育发展的基本情况。

第三,历史文献法。通过课题组的实地考察,收集了大量乌江流域民族教育发展的基本素材,如大部分区县的县志、史志、教育志、教育年度统计报表、年度教育总结等。同时,还购买和复印了大量学术文章与研究专著,这些成果或多以"乌江流域"、"渝东南"、"鄂西"、"武陵山区"、"贵州"、"重庆民族地区"、"鄂西土家族苗族自治州"等区域冠名,或多以"土家族"、"苗族"、"布依族"、"仡佬族"、"彝族"等少数民族冠名。这些资料的收集与整理,为本课题的进一步深入研究奠定了坚实的文献基础。

第四,比较研究法。课题组将乌江流域教育与东部地区教育、乌江流域农村教育与城市教育、乌江流域不同区县教育之间进行了考察和比较。

第五,统计分析法。课题组在各区县进行调查的同时,收集了2007年、2008年、2009年的年度教育情况统计报表,内容涉及基础教育的师资力量、学生人数、班级分布、基础设施、经费投入、后勤保障等。

当然,课题组在运用以上研究方法的同时,还运用了历史研究法、概念分析法等其他研究方法来完成本课题的研究任务。

他山之石,可以攻玉。在收集乌江流域民族教育资料的同时,课题组成员还利用参加学术会议或专程赴北京市、浙江省、江苏省、辽宁省、吉林省、安徽省、河北省、山东省、四川省等地了解农村基础教育、民族教育发展情况,特别是对吉林省满族教育和朝鲜族教育、辽宁省中小学教师流动制度、安徽省铜陵无择校现象、河北省邯郸幼儿教育经验、四川省成都市武侯区城里教师流向郊区举措、山东省杜朗口中学乡镇学校改革经验等进行了认真考察和系统分析,为本课题研究提供参考。

三、研究意义和价值

调研发现,乌江流域民族教育发展存在很多不公平的现实问题,但是,学术界和理论界对乌江流域民族教育发展问题的理论研究和应用研究却关注不够。因此,本研究具有一定的理论价值和现实价值。

(一)理论价值

本课题从教育公平和民族教育功能的视角审视乌江流域少数民族教育发展问题,一方面可以在一定程度上丰富民族教育内涵,反思教育公平理论,弥补学术界对教育公平与民族教育发展研究的不足,另一方面可以从理论上初步建构和总结我国教育公平与民族教育发展的调查研究的模式和经验,具有一定的理论价值。

同时,本课题的调查与研究,还可以为我国民族教育提供新材料、新个案和新观点,这对于推动和完善我国民族教育理论,更新民族教育观念等大有裨益。

(二)现实价值

通过本课题的调查与研究,分析和归纳乌江流域民族教育发展存在的不公平问题,并提出相应的具体建议与对策,不仅对推动和完善乌江流域民族教育政策,促进乌江流域民族教育公平发展等具有现实意义,而且对于乌江流域各级各类人才培养,推动乌江流域经济与社会发展,促进民族团结与社会和谐,促进各民族共同繁荣与可持续发展等,都具有重要现实意义。

四、主要内容和基本观点

（一）民族教育公平理论

"教育公平"包含着价值判断和价值选择的成分，是综合教育各种内部和外部因素，对教育进行一种现实状况判断，并按一定的公平原则进行教育策略选择。对乌江流域民族教育公平的认识不能拘泥于当前一般的教育公平理论，应结合乌江流域的特殊性和民族教育发展的现实境遇。对乌江流域民族教育公平的理解，既要基于当代有关教育公平研究的理论又别于当前的教育公平理论，既要依靠于现有的教育公平理论又超越现有的教育公平理论，既要沾染一般教育公平理论的因子又要饱含民族和地域特色。民族教育不同于普通教育，民族教育承担了更多的责任，民族教育的公平不仅包含受教育权利的平等、教育机会的均等、教育资源的公平配置，更需从民族学、文化学的角度分析。只有能够帮助受教育者适应现代主流社会，以求得个人更好的生存与发展，只有能够继承和发扬本民族或本民族集团的优秀传统文化，民族教育的发展才是公平发展。

对乌江流域民族教育公平的理解，课题组从供给与需求、传统与现代、结构与功能、权利与责任等四个维度分析。传统与现代是乌江流域民族教育公平发展必须面对的现实问题；供给与需求是乌江流域民族教育公平发展中必须解决的前提条件；结构与功能的有机协调是乌江流域民族教育公平发展的最终表现；权利与责任的合理平衡是乌江流域民族教育公平发展的有力保障。

(二)乌江流域民族教育

乌江流域具有非常强的特殊性,既不同于西藏、新疆等民族地区,又不同于北京市、上海市、吉林省、辽宁省等地,是集"汉化"严重、文化多元、经济欠发达、资源丰富于一体的,多民族、大杂居、小聚居的民族地区;民族教育是在自然条件恶劣,经济社会发展历史欠账大的条件下,在中心与边缘轮回博弈中呈螺旋式发展。因此,乌江流域民族教育发展具有以下特征:

首先,在乌江流域发展民族教育的目的上,既要改变少数民族教育程度的相对落后,也要实现各民族的共同繁荣和发展;既要弘扬当地传统民族文化,还应该提高现代化的程度。对于乌江流域,没有现代化不行,只要现代化,不要传统、没有民族特色也不行。一个民族要谋求现代化,必须有强大的民族凝聚力,凝聚力来源于民族内部的认同感和归属感,认同感和归属感根植于本民族深厚的传统文化,这就需要每个民族在加速现代化进程的同时,要有意识地保护好自己的优秀传统文化。

其次,在乌江流域发展民族教育的重点上,既要民族教育担负起中华民族认同塑造的使命,又要促进乌江流域经济与社会的协调发展。对于"大杂居、小聚居"民族地区来说,各民族的民族认同无疑是一个复杂的政治、经济和社会话题。就乌江流域各民族成员而言,一方面,他们是所属民族这一小共同体的成员,另一方面,他们又是中华民族大家庭的一分子。因此,他们的民族认同就包含具体民族认同和中华民族认同两个层面,这两个层面的认同相互依存且不可分离。

在当今日趋激烈的国际竞争中,科技是核心,人才是关键,教育是基础。地处西部的乌江流域,没有科技、教育的发展做支撑,大开发战略就难以实现,更说不上可持续健康发展。只有积极发展民族教育,才能提高乌江流域各族群众的科学文化素质,为经济与社会的大开发大发展培养所需人才。

最后,在乌江流域发展民族教育体系上,就是要建构系统的、适应当地全面建设小康社会的教育体系,解决民族教育结构不合理、管理机制不完善,优质教育资源严重缺乏、教学质量低,民族教育基础差、发展不平衡等问题。现阶段,乌江流域民族问题的本质是发展,具体体现在少数民族和民族地区迫切要求加快经济社会发展上。加快经济社会发展,提高人民生活水平,实现各民族共同繁荣,全面建设小康社会,是各族人民的共同愿望和一致要求。这就必须要全面激活生活在偏远落后、经济欠发达地区人民的教育意识、经济意识、科技意识和充分开发利用当地资源的意识,解决这些问题,就需要具有系统性的民族教育来支撑,实现适应当地需要的"教育公平"。

(三)乌江流域民族教育发展的历史特点与规律

民族教育发展起起伏伏,不断游离于边缘与中心之间,是乌江流域民族教育的基本历史特点。由于乌江流域特殊的自然、人文特点以及政治、经济、文化等方面的影响,在漫长的封建社会时期,乌江流域教育制度的建立以及教育整体发展状况均大大落后于中原地区,教育总体处于边缘状态:教育需求具有鲜明的功利色彩,教育供给单一,功名求取占据教育的主要地位;民众教育权利和政府责任缺失,学校教育长期发展不足。总体而言,在政治清明、经济繁荣发展时期,各级政府注重兴办学校,加强文化交流,乌江流域教育就得到较快发展,反之,则发展缓慢。新中国成立后,乌江流域民族教育发展迅速,民族教育体系不断完善,民族教育也逐渐从边缘走向中心,民族教育发展成效显著。

从乌江流域民族教育发展的历程,可以得出一个基本结论:民族教育与社会的政治经济文化具有高度的关联性。政治因素过度作用于民族教育,会限制民族教育的健康发展;制度变革极大影响着民族教育的发展;文化的交流融合可以有效地促进民族教育的发展;民族教育的发展可以反作用于社会经济文化等方面的发展。只要统治者重视教育,将其置于社会的中心地位,教育就必然获得大发展,反之,如果将其视着政治经济等的附庸,教育的发展必将受到极大制约甚至被严重破坏。

(四)乌江流域民族教育公平发展的现实问题及原因

乌江流域民族教育发展的实质是民族教育体系本身不断完善和发展的历史过程,民族教育发展的目标不仅在于教育质量的提高和教育功能的全面发挥,而且还在于消除教育差别,实现教育公平。但是,由于主观和客观等多种原因,乌江流域民族教育发展仍存在诸多不公平,主要体现在:(1)各类教育供给与需求都处于不足的状态,教育基础差,投资不足,供需矛盾尖锐。(2)民族教育既存在有效需求不足的问题,又存在供给不够的问题,还存在供给"过剩"的问题。(3)民族教育中民族传统文化传承序列断裂,民族性严重丧失,忽视民族教育的特有规律,教学内容特别是双语教育脱离实际,民族教育的现代化价值追求出现了偏差。(4)民族教育的结构未能为实现民族教育功能服务。由于地域、交通、思想观念的封闭性和半封闭性,乌江流域民族教育在发展的过程中出现了结构单一、模式单一、教学内容脱离社会实际等问题;民族教育与民族地区经济发展的契合度低,不适应当地经济社会多样化、多层次的需要,民族教育功能没得到充分的发挥,进一步造成了民族教育发展中的不公平。

课题组认为,造成乌江流域民族教育不公平发展的原因主要有四点:

一是狭隘的教育观念阻断碍了民族教育的公平发展。在乌江流域民族教育中两种极端倾向严重——"精英主义"价值取向和"读书无用论"思潮,前者把读书看做是改变个人命运的唯一办法,后者认为读书一点用也没有。同时,教育主管部门、学校、家长对教育、民族教育的本质认识也存在偏差,并进而导致"城市中心主义"价值取向的出现。

二是由于历史、地理环境等多因素的共同作用,经济与社会发展差距制约着乌江流域民族教育的公平发展。乌江流域经济发展水平相对滞后,社会发育程度不高,生产方式原始落后,粗放型经济占主导地位,影响了民族教育的需求。同时,由于教育优质资源缺乏,进一步加剧了民族教育供给与需求的矛盾,原本不多的教育资源的配置也缺乏公正性和公平性,导致民族教育的不公平发展。

三是不健全的教育体制难以化解民族教育公平发展中的矛盾。由于区、县(自治县)经济总量不足,以县为主的管理体制难以落实,"政策不能落地"的教育管理体制带来了乌江流域民族教育公平发展的系列矛盾。

四是特殊的社会历史背景制约着乌江流域民族教育的公平发展。由于基础差,历史欠账多,所以,当前乌江流域民族教育在发展过程中受政绩思维的影响,现实中存在用"虚假"换取"政绩",不认真研究民族教育功能,背离教育、民族教育的基本规律,盲目办民族教育的情况。可见,对教育尤其是民族教育定位不准致使民族教育公平发展中出现了更大的偏差。

(五)主要观点与对策建议

1.主要观点

(1)乌江流域民族教育公平有明显的特殊性,民族教育不公平的表现形式是:传统与现代的冲突、供给与需求的不足、结构与功能的错位、权利与责任的失衡。因此,解决公平问题需要系统思考。

(2)民族教育资源主要体现在"总量"太小,应该加大对整个地区的投入,在增加"总量"上下功夫,同时充分运用边际效益原理,把教育投入用在"刀刃"上。

(3)在投入总量不足的情况下,应该压缩非教学开支。通过减少管理层次,去"行政化",大幅度压缩行政管理人员,使教育投入尽可能地用在提高教育、教学质量上。

(4)建立乌江流域民族教育"特区",在不违背教育规律的前提下,允许先行先试,在评价制度、招生制度、人才培养制度上进行革命性的改革:评价上以民族教育四项功能实现为评价标准;招生上实现以县为单位划分数段,确保各区(县)升学人数的基本比例一致;人才培养上构建普教、职教双轨制,普教、职教最高学历一致(职教也能够培养博士)。

(5)转变"双语教育"功能,把双语教育与民族文化传承、文化旅游开发等结合起来,大力培养高水平的双语教师,延长双语教学时间(把双语课程一直开到高等教育阶段),提高双语教学的针对性和实效性。

2.乌江流域民族教育发展的对策建议

(1)创新教育理念,围绕民族教育功能发展民族教育,促进乌江流域民族教育公平发展。

（2）运用机制设计理论，明确乌江流域民族教育公平发展的制度设计路径，把握同素异构原理，变革乌江流域民族教育公平发展的组织机构，形成"扁平化"组织架构；借鉴木桶原理，确立以最薄弱点为考核各级政府的教育考核指标。

（3）认真落实乌江流域教育公平发展的教育投入制度，强化乌江流域教育公平发展的教育管理制度，构建乌江流域民族教育公平发展的评价制度，形成系统的、有利于优化资源配置、有利于民族教育公平发展、有利于促进乌江流域经济社会全面发展的体制机制。

（4）乌江流域民族教育发展问题很大程度是执行力不足造成，进一步强化执行落实是实现乌江流域民族教育公平发展的最有效办法。在当前和今后一段时期，实施民族文化进课堂工程、"以师为师，师从师出"的名师培训工程、义务教育薄弱学校救助工程、"建设虚拟家庭，弥补家庭教育的缺失"工程、职业教育振兴工程、民族教育信息现代化工程等有着重要现实意义，建议各级政府以"六大工程建设"为抓手，全面推进乌江流域民族教育公平发展。

第一章 归纳与演绎:教育公平与乌江流域民族教育研究述评

不论是教育公平还是民族教育,都有很强的理论性。通过理论梳理,不仅对正确认识教育公平和民族教育概念尤为重要,而且还有助于全面把握教育公平理论和民族教育理论内涵,进而全面提高教育公平理论在具体地域、具体教育类型类别上的实际应用效果。

第一节 教育公平的理论渊源及界说

有关教育公平的研究主要集中在教育公平的现状及实践上,也有学者从本体论的视野探究教育公平的基本理论。总体而言,当前学术界对关于教育公平理论的研究呈现出众说纷纭,莫衷一是的态势。如麦克马洪(McMahon)提出的水平公平、垂直公平和代际公平,J·科尔曼和 T·胡森的教育机会均等。所有的研究中既有教育公平是教育平等、教育公正、教育均衡等说法,也有关于教育起点的公平、教育过程的公平、教育结果的公平的结论;既有事实角度的指标式教育公平,也有价值判断角度的主观感受式教育公平;既有教育机会均等的教育公平,也有教育资源合理配置的教育公平等。这些成果丰富了教育公平的理论,提供了多元的研究视角,促进了教育公平的实践。教育公平在我国的研究起步较晚,直到20世纪90年代才引起学者的关注。随着中国教育的不断发展和改革的深入,教育公平已成为教育界难以回避的话题,而短短20年间研究成果的倍增更使之一跃成为当下的热点问题。

教育公平受制于社会经济结构和经济社会的发展水平,在不同的历史时期反映出不同的内涵追求,具有鲜明的历史性和多元性。本节将从教育公平的历史实践和理论演进去挖掘其当代意义,从多元跨学科的视角探讨教育公平问题。

一、教育公平实践的历史检视

教育公平是一个历史范畴,应教育的产生与教育公平的实践而生。它萌芽于无阶级差别人人享有同等权利的原始社会,真正诞生于现代社会以税收资助教育的公共教育制度形成之后。在前工业化时代,社会阶级和阶层体系处于封闭或半封闭式,成员、群体、阶层、地位等的相互转变和流动非常稀少,克绍箕裘、子承父业——"若父亲是农奴,其子女则可能终生为奴,若父亲是鞋匠,其子女也可能是鞋匠,这种终身固定职业扼杀了'机会'这一思想的形成,更不用说机会均等了"①。

回顾历史,教育公平历经了由少数人的公平走向多数人的公平,由多数人的公平走向全民的公平,由特权阶级享受的教育走向人人平等的教育,由权利平等走向机会均等,由起点公平走向过程公平到追求结果公平等阶段。教育是人的教育,教育公平是人的发展的公平,人类对教育公平追求的实践历史即是对人发展公平追求的历史。一部教育制度史见证了教育公平的实践历程,教育

---

① [美]詹姆斯·科尔曼:《教育机会均等的观念》,张人杰主编:《国外教育社会学基本文选》,华东师范大学出版社1989年版,第176页。

公平就随着教育制度的不断演进在实践中追寻着人的发展的正义性和公平性的契合点。

（一）从"原始平等"到"权力公平"

原始社会建立在生产资料公有制的基础上，没有阶级差别更无阶级划分，全体社会成员一律平等共同劳动，过着群体生活。年长一代将生产劳动经验和生活习俗通过示范以口耳相传的方式传递给年轻一代，原始部落任何成员均没有任何特权，社会成员都平等地接受教育，教育没有阶级性，在教育的权利、机会和结果方面不存在人为的限制和不平等现象，人人都享受原始状态的受教育权，儿童在共养共育中都能受到同等的教育，这是一种原始的"平等"。但随着生产力的发展，劳动产品逐渐富足，出现了个人霸占剩余物质生产财富的现象，原始公有制开始瓦解，私有制正在形成，整个社会的生产方式、经济基础、阶级结构等方面悄然发生变化，等级森严的阶级结构划分日趋明显，人们对教育的追求也打破了原始社会的"平等"，直接受到了等级制度的影响，教育的公平变成了"权力"公平。

公平权利"决不能超出社会的经济结构以及由经济结构所制约的社会的文化发展"①。在奴隶社会和封建社会，生产资料私有制所形成的等级制度直接影响着教育公平，人的受教育权利主要依据其所属的社会等级，以政治权力和社会阶层为标准分配教育利益，整个教育成为了以等级制度为基础的等级教育，实践着教育的"权力"公平。这种"权力"公平被一小撮特权阶级和贵族垄断，甚至在特权阶级和贵族内部，所享有的教育权利、教育机会、教育资源等也要按照"权力"等级严格划分，广大劳动人民的子女理所

---

① 《马克思恩格斯全集》第 3 卷，人民出版社 1995 年版，第 305 页。

当然地被剥夺了接受正规教育的权利和机会。

在中世纪欧洲,宗教势力膨胀,宗教教育成为教育主流,修道院道士成为唯一的受教育者,学问是少数宗教人士的特权,连王公贵族也大都目不识丁,广大普通老百姓更没有受教育的机会,教会不仅控制着知识,而且垄断教育权并独占受教育权。

在古代中国,适应封建专制需求的"独尊儒术"思想成为历代帝王推崇的国家意识形态,封建主控制着教育,官员的孩子按照官品的高低被分配到对应的官学中,比如在唐朝的中央官学实行等级入学制度,贵族与官僚的子女有优先入学的特权,学生按出生门第的高低、父祖官位的品级入相应的学校①。纵观之,在奴隶社会和封建社会能够获得受教育权利享受教育利益分配的只是少数特权阶层,他们都有一定的政治权力和较高的社会等级,教育权力和利益的分配完全对应于社会的等级和权力。从统治阶级的内部来看,这种依据权力的分配方式体现了公平,而实质上却不公平。基于此,欧洲在 14 世纪就开始了文艺复兴运动,要求让所有儿童都进入学校接受教育,建立公共教育制度,改进教育内容和方法,随之思想启蒙运动对没落的封建制度进行了猛烈的攻击,针对封建社会森严的等级制提出了天赋人权、自由、平等、博爱的口号,翻开了教育公平新的历史追求。

(二)"形式上的起点平等"掩盖了"实质上的不平等"

资产阶级革命带给社会新的生命力,资本主义制度下的社会

---

① 在中国唐代,政府规定:国子学接受文武官三品以上及国公子孙、从二品以上曾孙之为生者;太学接受文武官五品以上及郡县公子孙、从三品曾孙之为生者;四门学接受文武官七品以上及侯伯子男子之为生者,或庶人子有文化知识经考试选拔为俊士者。

经济文化与专制的封建主义相比取得了长足进步,人们逐渐摆脱了神的束缚并不再完全地依附于自然,人与自然的关系转变为了改造与被改造的关系。资产阶级在民主、自由、平等的呼喊中破除了特权思想,从法律上根本废除了社会等级制度,他们站在人民群众的立场上把用于满足自我欲望的物质利益和政治要求上升为普遍的理性化的平等,倡导"人生而平等"。这是对封建等级制度的超越,从法律上确立了人生而自由平等的权利,反映在教育上就是法律第一次认可了人人平等享受教育权利,实现入学机会均等,例如1791年法国宪法规定"人人都有平等的受教育的权利"。这与奴隶社会和封建的等级制的教育"权力"公平相比具有重要的进步意义,不仅提出了"强制接受义务教育"的要求,而且在经费问题上做了详尽的规定。但在资本主义初期,由于受到经济发展水平的限制,国家无力给予教育大规模的投入,普及教育成为空话,一些专为广大劳动人民开设的新型学校由于经费缺乏不得不停办,少部分贵族学校收费过高将广大贫苦大众子女拒之门外,因而实现普遍的平等的受教育权变成了空洞的口号,受教育权利的平等只对资产者有效,教育的公平受到金钱的限制。

工业革命带来的技术革新要求工人不仅有技术更要懂文化,资产阶级为巩固自己的统治地位维护既得利益,在经济实力允许的范围内各个主要资本主义国家将教育普及面扩展到广大劳动者的层面。表面上看,这个时期主要资本主义国家都在逐步地普及义务教育,一系列初等学校都主要是为劳动人民子女而设置,并以慈善学校的形式出现,但这种看似有接受教育机会和权利的均等背后却掩盖了深刻的教育过程中的不均等和取得较好教育结果的机会不均等。资产阶级加强对贫苦大众子女的教育很大程度上系于社会之自我保全乃至于政府的自我保全。正如英国古典经济学家亚当·斯密在1776年所写《国富论》一书中所言："人口的繁殖超过物质的供给是很可担忧的事,所以国家必须预先设法防止罪恶和贫困。提到防止方法,那么一种广大的公共教育的制度就很必要了。英国人花很多钱去救贫,而不是从教育着手,这是毫无裨益的。"①这恰好佐证了资产阶级为平民百姓敞开教育之门的真正意图,以这种态度所开办的教育具有明显的不公平性。贫困劳动人民的子女只能够接受由设施简陋、教学条件差、教学水平低的初等学校提供的有关宗教知识和生活知识的教育,其主要目的是让儿童勤于劳动和安于卑微的社会地位,他们根本没有机会进入中等学校学习。然而上层社会的子弟一般采取聘请私人教师或进公学预备学校的方式接受教育,然后再正式进入中等学校学习,这些公学师资和设备条件优越,学费昂贵,专用于满足上层贵族的需要,是典型的贵族学校和绅士成长的摇篮,以天才教育为榜样,培养官吏和统治阶层人物,这类学校对学生的入学身份要求严格,只有大工业家、大商人、乡绅、贵族等阶层的子弟才具备资格。例如,在英国一直存在着教育制度的"双轨制",贫民子弟进入公立的初等学校学习,诸如"贫儿学校"、"星期日学校"、"慈善学校",培养的是熟练工人和一般技术人才。资产阶级和贵族子弟在"预备学校"、"公学"、"大学"等这类教育机构中学习。

如果说这个阶段已经把人人平等纳入了法律体系中,那么这种平等只是在法律面前人人所享受的条文上的平等,而不是实质的平等。这种平等权利在保守主义观念主导下的西方各国教育公平实践不排除人与人之间在金钱和能力方面的差异,他们一面在

---

① ［日］细谷俊夫等:《世界各国教育制度》,林本译,台湾开明书店1975年版,第4页。

主张人人平等,另一面则强调上帝赋予每个人的能力与他出生所归属的社会等级或阶级一致,出身于高贵血统的人就接受高贵的教育,出身低贱的人接受低级的教育。而要想得到平等的结果,人们则要放弃权利的平等,并准备容忍不平等的手段,接受歧视性的待遇,认可不平等的机会,赞同掠夺性的再分配①。这种意义上的公平反映在教育上,呈现出了有限度的教育起点上的公平,至于教育过程中的教育质量和毕业后的成功机会坚决地不予提倡并被制止,用表面的教育公平掩盖了实质上的教育不公平。

(三)在机会公平与结果公平的博弈中轮回

马丁·路德在人类历史上首次提出在全民范围内实行义务教育,他的主张在自由资本主义时期得到了部分实现,德法英等资本主义国家相继建立了公共教育体系,只不过这类体系反映在教育制度上是典型的"双轨制"。"双轨制"剥夺了大众子女接受更高教育的权力,受到了自由主义者及广大劳苦大众的极力反对,普通大众要求全体儿童在保障教育权利的同时要享受在学校接受同样的课程、参考同样的考试、按照同样的标准选拔和评价的机会,阶级差别与个人的能力和才能没有本质必然的联系,这种教育机会应该在所有阶级中公平的分配。任何学校应该面向所有的儿童开放,在同等的教育条件和公平的教育机会中以"考试分数、智力测量、成就指标或其他客观指标"作为衡量和选拔学生的唯一依据。在这一时期,各资本主义国家开展了合校并校运动,完善了课程内容、统一了课程设置,教育在为保证每一个孩子享受公平的教育机会而努力。例如,在英国每个儿童 11 岁后参加国家的"11 + 考试",根据学生的智力、能力和考试成绩选拔,"具备理论智力的儿

---

① 刘军宁:《保守主义》,中国社会科学出版社 1998 年版,第 152 页。

童,应该上文法中学;对应用科学技术或装饰艺术发生兴趣的儿童应上中等技术学校,接受具体食物比接受原理感到更为容易的儿童,则应该上现代中学。"①在法国,一切儿童除因自己的才能限制以外,应不分身份、种族和社会地位都有受教育的机会。全体儿童在初等教育阶段接受统一的教育,然后以"指导班级"、"学习方向指导"和"职业指导"等方式帮助小孩子判断兴趣与能力发展的倾向,再依儿童的能力与性向的区别进行分化的教育。手工劳动能力超过理智能力的儿童着重手艺训练,活动能力超过理论学习的能力的儿童进入职业科,抽象思维能力智力发展的儿童进入理论科。当等级限制和经济障碍消除之后,进入高一级学习的所有孩子的录取均取决于严格的客观指标,可中产阶级和小资产阶级家庭出身的儿童所取得的级别,高于更低阶层出身的儿童,因此前者进入这种学校的人数更多②,"得益于新的入学机会而成为学生者,总的说来是有特权地位或半特权地位的人"③。

如此的结果让更多的人开始怀疑这种教育机会公平下的"能力至上"的取向,本以为每个孩子在智力及天赋上都具备相对一致和较为稳定的特征,没意料到用来客观评价孩子才能及能力的标准和测验与家庭背景有着高度的正相关。教育系统内部实行统一课程、统一学校的体制未必导致一个更加公平的社会的到来④。

---

① [苏]拉普钦斯卡娅:《现代英国普通中学》,朱立人、断为译,人民教育出版社1980年版,第3页。
② [瑞典]胡森:《平等—学校和社会政策的目标》,张人杰主编:《国外教育社会学基本文选》,华东师范大学出版社1989年版,第210—211页。
③ [瑞典]胡森:《平等—学校和社会政策的目标》,张人杰主编:《国外教育社会学基本文选》,华东师范大学出版社1989年版,第210—211页。
④ 华桦:《西方教育公平实践的历史演进—基于社会政治哲学的视角》,《基础教育》2009年第6期。

实行差别对待恢复多种选择,采取补偿的原则对那些社会地位不高、经济条件差、能力不强的孩子给予一定补偿和救助是20世纪60、70年代教育公平的实践追求。仅受教育机会的公平只保障了整个教育过程的表面平等,维持教育结果的公平才能够真正保障弱势群体的教育公平,那么教育结果的公平必须依赖于提供的教育条件和教育过程的不公平。1965年美国政府出台的《初等与中等教育法案》是美国提出补偿性教育政策的首个联邦法律,将更大的注意力集中于处境不利的儿童,重申了黑人、白人学生合校教育的政策,制定了对处境不利的儿童的教育措施,还建立了一个处境不利儿童教育全国顾问委员会,以提高这类儿童的成绩,教育机会不均等的问题得到进一步改善。该法案颁布后,美国先后推出了30000个补偿性教育项目,这些补偿性教育项目涉及学前教育、小学与中学教育,不过大部分项目集中于学前教育与小学教育。补偿性教育资金被用来开发特殊课程以提高学生认知技能,尤其关注阅读、写作与算术学科,招收与培训处境不利学校的教师,提供健康与营养服务等①。1978年,美国国家教育所提出的"补偿性教育研究"报告认为,补偿性教育是促进美国教育机会平等的最重要措施之一。因为一般而言,来自处境不利家庭的孩子与同伴相比,在教育中往往处于不利地位,其更多地选择低收入(低水平)学校或者贫穷社区学校,补偿教育的目的就是为处境不利孩子提供额外的服务,以使其能更加公平地接受教育。②1967年英

---

① Natriello,G,McDill,E. L,and Pallas,A. M:*In Our Life time*:*Schooling and the Disadvantaged. Committeeon Economic Development*,*New York*,*NY*,1987:52.

② National Institute of Education. *Compensatory Education Study*:*Executive Summary. Washington*, *D. C.*:*U. S. Government Printing Office*,1978:1.

国宣布废除"11+考试",所有儿童不经过任何标准的选拔直接由小学进入综合中学,英国政府采纳了贺尔西教授(A. H. Halsey)在《布劳顿报告》中强调的"积极差别待遇"概念,并推行了其中提出的"教育优先地区"(EducationalPriorityArea)制度,进而改善了物质贫乏或经济落后地区的教育机会不均等状况。到1977年,综合中学学生已达300万人,占中学生总数的80%。法国政府自1959年起,颁布了《教育改革法令》宣布实施10年制义务教育,取消中学入学考试。如此的补偿原则又被西方一些人声称为"反向歧视",认为对处境不利儿童的额外关照又造成了新的不公平。

在受到20世纪70年代资本主义经济危机影响后,新保守主义再次崛起并登上了政治舞台,他们一贯推崇高贵文化和精英教育,每个人依靠自己的文化、知识和才能等隐性资本操控社会,社会分层成为了工业化发展的必然趋势,落实到教育政策上主要反映了教育的分层和选拔。他们重提教育机会的公平,反对以政府的名义补偿弱势群体在教育中体现的平均主义,在教育公平的实践中否定了教育结果的公平。英国政府在1988年由保守党教育大臣贝尔(K. Baker)提交的教育改革法案被国会通过,史称《1988年教育改革法》,该法在考试制度上给出一些新规定,要求学生在整个义务教育阶段(5岁—16岁)参加四次全国性考试,分别在7岁、11岁、14岁、16岁进行,主要对学生进行甄别和评估。新保守主义认为,公正合理的教育公平应在法律的许可范围内,公平的享有获取学业成功和事业成功的机会,而不是纯粹的教育结果公平,一个人获取的教育结果与其自身的才能天分有相关性。他们针对学校投入与产出的比例失调,在公立的学校中引入竞争机制,以"学券制"、"择校"等方式实行公立学校市场化,将教育公平等同于消费者的选择公平,以所谓欧洲中心的主流文化排挤黑人文化、女性文化和少数民族文化,并以"全国标准"、"全国测验"、"全国课程"的方式掩盖了弱势群体在学业失败背后的公平。

1998年2月,英国首相布莱尔与美国领导人克林顿展开了一次政策性的探讨,提出了"第三条道路"的思想,并将其作为西方资本主义国家发展的一种新模式,他们采取了"中间路线"的方针寻求自由与保守的平衡点。在这种思想的影响下,教育公平的实践一面吸取了新保守主义关于教育市场选择的观点同时也吸收了补偿性原则中对弱势群体的政策倾斜与补偿。由此将教育机会均等的含义扩大化,不仅包括入学起点的机会均等也涵盖学业成功的机会均等。诚如科尔曼所言,天赋不同家庭出生不同的受教育者具有不同的机会,每个受教育者因其天资不同、家庭出身不同带来的机会是不平等的,而这种不平等本身就是一种公平。① 20世纪在教育公平的实践追求中,资本主义国家从起点公平和入学权利的保障开始,就一直徘徊在教育机会均等和教育结果公平之间,整个20世纪西方资本主义国家教育公平的实践就不断在教育机会公平与教育结果公平的博弈中轮回。

(四)全民教育的"质量"公平

马克思和恩格斯在分析了资本主义社会的腐朽和万恶的基础上提出了只有实行生产资料公有制才能够改变现状,只有在这样的社会制度中才能够给每一个人提供全面发展和表现自己全部的即体力的和脑力的能力的机会,"马克思揭穿了'通过国家来实施人人平等的国民教育'这个要求也是在民族的喧嚣掩盖下的空

① 华桦:《西方教育公平实践的历史演进—基于社会政治哲学的视角》,《基础教育》2009年第6期。

谈,在现代资本主义社会,教育对于一切阶级一般不可能是平等,要求上等阶级的教育水平降低到工人、农民国民教育低微的水平也是荒唐的"①。中华人民共和国成立后,面对国民党政府留下的教育城乡差别、贫富差别、男女差别、经济发达的沿海地区和交通不便的边远地区的差别,中央政府确立了"民族的、科学的、大众的"新民主主义教育方针,体现了新中国重视社会公平、教育公平的基本价值。在新中国成立初期,我国教育坚持了"以普及为主兼顾提高"的原则,几年内扩大了受教育者的范围和数量,促进了教育公平。然而,在后来的发展中,由于受到"大跃进"的影响,在教育公平的实践中一方面希望尽快地普及教育,另一方面也力图保持教育的质量,结果反而产生了数量与质量、普及与提高的矛盾。"文革"期间我国的教育发展处于停滞状态,直到十一届三中全会后,提高全民教育的质量为社会主义现代化建设服务成为了必然选择。

1980 年,中共中央、国务院发布《关于普及小学教育若干问题的决定》,再度拉开了普及义务教育的帷幕。1986 年,中共中央、国务院发布《中共中央关于教育体制改革的决定》,其根本目的是提高民族素质,多出人才、出好人才,这个决定把发展基础教育的责任交给地方,提出了有步骤地实行九年制义务教育的设想。1993 年,中共中央、国务院发布《中国教育改革与发展纲要》,据此原国家教委制定颁布了《关于基本普及九年义务教育和基本扫除青壮年文盲的实施意见》,为实现教育公平,保障人人受到同等的教育奠定了坚实的基础。1999 年,国务院转批了《面向

---

① 上海师范大学教育系:《马克思恩格斯论教育》,人民教育出版社 1958 年版,第 33 页。

二十一世纪教育振兴行动计划》,将"两基"攻坚作为义务教育
工作的重点,随着 2007 年西部"两基"攻坚的全面完成,我国义
务教育普及又上新台阶,在全面进入高质量高水平的义务教育
追求中,教育公平在不断的实现。2010 年,《国家中长期教育改
革和发展规划纲要(2010—2020 年)》把推进教育公平作为国家
基本教育政策。至此,我国对教育公平的追求进入了全面教育
的"质量"公平阶段。

　　从 20 世纪 90 年代开始,缩小社会群体之间、区域之间的教育
差异是各个国家在制定教育政策时不可或缺的主题,把全民教育
质量的公平提上了议程。1990 年 3 月,世界 150 多个国家和地区
在泰国的宗迪恩召开了"世界全民教育大会",提出全民教育的思
想,形成了全民教育行动计划,旨在满足基本学习需求。通过的
《全民教育宣言》宣布:"每一个人——不论他是儿童、青年还是成
人——都应能获益于旨在满足基本的需要的受教育机会。"1995
年,世界银行发布了《教育的优先发展和策略》的报告,提出了"争
取公平已经成为许多政府的一大目标,但是公平还要比过去受到
更多的重视"①。联合国教科文组织《2005 年全民教育全球监测
报告:提高质量势在必行》指出,应改变长期以来忽视质量的现
象,实行优质教育势在必行;提高教育质量是实现全民教育的必由
之路,并从学习者特征、教育教学资源投入和实施过程、教育成果
和教育环境等四个维度提出了全面理解教育质量的框架,以此作
为提高教育质量的行动领域。西方资本主义国家迫于人民群众的
压力和国际形势所迫,他们不得不一改 20 世纪的那种以名义的教

---

①　World Bank (1995a): *Prioritiesend strategies for Education, WashlngIX 2: Worldbank*, P113.

育公平去掩盖事实的教育不公平的行为,将对教育公平的追求提到了实质性的高度。2002 年 1 月 8 日,美国总统布什签署了《不让一个孩子掉队》的教育改革法案,旨在提高美国公立中小学教学质量,并要求教育部门"以空前的重视程度"关注贫困家庭和少数族裔儿童。从 2002 年到 2005 年,英国分年度发表了《14 岁—19 岁:扩充机会、提高标准》绿皮书、《14 岁—19 岁:机会与卓越》白皮书、《14 岁—19 岁课程和合格证书改革:14 岁—19 岁改革工作组的终期报告》以及《14 岁—19 岁:教育与技能》白皮书。这一系列的文件映射出英国政府在 21 世纪将青少年教育的重心放在了"实现全员受教育,提高学生综合素质,确保教育公平"上。联合国教科文组织发布的《全民教育全球监测报告 2010》以普及到边缘化群体为主题,大声疾呼应对全民教育挑战,设定公平目标,促进全民教育目标的实现。

二、教育公平理论的历史演进

教育公平,一个亘古不变的理念,无论是在西方还是在东方,教育的发展及教育公平的追求都受到一定时期教育理念的影响。在教育公平的实践追求中,既有最原始的群体平等接受教育,也有部分特权阶级和贵族人士享受的教育权和受教育权;既有全面普及初等教育的教育实践,也有禁止广大劳苦大众子女入学的教育限制;既有能力面前分数面前人人平等的教育公平追求,也有关注弱势群体给予补偿教育的公平追求。人类在教育公平实践中不断创造和丰富着教育公平的理念,林林总总的教育公平实践背后都蕴涵一种相对应的教育公平理念。从历史上看,古希腊哲学家柏拉图最早提出教育公平的思想,亚里士多德则首先提出通过法律保证自由公民的教育权利,中国的孔子也提出"有教无类"的朴素教育民主思想。这些理念很好地诠释了教育公平思想的深刻内涵。

（一）教育公平思想在西方的发展脉络

在西方，古希腊一群思想圣贤在对世界本源和自然哲学的追问中逐渐回归到了现世的生活世界和人本身，他们思想着何谓善、何谓正义等人类的终极关怀问题，提出了"美德即知识"、"灵魂不灭"等命题。在他们的哲学思想中也隐隐地出现了教育公平理念的影子。伟大思想家、哲学家柏拉图在他的巨著《理想国》中，以著名的"血统论"将人分成三等，上天在铸造人的时候，在有些人的身上加入了黄金，这些人具有智慧的美德是最高贵的人，适合做"哲学王"（统治者）；在有些人身上加入了白银，他们天生勇敢，适合做军人；最后一种人身上全是铜和铁，他们具有强烈的欲望需要节制，适合做农民。柏拉图就按照人的资质差异将人分成三等并施以不同的教育，"哲学王"有"哲学王"的教育，军人有军人的教育，农民只需要节制不必受教育。在这样的理想国度中，具备智慧、勇敢、节制三大美德的人各司其职、安分守己就属于正义。在柏拉图的思想中教育公平就是使每个人特有的能力得到发展，接受有差异的教育就是教育公平。亚里士多德与其老师柏拉图一样都认为教育应该是国家的事务，提出通过法律保证自由公民的教育权利，要求立法者首先要注意青少年的教育并通过教育让广大自由民的生活与政府的形式相融合。亚里士多德批评了"每人只分别地照顾自己的儿童，给以自以为适合于他们的教育"现象，提出"既然全邦具有一个目的，显然所有的人就应该受到同一的教育，教育应该是公共的而不是私人的"。

公元 476 年，西罗马帝国被日耳曼人打败，中世纪就建立在这场战争的废墟之上，其文明程度远远低于罗马人，古希腊和古罗马的文化逐渐被人遗忘。其结果正如一切原始发展阶段中的情形一样,僧侣们获得了知识教育的垄断权,因而教育本身也渗透了神学的性质。神学的世界观、人生观和教育观占统治地位,笼罩着整个欧洲中世纪的教育,没有学术,没有教育公平理念,只有宗教统治一切。直到 14 世纪的文艺复兴时期,一场宣扬人的思想解放和个性自由的人文主义教育思潮波及整个欧洲大陆,一大批人文主义思想家弗吉里奥、维多里若、格里若、伊拉斯谟等在追寻人的自由、弘扬人的个性方面提出了很多独到的教育见解,特别是英国著名的人文主义学者莫尔在其《乌托邦》一书中全面展示了那个阶段关于教育公平的思想。要求废除私有制,实行公共教育制度,所有儿童不分男女享受平等的受教育权利,在教育公平理念上洋溢着鲜明的进步精神。

虽然当时整个欧洲社会在教育公平实践中一味以等级、权贵来衡量受教育的权利和机会,但这其中也出现了许多进步的教育家和思想家,他们深刻地揭露了不平等社会的真实面目,对不平等的社会给予了严厉的批评,表达了对广大劳苦大众的同情。17 世纪著名的捷克民主主义教育家夸美纽斯在这个封建社会与资本主义社会的交替时代,继承了文艺复兴以来人文主义的优秀教育成果,从民主主义的"泛智"思想出发,提出了普及教育的思想。针对当时的学校之为权贵而设、广大劳苦大众子女被忽视的现实,他提出了"把一切事物交给一切人类"的思想并将之贯穿于《大教学论》的始终。夸美纽斯的"泛智论",是指要将广博的社会知识和自然知识传授给所有的人,使其自身在德智体等方面得到全面的发展。普及教育的民主要求是建立在"泛智"思想的基础之上,主张"一切男女青年都应该进学校","不仅有钱有势的人的子女应该进学校,而且一切城镇乡村的男女儿童,不分富贵贫贱,同样都应该进学校。"①国家应该为贫困儿童筹集教育经费,保证他们不因经济的贫困而失学。他为教育公平思想的发展和资产阶级教育公平的实践奠定了基础,开启了西方学术界探讨教育公平的大门。

随着18世纪法国思想启蒙运动的兴起,启蒙思想家对当时已经腐朽没落的封建制度进行了猛烈的抨击,在天赋人权、自由、民主、平等、博爱的口号中深刻地揭露了封建社会森严的等级制度。法国启蒙运动激进的思想家卢梭在《论人类不平等的起源和基础》一文中,剖析了造成人类社会不平等的政治根源,表达了以暴力推翻暴君的革命理想,进而在《社会契约论》中表达了自由、平等、博爱的最强烈、最革命的政治要求,而他的教育公平思想就是建立在这些思想的基础之上。《爱弥儿》一书从教育的立场上阐发了人生而平等的思想,推崇人人享受平等和自由的教育,反对封建专制对人性的摧残和压制,认为"各种等级的人都是一样的"、"各种身份的人都是一样的……自然的需要人人都是一样的,满足需要的方法人人都是相同的"。② 他提出了"自然教育"的思想,认为教育不应依据等级、财产和职业的差异去实施,而是要依据儿童的个性的发展,特别是儿童的年龄特征和心理特点来实施。

理想从来都美好,尽管资产阶级打着"自由、民主、平等、博爱"的旗号推翻了封建专制制度,但在资本主义早期对教育公平的追求并没有像启蒙时代思想家们所言的那样,受资本主义早期社会经济条件的限制,各个资本主义国家并没有全面实行全面普

---

① [捷克]夸美纽斯:《大教学论》,傅任敢译,人民出版社1957年版,第52页。
② [法]卢梭:《爱弥儿》,李平沤译,商务印书馆1978年版,第260、310页。

及教育的政策,只是从法律上规定了人人享受名义上的平等的受教育权利,只不过这种权利受到金钱、权利等的制约。19 世纪美国杰出的教育家贺拉斯·曼在教育公平理论上首次提出了教育机会均等的思想,以免费学校的办法实施普及教育,要将不同民族传统和文化背景的孩子置于同一公立学校的熔炉中唤醒他们的社会责任和公民责任。"除了人类所创造的其他一切手段以外,教育是人们的境况的伟大均衡阀——它是社会机器的平衡轮"。① "如果能平等地传播教育,财产就会随之滚滚而来,因为,一批有智慧、有实际经验的人竟会永远贫穷,这样的事情从来没有过,也决不会发生"。② 普及教育是实现教育公平的重要措施,贺拉斯·曼普及义务教育的思想及其建立公立学校的教育实践,为促进美国的教育公平进程和普及义务教育奠定了重要的理论基础。

在资本主义的发展过程中,虽然初等教育和中等教育的入学率普及度已经相对很高,但经济危机、贫困问题、种族歧视、民权运动等各类矛盾冲突接踵而至,这引起了人们对教育公平的重新审视和思考,有关教育公平理论的探讨自 20 世纪中后期以来也就日渐丰富。其中,科尔曼、胡森等学者对现代教育公平理论的论述就颇具代表性。

科尔曼教授以教育机会均等解释教育公平,他的"教育机会均等"可以归纳为四种含义:(1)在前工业社会中,家庭是生产单位,并承担着社会福利和教育的职责。教育面前机会均等,在当时并不是一个问题;(2)在工业社会中教育机会均等发展到面向人民群众子女的、基础的、义务的、公款帮助的教育;(3)欧洲的自由

---

① 任钟印:《世界教育名著通览》,湖北教育出版社 1994 年版,第 628 页。
② 任钟印:《世界教育名著通览》,湖北教育出版社 1994 年版,第 779 页。

主义者和社会主义者着眼于能够建立为所有儿童提供同样机会的教育系统,也就是说,不论其社会出身,人人都能够不受限制的根据机会均等的原则受到教育;(4)在自由主义的理论中,教育机会均等被理解为受教育结果或学业成绩的均等。① 科尔曼提出了关于教育机会均等的四个标准:"(1)进入教育系统的机会均等;(2)参与教育机会的均等;(3)教育结果的均等;(4)教育对生活前景机会的影响均等。② 此后,科尔曼又进一步发展了"教育机会均等"的概念,使其由没有均等目标出现到创办面向劳动人民子女的义务教育,到为所有儿童提供同样的教育机会,最后发展为追求教育结果的均等。在科尔曼的思想中,教育机会均等"只能是一种接近,永远也不可能完全实现"。瑞典著名的教育家 T. 胡森教授则分别对"平等"和"机会"进行界说。他认为"平等"有三种涵义:"(1)指每个人都不受任何歧视地开始其学习生涯的机会;(2)以平等为基础对待不同的人种和社会出身的人;(3)促使学业成就的机会平等。"③关于"机会"胡森认为是以下几组变量:(1)学校外部的各种物质因素;(2)学校的各种物质设施;(3)家庭环境的某些心理因素;(4)学习环境中的某些心理因素;(5)学习机会。④

　　科尔曼对教育机会均等的概念不断修订,从教育过程中的各

　　① 扈中平、陈东升:《中国教育两难问题》,湖南教育出版社1995年版,第209—210页。
　　② [美]科尔曼:《教育机会均等的观念》,张人杰主编:《国外教育社会学基本文选》,华东师范大学出版社1989年版,第191页。
　　③ [瑞典]胡森:《平等——学校和社会改革的目标》,张人杰主编:《国外教育社会学基本文选》,华东师范大学出版社1989年版,第95—97页。
　　④ [瑞典]胡森:《平等——学校和社会改革的目标》,张人杰主编:《国外教育社会学基本文选》,华东师范大学出版社1989年版,第95—97页。

种机会的绝对平等到要求公共教育更为有效地促进教育完成后个人成功机会方面的平等，科尔曼的"教育机会均等"思想经历了没有教育机会均等到所有人都享有义务教育，再发展到为每位孩子提供同样的教育机会，最后走向了教育结果均等的演变历程。胡森在注意差异存在的客观性上提出"教育机会均等"的思想。在西方政治思想史上，公平、平等、正义的概念为反对封建等级制度奠定了理论基础，"人人生而平等"的口号在人类社会发展史上具有革命性的意义，教育公平是社会公平的价值在教育领域的延伸和体现，理论家和思想家们在阐述社会公平观念的同时，将其理念引申到教育领域，为教育公平理论的丰富和发展做出了贡献。

(二)中国传统教育公平思想的理论探讨

在中国历史上，很多优秀思想家也提出了许多进步的教育公平思想。早在两千多年前，孔子就提出了"有教无类"的公平教育思想。"有教无类"思想打破了官学以贵族身份为入学的重要条件，不分贵贱贫富和种族，广大平民百姓都可以接受教育。只不过孔子的"有教无类"等教育公平思想是对人性分类基础上的教育公平。

康有为在《大同书》中分析了一切苦难的根源皆因"九界"存在(国界、级界、种界、形界、家界、业界、类界、乱界、苦界)，破除"九界"即是消灭国家、阶级、种族、家庭、性别、职业差别。在大同社会中人人平等，天下为公，儿童是整个社会的儿童，对儿童的抚养和教育均由社会承担。梁启超倡导女子教育，发表了《变法通义·论女学》，强调女子要自强自立，认为接受教育是女子的天赋权利，与男子享有同等的受教育权利。同时，梁启超在分析了西方各主要资本主义国家教育制度的基础上，提出了免费义务教育的思想，建议清政府筹措经费，推行普及教育。

20世纪20年代，在中国掀起的乡村教育运动中涌现出了一大批追求教育公平的教育家，他们在实践探索中提出了不少有价值的教育公平思想。晏阳初认为当时中国的所有问题是"人的改造"问题，中国的大部分文盲在农村，要想普及中国的平民教育，应当到农村里去①。他认为，在中国的农村存在着"愚、穷、弱、私"的问题，通过文艺教育、生计教育、卫生教育和公民教育以学校式、家庭式、社会式的方式进行。梁漱溟从中国乡村现实问题着手，认为中国的问题，并不是什么旁的问题，就是文化失调——极严重的文化失调！② 他认为乡村建设必寓于教育，乡村的进步和社会的改造都不能不归于教育。这个时期最有影响力的教育家陶行知毕生精力都在探索中国教育发展的新路，他用"带着一颗心来，不带半根草去"的民族责任感，提出了教育要为中国最大多数贫苦农民服务的思想，致力于改造旧中国的教育。他主张普及全民教育，特别是广大劳苦大众子女的教育，陶行知自己宣称"我们普及的教育是平民教育，是劳苦大众的教育"。普及教育体现了一种教育公平的思想，陶行知在从事新教育和平民教育运动的过程中，在追求公平的问题上给予后人以重要启示。

纵观教育公平思想的历史发展，任何一种教育公平理论都离不开特定的社会经济文化背景，教育公平思想随着历史的进程不断完善和丰富，在历史中教育公平被赋予了时代的烙印。经过大

---

① 宋恩荣：《晏阳初全集》第1卷，湖南教育出版社1989年版，第245—246页。

② 梁漱溟：《梁漱溟全集》第2卷，山东人民出版社1990年版，第164—167页。

批社会科学家的努力,对教育公平的原则内涵达成了如下共识:1.入学机会均等,或入学不受歧视(在社会、经济、文化、阶级、民族、种族、性别、地理等方面),继初等教育、中等教育普及后,入学机会不均等主要体现在高等教育入学机会上;2.受教育过程中的机会均等,入学机会均等仅是进入"科层制的教育系统"时在竞争起点上得到的机会均等,受教育过程中的机会不均等比入学机会不均等更为严重,也更不易被识别;3.取得学业成功的机会均等,其标志是社会保证各社群的子女在各级各类教育中所占比例与其家长在总人口中所占比例大致相当;4.不只是在获得知识方面的机会均等,更主要的是使人在获得本领方面的机会均等;5.不仅涉及学校教育,还涉及校外教育、成人教育、回归教育等教育形式中的机会均等;6.在国际范围内,主要是指富国和穷国之间在教育资源分布、教育设施发展、学业成功率和学业证书价值上的均等①。教育公平是一个历史范畴,具有历史性和继承性,它在任何时代都不是抽象的,一成不变的,而是具体的,发展变化的。就其本质而言,教育公平"始终总是现存经济关系的或者反映其保守方面或者反映其革命方面的观念化的神圣化的表现"。

三、教育公平的内涵分析

(一)教育公平的相关概念辨析

教育公平是一个复杂的概念,何谓公平、何谓不公平很难用一个确定性的标准衡量,因而很多人将教育公平、教育平等、教育均衡和教育公正混用,这误导了对教育公平理论的进一步探讨。上

---

① 马和平、高旭平:《教育社会学研究》,上海教育出版社 1998 年版,第86 页。

述概念原本处于不同的地位和层次上,只是存在某种关联和相似的意义表达,为了更清晰的阐释教育公平的内涵,有必要对这几个容易混淆的概念加以分辨。

1. 教育公正与教育公平

公正侧重社会的"基本价值取向",强调其正当性;公平强调衡量标准的"同一尺度",带有明显的"工具性",用以防止社会对待中的双重标准或多重标准,这是公正与公平的最重要区别①。"公平"指"处理事情合情合理,不偏袒哪一方面";"公正"指"公平正直,没有偏私"。公正关涉人的价值,体现人们在社会生活各个领域和层面所寄托的思想和价值,追求个人利益和他人利益的和谐关系,侧重于"应然"层面,凸显了理念化、理想化的公平。公正的内涵在美国学者罗尔斯的著名命题"公平的正义"中被描述得淋漓尽致,他设定了一种纯粹假设的原始自然状态,一种懵懂的对自己的社会出生、阶级地位、先天的资质、智力、能力、体力都一无所知的状态,公正就是在这种被罗尔斯称为无知之幕的最初状况的原始状态中达到的基本契约式公平。基于"无知之幕"之后的公平而制定的契约原则就是"公平的正义"或"作为公平的正义",他谈的其实就是公正②。公平就是同等的情况同等对待,不同的情况区别对待,公平的正义和正义的公平旨在阐释公正包含了公平的尺度,同时还有正义的价值观,进一步讲"正义原则是在一种公平的原初状态中被一致同意的。这一名称并不意味着各种

---

① 吴忠民:《关于公正、公平、平等的差异之辨析》》,《中共中央党校学报》2003 年第 4 期。

② 冯建军:《教育公正——政治哲学的视角》,福建教育出版社 2008 年版,第 19—25 页。

争议概念和公平是同一的，正像'作为隐喻的诗'并不意味着诗的概念与隐喻是同一的一样"①。公平侧重于个体之间利益的均衡分配，公正立足于社会的整体利益，其本质是对一定的人际关系、权利和义务关系的反映，公正的事情一定是公平的，公平的事情未必是公正的。

　　20世纪80年代，教育公正被作为一个重要的原则在教育伦理学中提出，当时只将教育公正的范畴局限于教师的教育教学工作行为上，从狭义的角度分析了教育公正即是教师公正，正如王正平在《教育伦理学》一书中表述为"教育公正，就是在教育活动中，教师要公平合理对待和评价全体合作者；其中公平合理地对待和评价每个学生，是教育公正的最基本要求"。② 自20世纪90年代以来，学者们从更广阔的视野来理解教育公正，比如："在现代社会，教育公正不只是教师行为的伦理规则，而且是整个教育的基本伦理原则。它规范的不应只是教师，而是涉及整个教育领域，尤其是教育制度和教育过程。"③传统的教育公正内涵被修正，有关完善教育公正内涵的研究不断增多，认识到教育公正是个系统的、整体概念。教育公正关涉的不仅有教育手段方面的内容，而且还更要体现教育目的的追求。因此，有学者提出了从资源配置、个体个性化的全面发展、教育制度等方面来理解。"教育公正就是通过合理的教育制度，恰切地分配教育资源，使每个人获得与其相适宜的教育，满足个体的学习需要，使个体得其应得，实现个性化地发

---

　　① ［美］罗尔斯：《正义论》，何怀宏译，中国科学出版社1988年版，第12—13页。
　　② 王正平：《教育伦理学》，上海人民出版社1988年版，第165页。
　　③ 王本陆：《教育崇善论》，广东教育出版社2001年版，第131—132页。

展。通俗地讲,教育公正就是为个体的发展'量体裁衣',为个体发展提供与其自身条件'相当'或'相称'的教育资源。"①近些年来,探讨教育公正的学术论文也日益增多,既有制度建设层面的教育公正,也有资源配置合情合理的公平视域中的教育公正;既有政府责任担当的教育公正,也有受教育权分配的教育公正;既有外部的教育公正,也有内部的教育公正;既有自由至上主义或绝对平等主义的教育公正,也有谋求自由与平等间平衡的教育公正。这些都说明教育公正的内涵在扩大,这意味着教育公正范畴的内涵已经发生了实质性的转换,即从个人美德范畴上升为了制度伦理范畴②。

教育公正核心是教育制度的正义性,正义的制度保障每一个人受教育的权利和享有应得的教育资源,使得个体都具有通过教育发展自我的机会。按照罗尔斯的观点,"社会正义原则的主要问题是社会的基本结构,是一种合作体系的主要的社会制度安排。我们知道,这些原则要在这些制度中掌管权利和义务的分派,决定社会生活中利益和负担的恰当分配。适合制度的原则决不能和用于个人及其在特殊环境中的行动的原则混淆起来"。③ 由于当前教育行政主导的制度性的落差强化了教育的两极分化,提出教育公正力求在制度安排上控制甚或消除人为因素造成的差异,正义的教育制度通过协调受教育权利与利益分配关系,以原始状态的国家意志来保证国家公民对正义的要求。教育公正就是在国家与

① 冯建军:《教育公正——政治哲学的视角》,福建教育出版社 2008 年版,第 43 页。

② 王本陆:《教育公正:教育制度伦理的核心原则》,《华南师范大学学报(社会科学版)》2005 年第 4 期。

③ [美]罗尔斯:《正义论》,何怀宏译,中国科学出版社 1988 年版,第 54 页。

受教育者之间相互作用的层面上所表现出来的一种权利分配上的公正①,它以牺牲个体意志为代价,寻求教育制度的公共意志。正义的教育制度强调价值取向的正当性,是保障教育公正的尺度,它规定着个体在教育活动中的尊严、标注了个体在教育活动的各类权利、保障了个体教育机会的平等。正义的教育制度是基于每个人拥有通过正义分配而得到不可侵犯性的基本权利和义务来体现人们对教育的美好追求,进而摆脱束缚教育发展的限制。那么,公正在教育中就表现为教育制度、教育政策、教育规范等在价值取向上的正义性、现实性和群体性。教育公正不仅体现在制度上的价值追求,而且注重个体发展结果的公正。公正的教育结果落脚在个体发展的个性化上,公正的教育给予每个人应得的本分,帮助个体找寻自己的教育。正如康德恰如其分的讲道:"客观的目的,他的存在即是目的自身,没有什么其他只用作工具的东西可以替代它。否则宇宙间决不会具有绝对价值的事物了。假如所有价值都是有条件的、偶然的,那么也就没有什么理性的最高实践原理了⋯⋯假如真有一个最高实践原理或对人的意志来说的绝对命令,那么它必须构成意志的客观原则,从而能提供作为普遍的实践法则⋯⋯这个原则的基础是理性的自然作为目的自身而存在。"②人是自然中独特的存在,人独特的个性在于自由,自由的发展就是其个性的发展,教育公正不能抛弃人而在虚空中寻求。教育是人的教育,人是在教育中成长发展起来的个体,那么作为生成人发展人的教育活动其公正性在于遵循个体身心发展的自由。

---

① 苏君阳:《论教育公正的本质》,《复旦教育论坛》2004 年第 5 期。
② [德]康德:《道德形而上学基础》,唐钺译,商务印书馆 1959 年版,第 43 页。

从上述关于教育公正的分析,可以得出如下结论:教育公正是针对社会所有成员而言所反映出来的人与人之间的分配关系,特别是依据个体所扮演的角色、享有的权利和义务而涉及的教育资源通过教育制度适度调节的分配表现出既合理又公平的价值取向。教育公平强调教育活动的操作层面,需遵循同一标准,意味着同等条件同等对待,强调衡量教育利益关系上的"同一尺度"。教育公正带有明显的价值取向,通过制度的形式来保障法律赋予的权利。弄清教育公正与教育公平的区别,避免将教育公正代替教育公平,更不要将教育公平问题当成教育公正问题来处理。

2. 教育平等与教育公平

在英文中,平等是 equality,在汉语中源于佛教一切法与众生的差别。在小农经济占主导地位的古代中国,"不患寡而患不均",既"平"又"等"的思想影响深远。真正提出平等之概念者为法国著名思想家卢梭,他认为尽管人们在力量和才智上不平等,这种自然所造成的人与人之间身体上的不平等,可以通过道德的法律平等和基本公约来实现平等。在卢梭的教育专著《爱弥儿》中阐述了不管种族、等级、男女、贫穷之别,所有人一律平等的思想,"各种身份的人都是一样的……自然的需要人人都是一样的,满足需要的方法人人都是相同的"①。平等的基本词义是均等、等同、均一,是一种事实判断。究其内涵,依据卢梭的观点平等包括两个方面,一是自然的或者生理上的平等,起因于自然,是自然方面造成,诸如相貌、智力、性格、性别、人种、身材、能力等方面的平等,追求自然的或生理的平等完全不可能,不能够进行道德评价也是不可选择的。二是精神上或政治上的平等,也可以说是社会的

---

① ［法］卢梭:《爱弥儿》,李平沤译,商务印书馆1991年版,第260页。

平等,这类平等是人们活动所造成,受教育程度、贫富、贵贱、权利、义务等方面的平等,属于可以选择的平等,也能够进行道德评价。"自然平等与社会平等虽然都与利益相关……但是,自然平等仅仅是利益问题……社会平等则不仅是个利益问题,而且根本上说来,是应该不应该的权利问题。"①平等是现代社会中一个极为重要的价值观念,自古以来无数先贤都将平等作为人类的最高追求,但当下意义的平等理念是基于反对传统等级社会的先赋特权而形成。在等级森严的时代,人们努力寻求着平等的实现,在市场经济时代,平等更作为一种基本的准备而保障着市场的正常运转。"平等表达了相同性概念……两个或更多的人或客体,只要在某些或所有方面处于同样的、相同的或相似的状态,那就可以说他们是平等的。"②现代意义上所确立的关于个体人和独立人主体性的平等理念,其形成是一种历史的进步,从个体层面来讲,一定的社会历史条件下,平等强调的是不同社会个体在社会交往过程中需要处于同等的社会地位,享有同等的社会权益,所强调的是权利和义务的等同性以及人格的独立性和主体性。从社会层面看,一个个独立的个体构成了整个社会,社会的存在离不开个体的存在,所有社会成员在人性上的平等以及贡献和地位的均等性,意思就是个体人对社会的基本贡献均必不可少,个人是平等,人性更是平等。平等不仅是权利上平等的理念、制度和原则,也是在交往过程中享受同等的权益时履行同等义务的理念、制度和原则。

---

① 王海明:《公正平等人道——社会治理的道德原则体系》,北京大学出版社 2000 年版,第 64 页。
② [美]萨托利:《民主新论》,冯克列等译,东方出版社 1993 年版,第 340 页。

　　在袁振国主编的《当代教育学》一书中对教育平等的基本涵义进行了分析,他认为,教育平等包含四个主要内容:第一,人即目的,人受教育的最终目标是个体自由和谐地发展,只有尊重每一个体的基本人权与自由的发展,才符合教育平等的原则;第二,教育权利平等原则,这里所谓的教育权利,指的是"受教育权利",是相对于政治上、经济上的平等权利而讲的"教育上"的平等权利;第三,教育机会均等原则,良好的教育制度,乃是使每个人有均等的入学机会、在教育过程中有均等的对待、有均等的学业成功机会,"义务教育"的实施是在法律上对教育平等权利的补充,仅仅是为个人平等的受教育提供一种保证;第四,差别性对待原则,由于教育的效果会因受教育者个人的天赋、机会与机遇不同,机会均等不可能机械式地实现,故要实现教育平等必然需对每一个个体以不同的教育待遇,但差别性原则的基本前提,是全社会中处于最不利地位的人获得最大的利益。简单点说,教育平等是教育民主化的一个重要内容,指人们不受政治、经济、文化、民族、信仰、性别、地域等的限制,在法律上享有同等受教育权利,在事实上具有同等的受教育机会。①

　　教育平等主要是一个反映教育活动中主体间关系的客观事实的概念,而教育公平则主要是一个主观概念,是人们根据对教育平等事实状况的主观体验所作的一种评价②。教育公平与教育平等是一个问题的两个方面,教育平等强调的主要是"怎样",属于实

　　①　袁振国主编:《当代教育学》,教育科学出版社 1999 年版,第 417—418 页。
　　②　袁振国:《论中国教育政策的转变——对我国重点中学平等与效益的个案研究》,广东教育出版社 1999 年版,第 3 页。

然状态;教育公平强调的主要是"应该",属于应然状态。教育平等反映的是客观事实或现实存在;教育公平则是对这种客观事实或现实存在的一种价值判断。教育平等是教育公平的前提和核心,也是教育公平的载体和实现手段,如果不能保证受教育权利和机会的平等,那么也就谈不上教育公平;如果抽掉了教育平等,教育公平就成了空中楼阁。教育公平是教育发展追求的现实目标和永恒理想,教育公平是教育平等与教育效率的统一,是二者相互促进,不断提高教育发展水平的有效保证。没有平等的效率是不公平的,没有效率的平等是无意义的平等。教育公平的关键是实施教育的原则的公平,它包括接受教育的标准和要求的公平,评价和选拔受教育者的标准和操作程序的公平,教育方式及其对待受教育者的态度的公平,从事教育的设备环境等条件的公平,教育达到的目标和实现的结果的公平,教育对个人发展和社会发展的促进效果、程度、水平的公平。

3. 教育均衡与教育公平

均衡是博弈论的核心概念,是指博弈达到的一种稳定的状态。在经济学中,均衡一般是指经济体系中变动着的各种力量处于平衡状态,因而变动的净趋向为零的状态,是经济事物中有关的变量在一定条件的相互作用下所达到的相对静止的状态。由此可知,"均衡"是对事物发展状态的一种描述,是指影响事物发展诸要素的力量大致相当。教育均衡是随着经济社会发展而逐渐凸显出来的一个问题,其研究的焦点也主要集中在义务教育阶段的地域教育均衡问题上。

教育均衡的实质是在平等原则的支配下,教育活动的诸因素如受教育者、教育机构等在教育活动中平等待遇的实现,其最基本的要求就是在教育群体之间平等的分配公共教育资源,以达到教育供给与教育需求的相对平衡,并最终落实在人们对教育资源的支配和使用上①。教育均衡具有多层次的内涵,不同的角度和对象对教育均衡的要求各异,在个体的视角中,教育均衡就表现为受教育者的权利和机会的均等,它需要通过法律法规保障每一个人具有同等的受教育的权利和义务,依赖于国家相关教育政策制定与教育资源的合理调配而提供相对均等的教育机会和条件,以客观公正的态度和科学有效的方法,实现教育效果和成功机会的相对均衡;在学校等教育机构看来,教育均衡指区域之间、城乡之间、学校之间及各教育层次之间教育资源的合理均衡配置;从整个社会发展的层面看,教育均衡指各类教育机构在教育活动中所培养的劳动力在总量和结构上与当地经济、社会的发展需求达到相对的均衡。有了教育均衡的要求,教育领域内的弱势群体也能够享受优质教育资源,在优良的教育中从而改变弱势群体的社会地位和社会身份。

教育均衡是针对现实中教育供需不平衡提出的,因而它首先意味着教育资源的均衡分配,包括社会总资源对教育的分配,也包括教育资源在各级各类教育间、各级各类学校间、各地区教育间的分配。具体来讲包括生均教育经费投入、校舍、教学实验仪器设备等的配置均衡,教育的"软件"包括教师、学校内部管理等的配置均衡。教育均衡首先追求教育资源配置的均衡,教育资源的均衡配置是教育均衡的基础,不均衡的教育资源配置导致了教育发展的不均衡性,教育均衡的目标就是教育需求与教育供给的相对均衡。只有资源配置均衡得到实现,学生的发展均衡才得到了保障。纵观之,教育均衡主要表现为三个层面:在物质层面上追求优质资

---

①　翟博:《教育均衡发展:现代教育发展的新境界》,《教育研究》2002 年第 2 期。

源的相对均衡配置，从而为受教育者提供相对平等的教育机会与条件，在就学过程中得到同等的对待与支持；在制度层面上保障受教育权利平等的实现，获得平等的入学机会和就学机会；在意识层面上关注每个儿童潜能的最大程度的发挥，并为之提供最适宜的环境及条件。

很多国家都在追求教育均衡发展，都提出了教育均衡的相关措施，根本目的是为了实现教育的公平发展。有人认为教育均衡发展是教育公平思想在新时代的发展，从某种程度上说，教育均衡发展这一理论是促进教育公平、推进教育民主化的重要途径①。教育均衡发展只是一个途径，一个促进教育发展并向所有人提供保证高质量的教育的途径，它既不是教育发展的目标，也不是教育的价值追求，均衡发展的目的是为了缩小城乡、区域、校际、阶层之间教育的差距，以提高办学条件和教育质量。

（二）教育公平众家之说

1. 西方式的教育机会均等说

教育公平的研究一直是西方近现代以来教育研究的焦点。瑞典著名教育家胡森对二战后期有关教育公平的研究作了综合评述，并在批判保守主义和自由主义关于"教育机会均等"概念的两个极端之后，提出了新的"教育机会均等"的概念。他认为对教育机会均等的界定应该围绕"均等"和"机会"两个方面进行。关于"均等"主要包括教育起点的平等、过程的平等及最终目标的平等。关于"机会"则包括了一组对个人的教育有影响的变量。从胡森的观点来看，教育公平是一个具有相对意义的概念，其内涵是处于同一时代和相同社会的个体，在入学机会、教育过程及受教育

---

① 瞿瑛：《论义务教育均衡发展与教育公平》，《教育探索》2006 年第 12 期。

的结果上都应是平等的。任何受到区别对待或条件不均等都被视为教育机会的不均等。

2. 教育平等说

教育公平与教育平等本来具备一定的差异性,前者强调既包括事实判断也包括价值判断,而后者是一种纯粹的事实追求,但有些学者却将教育公平看成是教育平等,用教育平等的观点来说明教育公平。他们结合胡森的一些观点,提出教育平等是指受教育权利的平等和受教育机会的平等,如平等原则、机会均等原则、差异补偿原则等等,并没有从教育平等角度对教育公平的概念给出明确的界定,只局限在保障教育平等的原则上做文章。只不过我们可以透过这些原则挖掘出对教育公平的理解,涵盖了部分教育公平的基本内容,即教育公平就是公民平等地享有作为人的受教育的基本权利,平等地享有入学机会、均等待遇以及成功机会,平等地发挥自己潜能的机会①。

3. 教育公平关系说

学术界曾有学者提出教育公平是实现社会公平的基础,也有学者认为社会公平能够为教育公平的实现提供必要的保障。有些学者就力图从教育公平与社会公平之间的关系来界定教育公平的内涵,将教育公平看作促进社会公平、个体发展和人类解放的重要基础和动力,全体社会成员可以自由、平等地选择和分享公共教育资源。还有的将教育效率最大化的教育资源配置方式,即所谓的教育市场公平纳入教育公平范畴,还有的从等利的角度强调获得教育资源分配中的应有"份额"即为公平的教育。他们将教育公平与社会的其他因子联系,从社会性因素解读教育公平,融教育公

---

① 郭彩琴:《教育公平的辨析》,《江苏高教》2002 年第 4 期。

平于社会关系之中。

4.教育差异公平说

教育公平属于社会公平的子系统,而教育是发生在人与人之间的活动,那么教育公平的实现会受到各种内部因素和外部因素的制约。内部因素中人的独特性、教育内容的不确定性,教学手段的差异性影响着纯粹绝对教育公平的实现。外部因素中环境的客观性、社会阶层的不平等性,政治经济制度的非公正性、人口发展的不可知性制约着教育公平的实现。因而,不存在绝对的教育公平,教育公平不是教育平均,教育公平属于相对的公平。教育公平会随着时代的不断发展、社会文明的不断进步而有所变化,所以,教育公平同时又是动态的、历史的和区域的概念,不同时期、不同地区内教育公平的范畴也是不容混淆的。教育公平是一种具有差异性的公平,是一种基于人的差异、环境差异、文化差异、教育自身差异的公平。

（三）**教育公平的主要内容及特征**

1.教育公平的主要内容

（1）受教育权利的平等

罗尔斯在《正义论》中提出了两个正义的原则,第一个是平等自由的原则,第二个是机会的公正平等原则和差别原则的结合。第一个原则优先于第二个原则,其原则的基本要义是平等地分配各种基本权利和义务,"一个社会体系的正义,本质上依赖于如何分配基本的权利义务,依赖于在社会的不同阶层中存在着的经济机会和社会条件"①。这无疑说明,一个人完全享受属于他的基本权利和义务才能够从起码的底线意义上体现出对个体人缔结社会的基本贡献和对人的种属尊严的肯定。保障人的基本权利,让每

---

① ［美］罗尔斯:《正义论》,何怀宏译,中国科学出版社1988年版,第7页。

一个个体在基本权利面前人人平等,绝不因为任何不正当的借口而剥夺人的基本权利。受教育权,是我国宪法赋予每个公民的一项基本权利,是指公民享有从国家接受文化教育的机会和获得受教育的物质帮助的权利。受教育权利作为人的基本权利,我国自《义务教育法》颁布以来,初步形成了以《宪法》为总纲,《教育法》为基本,相关法律为依据,教育行政法规、条例为补充的法律保障制度体系。公民的受教育权利也得到了国际性公约的诸如《世界人权宣言》、《儿童权利宣言》、《公民权利和政治权利国际公约》、《经济、社会、文化权利国际公约》等的确认和保障。受教育权包括两个基本要素:一是公民均有上学接受教育的权利;二是国家提供教育设施,培养教师,为公民受教育创造必要机会和物质条件。

《世界人权宣言》第2条中规定"人人有资格享受本宣言所载的一切权利和自由。不分种族、肤色、性别、语言、宗教、政治或其他见解、国籍或社会出身、财产、出生或其他身份等任何区别。"中华人民共和国《教育法》第九条规定:"中华人民共和国公民有受教育的权利和义务。公民不分民族、种族、性别、职业、财产状况、宗教信仰等,依法享有平等的受教育机会。"从中可知,任何人或者所有人是受教育的主体,一个国家的任何公民都具备这种权利。公民受教育的权利的充分实现必须依赖义务一方提供各种条件,正如我国《宪法》第19条规定:"国家发展社会主义的教育事业,提高全国人民的科学文化水平";《教育法》第18条规定:"各级人民政府采取各种措施保障适龄儿童、少年入学。适龄儿童、少年的父母或者其他监护人以及有关社会组织和个人有义务使适龄儿童、少年接受并完成规定年限的义务教育",由此可知公民的受教育权的实现需要国家、各级政府、各类教育机构、家庭和公民个人提供条件保障。在公民受教育权中,我国《教育法》第24条规定:

"受教育者享有下列权利:(一)参加教育教学计划安排的各种活动,使用教育教学设施、设备、图书资料;(二)按照国家有关规定获得奖学金、贷学金、助学金;(三)在学业成绩和品行上获得公正评价,完成规定的学业后获得相应的学业证书、学位证书;(四)对学校给予的处分不服向有关部门提出申诉,对学校、教师侵犯其人身权、财产权等合法权益,提出申诉或者依法提起诉讼;(五)法律、法规规定的其他权利。"依据我国相关法律法规的规定,受教育者在接受学校教育阶段享有受教育机会权、受教育条件权、受教育自由权、公正评价权四个方面。

受教育机会权主要表现在享受相同的就学机会、教学条件并能得到相同的教育效果。受教育条件权是一种福利权,受教育者有接受国家、家庭、学校、社会组织及个人在履行法律规定的"教育义务"时所提供的各种协助和服务的权利。受教育自由权属于选择的自由权利,在强迫义务教育中有接受什么样教育的自由权,主要有选择教育形式的自由权、有选择学校的自由权、有接受适合自己发展的教育自由。公正评价权主要表现为:其一教育评价所依据的价值观的合理性和评价标准的合理性,其二教育评价工具和评价手段的公平。

受教育权利平等包括两个方面:一方面是人人享受的基本教育权利——人人接受教育必要的、起码的最低的权利完全平等,另一方面人人享受的非基本权利——在基本权利之外的、比较高级的、关系到人接受教育质量高低的权利应该比例平等[1]。如此,义务教育属于自然的教育平等权利,是基本教育权利;后义务教育阶段的教育属于自然的教育权利平等之外的后天教育平等权利,属

----

① 郭元祥:《对教育公平的理论思考》,《教育研究》2000年第3期。

于非基本权利。只有受教育者的基本教育权利得到切实的保障，才能实现教育培养人的基本宗旨，但这种基本权利的平等也是相对的，由于受到受教育者个体主观能动性、教师对待学生的态度差异、教师个体的差异性以及校际质量的差异，那么受教育基本权利的平等只是享受了这种权利，是相对的平等权利而非绝对的平等权利。非教育基本权利的分配，依据每个人因为做出的贡献不同而应享有相应不平等的非基本权利，人们所享有的权利虽是不平等的，但每个人所享有的权利的大小比例与每个人做出的贡献大小之比确实是完全平等的①。

（2）教育机会的均等

教育机会是受教育者在社会赋予其接受某种层次、类型教育的权利下获取发展的可能性空间，即受教育者进入教育机构和参与教育活动的各种条件的总和，是教育权利的事实性体现。教育机会在整个教育公平体系中意义重大，在不同的教育机会下将导致受教育者获得不同的发展结果，教育机会的分配应为每个受教育者提供同样的统一的规则。

关于教育机会，不同学者有着不同观点。科尔曼提出，教育机会均等主要有四层含义：第一，向人们提供达到某一规定水平的免费教育；第二，为所有儿童，不论社会背景如何，提供普通课程；第三，为不同社会背景的儿童提供进入同样学校的机会；第四，在同一特定地区范围内教育机会一律平等。科尔曼的教育机会均等，正如他说言，"只可能是一种接近，永远也不可能完全实现"。② 这

---

① 童蕊：《教育公平的伦理解析》，《教育发展研究》2008 年第 19 期。

② ［美］科尔曼：《教育机会均等的观念》，张人杰主编：《国外教育社会学基本文选》，华东师范大学出版社 1989 年版，第 185—186 页。

与哈耶克的"欲使所有的人都始于同样的机会,这既不可能也不可欲"①的观点不谋而合。经济合作与发展组织认为,教育机会均等主要有三层意义:第一,能力相同的青年不论其性别、种族、地区、社会阶级等,都具有相等机会接受非强迫性教育;第二,社会各阶层的成员,对于非强迫性的教育,具有相等的参与比率;第三,社会各阶层的青年,具有相等的机会以获取学术的能力。同时也有人认为教育机会均等有三个方面:第一,是指人们入学机会均等;第二,是指学业成就机会均等;第三,是指与以上两层次直接有关的受教育后的就业机会均等。

课题组认为,教育机会均等有二层含义:一是共享教育机会,即从总体上来说每个受教育者都应该有大致相同的基本教育机会;二是差别机会,即受教育者之间的教育机会不可能是完全相等的,有着程度不同的差别②。共享的教育机会是每个社会成员不论其信仰、种族、性别、经济和政治地位方面有什么不同,都应该享受同等的受教育机会,主要表现为:(1)每个社会成员享有接受最基本的教育的同等机会;(2)每个社会成员都享有接受符合其发展能力的教育的同等机会。共享的教育机会主要指在义务教育阶段,办好义务教育是政府的责任,政府必须确保每个受教育者获得同样质量的义务教育,"正义或公平确实要求,人们生活中由政府决定的那些状况,应该平等地提供给所有的人享有"③。义务教育是强制教育,是每一个人务必接受的教育,是每一个人称其为人实

①　[英]哈耶克:《自由秩序原理》(上),邓正来译,三联书店1997年版,第458页。

②　田正平、李江源:《教育公平新论》,《清华大学教育研究》2002年第1期。

③　[英]哈耶克:《自由秩序原理》(上),邓正来译,三联书店1997年版,第10、103、121页。

现自我发展的最基本要求,所以政府必须提供同等的教育机会让每个适龄儿童接受应有的"保底教育"。只追求共享的机会,教育又被推向了另一个极端,我们不能简单将教育机会理解为一切人都拥有的教育机会,任何人可以不加限制的获得任何教育机会,教育机会也应有差别。萨托利就主张把机会平等分为平等进入和平等起点,"平等进入就是在进取和升迁方面没有歧视,为平等的能力提供平等的进入机会……平等起点的概念则提出了一个完全不同的基本问题,即如何平等地发展个人潜力。"①在机会有限的情况下不可能将机会赋予每个人,机会提供给了每位受教育者,但不是所有人都能够获得这个机会。这正是所谓的"对受教育者施以适合其发展能力的教育","能力面前人人平等",以能力为导向,具备了接受某种教育层次和类型的能力的人才有机会接受相应的教育,凡具有接受某种类型、层次教育能力的人,就应该有接受与其能力相匹配的教育的机会和义务。诚如《学会生存》一书所说:"给每一个人平等的机会,并不是指名义上的平等,即对每一个人一视同仁,如目前许多人所认为的那样。机会平等是要肯定每一个人都能受到适当的教育,而且这种教育的进度和方法是适合个人的特点的。"②

教育机会均等(equal opportunity for education)指给公民和儿童以同等受教育的机会,要求用客观、公正的标准和科学的方法来选拔、招录学生,取消一切不平等的规章制度。二战以后,教育机会均等概念涵义日益丰富,包括:(1)进入各级学校的机会均等;

---

① ［美］萨托利:《民主新论》,冯克列等译,东方出版社 2000 年版,第 50 页。
② 联合国教科文组织、国际教育发展委员会:《学会生存——教育世界的今天和明天》,教育科学出版社 1996 年版,第 105 页。

(2)受教育过程中的机会均等;(3)取得学业成功的机会均等,即社会应保证各阶级的子女在各级各类教育中所占的比率与其家长在总人口中所占的比率大约相当;(4)在物质、经济、社会或文化方面处于最低层者应尽可能通过教育系统本身得到补偿;(5)不只是在获得知识方面,更主要是在获得本领方面机会均等;(6)在终身教育方面机会均等;(7)在国际范围内缩小富国与贫国在教育资源分布、教育设施发展、学业成功率和学业证书价值上的不平等。①

(3)公共教育资源配置的社会性公平

教育经济学中把投入教育活动中的一切人力、物力、和财力的总和称为教育资源。同其他资源一样,教育资源也是稀缺的,也存在着一个合理分配的问题。从本质上讲,教育公平是与教育资源的分配和享用相联系的。由公平的一般含义出发,教育资源的分配或者说个人享有教育资源的多寡应以个人的贡献为基础。因此,教育公平就是指个人获得教育资源的多少与其对社会的贡献或预期贡献相称。对社会的贡献(预期贡献)较大的人应享有较多的社会教育资源,贡献较小者则只能享有较少的教育资源。这就意味着,两个人如果对社会的贡献相等却获得不相等的教育资源,或者对社会的贡献不相等却享有相等的教育资源,都是不公平的。这也说明,公平的教育资源分配并非完全均等的教育资源分配,那种认为二者相同的观点是不正确的。

教育资源分配的社会性公平,是现实教育过程公平和受教育者享受同等教育服务的物质保障,任何一个受教育者都应该享有

---

① 世界银行、联合国教科文组织高等教育与社会特别工作组:《发展中国家的高等教育:危机与出路》,教育科学出版社 2001 年版,第753页。

同等公共教育资源。由于教育资源既包括政府提供的公共教育资源,也涵盖由非政府机构和个人提供的非公共的社会教育资源,这里,课题组只讨论公共教育资源的合理分配。公共教育资源配置中主要包括生均预算内教育事业费和公用经费;生均校舍建筑面积;生均教学仪器设备值;生均图书册数;生师比;专任教师学历结构和职称结构的分布等。政府在配置公共教育资源时,应该从教师资源的配置、办学条件的配置、教育经费的配置以及课程资源的分布等方面实施。

(4)差异化的教育公平

教育公平是一个反应相对性的范畴。教育公平不能够反映绝对性和确定性的范畴,是反映教育质的范畴而不是量的范畴。绝对的教育公平只是人们的一种追求和向往,如果将教育引入绝对公平的轨道,忽视客观现实条件与受教育者的天赋、能力,那么对绝对性的差异来讲又产生了新的不公平。公平是一种价值判断,是对公平问题评价时的一种心理感受,其表现为公平感。既有事实上的不公平感或公平感,也有从不同视角、不同群体、不同纬度而产生的公平感或不公平感。教育公平是一个历史的、动态的、区域的概念,某种条件下认定为公平,在情景、地点、条件发生变化之时,公平也随之变化,只能存在一种为社会多数人认同和接受的具有差异性的公平,永恒绝对的公平不存在。真正的教育公平,必须承认个体差异,允许非基本教育权利、非公共教育资源方面不公平现象的存在。现实的境遇让实现教育公平滋生了重重困惑,民族的多样性,语言文化的多元性、经济文化发展程度高低的悬殊性对教育公平提出了新挑战。要实现教育公平,有必要从教育对象的独特自然、社会环境、文化、物质生活方式和社会组织结构等方面厘清教育公平中合理存在的差异性。

　　教育公平,不否定引入竞争机制,实现教育公平不仅应该允许差异、而且要承认差异、重视差异、培养差异[①]。如果不论自然客观条件、文化生态差异、个人才智及努力程度,结果一律公平只能够导致教育的危机和社会的倒退,陷入"不患寡而患不均"的绝对平均主义的深渊。只有承认差异的存在,认清差异为促进事物协同发展的内在机制,只要保持一个合理维度,实行有比例的差别教育,才是公平的教育。

　　亚里士多德认为,公平有两层含义,一是完全平等,二是比例平等,"比例平等"就包含了差异性的公平。罗尔斯主张社会的和经济的不平等应这样安排,使它们被合理地期望适合每一个人的利益;并且依系于地位和职务向所有人开放[②],体现了公平的差异原则。罗尔斯所期望的事实上的公平需要以一种不公平为前提,言外之意就是对事实上不同等的人要用不同等的尺度,体现出同等情况同等对待,不同情况不同对待的差异性。教育公平就是在趋近的过程中寻找动态的平衡,正如罗尔斯所强调的机会要向不利者倾斜的情况下,社会才会允许差别和不公平。教育公平是基于类本质的同一性而提出,然而教育中的各要素不可能就只是一种抽象空洞的类存在物,教育中各要素的存在是现实的,那么就不能够将现实的本质完全压缩于类的统一规定性之中,因为教育正是在不断追求差异的生命过程中求得整体的发展与进步的。

　　每一个个体对公平都有独到理解,对公平的感受也具有差异

---

　　① 顾明远:《公平而差异——基础教育的必然选择》,《教育发展研究》2007年第11期。

　　② [美]约翰·罗尔斯:《正义论》,何怀宏译,中国社会科学出版社1988年版,第60—62页。

性,不同个体也就对公平有不同的态度。这正如美国经济学家、诺贝尔奖得主阿瑟·奥肯曾打的比方:"当一些人面前障碍重重时,另一些竞争者已经率先起跑了。各种家庭的社会地位与经济地位不同,使得这场赛跑并不公平。起跑线上力量悬殊的重要性与使赛跑更公平一些的可能性,两者交织在一起,成为一个争论不休的问题。那些对起点上社会的和经济的差别耸耸肩,表示不以为然的人,强调天赋能力的不同。他们争辩说,生理性的差别是更重要的。在出生甚至在怀胎的起跑线上,婴儿天资的差异并不是资本主义的过错。根据定义,这种天赋的差别是遗传决定的,而不是环境造成的;是父母传给子女的,而不是由本人发展或培养获得的。实际上他们排除了有公平起点的说法。那么,每个人应该停止赛跑吗?显然不应该。在实际的田径比赛中,没有一个组织者会因某个赛跑者有'快速基因'而取消其参赛资格。那些并没有耸耸肩的人反驳说,社会应该以改善所有的缺陷为目标,而绝不能和稀泥。社会虽然不能制止老天下雨,但可以生产雨伞。同样,社会可以限制那些只发给资产更多或天赋更高的人的奖励,那种奖励使他们享有极高的生活水准。"①那么,保障教育公平能做的只是公平的划出一条起跑线,清除途中的障碍物,让每个人都能对终点有所希冀中发挥最佳水平,教育对于他们来讲有着同等的值得欲求。正如亚里士多德所言:平等地对待平等,不平等的对待不平等的,这样要求我们杜绝"一刀切",关注差异的存在,实现有比例的差异性教育公平。

　　2. 教育公平的基本特征

---

　　① [美]阿瑟·奥肯:《平等与效率——重大的抉择》,王奔洲等译,华夏出版社 1987 年版,第 38—39 页。

（1）历史性

公平始终只是现存经济关系的或者反映其保守方面或者反映其革命方面的观念化、神圣化的表现。从根本上说,公平的状态取决于社会生产力的发展水平和社会性质。因此,公平在任何时代都不是抽象的,一成不变的,而是具体的,发展变化的。在现实生活中,不同社会、不同阶级、阶层的人对公平的理解和认识是迥然有别的。正如恩格斯所指出的那样:"关于永恒的公平的现象,不仅因时因地而变,甚至也因人而异。一个人有一个人的理解。"教育公平作为公平的一个层面,也不例外。在历史上,从"谁能接受教育"的角度看,教育公平大致经历了"权力"公平、"金钱"公平和"能力"公平等阶段。在奴隶社会、封建社会里,人的受教育权利是与其所属的社会等级相一致的。换言之,教育资源的分配是以父亲的社会地位和政治权力为标准的。在资本主义社会里,资产阶级把现实的物质利益和迫切的政治要求上升为普遍的、理性化的"自由"、"平等"、"人权",倡导"人人生而平等"。这种"人人平等"的公平观反映在教育上,就是人人获得了形式上的平等的受教育权利。不过,这种"平等"的受教育权利却受着金钱的限制。第一次世界大战前,欧洲普遍存在的双轨制学校就是其典型的代表。当时,那些教育条件好,教学质量高的学校几乎成了富家子弟的"专利品",贫寒子弟根本无法问津,教育实际上是一种金钱公平。如今,人们认识到,接受教育是一个人不可让渡的权利,不应受金钱、权力等社会因素的限制,而日益倾向于以受教育者的学习能力为准则来分配教育资源,追求教育的"能力"公平。所以,教育公平是一个历史范畴,具有历史性。

（2）相对性

由于人与人之间的差异存在具有普遍性、绝对性,由于公平的不同层次(起点公平、过程公平和结果公平)之间具有矛盾性,也由于人类生存资源的空间具有稀缺性,因此,任何公平总是相对的,绝对的公平是不存在的。教育公平也是一个相对的概念,具有相对性。教育公平总是相对于某一特定的教育评价标准而言才有意义,脱离了某一特定的评价标准,教育公平就成了一个无意义的存在。比如,当下人们对基础教育阶段重点学校存与废的论争,如果按照人人都有均等的受教育权利而言,重点学校的存在无疑剥夺了部分学生平等的受教育权利。从这种意义说,重点学校的存在是不公平的;如果从有限的教育的充分利用而言,重点学校的存在有利于少数杰出人才的培养,它的存在又是公平的。双方教育公平诉求的实质,在于各自依据的判断标准的差异。从中可以看出,教育公平本是一个相对范畴,具有相对性。

(3)主观性

教育公平又是人的一种主观价值判断,具有主观性。其主观性主要表现为教育公平感,即对教育公平问题进行评价时所产生的一种心理感受。它与客观存在的教育公平问题,既具有一致性,又具有不对称性。教育公平感实际是公平感与不公平感的总称。客观存在的教育公平事实与主观心理预期完全吻合时,便产生公平感;不完全吻合,则产生不公平感。当然,在完全吻合与不完全吻合之间存在着一定的区间,从而使得公平感与不公平感都有一定的强度差异。

教育不公平感是怎样产生的呢? 一般而言,教育不公平感的产生大致有三种情况:一是由于多种实际情况的限制,事实上存在着教育不公,因而产生不公平感。二是有一些现象从某种角度看公平时,从另一角度看又是不公平的。比如,义务教育择校问题,若限制择校,则有违教育市场公平;若不限制择校,则有可能导致社会的不公平。三是由横向比较所产生的不公平感。在某一群体里,主体是感到公平的,但对同类情况横向比较时,若同样的情况没有受到同样的对待也会产生不公平感,如校内比较是公平的,但校际比较却感到不公平。

（4）客观性

教育公平的客观性有多方面含义:一是指教育公平具有客观制约性,即它的实现是受客观条件制约的。实现教育公平是人们的一种美好愿望,是人们孜孜以求的一种理想,但仅有美好的愿望和理想,单靠发挥人的主观能动性是不能实现教育公平的。教育公平的实现是受多种客观条件制约的,一个社会、一个国家、一个地区能在多大范围、多大程度实现教育公平,根本上取决它所具有的客观条件,如果不顾客观条件、脱离实际地去追求教育公平,只能事与愿违、欲速则不达。所以,不能抛开客观条件去空谈教育公平,那无疑是在建造空中楼阁。二是指教育公平所反映的内容是客观的。教育公平尽管具有主观性的一面,但其反映的内容,则是一种不依人的主观意志为转移的客观存在,无论是人们对教育公平的追求,还是人们对教育公平的评判,都有其具体内容,都不能脱离教育事实的客观性。人们对教育公平的不同感受总是针对客观存在的教育事实的,总是和客观存在的教育事实联系在一起的,离开了这个客观存在,人们的教育公平感就成了无源之水、无本之木。三是指教育公平的判断或评价标准是客观的。判断或评价一种教育是否公平有它的客观标准,人们在判断或评价一种教育是否公平时,并不是仅凭主观感觉的,而是用一定的客观标准进行衡量的。四是指教育公平是一种客观实在。教育公平不是虚无缥缈的纯粹主观的虚构或假想,任何一个时代、任何一个社会、任何一个区域、任何一个层面的教育公平都是实实在在的实然状态。

（5）理想性

人作为有目的、有意识的存在,不同于动物的地方就在于人总是有着理想的追求和向往,人总是把不可能的事想象成可能的,这既是人超越性的表现,也是推动历史不断发展的不竭动力。教育公平作为人们对教育理想的追求,不仅包括教育公平的"实有"层面,而且还包括教育公平的"应有"层面。教育公平中的这种"应有",部分是由于主客观条件的限制,虽应当实现而暂时还不能实现;部分则是因为人们对教育公平总是有着更高层的不懈追求,还有待于社会向更高阶段发展才能逐步实现。这"应有"的教育公平,显然具有理想性,但这也正是教育公平具有恒久魅力的原因所在。

四、乌江流域民族教育公平的分析维度

"教育公平"包含着价值判断和价值选择的成分,它是规范的概念,是综合教育各种内部和外部因素,对教育进行一种现实状况判断,并按一定的公平原则进行教育策略选择。谢维和教授在《中国的教育公平与教育发展——关于教育公平的一种理论假设及其初步证明》一书中,从教育学、经济学、政治学和社会学等视角深刻阐述了"教育公平"不仅是一个客观的概念,而且同时是一个主观价值判断的范畴,这反映了教育公平的本质特征。要理清教育公平的内涵,不能够离开教育的对象——"人",更不能够脱离教育的基本规律而空洞的下结论。"教育公平"是一个多元的概念,应从多学科的视角去把握,既要把握伦理学中罗尔斯的正义原则对教育公平的规范,也要把握法学领域对受教育权利平等实现的追求,既要关注经济学中对教育资源公平配置的要求,也要重视社会学提出的社会分层与教育机会均等的观点,既要从其他学

科中汲取对教育公平的理解,也要从教育学的角度把握教学活动过程的公平。

教育公平是面向全体社会成员的,最基本的要求是保证公民依法享有受教育的权利,体现了对每个受教育者个体人权的尊重。权利包括基本权利和非基本权利。基本权利,即人权,是人的发展必要的、最低的权利,是满足人们政治、经济、思想等方面的最低的、基本需要的权利。非基本权利是人们生存和发展的比较高层次的权利,是满足人们政治、经济、思想等方面比较高层次需要的权利。教育权利的公平追求平等的基本权利、比例平等的非基本权利。教育公平的关键是机会的公平,这种机会既有社会提供的机会也有非社会提供的机会。教育公平的重点是促进义务教育均衡发展和扶持困难群体,根本措施是合理配置教育资源,向农村地区、边远贫困地区和民族地区倾斜,加快缩小教育差距,每一个社会成员自由、平等地选择和分享当时、当地各层次公共教育资源,国家对教育资源进行配置的依据应具备合理性的规范或原则。"合理"其实就是指要符合社会整体的发展和稳定,符合社会成员的个体发展和需要,并从两者的辩证关系出发来统一配置教育资源,公平享有公共教育资源。

教育公平是一个复杂的概念,是一个反映相对性、主观性、规范性的范畴。教育公平不仅涵盖了受教育权利的公平、教育机会的均等、教育资源的合理配置,更体现了教育发展中的差异性公平;教育公平不仅是一种制度的公平,更体现为对象拥有的教育选择权的公平;教育公平表现为一种价值理念,同时也反映人们在教育领域中的现实状态和理想追求。

乌江流域是长江上游南岸最大的支流,同时也是我国少数民族聚居地之一。苗族、土家族、彝族、布依族等少数民族及其先民在这片土地上生生不息,创造了灿烂的文明成果。尤其是改革开放以来,乌江流域社会整体面貌、生产力水平和人们的生活方式都有了很大提高和改善。但是,由于恶劣的自然地理环境和特殊的社会历史背景的制约,乌江流域仍是我国经济社会发展相对滞后的少数民族地区,"穷帽子"似紧箍咒一样欲脱不能,社会发育程度不高,教育发展水平有限。民族教育是乌江流域教育的主体,只有民族教育的发展才能实现乌江流域教育的全面发展。然而,乌江流域民族教育遭遇了公平发展的尴尬,在不断的发展中显性了更大的不公平,正如谢维和教授所言,"在一个转型的社会和国家中,教育发展在相当长的一个阶段内往往并不会提高教育公平的程度,甚至会引起新的更大的教育不公平"。① 因此,对乌江流域民族教育公平的认识不能拘泥于当前一般的教育公平理论,应结合乌江流域的特殊性和民族教育发展的现实境遇。乌江流域民族教育公平的理解既基于当代有关教育公平研究的理论又别于当前的教育公平理论,既依靠于现有的教育公平理论又脱离于现有的教育公平理论,既要有现有教育公平理论的基因又要满含民族地域的特色。民族教育不同于普通教育,与普通教育相比民族教育承担了更多的责任,民族教育的公平不仅包含受教育权利平等、教育机会均等、教育资源公平配置,更需从民族学、文化学的角度分析,只有能够帮助受教育者适应现代主流社会,以求得个人更好的生存与发展,只有能够继承和发扬本民族或本民族集团的优秀传统文化遗产的社会活动,民族教育的发展才公平。对乌江流域民

① 谢维和等:《中国的教育公平与教育发展(1990—2005)——关于教育公平的一种新的理论假设及其初步证明》,教育科学出版社2008年版,第195—196页。

族教育公平的分析和讨论,课题组将从供给与需求、传统与现代、结构与功能、权利与责任等四个维度分析。

供给与需求是乌江流域民族教育在公平发展中保障资源合理配置的重要范畴。乌江流域民族教育发展受制于乌江流域特殊的自然条件,乌江流域上、中游处于云贵高原东部及其延伸地带,下游处于四川盆地东缘及其延伸地带、武陵山西缘和鄂西南山区。流域内地理条件复杂、自然环境较为恶劣,高山大谷交错纵横,河流密布,体现出多山地、多河流、千沟万壑的基本特征。这种环境在很大程度上导致了乌江流域经济发展缓慢,生产力水平低下,贫困区域面积大,"城乡二元结构"明显,居民生活靠救济、生产靠贷款、财政靠补贴,民众对教育缺乏有效的需求。同时,乌江流域民族教育由于受到经济水平和地域居住条件的限制,办教育难度大,教育投入成本高,出现了基础教育布局"面宽点多量少"的问题,这在增加民族教育供给成本的同时又降低了教育的需求,无法形成民族教育的规模效应。基于这样的背景,要实现乌江流域民族教育的公平发展,就离不开从供给与需求的维度分析、探讨乌江流域教育资源合理配置的对策措施。此外,由于民族教育公平发展受到需求方面的约束,少数民族人口对教育的需求及动机也不在于教育的非经济功能,更侧重于教育投资与产出的经济效益。可以认为,乌江流域民族教育既存在需求不足也存在需求过剩的现象。对教育的供给是由社会教育投资形成的教育设施、教育服务和规范教育产业运行的教育制度,民族教育公平发展也受制于教育供给。因此,乌江流域民族教育的公平发展应该契合教育供给和社会需求,让教育供给适应社会需求,社会的教育需求能都得到教育供给的保障。

传统与现代是乌江流域民族教育公平发展必须面对的现实问

题。民族教育的公平发展首先是民族文化在教育中的传承和创造,文化是一个民族在发展的历程中形成的民族心理、生产方式、生活方式、风俗习惯和宗教信仰等内容繁荣总和。一方面,乌江流域社会发育的差异性明显,40 多个少数民族都有自己不同的发展历史,这些民族在发展过程中形成了不同的经济形态和社会形态,民族文化丰富多彩。乌江流域民族教育的公平发展离不开传统文化的传承与弘扬,一个忽略民族传统文化传承的教育对乌江流域民族教育的发展无疑是不公平的。另一方面,乌江流域大部分地区生产方式仍然落后、生产力水平依然不高。限于交错复杂的各类矛盾和冲突,一些地区的经济发展和文化教育都大大落后于沿海和内陆的其他地区。因此,在推进现代化发展的过程中,乌江流域民族教育在传承民族文化的同时又务必追寻教育现代化之路。传统与现代的矛盾是乌江流域民族教育公平发展的现实遭遇,民族教育中如何让民族文化在现代化的进程中既保持传统内涵又实现向现代转化是一个亟待解决的现实问题。可以认为,乌江流域的民族教育受到了传统与现代的双重冲击,只有兼具传统性和现代性的民族教育才是公平发展的民族教育。

结构与功能的有机协调是乌江流域民族教育公平发展的最终表现。乌江流域民族教育长期以来都是一个大纲、一样的教材要求、一样的应试教育模式,忽视了城市与农村的区别、汉民族与少数民族的差别、不同教育水平及语言文字的差别。原本以为这种同一化的教育模式能够促进乌江流域民族教育的公平发展,但调查发现,这实际上却导致了民族教育质量效益的降低和差距的进一步扩大,造成了更大的不平衡。由于乌江流域地域结构、交通运输、思想观念的封闭性和半封闭性以及民族教育在发展的过程中呈现的结构单一、模式单一、教学内容脱离实际等问题,导致了民族教育和乌江流域经济与社会发展的契合度低,民族教育发展不能适应当地经济与社会发展多样化、多层次的需要。

基于民族教育结构失调的客观现实,乌江流域民族教育功能无法得到充分发挥,这给民族教育发展造成了极大的不公平。民族教育功能的发挥取决于民族教育本身的结构,民族教育结构的完善又反过来丰富民族教育的功能。结构与功能成为民族教育公平发展中的最终表现,美国学者帕森斯的结构功能主义就是为了在对社会出现的不均衡和矛盾问题进行解释的基础上,为日益分崩离析的社会寻找秩序和统一。结构是事物构成要素的内在联系方式或形式,功能是某一事物在环境中发挥的作用和能力,反映了系统与环境、主体与部分之间的关系。任何系统都有一定的结构,系统的结构是系统内部各组成要素之间在时空方面有机联系与相互作用的方式或顺序。因此,如果说民族教育结构是维持民族教育系统内部联系作用的秩序,那么民族教育的功能就是民族教育系统外部联系作用的秩序和能力。因此,乌江流域民族教育的公平发展需要协调结构与功能的矛盾,公平的民族教育发展应在民族教育结构内部各要素中以有序的方式相互关联,并能对整个社会发挥必要的功能。

权利与责任的合理平衡是乌江流域民族教育公平发展的基本保障。民族教育是一个系统工程。在推动民族教育公平发展的过程中,各级政府、学校、教师、家长等责任主体和担当者都应承担应有的权利与责任。教育公平问题的解决受制于政府的制度性因素、学校的操作性因素、教师的主导性因素和家长的配合性因素,政府的责任、学校的责任、教师的责任和家长的责任与教育公平具有密切的内在勾连,教育公平应从完善教育主体角色的角度寻求政府、学校、教师、家长在教育公平发展中的权利与责任的统一。

乌江流域是一个特殊的民族地区,在民族教育发展过程中,由于受制度性约束出现了严重的城市中心主义倾向和精英主义取向,重点校与一般校、城市学校与农村学校差距巨大,政府在资源配置与供给角色严重错位,制度性缺陷也让政府不得不回避和转嫁责任。同时,学校、教师、家长在民族教育发展中也出现了某种程度的缺位与越位,诸如家长、教师的主权被虚置,学校的权利被架空,责任迷失。所以,在乌江流域民族教育发展过程中,合理平衡权利与责任是促进民族教育公平发展的重要保障。权利是为道德、法律或习俗所认定为正当的利益、主张、资格、力量或自由,权利是为了保护某种利益,责任属于主体的分内事,个人、家庭、社会、政府等主体明白自己应该承担的任务和使命。只有保障权利的合理分配和行使,责任的恰当分担和履行,民族教育在发展过程中才会受到公平的待遇,也只有保障权利与责任的平衡,教育公平才能够得到保障。

发展是永恒的主题,公平的发展是人们追逐的理想之境。民族教育之花的绽放源于发展中充足的养分,这些养分就是人们心中亘古不变的理念——公平。乌江流域民族教育会随着教育的发展而发展,尤其是随着教育机会分配机制的不断调整与改进,民族教育公平的状况将得到进一步改善。民族教育的公平发展也将会遵循类似于库兹涅茨倒 U 曲线的变化过程的基本规律,通过推动乌江流域民族教育的发展,教育公平的程度与水平也将随之提高,发展才是实现教育公平的硬道理。

第二节　民族教育理论的学理分析

一、民族教育内涵的界定

民族教育是我国教育体系的重要组成部分，是一个涉及民族学、教育学、政治学、法学等多学科内容的一种特殊的教育形式，具有特殊的自身内在结构和模式、特殊的任务和目的，也有着不同的特殊自身定位。

但是，自20世纪80年代以来，民族学界、教育学界等不同学科背景的学者对民族教育的内涵存在不同的看法，都提出了自己的学术观点，产生了学术争鸣。王铁志就曾把这些学术观点归纳为地区说，语言说，学校说，服务说，文化说，泛指说，对象说，民族和地区结合说，民族、地区、文化结合说等九种观点①。结合近十年来的最新学术研究成果，课题组将三十年来学术界对于民族教育的内涵进行了归纳，认为主要有以下几种说法：

第一种观点：国民教育说。有学者提出，民族教育的概念有时是国民教育的代名词，这有两种情况：一是在单一民族国家里，民族教育的概念往往被国民教育的概念所代替；二是在多民族国家里，民族教育成了泛指多民族教育总和的集合概念。只有这些单一民族国家和多民族国家沦为殖民地或半殖民地的时候，才使用民族教育的概念。②

第二种观点：少数民族教育说。《中国大百科全书·教育卷》

---

① 王铁志：《论民族教育的概念》，《民族教育研究》1996年第2期。
② 耿金声：《论民族教育的概念和民族教育的特点》，《民族教育研究》1990年第2期。

解释为："少数民族教育,就是在多民族国家内对人口居于少数的民族实施的教育,简称民族教育。"《教育大词典·民族卷》则认为:"民族教育是中国少数民族教育的简称,特指除汉族以外,对其他55个民族实施的教育。"因此,国内有学者称:"中国的民族教育,是指对汉族以外的55个少数民族所实施的教育。"还有学者认为,今天所提的民族教育其实就是专指少数民族教育。

第三种观点:多层次民族教育说。中国民族教育是由"单一民族教育"和"复合民族教育"所构成。"单一民族教育"不仅指各个少数民族教育,同时也指作为主体民族的汉族的民族教育;"复合民族教育"是指中华民族整体的民族教育。单一民族教育和复合民族教育是我国民族教育不可分割的两个方面。这两者相互依存、相互补充,共同构成我国的民族教育。① 还有学者认为,民族教育是一个具有多层次含义的概念,第一层含义是指少数民族教育;第二层含义是指多民族国家中各民族教育的总和;第三层含义是指世界各民族的教育。②

第四种观点:单一民族教育说。日本《大百科事典》定义为:"民族教育是指对作为有着共同文化的集团的民族的成员所进行的培养他们具有能够主动地追求自己民族的经济、社会、文化的发展的态度和能力的教育。"③国内学者发表文章也提出:"民族教育是一个民族培养其新一代的社会活动,是根据本民族的要求而对受教育者的有目的、有计划、有组织、有系统的影响活动,以便把受

① 李红杰:《民族教育学的研究对象和体系浅议》,《北方民族》1992年第1期。
② 王锡宏:《少数民族教育概念新探》,《民族教育研究》1994年增刊。
③ 滕星:《民族概念新析》,《民族研究》1998年第2期。

教育者培养成一定社会的人,为本民族服务。"①

第五种观点:跨文化民族教育说。国内学者提出民族教育定义分为广义和狭义两种,广义的民族教育是指一种"跨文化教育",即"所谓的跨文化教育,也就是指对于具有不同文化背景受教育者的一种教育";狭义的民族教育"是指在一个多民族国家里对少数民族受教育者的一种"。②

第六种观点:社会活动说。国内学者指出:"民族教育是指对一个有共同语言、共同地域、共同经济活动以及表现于共同的民族文化特点上的共同心理素质这四个基本特征的稳定的共同体的文化传播和培养该共同体成员适应本民族文化的社会活动。"③

第七种观点:目的说。国内有学者提出:"民族教育是一个民族培养其新一代的社会活动,是根据本民族的要求而对受教育者的有目的、有计划、有组织、有系统的影响活动,以便把受教育者培养成一定社会的人,为本民族服务。"还有学者认为:"民族教育是指对作为有着共同文化的集团的民族的成员所进行的培养他们具有能够主动地追求自己民族的经济、社会、文化的发展的态度和能力的教育"。

民族教育学家滕星在分析国内外民族教育学对民族教育概念的各种观点的基础上提出,民族教育有广义说和狭义说之分。在他看来,狭义的民族教育是指少数民族教育,即对在一个多民族国

---

① 李红杰:《民族教育学的研究对象和体系浅议》,《北方民族》1992 年第 1 期。

② 孙若穷、滕星等:《中国少数民族教育学通论》,中国劳动出版社 1992 年版。

③ 荣司平:《我国民族教育研究中的几个问题》,《青海民族研究》2003 年第 4 期。

家中对人口居于少数的民族的成员实施的复合民族教育,广义民族教育则是指作为有着共同文化的民族或共同文化群体的民族集团进行的文化传承和培养该民族或民族集团的成员,在适应现代主流社会,以求得个人更好的生存和发展的同时,继承和发扬本民族或本民族集团的优秀传统民族文化遗产的社会活动。①

课题组认为,以上各种对民族教育内涵的探讨都有自己的合理理由,推动了我国民族教育理论的深化和发展。但是,少数民族教育说、多层次民族教育说、国民教育说、单一民族教育说、跨文化民族教育说、社会活动说、目的说等七种观点,或难以解释中国多民族国家教育发展的实际,或陷入斯大林民族理论的窠臼难以自拔,或过于简单化和单一化,理论脱离实际,都有其不足和需要进一步探究的地方。

滕星教授的观点已受到国内大多数民族教育学者的认同和支持,具有一定的代表性。在滕星教授看来,民族教育要达到两个目标:一是少数民族个体或者成员具备适应以主体民族文化为主的现代主流社会的能力,二是少数民族个体或者成员能够不断继承和发扬少数民族优秀文化遗产,以获得社会政治、经济以及文化等领域的平等权利。可以认为,这一民族教育的概念,不仅体现了我国统一多民族国家发展的历史事实,深刻揭示了多元一体的民族格局现状,而且还从理论上归纳和总结了民族教育在我国经济社会发展中的重要地位和作用,一定程度上推动了民族教育学学科的发展与完善,具有一定的科学性。因此,课题组采纳滕星教授关于广义民族教育的概念,并用来解释乌江流域民族教育的历史发展和现状。

---

① 滕星:《民族教育概念新析》,《民族研究》1997 年第 2 期。

二、中国民族教育理论的历史发展

随着教育学与民族学学科的不断发展与交融，国内学者便逐渐根据我国民族教育发展的客观实际，积极建构具有中国特色的民族教育学学科体系，推动中国特色民族教育理论的完善和发展。

20世纪80年代以来，随着我国民族教育改革与发展事业逐渐向纵深推进，学术界逐渐开始系统总结我国民族教育的成功经验，试图科学揭示我国民族教育发展的客观规律，逐步建构中国民族教育学学科体系，丰富中国民族教育理论。近三十年来，国内众多学者从学科发展角度总结了我国民族教育理论的历史发展，归纳起来主要有以下两种看法：

第一，三分法。三分法的代表人物主要有常永才、王鉴以及滕星等学者。常永才认为，中国民族教育学的学科发展应该归纳为三个时间段，即（一）1979～1984年：开始成为一个专门研究领域；（二）1984～1990年：努力建立独立学科；（三）1991年至今：进一步完善与规范化。[1] 王鉴提出，中国民族教育学的发展经历了三个阶段：第一阶段，民族教育学学科的孕育阶段（20世纪初～20世纪80年代）。这一阶段又可分为两个时期，即民国时期和新中国前30年时期；第二阶段，民族教育学学科的独立阶段（80年代）；第三阶段，民族教育学学科的完善阶段（1990年至今）。[2] 滕星则提出：中国民族教育学学科的形成与发展可大致划为三个阶

---

① 常永才：《中国少数民族教育学研究：历史、成就与问题》，《中央民族大学学报（哲学社会科学版）》2000年第1期。

② 王鉴：《关于民族教育学的几个理论问题》，《西北师大学报（社会科学版）》2005年第1期。

段:(一)民族教育学学科的孕育阶段(20 世纪初~1979 年);(二)民族教学学科的独立阶段(1979~1990 年);(三)民族教育学学科的完善阶段(1991 年至今)。①

　　第二,四分法。四分法主要代表人物是胡萍和周兴茂教授。他们提出,中国的民族教育研究可以追溯到 20 世纪初,其发展已近百年。新中国建立后中国民族教育发展经历了四个阶段:(一)起步阶段(1949~1966 年);(二)遭受重创的阶段(1966~1976 年);(三)拨乱反正、逐步恢复的阶段(1976~1984);(四)学科建立阶段(1984~20 世纪末)。②

　　上述两种分法,固然对我国民族教育理论的发展及其分期提出了自己的学术观点,也形成了一家之言,具有一定的代表性。但是,不管是三分法,还是四分法都没有充分认识到民国时期教育理论在中国民族教育发展中的重要地位和作用。课题组认为,探讨中国民族教育理论的发展乃至中国民族教育学学科的发展,都无法绕开民国时期国民政府推动实施的民族教育政策,甚至可以认为,民国时期民族教育是中国民族教育发展过程的有机组成部分,不可忽视。因此,课题组认为,中国民族教育理论的发展经历了以下几个阶段:③

　　(一)萌芽阶段(20 世纪初期—新中国成立前)

　　我国民族教育历史源远流长,仅文字记载的少数民族教育就

---

　　①　滕星:《中国民族教育学的产生与发展》,《民族教育研究》1999 年第 1期。

　　②　胡萍、周兴茂:《中国民族教育及其学科的历史回顾、成就与展望》,《湖北民族学院学报(哲学社会科学版)》2005 年第 1 期。

　　③　刘国华、于海洪:《论中国民族教育学发展的几个阶段》,《黑龙江民族丛刊》2011 年第 2 期。

可追溯至古代。但是,一般认为,从学科发展的角度来说,第二次世界大战后民族教育学才逐渐兴起,并在美国、德国等一些西方发达国家有了快速发展。民族教育理论研究也多是探讨教育人类学、多元文化教育、跨文化教育、土著教育、移民教育等几个相互交叉的研究领域。在中国,民族教育理论的形成与发展与民族学、教育学的交叉发展关系密切。

20 世纪初到新中国成立前,是我国民族教育理论和实践的萌芽发展阶段。民国时期,"民国政府为了对少数民族进行同化和实施安抚政策,中央教育部及研究部门的专家、学者开始对边疆的少数民族教育进行了一些社会调查与研究工作"①。一方面,"中华民国"政府为贯彻"民族主义"国策而对少数民族进行同化和安抚,以达成"五族共和"之目的,在教育方面推行"蒙藏教育"、"边疆教育"等;另一方面,围绕"蒙藏教育"、"边疆教育"而开展了大量的民族教育调查研究工作。

实际上,国民政府所采用的是一种同化主义为主的民族教育,导致了民族教育理论与实践的发展十分缓慢。但是,不可否认,民国时期的民族教育是中国民族教育理论与研究的新起点,无论是从概念到体系,还是从经验到方针政策等,都使得民族教育的特殊性得到了社会的一定认可。与此同时,随着政府认识到并开始重视民族教育的存在,学术界也加强了对民族教育的调查研究,产生了一系列调查与研究成果,如高凤谦的《蒙回藏教育问题》、郑鹤生的《我国边疆教育之计划与设施》、拜少天的《从边政谈边教》和《再从边政谈边教》、古樾的《民族教育的讲授》、国民政府教育部

---

① 滕星:《中国民族教育学的产生与发展》,《民族教育研究》1999 年第 1 期。

的《推进边疆教育的方案》和《边地青年教育及人事行政实施纲领》、《边疆教育法令汇编》、《边疆教育概况》、《教育部边疆教育委员会会议报告》、刘曼卿的《边疆教育》、曹树勋的《边疆教育新论》等。可以认为,这一时期,中国民族教育理论和学科发展处于萌芽状态。

(二)奠基阶段(1949 年—1979 年)

这一时期,是中国民族教育理论发展的奠基阶段。随着新中国的建立,中央政府先后召开了两次全国民族教育工作会议、四次全国民族学院院长会议,在北京、西北、西南、中南、云南、贵州、广西等地相继成立 7 所民族院校,下发《关于建立民族教育行政机构的决定》,要求在中央和各级政府的行政部门内设立民族教育机构。很快,教育部设立了民族教育司,各地教育部门内部也相继设立了民族教育的管理机构,并委任专人负责。到 1965 年,全国高等院校中的少数民族学生已达 21,870 人,是 1950 年的 17 倍;少数民族教师 3,311 人,是 1950 年的 5.3 倍。在少数民族地区的普通高等学校(不包括民族院校)已达 20 所,有学生 19,436 人,教师 4,357 人①。"文化大革命"时期,中国的民族教育发展基本处于瘫痪、停办状态,受到了很大程度的破坏。十一届三中全会以后,中国的民族教育发展才逐渐回归到正常状态。

总体来看,新中国成立后三十余年里,中央政府在对少数民族进行归并和识别的基础上,将发展少数民族教育放在教育事业的重心上,即国家着力于发展少数民族地区的各级各类学校教育事业。在这三十年里,中央政府坚定不移地提出了"中华人民共和

---

① 国家高级教育行政学院:《新中国教育行政管理五十年》,人民教育出版社 1999 年版。

国境内各民族,均有平等的权利和义务",保障了人人受教育权利的平等;将民族教育事业的发展放在了突出地位,采取特殊的措施重点扶持民族教育事业;在民族教育工作中充分照顾民族特点,民族教育"必须采取民族形式,照顾民族特点,才能更好地和少数民族的实际情况结合起来,否则便不会有好的效果"。① 这一时期,中国民族教育的内容和形式问题、课程教材问题,既照顾民族特点,又没有忽视整个国家教育的统一性,并在此基础上帮助一些少数民族创立文字,并要求少数民族用少数民族文字进行教学。可以认为,新中国成立初期到1979年间,我国的民族教育理论与实践为中国民族教育学学科的发展与民族教育理论的建构奠定了坚实基础。

（三）初步发展阶段（1980年—1990年）

20世纪80年代初期,随着党的十一届三中全会的召开和拨乱反正的进行,我国社会主义的各项事业都逐步转入正常发展轨道。在"实践是检验真理的唯一标准"的大讨论下,民族教育学界开始积极构建学科的理论体系。在此背景下,民族教育学学科体系基本形成,中国民族教育理论和实践基本进入初步发展时期。

这一时期,中国民族教育理论和实践都取得了一系列成果,在学术机构建立、学术刊物和学术成果等方面都有了较为快速地发展,基本搭建了中国民族教育学学科体系。

首先,中央与地方民族教育教学研究机构与学术团体相继成立,科研队伍初步形成并逐渐发展壮大。一方面,中央民族学院（中央民族大学）、中南民族学院（中南民族大学）、西北师范大学

---

① 国家教育委员会民族地区教育司:《少数民族教育工作文件选编（1949—1988）》,内蒙古教育出版社1991年版,第37页。

以及一些地方大学、民族学院、师范学院也纷纷成立了民族教育研究所(室)或民族高等教育研究所(室)等一些科研机构。

另一方面,中央到地方的民族教育教学与研究团体相继成立,并召开学术会议,搭建了中国民族教育理论与实践交流平台。1980年,辽宁省率先成立了"少数民族教育研究会"、"朝鲜语文教学研究会"等学术团体组织。1983年9月,全国性的民族教育研究学术团体——"中国少数民族教育研究会"正式成立。以后,各省、市、自治区、自治州、县相继成立了下属分会,截1989年,全国已有20个省、市、自治区和50个自治州、地区、60个县成立了少数民族教育研究会。全国会员达5000余人。中国少数民族教育研究会从成立之日到1988年共召开了4次全国性的学术研讨会,会议提交论文与调查报告390余篇,涉及民族教育研究的大部分领域。在理论与实践上具有一定的价值,其中精选了100余篇已编印成4册的《民族教育论文集》。①

其次,民族教育学学术刊物先后创办并公开发行,为学科理论建设和实践经验总结提供了良好的学术交流平台。1986年,四川省创办了第一个面向全国的综合研究期刊——《民族教育》。1990年,《民族教育》更名为《中国民族教育》,并转由国家教育委员会民族教育司主办。1988年,由国家民族事务委员会主管、中央民族大学主办的《民族教育研究》学术期刊试刊问世,并于1989年正式创刊,公开发行,成为全国唯一的国内外公开发行的有关民族教育研究的学术期刊。

随后,中南民族学院主办的《民族高教研究》、吉林省延边自

---

① 滕星:《中国民族教育学的产生与发展》,《民族教育研究》1999年第1期。

治州主办的《中国朝鲜族教育》、西藏自治区主办的《西藏教育》、内蒙古自治区主办的《内蒙古教育》、新疆维吾尔自治区主办的《新疆教育》等先后出版发行,为民族教育研究提供了发表学术成果的阵地,推动了民族教育研究的发展。

最后,大批学术成果相继面世,民族教育研究也首次被纳入国家哲学社会科学重点科研项目规划,科研成果丰硕,奠定了中国民族教育学学科的基本架构。

在国家第七个五年计划期间,民族教育研究被首次纳入国家哲学社会科学重点规划项目,这是民族教育研究获得全国哲学社会科学界认可的重要表现。同时,随着学术环境的宽松、学术机构的相继建立、大量人才的培养以及学者的调查与研究,相继出版了《中国少数民族教育学概论》[1]、《中国少数民族教育史纲》[2]、《藏族近现代教育史略》[3]、《鄂伦春族教育史稿》[4]、《民族教育概论》[5]、《青海民族教育概况》[6]、《云南民族教育研究》[7]、《中国少数民族教育发展与展望》[8]、《内蒙古民族教育研究》[9]、《民族教育论文集》[10]等一批著作,丰富和发展了中国民族教育学学科。

---

[1]　孙若穷、滕星等:《中国少数民族教育学概论》,中国劳动出版社1990年版。
[2]　谢启晃:《中国少数民族教育史纲》,广西人民出版社1989年版。
[3]　朱解琳:《藏族近现代教育史略》,青海人民出版社1990年版。
[4]　李瑛:《鄂伦春族教育史稿》,吉林教育出版社1986年版。
[5]　谢启晃:《民族教育概论》,广西民族出版社1984年版。
[6]　李思明:《青海民族教育概况》,青海人民出版社1982年版。
[7]　云南省教育科学研究所:《云南民族教育研究》,云南民族出版社1988年版。
[8]　朴胜一:《中国少数民族教育发展与展望》,内蒙古教育出版社1990年版。
[9]　刘世海:《内蒙古民族教育研究》,内蒙古大学出版社1989年版。
[10]　内蒙古自治区民族教育研究学会:《民族教育论文集》,内蒙古教育出版社1987年版。

　　但是,对于中国民族教育学科成立的标志,学术界看法不一。滕星教授认为,以专著《中国少数民族教育学概论》为代表的科研成果的出版,标志着民族教育学作为一门独立的学科基本形成①。王鉴也支持滕星的观点,提出在国家第七个五年计划中,民族教育研究的重点社科项目研究成果《中国少数民族教育学概论》、《中国少数民族教育史纲》、《中国少数民族教育发展与展望》等,标志着民族教育学作为一门独立的学科基本形成。② 常用才则认为,《中国少数民族教育学概论》一书明确提出了"民族教育学"的概念,并系统论述了其研究对象、任务、方法和主要研究领域,较全面地探讨了影响民族教育的诸因素和各级各类民族教育制度及民族教育的独特领域。这一切标志着民族教育学作为一个独立学科正式出现。③

　　胡萍和周兴茂则提出了新的认定标志。他们提出,1984 年中国教育学会少数民族教育研究会举办的学术研讨会会议论文集,即《民族教育论文集》的出版发行才是一个显著标志,标志着中国的民族教育与民族教育学的发展进入了一个学科建立的崭新阶段。④ 课题组认为,将《中国少数民族教育学概论》作为中国民族教育学科成立的标志是比较科学、合理的。在课题组看来,任何一个学科的形成和发展,都必须要有特定研究对象、研究方法、研究

　　① 　滕星:《中国民族教育学的产生与发展》,《民族教育研究》1999 年第 1 期。

　　② 　王鉴:《关于民族教育学的几个理论问题》,《西北师大学报(社会科学版)》2005 年第 1 期。

　　③ 　常永才:《中国少数民族教育学研究:历史、成就与问题》,《中央民族大学学报(哲学社会科学版)》2000 年第 1 期。

　　④ 　胡萍、周兴茂:《中国民族教育及其学科的历史回顾、成就与展望》,《湖北民族学院学报(哲学社会科学版)》2005 年第 1 期。

手段和基本理论体系。只有具备以上要素,研究者也才能真正去进行理论探讨和实践研究。《中国少数民族教育学概论》一书的出版和发行,就对民族教育学科的特定研究对象、方法、手段都进行了阐述和解释,并形成了与众不同的理论体系,基本建构了中国民族教育学学科的基本架构,推动了中国民族教育学的发展与完善。

(四)初步繁荣阶段(1991 年—至今)

1991 年以后,随着经过 80 年代民族教育理论与实践研究的扩展与深化,我国民族教育学学科从内容体系到研究方法等都有了长足的进步,初步进入繁荣发展时期。主要表现在:

第一,民族教育学学科范畴与体系研究的深化,研究领域不断扩展。一方面,学术界相继发表了如《民族教育概念新析》、《论民族教育概念的形成及其范畴》、《论民族教育的概念和民族教育的特点》、《民族教育学研究对象和体系浅见》、《民族教育的性质与特点初探》、《关于构建民族教育学学科体系的几个理论问题》、《再论民族教育学学科体系建构问题》、《民族教育学的学科性质与学科体系》、《民族教育学学科体系构成及现状》等论文,民族教育学学科理论体系臻于完善,逐渐走向成熟。另一方面,学术界将研究领域扩展到民族幼儿教育、民族基础教育、民族中等教育、民族高等教育、民族师范教育、民族妇女教育、民族职业技术教育、民族成人及扫盲教育、双语教学等方面,扩展了研究领域。

第二,随着交叉学科的发展,民族教育学研究方法更加多元化、科学化。进入九十年代以来,民族教育学的研究方法逐渐从单一的民族学或者教育学研究方法转到教育学、民族学、人类学、社会学、历史学、文化学、心理学等多学科交叉、跨文化的研究方法上来,而且还引进了现代信息技术、多媒体技术等新的研究手段和方法,推动了研究方法的多元化、科学化。

第三,民族教育学术视野扩大,学术交流加强。进入九十年代以来,国内学者和美国、日本、英国、德国、瑞典、澳大利亚、印度、韩国、菲律宾、马来西亚等国的学者加强了学术互访和交流。一方面,国内一些高校学者纷纷赴欧美、日本等一些发达国家留学、进修、考察与研究。通过这些学术活动,教育人类学、多元文化教育、移民教育、土著教育逐步介绍给中国的学术界,同时,国外的一些新知识、新理论、新方法也被尝试运用到中国民族教育学学科领域的研究中来。另一方面,许多国家的学者纷纷来中国学习、考察与研究中国少数民族教育的理论与实践,并将中国民族教育理论与实践成果逐步被介绍到世界各国,推动了中外民族教育研究的学术交流和发展。

同时,通过国际学术会议,扩大交流和沟通。1993 年 10 月,中央民族大学民族教育研究所与德国歌德学院北京分院联合召开了"中德跨文化教育国际研讨会",就少数民族教育、移民教育中的语言、文化障碍问题;文化认同问题;消除种族歧视与偏见问题;改善少数民族与移民生活环境等进行了交流。1995 年 10 月,国家教育委员会和国家民族事务委员会与中国国际教育交流中心联合召开了"少数民族教育国际学术研讨会",就各国的政治、经济、文化、语言与生态环境及民族心理等问题进行了讨论。1996 年至 1998 年,中央民族大学民族教育研究所与日本福冈教育大学在合作研究的基础上,召开了四次中日两国学者的国际研讨会,其中,两次在日本,两次在中国。①

---

① 滕星:《中国民族教育学的产生与发展》,《民族教育研究》1999 年第 1 期。

　　第四,民族教育研究人才培养和队伍建设取得了较多的成果。九十年代以来,随着民族教育学学科的发展和影响的不断扩大,很多高校或政府机构纷纷设立民族教育研究机构,如西北民族学院(西北民族大学)教育研究所、内蒙古师范大学内蒙古民族教育研究中心等先后建立。同时,在教学领域,已基本形成学士、硕士、博士完整的教学体系,可承担民族教育学各主要方向的人才培养任务,并培养了大批民族教育研究与应用人才,为民族教育学的繁荣与发展奠定了坚实的人才基础。

　　可见,经过近一百年的发展,中国民族教育理论体系已基本建构起来,民族教育研究也取得了一系列学术成果,推动了中国民族教育学学科的发展和完善。

三、乌江流域民族教育研究的维度分析

　　在中国民族教育理论发展的大背景下,面对前文所述民族教育内涵的众家之说,如何界定和讨论乌江流域的民族教育问题,不仅是一个涉及教育公平发展的理论问题,而且也是一个对推动民族教育公平发展的方法论问题。

　　乌江流域是一个多民族、多文化交融的民族地区,苗族、土家族、彝族、布依族、侗族等40多个民族交错杂居,形成了"你中有我、我中有你"的民族分布格局,大杂居、小聚居的特征十分明显。同时,随着历代中央政府对乌江流域的不断治理和开发,大量移民的迁入,汉文化、土家族文化、彝族文化、侗族文化等少数民族文化之间相互影响,相互交融,形成了一个不可分割的整体。但是,长期以来,由于恶劣的自然环境等各种原因,乌江流域一直是我国经济发展较为贫困、社会发展程度较低、教育发展相对滞后的落后地区。因此,在推动乌江流域大开发大发展和建设社会主义新农村

的背景下，为民族教育准确定位，推动民族教育的公平发展，为乌江流域经济与社会发展培养大量的实用型合格人才，就显得十分必要。

在对乌江流域民族教育发展客观实际进行调查研究的基础上，课题组认为，滕星教授所提出的"多元文化整合教育理论"非常适合于用来分析乌江流域民族教育公平发展问题，也为乌江流域民族教育发展的准确定位提供了建设性意见。

在滕星教授看来，"多元文化整合教育理论"亦称为"多元一体化教育理论"。这一理论认为："在一个多民族国家中，无论是主体民族还是少数民族，都有自己独特的文化。一个多民族国家的教育在担负人类共同文化成果传递功能的同时，不仅要担负起传递本国主体民族优秀传统文化的功能，同时也要担负起传递本国各少数民族优秀传统文化的功能"。因此，在他眼中，"多元文化整合教育"的内容，除了主体民族文化外，还要含有少数民族文化的内容。一方面，少数民族不但要学习本民族优秀传统文化，还要学习主体民族文化，以提高少数民族年轻一代适应主流文化社会的能力，求得个人最大限度的发展。另一方面，主体民族成员除了学习本民族文化外，还要适当地学习和了解少数民族的优秀传统文化，以增强民族平等和民族大家庭的意识。① 这一理论的提出，对我国多民族国家民族教育的定位和发展具有重要意义。

因此，课题组认为，要实现乌江流域民族教育公平发展，就要在立足乌江流域民族教育的民族性、地域性和特殊性的基础上，构建适合乌江流域民族教育自身发展特色的架构和发展体系，全面

---

① 滕星:《"多元文化整合教育"与基础教育课程改革》,《中国教育学刊》2010 年第 1 期。

培养各级各类人才,推动经济社会全面发展。

首先,在民族教育目的上,既要逐步改变乌江流域民族教育发展相对落后的面貌,又要逐步推进各民族经济社会全面发展,实现各民族的共同繁荣与和谐;既要弘扬乌江流域少数民族传统文化,又要逐步提高各族人民群众对实现现代化的理性认识。历史证明,一个民族要实现现代化发展,就必须有强大的民族凝聚力,只有同心同德,群策群力才能实现共同繁荣、富强。民族凝聚力是来源于民族传统文化的一种认同感和归属感,包括民族自尊心和民族自信心。因此,乌江流域各民族在加速现代化进程的同时,还要有意识地保护、传承和弘扬本民族传统优秀文化,这是全面推进社会和谐、稳定发展的重要文化保证。

其次,在民族教育发展重点上,乌江流域民族教育既要担负起塑造中华民族认同的历史使命,又要承担起促进乌江流域经济社会发展的当代职责。费孝通先生认为,民族认同就是"同一民族的人感觉到大家是同属于一个人们共同体的自己人的这种心理"。对于中华民族而言,民族这个概念本身应该包括三个层次的含义,第一层是中华民族的统一体;第二层是组成中华民族统一体的各个民族,即现在组成中华民族的 56 个民族;第三层是组成中华民族的各个民族的内部还有各具自身特色的部分。因此,在中华民族认同的建构上,一是在中华民族的统一体这个层次上,强调作为整体的中华民族的统一性和共同性;在中华民族统一体的单个民族的层面上,要认识到各民族是中华民族的一个重要组成部分,这是历史形成的;在第三个层面上,就是要认同中华民族内部的差异性和多样性。因此,一方面,乌江流域各民族是组成中华民族统一体的重要组成部分,另一方面,也是各民族传统文化的拥有者和传承者,所以,乌江流域各民族既有本民族的历史文化认同,同时又有中华民族文化认同,二者是协调、统一的。

第三,在民族教育发展体系建设上,乌江流域要积极建构系统的、适应当地全面建设小康社会的教育体系,解决民族教育结构不合理、管理机制不完善,优质教育资源严重缺乏、教学质量低,民族教育基础差、发展不平衡等问题。

现阶段,我国民族地区的根本问题就是发展问题,集中体现在少数民族和民族地区迫切要求加快经济社会发展上。加快经济社会发展,提高人民生活水平,实现各民族共同繁荣,全面建设小康社会,是各族人民的共同愿望和一致要求。要实现这一战略性目标,就需要全面开发包括乌江流域在内的偏僻山区、经济欠发达地区人民的教育意识、经济意识、科技意识和充分开发利用当地资源的意识。要解决好这些问题,就需要具有系统性的民族教育来支撑,建立结构合理,机制完善、资源相对丰富、质量较高的公平发展的民族教育体系。

在推进西部大开发,建设社会主义和谐社会的背景下,科技是核心,人才是关键,教育是基础。因此,要大力推进乌江流域民族教育公平发展,培养大量与乌江流域经济社会发展需求相适应的各级各类人才,推进科技进步,推动经济社会全面进步和发展,这是乌江流域各级政府和各族人民义不容辞的当代责任。

第三节 乌江流域民族教育发展研究回顾

一、民族教育发展研究概况

新中国成立以来,我国政府高度重视少数民族的各项合法权益,把发展民族教育看做是实现各民族平等和共同富裕的关键所在。尤其是20世纪70年代末,随着国家工作重心向经济建设的转移,在科教兴国国策的指导下,教育成为经济发展的重要战略支撑。少数民族教育也从民族地区的实际出发,以马克思主义思想和邓小平理论为指导,将爱国主义与国际主义教育相结合,主张民族平等团结。坚持民族教育为社会主义物质文明和精神文明建设服务,依靠特殊的政策和措施,民族教育的发展取得了重大的成就。民族教育发展的研究也在这一个改革浪潮中迅速推进,取得了丰硕的成果。特别是随着中央及各个地方研究机构和学术团体的相继成立,在民族教育期刊问世之后,关于民族教育发展的研究如春笋一般涌现。在第二届民族教育理论与管理研讨会上,就民族教育民族化提法、民族教育的现状及亟待解决的问题、如何建立科学的民族教育发展战略等方面的内容进行了探讨。

　　课题组以 CNKI 数据为主要的期刊资料来源,对近十年来学者们对民族教育发展的研究进行精确的检索,发现纯粹的有关民族教育发展研究的论文 178 篇,并结合滕星教授著的《民族教育理论与政策研究》、《教育人类学的理论与实践:本土经验与学科建构》、《20 世纪中国少数民族与教育:理论、政策与实践》、常永才著的《文化变迁与民族地区农村教育革新》、杜生一著的《甘青藏族现代教育发展研究》、谭志松著的《武陵地区民族教育调查报告》等有关民族教育发展研究的专著,梳理了关于民族教育发展研究的基本状况。

　　归纳起来,主要有以下几种观点:

　　第一,民族教育发展的主要责任在政府。在所有关于民族教育发展的研究中,都将各级人民政府对民族教育发展承担主要责任作为民族教育发展的重要条件。政府通过民族教育的方针、政策、路线对民族教育进行宏观调控,从民族教育的观念和思想上统领教育的发展,保持民族教育发展的正确方向。民族教育发展的质量、民族教育发展的规划、民族教育的经费投入及民族教育的相关规章制度是政府调控民族教育的具体教育教学工作的重要方式。有研究者认为,政府对民族教育的管理应该变微观管理为宏观管理,只有政府放权让民族教育在办学中真正成为面向社会自主办学的法人单位,民族教育才能够保持办学特色,民族学校的办学质量和效益才能大大提高。有的研究认为,政府在履行管理责任之时,在管理中应该提高管理的水平增加管理的艺术,建立支持教育改革的运行机制,真正形成管而不死,管而更活的良好局面。要管有所管,放有所放,责权分明,任务明确,摆正宏观管理和微观放活的关系,使学校更好地承担起为民族地区服务的任务。还有的研究者提出,民族教育的发展需要政府的正确领导并重点扶持,一些民族教育发展得好的地区得益于国家的大力支援和重点扶持,只有政府对民族教育的政策实施适当的倾斜,民族教育才能够得以迅速的发展。

第二,民族教育发展应从民族地区的实际情况出发。我国的民族教育具有特殊性,民族地区与非民族地区,甚至民族地区内部的不同区域之间在经济、文化等方面都存在严重差别,这些差别不仅表现为汉族与少数民族之间的差别,也表现为少数民族之间的差别。那么在发展我国民族教育的同时,就要充分尊重民族特点,从民族实际出发。民族教育的发展不应完全照搬发达地区的教育发展模式,搞"一刀切"。民族教育与少数民族地区的实际结合越好,民族教育发展就越好,一旦结合不好,民族教育的发展就受挫,甚至出现倒退。要发展民族教育就必须坚持尊重民族特点,了解并掌握民族地区经济对人才培养的新要求,使学校真正成为在政府宏观指导下,面向社会自主办学的实体。民族教育的发展要遵循教育的基本规律,又要充分注重各民族的不同特点,走符合当地情况的办学之路。

第三,发展民族教育要遵循教育事业的发展规律。教育是一项培养人的活动,同时也是一项文化活动,民族教育也不例外。有研究者认为,民族教育的发展必须尊重教育发展的两大基本规律:一是适应社会政治、经济、文化的发展,民族地区的经济水平及社会发育程度、民族的传统文化都制约或促进着民族教育的发展,民族教育不能够脱离社会、经济、文化发展的水平而片面的追求速度;二是民族教育又必须与民族学生生理、心理发展的需要相适应,教育活动不能摆脱民族学生生理与心理因素对其活动的影响。还有的学者专门从资源配置的角度分析了民族教育的发展必须与民族教育各种资源的有效配置相适应。孟立军先生在研究中专门强调了民族教育的发展要防止两种倾向:一是防止过分强调民族教育的政治意义而相对忽视教育活动素质要求的倾向。民族教育无疑是一个关系国家统一、民族昌盛的政治性问题。但这并不意味着民族教育可以降低质量,不讲学生的质量和素质。恰恰相反,正是由于民族教育所具有的这种更加鲜明的政治色彩,给民族教育提出了更高的要求。二是防止过分强调民族教育的特殊性而相对忽视教育活动整体性的倾向。民族教育如果没有特殊性,便失去了得以生存和发展的现实基础。但民族教育特殊性必须要受制约于教育活动的整体性,绝没有不讲教育活动整体性的特殊性。过分强调民族教育的特殊性,很容易只讲特殊性而不讲整体性,只注意民族教育与一般教育相区别的一面,而相对忽视民族教育与一般教育相一致的一面,难免会犯主观片面性的错误。

第四,民族教育的发展要注重民族文化的多样性及文化对教育发展的影响。这一方面的研究是最近几年的研究热点。一般认为,从多元文化背景研究少数民族教育发展的不平衡问题,对于民族教育发展的不平衡性与差异性,可以用自然环境、社会发展水平等教育外部因素来解释,也可以用教育投资、办学形式和师资水平等教育内部因素来解释。然而,无论给予怎样的解释,都不足以让研究者们忽视不同民族文化背景对教育发展的影响,各民族文化在内涵和特质上各有差异,构成了民族教育文化背景的不同特性:一是从文化的角度理解少数民族教育文化的内涵、表现以及它的形成、发展和现代化;二是分析了少数民族教育文化与民族教育发展的关系,揭示了民族教育文化的现代命运。

第五,从公平发展的视角研究民族教育的发展。哈经雄教授最早提出了民族地区教育均衡发展的问题,他认为一是应从宏观全局的高度上看少数民族教育均衡发展的问题;二是从政治、经济、多元文化的视角上谈少数民族地区教育均衡发展的问题。三是从历史和现实两个方面分析少数民族教育的均衡发展问题。有学者分析了民族教育中的区域失衡,包括学校分布规模、质量的失衡、人口文化素质的失衡、教育经费投入失衡等问题,要求从公平的角度建立教育优先发展区。优先发展区的建立是基于社会发展的公平和正义理想"抛弃了功利主义"、"绩效主义"的优势发展观,能充分地给处于弱势的群体或个人以有力的补偿;政府对教育优先区还要给予政策上的扶持,建立相应的法规制度给教育优先区的发展以有力支持,如建立"民族地区教师特殊津贴制度"给予在民族地区工作的教师较高的津贴以调动其积极性;建立"民族地区人才留任与流动制度",对进入和留在本地的教育人力资源以制度上的保证,吸引本地和外来的优秀人才。还有研究者认为,少数民族教育的发展在得到更多的教育优惠政策(如高考中的加分政策)时,汉族是否会感到不满意,是否会造成汉族与少数民族的隔阂;我国的教育优惠政策是否真正促进了少数民族在竞争能力方面的提高与发展；由于改革开放以来少数民族社会阶层分化的结构性差异，教育优惠政策的受益者是否只是少数民族中的一部分人，是否会造成另外一种不平等，是否从社会整体系统出发促进教育公平和少数民族教育发展。

第六，民族教育发展的模式逐渐形成。民族学校发展的主要模式可分为：单一型学校发展模式，复合型学校发展模式，多元型学校发展模式。根据"特色学校"的层次来看，民族学校发展的主要模式可分为：以特色求生存学校发展模式，以特色求发展办学模式，以特色创名校发展模式。从学生毕业去向来看，民族学校发展的主要模式有：选拔型学校模式和分化型学校模式。

二、乌江流域民族教育发展研究述评

近年来，学术界不断强化对乌江流域民族教育发展乃至整个流域社会文化的调查与研究，成果日益丰富。最近，李良品教授和崔莉老师对近年来乌江流域教育发展的研究进行了综述和回顾，总结归纳出了乌江流域民族教育发展研究的主要内容：①

乌江流域教育发展研究的著作主要有三类：第一类：在研究全国的教育或全国民族地区教育发展时兼及乌江流域教育发展问题，如王锡宏的《中国少数民族教育本体理论研究》（1998），吴洪成的《中国教会教育史》（1998），滕星的《20世纪中国少数民族教育理论、政策与实践》（2002），陈红涛的《中国民族教育模式研究》（2002），张铁道的《中国西部少数民族儿童教育质量与效益研究》（2003），陈玉屏的《民族教育研究》（2003），项蕾的《贫困地区教

---

① 李良品、崔莉：《近十年乌江流域教育发展研究的回顾》，《民族教育研究》2009年第4期。

育与经济发展研究》(2003),廖其发等的《中国农村教育问题研究》(2006),高书国的《中国城乡教育转型模式》(2006)等。第二类:综合研究乌江流域某个民族地区教育发展史教育问题,如冉苒的《教育探索与思考》(1999),李兴国的《贵州民族教育研究》(2000),中国西南民族研究学会的《走进西部—西部大开发与西南民族研究》(2001),张诗亚的《言说西南》和《走进西南》(2002),张学敏的《贫困与义务》(2002),高万能的《民族预科教育研究》(2004),谭志松的《武陵地区民族教育理论与实践》、《武陵地区师资队伍的历史与现状》和《武陵地区民族教育历史与现状》(2005)等。第三类:研究西南地区或乌江流域某个少数民族教育发展问题,如罗廷华的《贵州苗族教育研究》(2000),黄仕清的《土家族地区教育问题研究》(2003),吴军等的《侗族教育史》等。

自1998年以来,专家学者们或以"乌江流域"、"渝东南"、"鄂西"、"武陵山区"等地域名称冠名研究该地区的教育,或以"贵州"、"重庆民族地区"、"鄂西土家族苗族自治州"等区域冠名研究乌江流域部分区域的教育问题。在这些论文中,直接以"乌江流域"或"渝东南"作为研究对象而出现频率最高、研究最深的是李良品、彭福荣等;以"贵州"冠名研究而出现频率最高的是张羽琼和莫子刚;以"土家族"或"武陵山区"冠名研究而出现频率最高的是谭志松和黄柏权等。专家学者们在研究过程中,或翻检史料文献、或作实地调查后进行论证,很多论文都具有很高的学术价值和良好的社会效益。尤其值得庆幸的是,在最近几年中,一批研究生对乌江流域教育发展高度关注,迄今为止,已有10多名博士或硕士研究生撰写了相关的毕业论文,如刘庆兰的《贵州汉、苗、布依、侗族中学生心理健康的比较研究》、曾晓进的《贵州省少数民族农村地区学校体育课程资源开发与利用的研究》、谭志秀的《布依族社会变迁与家庭教育研究》、耿桂红的《土家族地区高等教育的初步研究———以湘西地区的两所高校为例》、谭再琼的《重庆市少数民族地区基础教育问题分析与对策探讨》、周宏宇的《酉阳土家族苗族自治县综合实践活动课程开发研究》等。这些论文不仅从不同角度对乌江流域的教育进行了系统研究，而且还提出了许多解决教育中存在的问题与对策。

乌江流域教育发展历史的宏观研究。彭福荣经过研究后认为，在漫长的历史进程中，乌江流域古代教育形成了兴盛的局面，学校兴盛的原因：一是经济发展推动进步，二是时政干预左右发展，三是文教科举促成繁荣，四是交通的发展。同时，湛玉书和李良品还对乌江流域土司时期的学校教育进行了探讨，认为土司时期是该地区学校教育发展的重要阶段。当时学校类型主要有官学、书院、社学和义学，特点有四：一是接受汉文化教育；二是区域发展不平衡；三是阶段发展起伏性；四是整体发展滞后性。其影响在于：一是提高了土家族的文化素质；二是改变了土家族地区的风俗习惯；三是促进了土家族文化的繁荣；四是维护了明清政府在土家族地区的统治；五是促进了汉文化与土家族文化的交流；六是提高了土家族上层人士的认识水平。结合具体朝代，李良品认为，明代是乌江流域学校教育发展的一个重要时期。当时学校教育呈现四个特点：一是中原文化从巴蜀地区渐次传入乌江流域，二是初步建立起学校教育体系，三是地方教育逐步普及，四是区域间学校教育发展不平衡。乌江流域明代学校教育发展改变了土司统治集团的风俗习惯，提高了各族人民的文化素养，推动了各民族之间的融合，促进了传统文化的发展和创新。张羽琼认为，明朝统治者通过兴办各类学校，发展书院文化，推进科举取士等政策，推动了贵州民族教育的发展,改善了贵州社会人口质量。贵州各族人民文化水平的提高,为贵州民族地区的大规模开发提供了良好的人力资源。从清王朝统一贵州到道光十年(公元 1830 年),官学的兴起促进了贵州民族教育的发展,但在专制政府的民族压迫和阶级压迫下,贵州民族教育处境艰难,发展缓慢,成为制约贵州社会经济发展的历史根源。谭再琼归纳了重庆少数民族教育的历史特点:一是学校教育从上层走向民间的渐进性;二是受汉族文化影响与渗透的深厚性;三是人才辈出的时代性;四是教育发展的滞后性。李良品和崔莉通过对乌江下游民族地区近代教育发展经历的清朝后期、清末民初及国民政府时期三个不同历史阶段的研究后认为,该地区近代教育虽然受当时的政治、经济、历史、文化等因素的影响,发展极为缓慢,但也发挥了多种功用。抗战时期,贵州省政府为了发动和联合少数民族同胞起来抗战,采取了不少发展民族教育的政策和措施,莫子刚教授总结为六条:一是制颁民族教育方案,成立专门机构;二是加大经费投入,改善办学条件;三是培建民族地区师资队伍;四是编定特色教材,设置特殊课程;五是想方设法使少数民族子弟入学等;六是结合少数民族特点,推行民众教育。这些措施在当时的情况下取得了一定的成就。

在对乌江流域民族教育发展的研究中,学术界已基本理清乌江流域民族教育发展的历史脉络,总结出乌江流域民族教育发展的演变规律,并在分析乌江流域民族教育发展中存在的问题的基础上提出了相应的对策和建议,取得了一定成绩。但分析发现,当下研究仍然还存在一些问题,主要表现在:

第一,有关乌江流域民族教育发展研究的针对性不强。

课题组认为,民族教育的发展与普通教育相比更为复杂。一方面,固然历史原因的确造成了民族教育发展的全面滞后,但是另一方面民族教育事实上也还深受自然地理条件、经济发展水平、民族传统文化等方面的影响。因此,在民族教育发展研究中,就还应该高度关注民族教育的地域性、民族性、文化性等特点,应结合民族发展的特点和区域地理的特征探究民族教育的发展。在已有研究中,基本上没有关注到乌江流域经济条件和地理环境对民族教育发展的影响,同时也没有结合乌江流域特殊民族格局、民族关系和文化交流等来研究民族教育发展问题,因此,提出的应对措施和建议也就往往缺乏可操作性。

第二,没能紧扣民族教育功能来研究民族教育的发展问题。

众所周知,发展民族教育的目的,一是为了提高少数民族成员的素质以促进民族地区经济社会的持续发展,二是实现民族平等,巩固中华民族多元一体的格局,三是继承和发展少数民族优秀的传统文化。然而,现有研究中却严重忽视了民族教育功能的研究,更没有从民族教育既要帮助受教育者适应现代主流社会,以求得个人更好的生存与发展,又要能够继承和发扬本民族或本民族集团的优秀传统文化遗产的社会活动的视域探究乌江流域民族教育的发展。

第三,对民族教育发展中的不公平问题关注不够,研究也不深入。

在现有研究中,对乌江流域民族教育公平问题的研究甚少,从教育公平的角度审视乌江流域民族教育发展问题就更少。同时,在关于教育公平与民族教育发展方面的研究中,学者对教育公平的理解也是仁者见仁,智者见智,无法达成学术观点的统一和一致。因此,基于不同角度的教育公平理论来分析民族教育的发展问题就显得理论混乱,结论也就缺乏可操作性。

由此可见,当下学术界对乌江流域民族教育发展研究存在种种不足,还有进一步进行深入研究的必要。因此,课题组认为,在教育公平的视野下,乌江流域民族教育发展研究不仅要关注民族教育本身在发展中存在的问题,而且还要关注民族教育与社会环境之间的密切关系。这些都是影响乌江流域民族教育公平发展的重要因素。

第二章 富饶与贫瘠:乌江流域概述

乌江是我国长江上游南岸最大的支流,乌江流域是我国西南地区少数聚居地区之一。千百年来,苗族、土家族、彝族、布依族等少数民族及其先民在乌江流域这片土地上生息、繁衍,辛勤劳动,创造了璀璨的文明成果,留下了宝贵的精神财富和物质财富。同时,乌江流域又蕴藏着十分丰富的矿产、生物、旅游等资源,是我国西部自然资源最为富集的区域之一。但是,由于恶劣的自然环境和社会历史原因,乌江流域经济与社会发展还相对滞后,仍是我国经济社会发展落后地区之一。

第一节 乌江流域的地理范围

乌江是长江上游的重要水系,也是长江上游右岸最大的一条支流。在地理学上,我国很早就有对乌江和乌江流域的记载。司马迁在《史记·西南夷列传》中曾较大篇幅地记载了我国云贵高原的基本情况,描述了关于夜郎、昆明、滇池等地夷族部落酋长政权的分布、军事、民族及与汉朝的关系等内容,这是第一次记载了包括乌江在内的云贵高原的自然地理状况。明代,关于乌江和乌江流域的文献记载逐渐完备。王士性在《五岳游草》中有"蜀、粤入中国在秦、汉间,而滇、贵之郡县则自明始也"的记载。今本《元和郡县图志》也有"黔、沅之地有黔、涪、夷、思、费、南、珍、溱、播、

辰等十五州”,涉及乌江流域数州,提及乌江时就有“西有巴(延)
江水,一名涪陵江,自牂柯北历播、费、思、黔等州北注岷江”的解
释,第一次明确指出了乌江的流向与所经政区。宋代《太平寰宇
记》卷120《涪州》、《黔州》等文献也曾涉及了乌江的相关信息。
新中国成立后,众多学者对乌江流域有了更多的文献记叙和研究,
如汪育江、黄健民等。

一、关于“乌江”江名

乌江又有延江、延水、巴涪水、涪陵江、巴江水、丹涪水、黔江、
更始水、涪江、内江、巴江、小别江、湖江、德江、紫江、白沙江、龚滩
河等共有20多个名称或称呼。对于“乌江”江名的来源,学术界
有众多观点和看法。

其一,有人认为乌江发源于贵州高原乌蒙山而名为“乌江”。
李光炳在《天险乌江奇趣录》一书中就有“乌江因发源于贵州乌蒙
山麓而得名”的说法。这话有一定道理,但问题是,乌江南源从威
宁彝族回族苗族自治县石缸洞涌出,流经乌蒙山区一直称为三岔
河,北源发祥于赫章可乐称六冲河,南北两源在化屋基合流到遵义
乌江镇这一段,也是称为鸭池河。相反,离开乌蒙山区400多公里
后的中下游水道称之乌江,似乎因发源于乌蒙山便取其乌字命名
乌江,实有不妥。

其二,道光《遵义府志》引《方舆纪要》曰:乌江,或谓之亏阝
水,或谓之湖江。按《唐书·地理志》中有亏阝州,所隶乐安、宜
林、芙蓉、琊川等县地,州废后皆归播州,亏阝水立名。贡山县后改
为湖江县,则亦以湖江名也,“湖”与“乌”叠韵。“亏阝”重读即是
“乌”。这似乎也说不通。

其三,神话传说。一是乌江原是一个姓乌的老汉,善待了受难

中的龙神，龙神为了感谢乌老汉开了这条江，便以乌江命名。二是洪水齐天时，葫芦里躲了兄妹俩，洪水消退后，兄妹俩从葫芦里钻了出来，感谢葫芦救了他俩命，并繁衍子孙，就取葫芦的葫的谐音"乌"，命名为乌江。三是古人见乌江两岸长满了乌杨古树浓荫掩翳，使本来清澈如镜的江水，看去也成了乌黑的江水，所以取名为乌江，又叫"黔江"。

最近，贵州学者田永红发表《乌江江名考》一文认为，乌江的命名有着深厚的文化内涵，与古代巴人的生产、生活及其文化背景有着密切联系。田永红认为，对于"延江"的别称，这与巴族中的蜒人有较深渊源。乌江流域有很多世居乌江沿岸的蜑民，或因居住江边，或因乌江蜿蜒起伏如龙蛇，便称乌江为延江；对"涪江、涪陵水、涪陵江、巴涪江"等称呼，是鱼凫巴人在西迁过程中，途经乌江并生活了很长一段时间后，以示纪念便反复用巴江、涪江、巴涪水、巴涪江、涪陵江等来称谓乌江，以示永世不忘。而对"丹涪水"，则是从商周直到唐代，甚至明清黔中地的今务川仡佬族苗族自治县、黔江、秀山、彭水等地丹砂经乌江转长江外运，故乌江古称之为"丹涪水"，确实名副其实。对"黔江"的称呼，一是指江名，二是以江名冠县，但却是先有江名称呼后有县名。

据田永红考证，乌江之名应始于元代。有人根据唐代李白流夜郎有《乌江留别宗十六璟诗》所谓："白帝晓猿断，黄牛过客迟，遥瞻明月峡，西去亦相思。"今有渡曰乌江渡，关曰乌江关，黔蜀要津，就认为在唐代就乌江之名，其实不然。正如道光《遵义府志》所云："惟即以为太白与宗（李白之妻）十六留别之乌江，是其大误，按唐淮南道有乌江县，隶和州历阳郡。《浔阳记》载'九江'之名，一曰'乌白江'，三曰'乌江'；四曰'乌土江'，六曰'白乌江'。《太平寰宇记》引《浔阳记》云九江在浔阳，去州五里，名曰'乌江'，是大禹所疏。太白所谓'乌江'者，指浔阳江耳，非和州之乌江县，更不得以遵义之水附会也。"除此，在元代以前的古籍中从未有提及"乌江"二字的记载，更没有将延水谓之乌江。①

同时，"乌江"命名还与延江关系密切。《水经注》最早记录了延江，延江即蜒江，延与诞、蜒义古时相通。"廪君之先，故出巫诞也。"务相，巴氏之子生于赤穴，应该承认黑穴四姓均为巫蜒之后裔，且崇尚黑色。任乃强也考证，"巫诞"就是《山海经》所载的古国"巫载"，"载"为"铁"之本字，与"黛"音同，意为黑色。"巫山"之"巫"、"武陵"之"武"、"舞水"之"舞"、"务川"之"务"、"五溪"之"五"、"商於之地"之"於"等均同于"乌"，意为"黑色"。

一般来说，基于地名学的解释，很多地名都有着深刻的社会文化内涵，地名的产生和形成与特殊的社会重大历史事件、动植物、家族姓氏等有着密切联系。因此，课题组以为，"乌江"的江名是乌江流域经济社会发展的产物。自古以来，乌江水道为重要的交通要道，成为西进、东出的重要交通线。明朝永乐年间，贵州省的设置更是提升了乌江水道的重要地位和作用，乌江水道成为乌江沿岸甚至整个西南地区社会稳定、经济交流和文化互融的关键所在。因此，各级政府和过往商人、民众对乌江水道的畅通更为关注。同时，在乌江沿岸尤其是中下游地区生长着一种名叫"乌杨"的大树，不仅数量多，而且分布较广。据此，政府官员、地方民众和过往商人，在利用乌江水道西进东出进行贸易和文化交流的过程中，便以不同的"乌杨树"给不同的乌江沿岸地方留下记号或标志以识路程、地名或时间，岁月变迁，因而才有"乌江渡"的名称产

---

① 田永红：《乌江江名考》，新浪网："http//：www. sina. gov. cn/tyh/5909004186086801408"。

生。于是,随着时间的不断推移,众多以"乌"或"乌杨树"命名的
地名不断出现,随之也就产生了"乌江"名称。

二、乌江流域的地理范围

乌江流域是一个地理学概念,主要是指乌江干流及其众多支
流流经的地域及附近地区。乌江发源于贵州高原西部威宁彝族回
族苗族自治县盐仓镇石缸洞,河源地海拔高 2260 米。干流经云南
省、贵州省、湖北省以及重庆市等三省一市,共 56 个区(县、自治
县、市)。支流众多,汇入干流后在重庆市涪陵区汇入长江。

乌江流域位于北纬 26°7′至 30°17′和东经 108°18′至 109°22′
之间,全长 1050 公里。按照一般习惯分法,从源点流经水城县、纳
雍县、织金县、六特区枝等县境,后经普定县、平坝县、清镇县等县
市至化屋基,是为上游,被称为三岔河,全长 338.6 公里。中游截
止为思南县,长 366.8 公里,流经黔西县、修文县、金沙县、息烽县、
遵义市,后经开阳县、瓮安县、湄潭县、余庆县、凤岗县、石阡县和思
南县。下游从思南县至汇入长江,经德江县、沿河土家族自治县等
县境,折西北进入重庆市境,历经酉阳土家族苗族自治县、彭水苗
族土家族自治县、武隆县至涪陵区汇入长江,全长 344.6 公里。①
其中,源自湖北的唐崖河在重庆市酉阳(阿蓬江)龚滩汇入乌江。

乌江流域贯穿云贵高原中东部和四川盆地东部,主要范围包
括贵州省、云南省、重庆市和湖北省的 12 个地区(市、自治州)。
贵州省有威宁彝族苗族回族自治县、赫章县、水城县、水城特区、纳
雍县、六枝特区、安顺市、普定县、平坝县、织金县、清镇市、毕节市、
大方县、黔西县、南明区、云岩区、乌当区、花溪区、白云区、修文县、

---

① 汪育江:《乌江流域考察记》,贵州科技出版社 2000 年版,第 2—3 页。

金沙县、息烽县、遵义市、遵义县、开阳县、瓮安县、湄潭县、余庆县、凤冈县、石阡县、思南县、印江土家族苗族自治县、德江县、沿河土家族自治县、贵定县、福泉县、施秉县、镇远县、务川仡佬族苗族自治县、正安县、道真仡佬族苗族自治县仡佬族苗族自治县、绥阳县、松桃苗族自治县等;重庆市主要是渝东南民族地区的酉阳土家族苗族自治县、秀山土家族苗族自治县、石柱土家族自治县、彭水苗族土家族自治县、黔江区以及武隆县、涪陵区、南川区等区(县);湖北省主要是恩施土家族苗族自治州恩施市、咸丰县和利川市等3个县(市);云南省仅有镇雄县。

据统计,乌江流域整个流域总面积约为87921平方公里。其中,贵州省段流域面积67500平方公里,重庆市段流域面积15543平方公里,湖北省段流域面积4221平方公里,云南省段流域面积566平方公里。上游北源面积10874平方公里,南源流域面积7264平方公里,中游流域面积33132平方公里,下游面积36650平方公里。贵州省境内的流域面积占总面积的76.77%,占贵州耕地面积的38.32%。

乌江流域上、中游处于云贵高原东部及其延伸地带,下游处于四川盆地东缘及其延伸地带、武陵山区和鄂西南山区。根据地理学划分,乌江流域东部以武陵山脉、南部以苗岭、西部以乌蒙山脉、西北以大娄山山脉分别以沅江、珠江、横江、赤水河、綦江为分水岭。流域内地势由西向东、东北逐渐倾斜;流域平面呈由西向东和东北方的长弧形带状,西南向东北长约650千米,南北宽100—30千米,平均宽约150千米。流域处于我国地势第二级阶梯向第三级阶梯的过渡地带,呈现出一个由西向东变化明显的大斜坡。东西向海拔高度差距较大,南北向差距较小。位于西部的韭菜坪,平均海拔2900米,为流域最高峰,河口水面高程仅有136.5米。

第二节 乌江流域的生态资源

乌江流域是我国地理条件复杂、自然环境较为恶劣的地区之一。流域内高山大谷交错纵横,河流密布,自然与地理环境特殊。总体来看,乌江流域的自然条件体现出多山地、多河流,千沟万壑的基本特征。

一、乌江流域的自然资源
(一)地质地貌、气候特征与土壤

从地貌类型来看,乌江流域的地貌类型主要有高原、山原、山地、丘陵、盆地和平坝等。

乌江流域的高原主要是分布在流域的上游地区,包括威宁彝族回族苗族自治县、赫章县、毕节市、大方县、金沙县、黔西县、织金县及纳雍县一带等西部地区。这一地区处于云贵高原的东部延伸带,平均海拔在 1900 米—2600 米之间,高原面上起伏和缓,多波状浅丘,盆地交错。从成因来看,这一地区主要是喀斯特高原和剥蚀—侵蚀高原。在乌江流域喀斯特高原区,河流大多流量小、水浅、谷宽,而且有大小不等的溶蚀湖、水潭等分布,大凡湖和潭等出现的地方,地下水一般都比较浅。在剥蚀—侵蚀高原区,一般来说,高原面破碎,地形切割强烈,大型河流阶地少,水土流失严重,地表河常常潜入地下形成暗河或者伏流,也形成了高原丘陵洼地,山石裸露严重,石漠化、荒漠化明显,石芽、溶洞发育较好。

乌江流域的山原主要分布在流域的中、上游地区,下游分布较少。流域内的山原一般分布在海拔 1200 米以上,在 1000 米—1800 米之间也有分布。山原边缘地区常常有河流切割地形,地面起伏较大,因而,山岭、夷平面和宽缓的盆地交错分布,正所谓"山上有原,原上有山",地形复杂。

　　乌江流域山地多,面积大。从地理学来说,海拔高于 500 米,相对高度大于 200 米的地区都为山地。按照海拔高度不同,山地又可以分为低山、中山、高山和极高山四类。乌江流域主要的山地只有低山和中山。低山主要分布在乌江流域的中游和下游地区,其中,一部分低山区山地切割厉害,水土流失严重;另一部分低山切割面浅,为剥蚀—侵蚀类型低山。中山区在乌江流域上游、中游和下游都有分布。中山地区河深谷高,河面与两侧高山相对落差 700 米—950 米,有些地方甚至相差 1000 米以上,峡谷两面悬崖绝壁,水流湍急,水资源丰沛。在灰岩裸露地区,喀斯特地貌发育良好,溶洞、地下河、干谷、溶斗遍布,洼地、盆地、槽谷等零星散布,蜂丛簇集。其中,乌江流域内的威宁彝族回族苗族自治县、六盘水、赫章县、黔西县、织金县、平坝县、清镇县、酉阳土家族苗族自治县、黔江区、彭水苗族土家族自治县、武隆县等地尤为明显。①

　　乌江流域的丘陵地带面积大,水土条件好,土壤营养成分高,多是农业发展相对较好的地区。按照海拔高度,乌江流域的丘陵又可以分为海拔高于 1000 米的高丘陵、海拔介于 500—800 米的中丘陵和海拔低于 500 米的低山丘陵。在乌江流域,上游多为中、低丘陵分布区,中游多为中、高丘陵分布区,下游则多为中、低丘陵分布区。在丘陵地区,丘陵顶部土层一般厚约 15 厘米—30 厘米,中丘底部一般大于 80 厘米,低丘陵地区底部一般大于 1 米。因而,乌江流域丘陵地带一般都是农业种植区,农作物收成中,大约

---

① 黄健民:《乌江流域研究》,中国科学技术出版社 2007 年版,第 24—25 页。

78%—82%的部分源于丘陵下部以及下冲沟地区,而且粮食产量比较高。

　　盆地也是乌江流域的重要地貌类型。乌江流域的山间盆地(坝子)具有分布地域广、海拔落差大、面积小、成因类型多等特点。据地理学者黄健民先生考证,这些山间盆地的成因主要有以下类型:第一,在断裂构造基础上或软弱岩层上由河流侵蚀冲击而成;第二,在断裂、裂隙基础上溶蚀而成;第三,有发育在向斜中的山间盆地,或发育在背斜上经侵蚀、溶蚀而成的山间盆地。① 乌江流域的山间盆地呈椭圆形、圆形、多边形、狭长形等多种形态。这些盆地虽然面积不大,但却是难得平坦地方,土层深厚,水流平缓,城镇集中,交通便利,经济发达,人口较多。调查发现,乌江流域的主要盆地有威宁彝族回族苗族自治县、水城县、织金县、贵阳市、桐梓县、贵定县、绥阳县、余庆县、石阡县、思南塘头、德江县、酉阳小坝、咸丰县、黔江区马剌湖、彭水苗族土家族自治县保家等地方。

　　可见,乌江流域地貌类型复杂多样,有高原、山原、山地、丘陵、坝子及岩溶平原等多种类型,其中高原、山原和山地约占流域总面积的87%,丘陵约占10%。在各种地貌中,喀斯特地貌发育分布广泛,碳酸盐类岩石出露面积约占流域总面积的73%,各种石芽、溶斗、洼地、槽谷、溶洞、地下河随处可见,形成了风光绮丽,形态万千的自然景观,如芙蓉洞、织金洞等。同时,流域高原、山地、峡谷地貌结构显著。

　　从地貌类型看,乌江流域情况比较复杂,除部分平坝及河谷较为平坦外,主要是丘陵山地。喀斯特地区,素有“地无三尺平”之称,所谓“森林密箐”、“跬步皆山”,自然景观可谓丰富多姿,五彩

_____

　　①　黄健民:《乌江流域研究》,中国科学技术出版社2007年版,第27页。

缤纷。乌江流域由于落差巨大,形成了天险水道。按其构造体系及其各河段构造线方向,可以分为乌江流域四段。河源至化屋基属黔西"山"字形构造体系,构造方向为北西西(337.50°)走向,和北东东(75.50°)走向;化屋基至构皮滩段属渝黔经向构造体系,构造方向为南北走向;构皮滩至武隆段为新华夏构造体系,构造体系为北北东(22.50°)走向;武隆至涪陵河口段,构造方向为南北走向。整个流域沉积盖层发育较好,露出地层较全。乌江流域重庆段,以中、低山和丘陵为主,海拔1000米—1800米之间,广泛分布于酉阳、黔江、彭水、武隆、石柱等区、县境内。海拔1000米以下的低山,主要分布在沿江两岸。台地多叠置在宽阔平缓的低、中山顶部。平坝则多分布在槽谷底部和沿江一线。

乌江流域属于亚热带季风气候,具有季风气候和高原山地气候特征。"一山有四季,十里不同天",一日之间,乍寒乍暖,百里之外,此熬彼凉,这些正是乌江流域气候特征的真实写照。大气、降水、风向随季节的更替而变化,除少部分地区外,乌江流域冬无严冬,夏无酷暑;年降雨量充沛;全年湿度大,阴雨天多,日照少;气温、降水等气候要素的差异显著,气候类型多样化。

乌江流域年平均气温在10.5℃—18.2℃之间。年和月的温度变化趋势是由西向东、由南向北递增,年平均气温从上游的威宁彝族回族苗族自治县的10.5℃,逐渐增高到河口涪陵的18.0℃;1月均温从2.0℃逐渐增高到7.4℃,河源威宁极端气温最低为—15.3℃(1977年2月9日),为流域最低气温之极值;7月均温从17.4℃逐渐增加到28.1℃,下游彭水极端温度是44.1℃(1983年8月19日),为流域最高之极值。地理学者黄健民总结了乌江流域的气候特征主要体现在以下三个方面:第一,雨量充沛,时空分布不均;第二,乌江流域内部地区差异巨大,垂直气候显著;第三,天气变化复杂,上、中、下游地区几重天。①

　　总体上来看,乌江上游地区气候较为复杂,主要是亚热带夏秋湿润、冬春干旱气候;中游地区,主要有河谷亚热带(海拔 500 米以下)、山原亚热带(海拔 800 米左右)和山地暖湿温带湿润气候;下游地区主要为中亚热带、北亚热带湿润气候。整体上看,乌江流域重庆段属中亚热带湿润季风气候类型。气候具有温热、降水充沛、日照短缺、四季分明、山地垂直、气候显著、灾害性天气频繁等特点。年均温 14.9℃—18.1℃(涪陵、武隆、彭水沿乌江河谷一带为高温中心),年均无霜期 270 天—340 天,年降水量 1081 毫米—1375 毫米,年均日照 1035.4 小时—1338.3 小时(日照百分率23%—30%),为全国低值区之一。

　　乌江流域的地质、地貌和生物气候条件等呈多样,因而土壤也是多样复杂的。从土壤类型来看,乌江流域的土壤主要有黄壤、黄棕壤、石灰岩土、紫色土、水稻土等多种。各土壤类型的分布不仅具有水平地带性、垂直地带性和非地带性规律,而且土类随地貌及母质的差异而变化,地带性土壤、非地带性土壤交错分布。

　　黄壤和黄棕壤广泛分布于乌江流域上、中、下游地区。石灰岩土分布也较为广泛,只要有石灰岩和白云岩出露的地方均有分布。紫色土壤在中、上游地区分布较少,下游地区分布很广,是主要的农业用地。水稻田除威宁彝族回族苗族自治县和和赫章外,乌江流域其他地区分布都很多。

　　在乌江流域,除上述七种土壤类型外,还有潮土类,即冲积土,零星分布于江河、溪沟沿岸开阔处;从河口至河源 1900 米—2400米以上地区尚有面积不大的棕壤和山地灌丛草甸土类。从各类土

---

①　黄健民:《乌江流域研究》,中国科学技术出版社 2007 年版,第 29 页。

壤生产力水平来看,上等土壤比重较小,而中、下等土壤的比重比较大。同时,各类土壤都程度不同地存在着冷、烂、锈、沙、瘦、薄、酸、粘等障碍因素,单位面积产量低。①

(二)动植物与矿产资源

乌江流域有着丰富的动植物资源。调查发现,从动物类别来看,乌江流域有爬行类动物40多种,两栖动物20多种,兽类90多种,鸟类近300种。就鱼类而言,乌江流域有鱼类80多种,经济价值极高的就有60多种。此外,乌江流域还有大量国家一级、二级保护动物,如金丝猴、小熊猫、毛冠鹿、黑叶猴、大鲵、华南虎等。属于国家级保护动物的还有林麝、马鹿、斑羚、岩羊、石貂、水獭、大灵猫、小灵猫、金猫、猞猁、短尾猴、松鼠、穿山甲、野猪、豪猪等。在鸟类中,有国家一类保护鸟类,如黑颈鹤、白头鹤、鸳鸯等。国家二级保护鸟类有红腹锦鸡、长尾雉等,常见鸟类有喜鹊、斑鸠、竹鸡、白鹭等。

乌江流域处于亚热带山地高原环境,气候温暖湿润,适宜各种植物生长发育,而且地貌多样,地表构成物质和土壤类型复杂,因而,植物种类繁多,植被类型多样。

从植被类型来看,主要有阔叶林、针叶林、竹林、灌丛以及草甸等。阔叶林有亚热带常绿阔叶林、亚热带山地常绿与落叶阔叶林混交林以及亚热带落叶阔叶林。竹叶林主要有寒温性针叶林、温性针叶林和暖性阔叶林等。竹林主要有温性竹林、暖性竹林。

从植被种类看,乌江流域植被属亚热带偏湿性常绿阔叶林区。树种资源丰富,以马尾松、杉、柏为建群优势树种。优良树种有白花泡桐、香椿、楠木、香樟等;珍稀树种有银杉、水杉、三尖杉、银杏、

---

① 李文华等:《流域开发与管理》,贵州人民出版社1988年版,第116页。

秃杉、香果树、鹅掌楸、马挂木、银鹊树等。经济林有油桐、杜仲、油茶、漆树、乌柏、棕榈、柑橘、核桃、李、柿、香蕉等。农作物有水稻、玉米、薯类、小麦、大豆、油菜、花生、烤烟、麻类、洋芋、甜菜、甘蔗等。药用植物丰富,家种药材及野生贵重药材有黄连、青蒿、天麻、当归、党参、川芎、厚朴、杜仲、黄柏、金银花等。

地理学者黄健民总结归纳了乌江流域植被的分布规律:常绿阔叶林(基带)→亚热带山地常绿与落叶阔叶林混交林→亚高山针叶林带(包括落叶阔叶林与针叶林混交带),植被随着海拔高度变化而呈现出垂直分异。从植被的规律来看,一则种类繁多,起源古老,多孑遗、珍稀植物;二则区系成分以温带成分占优势,热带性质所占比例较小;三则各物种种群数量差异巨大。[①]

当然,随着水土流失和环境破坏的加剧,再加上对原有植被资源的不合理开发与利用等因素的影响,造成了乌江流域植被资源大大减少。如乌江上游的大方县,1957 年的森林覆盖率为36.5%,而 1983 年降到了 7.75%。纳雍县的森林覆盖率从 1957年的 34.85%降到了 6.57%。[②] 由此可见,乌江流域植被资源所受破坏之严重,浪费之巨大。

总之,乌江流域动植物资源丰富多样,是自然历史的重要遗产,具有较高的科学、文化和经济价值。

乌江流域的矿产资源储量大、品种多、品质优良。乌江流域的煤矿储量居全国前列,并且具有煤田分布广、品种全等优势,煤矿分布相对集中,易于开采。同时,乌江流域还有一定的天然气储

---

① 黄健民:《乌江流域研究》,中国科学技术出版社 2007 年版,第 84—89页。

② 李文华等:《流域开发与管理》,贵州人民出版社 1988 年版,第 113 页。

量,分布在利川市、石柱县和涪陵等地。

现已探明的铝、磷、碘、汞、硫矿等矿种尤为丰富,使乌江成为一个名副其实的"聚宝盆"。仅贵州境内,就已发现 82 个矿种,2100 个矿床、矿点。现已探明 52 种矿产储量,产地 521 个,有黑色金属 2 种,产地 63 个。乌江流域已探明的 52 种矿产中有 26 种储量名列全国前十名。此外,乌江流域还有一些冶金辅助材料,如,石灰石、硅石、耐火粘土、萤石、铸型用砂等。建筑类非金属矿产有石灰岩、石膏、大理石、高岭土、陶瓷用黏土、砖瓦用黏土等。

可见,乌江流域拥有一大批量大、质优、得天独厚的矿产资源,各种矿类分布较为集中,单一矿种少,伴生矿多,区域组合良好,矿层潜藏,利于开发。鉴于矿产储量丰富、组合合理、综合性能高以及供应持久和交通方便等特点,乌江流域宜于建设能源、有色金属、黑色冶金、化工等为重点的矿点联产产业链工业基地、能源基地和原材料加工地等。

(三)水能、热能与电能

乌江流域水能资源丰富。乌江蜿蜒曲折,顺势而下,接纳百川,沿途众多支流最终汇入。其中,贵州省境内流域面积大于 100 平方公里的支流有 75 条,重庆市境内流域面积大于 50 平方公里的支流有 75 条。流域面积在 1000 平方公里的一级支流有 15 条。这 15 条支流总面积共 50571 平方公里,占乌江流域总面积的57.5%。乌江流域主要支流统计如下:

可见,乌江支流众多,呈羽状水系分布,主要支流有猫跳河、清水江、洪渡河、芙蓉江等。其中:三岔河由花渔洞、黑鱼洞、石缸洞三股地下涌水形成,流经毕节地区、六盘水市、威宁彝族回族苗族自治县、钟山区、水城县、纳雍县、六枝特区、普定县、平坝县、织金县、清镇县等县(市)区,于清镇市化屋基处与乌江北源六冲河汇

表2-1　乌江流域主要支流统计表①

（单位:千米、平方公里、米、立方米）

序号	支流名称	与主干关系			河长	流域面积	天然落差	河口均流量	比降（%）	省、市
		河段	汇入口地名	距乌江口里程						
1	猫跳河	中游	上马渡	671.0	181.0	3125	549.6	55.9	30.40	贵州
2	野济河	中游	龚家寨	641.0	106.0	2167	796.0	31.2	7.51	贵州
3	偏岩河	中游	乌江渡	598.5	139.1	2234	831.0	29.2	5.97	贵州
4	湘江	中游	三星场	538.2	149.0	4865	639.0	84.4	4.65	贵州
5	清水江	中游	石龙滩	520.7	217.3	6519.8	739.3	118.0	3.54	贵州
6	余庆河	中游	水口	425.8	110.6	1493	776.0	27.8	7.02	贵州
7	六池河	中游	桶口	376.5	98.3	2132	472.0	35.8	4.78	贵州
8	石阡河	中游	江口滩	362.4	114.1	2084	5.2.0	44.8	4.40	贵州
9	印江河	下游	潮砥	322.4	95.4	1256	752.0	21.3	7.86	贵州
10	甘龙河	下游	新木滩	236.5	53/102.0	500/1706	515/714	5.02/43	9.72/7.1	贵州重庆
11	唐崖河	下游	龚滩	186.0	248.7	5585	1159	143	4.66	湖北重庆
12	洪渡河	下游	洪渡	178.0	194.1	3364	981.0	90.9	5.06	贵州
13	郁江	下游	彭水	133.0	170.0	4602	1484	134	8.48	湖北重庆
14	芙蓉江	下游	江口	86.9	200.4/231.2	7433/7793	991/1108.3	161/169	4.95/4.79	贵州重庆
15	大溪河	下游	大溪口	30.6	122.0	2065	501		4.17	贵州

（备注:斜线上为贵州省境值,斜线下为全河值）

① 黄健民:《乌江流域研究》,中国科学技术出版社2007年版,第43—44页。

合后为鸭池河进入乌江,河流全长 325.6 公里,流域面积 7264 平方公里。猫跳河发源于安顺长山,流经平坝县、清镇市、修文县等县(市),在杨桥汇入乌江,全长 180 公里,流域面积 3195 平方公里。清水江自锦屏县茅坪镇下的杨渡角流入天柱县境,流经天柱的垒处、竹林、远口、白市、江东、瓮洞六乡镇,沿岸濒江的村寨 50 余个,流经河段 77 公里,沿河土家族自治县接纳三门溪、鉴江河、圭大溪、汶溪河、江东溪、瓦窑江、瓮瓦溪等诸条溪河,流域面积 5504 平方公里。唐崖河在重庆市境内又称阿蓬江,从湖北利川奔泻而下,穿行于武陵山脉蜿蜒曲折,经黔江至酉阳龚滩注入乌江,全长 249 公里,流域面积 5585 平方公里。洪渡河系乌江一级支流,发源于湄潭县西河乡,流经湄潭县、正安县、凤冈县、务川仡佬族苗族自治县、德江县、沿河土家族自治县等县,在沿河土家族自治县洪渡镇汇入乌江,干流全长 205 公里,流域面积 3739 平方公里。芙蓉江源于娄山山脉,经正安县、道真仡佬族苗族自治县、武隆县注入乌江,流域面积 7367 平方公里。由此可以说,乌江流域水系众多,错综复杂,河流密布。

李文华等认为,乌江水系具有以下特征:第一,河流沿地质构造线发育;第二,地表河与地下河交替出现;第三,水系类型多种多样。在整个乌江上、中、下游当中,水系特征和类型又各不相同。在乌江中、下游为格状水系,主流成直角状折转,主支流汇合处成直角相交;乌江中游一些支流与近南北向构造线同,河网形状呈现经向水系;在下游经向构造带背斜两翼暗河裂隙发育,形成背斜分流型,呈断尾状水系。总之,流域上游谷宽水缓水量小,中下游河谷深切为山地峡谷,河流纵剖面呈现凸凹阶梯形,并有格状水系特征。①

---

①　李文华等:《流域开发与管理》,贵州人民出版社 1988 年版,第 111 页。

乌江径流量丰富,年平均流量5—10月中游水量比重大于下游,相反,由于地下补给水量丰富,在上年11月到第二年—4月间,下游水量大于中游。

表2-2　乌江水文特征值①　　　（单位:立方米）

站名	年平均流量	年最大流量	年最小流量	年径流量	年最大流量日期 年最小力量日期
思南站	863	15600	153	276.2	1954年7月27日 1986年12月31日
武隆站	1590	21000	218	534	1955年6月25日 1963年3月25日

乌江流域洪水暴发、暴雨较多,一般多在5—10月期间大暴雨洪峰流量最大。由于暴雨汇集,河流迅速,水位涨落快,洪量集中,峰顶时间上游一般持续2小时—6小时,下游可达8小时以上。

表2-3　乌江实测水位值②

站名	最高水位（米）	最低水位（米）	最大枯洪水位差（米）	最大流量	注
思南站	379.74	355.37	24.37		
武隆站	204.51	168.42	36.09	31000	1830年

当然,随着中上游植被的破坏和环境压力,乌江流域水土流失严重,乌江流水含沙量逐渐增大。20世纪50年中期至80年代初期,乌江上游地区森林覆盖略由35%以上下降到7%左右,水土流

① 黄健民:《乌江流域研究》,中国科学技术出版社2007年版,第68页。
② 黄健民:《乌江流域研究》,中国科学技术出版社2007年版,第68页。

失越来越严重,乌江水含沙量越来越大。据鸭池河水文站监测数据显示,1971—1981 年平均含沙量在 1.533 公斤/立方米,1982 年上升到 1.86 公斤/立方米。据六冲河洪家渡水文站实测数据显示,径流量为武隆的 8.69%,而来沙量却高达 22.75%,后者为前者的 2.6 倍。①

乌江流域热能资源充足。乌江流域出露的热泉、温泉就有 20 多处,以中低温传导型地热资源为主。除了著名的息烽、石阡温泉外,在盘县县、金沙县、遵义市、绥阳县、秀山土家族苗族自治县、酉阳土家族苗族自治县、利川市、彭水苗族土家族自治县等也有温泉。温泉含煤、硫磺、岩麻黄、雄黄等矿物质,对胆囊炎、消化不良、溃疡病、胆寒、寒毒、肿瘤、浮肿、水肿、胸口痛、皮肤病、旧疮旧伤、神经血管炎等疾病都有一定疗效。因此,乌江流域温泉资源开发大有可为。

乌江流域电能资源开发潜力巨大。乌江支系众多,水量充沛,年平均径流深近 600 毫米,高于全国和长江流域流深。在 1988 年,国家有关部门审查批准了《乌江干流规划报告》,乌江干流拟建 11 座梯级水电站,总装机容量 879.5 万千瓦。历经二十多年的开发建设,在乌江干流上,现已建有普定水电站、引子渡水电站、洪家渡水电站、东风水电站、缩风营水电站、乌江渡水电站、构皮滩水电站、思林水电站、沙沱水电站、彭水水电站、银盘水电站等。在乌江支流上,猫跳河上就建有红枫水电站、百花水电站、李官水电站、修文水电站、窄巷口水电站、红林水电站、红岩水电站等七座水电站;清水江建有装机容量为 18 万千瓦的水电站一座;唐崖河建设有总计容量为 27.4 万千瓦的水电站六座;郁江在长顺坝建水电站

① 李文华等:《流域开发与管理》,贵州人民出版社 1988 年版,第 111 页。

一座;芙蓉江建有装机总容量为 30 万千瓦的江口水电站一座;大溪河建有装机容量为 8.1 万千瓦的梯级水电站五座。

可见,乌江流域的水能、热能和电能资源异常丰富,是不可多得资源和能源,还有进一步开发的巨大潜力。

二、乌江流域的悠久历史

自古以来,乌江流域就有人类居住。根据考古学、民族学、人类学、遗传学、生物学等学科的综合研究表明,在乌江流域有着历史悠久的古人类和古人群,进而留下了具有重要文化意义的古文化。

(一)乌江流域的古人类

在关于人类起源的研究上,人类学家一般认为,古猿转变为人类始祖的时间在 700 万年前。从已发现的人类化石来看,人类的发展演变主要经历了南方古猿阶段、能人阶段、直立人阶段和智人阶段等四个阶段。

在远古的乌江流域,一些原始居民创造并形成了自己的特有文化,族群特征和文化表征非常明显。研究发现,在古代乌江流域内,主要的族群和人类共同体有:

1. 濮僚族群。濮僚族群是古代广泛分布于我国西南地区的重要族群之一。《尚书·周书·牧誓》载:"逖矣西土之人"。王曰:"嗟,我友邦冢君……及庸、蜀、羌、髳、微、卢、彭、濮人,称尔戈,比尔干,立尔矛,予其誓。"《逸周书·王会解》载:"成周之会……氐羌以鸾鸟……蜀人以文翰……方人以孔鸟,卜人以丹砂闻。"周初,卜人派代表参加了"成周之会"。可见,在商周时期就有关于濮僚族群的确切记载。

西周中期,乌江流域黔西部、中部的卜人也已相继进入父系氏族社会。东周前后，卜写作"僕"。《说文解字》曰："僕，给事者，从人从菐。菐亦声。古文从臣。"《诗经·正月》云："并其臣僕。"《公羊传》宣公二十七年："臣僕，庶孽之事也。"这些都说明僕人沦为了奴隶。西周中叶后，一些民族先于卜人发展，成为强大民族。《春秋释例》说："濮夷无君长总统，各邑落自聚，故称百濮也。"可见，此时濮人尚未形成一个统一的民族及一个统一的权力机构与国君。是一些居住分散，互不统属，各自独立发展的群体。因濮人氏族部落众多，散居在我国西、南部的中间地带，故人们称之为"百濮"。①

　　龚荫先生依据濮人的差异，将濮人分为江汉支濮人、沅水支濮人、邛都支濮人、川南支濮人、滇池支濮人、滇东南支濮人、洱海支濮人、夜郎支濮人。其中，夜郎支濮人是贵州地区最为古老的居民之一。贵州古彝文典籍《宇宙人文论》的《太阳和月亮的根源》一节说：宇宙初先时，没有日月，后来产生了日月，从此"日月濮国灿"。《说文（宇宙源流）》说：上古之世，上帝建筑三座圣台，以治天国，掌地国，从此人类繁盛，万世相继。而建筑圣台的大树，"枝长四方蔽，濮邑遮四城（遮盖了四个濮人城邑）"。《华阳国志·南中志》也载：汉武帝"拜唐蒙为都尉，开牂牁……因斩竹王，置牂牁郡，以吴霸为太守……后夷濮阻城，咸怨诉竹王非血气所生，求立后嗣。吴霸表封其三子列侯，死，配食父祠……"《贵州通志·前事志》转引《大定府志》记载："夜郎，盖东有今遵义，中自大定，西连曲靖，而西北包东川、昭通，南跨安顺、兴义，而止乎泗城，故曰夜郎最大。"这些文献，记载了古代濮僚族群的来源、分布等情况。

　　在乌江流域历史上，夜郎地区曾是濮人的最大聚居区。两汉

---

① 李良品等：《乌江流域民族史》，重庆出版社2009年版，第32页。

时期,部分夜郎濮人融入了汉移民。自汉后,夜郎濮人不称为
"濮"而称为"僚"。西晋陈寿《益部耆旧传》载:"平南事讫,牂牁、
兴古僚种复反……"《晋书·武帝本纪》载:"武帝太康四年六月,
牂牁僚二千余落内属。"唐段式撰《酉阳杂俎》和元周致中撰《异域
志》载:"僚在牂牁。"又北魏郦道元《水经注·漾水条》载:"李寿
之时,僚自牂牁北入,所在诸郡,布满山谷。"又《元和郡县志·夷
南道》玉津县条记:"李雄时,夷僚自牂牁入居焉。"据记载,从两晋
至唐朝初年,昆明人先后进入僚人地区,征服了僚人,大部分僚人
被融入今彝族先民中。如《西南夷志》卷六《恒的另一家的起源》
说:"恒造了兵革利器,计算要征服濮为恒所用……取了濮的九个
城。"又说:"……各木节住的濮之后裔,久为彝所平。"这些文献,
真实再现了古代濮、彝之间的民族关系和民族融合。

宋代后,仅有一部分僚人仍保留其文化习俗,改称为"仡佬"。
明嘉靖《贵州通志·风俗志》卷三载:"青山司(今贵州修文县境)、
苗民司(今贵州石阡县境)、清平县(今贵州凯里境)、八舟司(今贵
州黎平县境)、平伐司(今贵州贵定县境)、把平司(今贵州贵定县
境)等处,具有仡佬。"清康熙《贵州通志》卷29《蛮僚附》载:"在平
伐、平远(今贵州织金县)者为打牙仡佬……剪头仡佬在新添(今贵
州贵定县)……又有猪豕仡佬在清平……石阡之苗民司,黎平之八
舟司,古州之曹滴司皆有之。"清爱必达《黔南识略》载:"贵定县、安
顺县、普定县、镇宁州、永宁州、清镇县、安平县、余庆县、镇远府、黄
平州、大定府、水城通判、平远州、桐梓县、仁怀县等地,都有仡佬。"

2.三苗集团。乌江流域现有的苗族和瑶族等少数民族与古代
的"三苗"、"南蛮"等关系密切。很多学者认为,苗族、畲族和瑶族
等少数民族的远古始祖就是三苗。

在距今五千多年前,长江中下游及黄河下游一带逐渐形成了

部落联盟——"九黎"。九黎以蚩尤为首领,凭借优越的地理条件,不断地开拓发展成为雄踞我国东方的强大部落。在黄河上游姬水以黄帝为首的另一部落,不断向黄河下游发展,与"九黎"发生冲突,在涿鹿(今河北省涿鹿县)大战之后九黎败北,蚩尤被杀,势力大衰,九黎部落的大部分战败后向南迁徙。尧、舜、禹时期,九黎部落又发展起来,形成了新的部落联盟——"三苗"。

在与尧、舜、禹为首的部落联盟的长期抗争中,"三苗"集团的势力被彻底削弱,部落联盟被分化瓦解,大部分族人离开江淮和洞庭、彭蠡之间的平原地带,避入山林沼泽,开始向西北和西南山区迁徙。商、周时期,"三苗"的主要部分在长江中游地区与其他部落一起被称为"南蛮"或"荆楚"。"南蛮"不断发展壮大,成为楚国的主体居民。到西周中叶,"荆蛮"已成为周朝南方的劲敌。故从昭王开始,对"荆蛮"多次进行"征伐","荆蛮"的势力受到削弱。九黎、三苗、南蛮、荆蛮之间有着一脉相承的渊源关系。①

《战国策·魏策一》载吴起说:"昔者三苗之居,左彭蠡之波,右洞庭之水,汶山在其南,而衡山在其北。"《史记·吴起列传》又载:"昔三苗氏左洞庭,右彭蠡。"《韩诗外传》卷三亦载,有苗氏不服者,"衡山在南,歧(当为'汶'之误)山在北,左洞庭之波,右彭蠡之水"。《淮南子·修务训》高诱注:三苗"在彭蠡、洞庭之野"。可见,远古时期,三苗集团曾聚居在现在的洞庭湖与鄱阳湖之间,这是关于三苗集团居住地的最早文献记载。

《吕氏春氏·召类》载:"尧战于丹水(高诱注:丹水在南阳)之浦,以服南蛮"。按此"南蛮"又作"有苗',《六韬》载"尧与有苗战于丹水之浦"可证。《山海经·海内南经》郭璞注:"有苗之民,叛

---

① 李良品等:《乌江流域民族史》,重庆出版社 2009 年版,第 38—39 页。

入南海为三苗国"。《后汉书·西羌传》载:"西羌之本,出自三苗,三苗'其国近南岳'"。可见,三苗不仅活动于江汉平原一带甚至南及南岳、丹水、苍梧、南海之地。①

在历史上,三苗曾经建立过强大的部落联盟。吴永章就认为,三苗是由南方众多的民族所组成的一个部落联盟的总称。理由在于两方面:一是"三苗"一词本身就意味着非单一民族之谓。郭沫若主编的《中国通史》认为:三苗"可能是三个部落"。"三"作专指,理解似过于机械。"三"在中国古籍中通作多数解,凡一、二所不能尽者,均约之以三。"三"为阳数,与"九"一样,常泛指多数。《墨子·兼爱》引《禹誓》曰:"若予既率尔群对诸群,以征有苗"。即华夏族之"尔群",对三苗之"诸群"。这说明,华夏族已融合成一个整体,而有苗尚是"诸群",可证其非单一而是由多民族所组成;二是南方地处崇山和溪涧之中,在当时社会历史发展阶段尚处于原始社会末期的条件下,南方诸族要形成单一的民族整体是不可想象的。这从后世的"蛮"、"苗"(此指广义之苗)的民族成分中可以得到证明。如《古今图书集成》边裔典说:"自巴蜀以东,历湖南北、桂岭、云南、数千里溪洞山箐之中,有曰仡、曰伶、曰僚、曰瑶、曰僮之类,凡数十种,皆所谓蛮也。"清人龚柴《苗民考》:"中国湖南、四川、广西、云南、贵州五省境内皆有苗民杂处……其名称不一:曰夷、曰罗罗、曰蛮、曰苗、曰瑶、曰侵、曰僚、曰仲家、曰仡佬"等。几千年后,南方"蛮"、"苗"内部尚且种类不一,部族林立,在三苗时要统一为单一的民族,显然是不可能的。由此可见,三苗是一个由南方众多的民族所组成的一个部落联盟的总称。②

---

① 吴永章:《湖北民族史》,华中理工大学出版社1990年版,第5—6页。
② 李良品等:《乌江流域民族史》,重庆出版社2009年版,第37—38页。

由于战争、政治、经济等多方面原因,三苗不断由东向西,后则由北向南迁徙。先秦时期,三苗被迫迁往西北甘陕一带,有的也往南迁徙,大部分则被迫离开江淮和洞庭、彭蠡之间的平原地带,避入山林沼泽,并开始向西南山区迁徙。战国时,吴起以采用严厉的手段将"荆蛮"中发展较缓慢的一部分"南蛮"纳入楚国的范围,并以武力"南并蛮、越",占有"洞庭、苍梧"等"蛮"、"越"之地。苗族先民于战祸之中,被迫扶老携幼大量西迁,逃入人烟稀少的武陵山区。[①]

如今,许多苗族都传说他们的祖先是从东方跋山涉水沿着河流而来到武陵山区和乌江流域。战国末年,秦、楚两雄战争连绵,秦昭王时,令"白起伐楚,略取蛮夷,始置黔中郡"。武陵山区的苗人又开始遭到冲击、分散。[②]

3. 巴集团。最早记载巴人的史料是《山海经》,《山海经·海内经》载:"西南有巴国,太暤生咸鸟,咸鸟生乘厘,乘厘生后照,后照是始为巴人。"《山海经·海内南经》又载:"夏后启之臣曰孟涂,是司神于巴,人请讼于孟涂之所,其衣有血者乃执,是请生。居山上,在丹山西。丹山在丹阳南,丹阳,居属也。"《华阳国志·巴志》载:"人皇始出,继地皇之后。兄弟九人,分理九州,为九囿。人皇居中州,制八辅。华阳之壤,梁岷之域,是其一囿。囿中之国,则巴蜀矣……其君上世未闻。五帝以来,黄帝高阳之支庶,世为侯伯。"这些说明在原始社会末期,巴族的祖先部落与中原地区汉族的祖先部落已经有较多的联系。

在巴人的历史迁徙过程中,根据巴人图腾信仰的区别,巴人迁

① 李良品等:《乌江流域民族史》,重庆出版社 2009 年版,第 41 页。
② 贵州省地方志编纂委员会:《贵州省志·民族志》,贵州民族出版社 2003年版,第 15 页。

徙的方向也不尽相同,到达的地方也不一样,进而逐渐形成了巴人的分支。按照巴文化研究专家管维良先生的看法,巴人共分四支,即龙蛇之巴、鱼凫之巴、鳖灵之巴和白虎巴人。

第一,龙蛇之巴。巴人很早就有关于龙蛇图腾的记载。《山海经·海内经》记载曰:"有人曰苗民。有神焉,人首蛇身……"古地理书《浔阳记》载:"羿斩巴蛇于洞庭,委其骨成丘。"《淮南子·本经训》载曰:"尧乃使羿……断修蛇于洞庭。"在《路史·后记》卷十"屠长蛇于洞庭",罗苹注曰:"长蛇即所谓巴蛇,在江岳间,其墓,今巴陵之巴丘,在州治侧。《江源记》云:'羿屠巴蛇于洞庭,其骨若陵,曰巴陵也。'"羿斩巴蛇,说明巴蛇部落在抗击羿为首的华夏集团讨伐的斗争中彻底失败了,从此便从洞庭湖滨消失了。

第二,鱼凫之巴。这支巴人临江靠水,以渔猎为生,并且驯养了能捕鱼的鱼凫。由于鱼凫在巴人捕鱼中的作用,此支巴人就将鱼凫奉为自己的图腾。从地名学的角度来,这支巴人在迁徙过程中,留下了很多地名:鱼复县(奉节)、鱼复浦(奉节)、巴涪水(乌江)、巴符关(合江)、鱼凫关(南津)、鱼符津(宜宾)、鱼涪津(乐山)、鱼凫山(彭山)、鱼凫城(温江)等。最后,鱼凫巴人随之归附杜宇蜀国,并逐渐被同化。

第三,鳖灵之巴。鳖灵巴人曾建立了自己的民族政权"鳖"政权,范围大致为北至重庆綦江流域,南至今遵义地区大部分。后来,鳖灵部巴人向西发展,沿赤水河取道长江岷江,到达今四川乐山一带。《水经注·江水上》载:"江水又东经南安县(今乐山)西……县治青衣江会,衿带二水矣,即蜀王开明故治也。"鳖灵部将其势力方向北推进到成都平原边缘的四川芦山县一带,并将其政治中心亦迁至此处。《太平寰宇记》载:故严道县"治有开明王城故址",最终取代杜宇族建立了蜀开明王朝。

　　第四,白虎巴人。《后汉书·南蛮西南夷列传》七十六载:"巴
郡南郡蛮,本有五姓:巴氏、樊氏、瞫氏,相氏,郑氏。皆出于武落钟
离山。其山有赤黑二穴,巴氏之子生于赤穴,四姓之子皆生黑穴。
未有君长,俱事鬼神,乃共掷剑于石穴,约能中者,奉以为君。巴氏
子务相乃独中之,众皆叹。又令各乘土船,约能浮者,当以为君。
余姓悉沉,唯务相独浮。因共立之,是为廪君。乃乘土船,从夷水
至盐阳。盐水有神女,谓廪君曰:'此地广大,鱼盐所出,愿留共
居。'廪君不许。盐神暮辄来取宿,旦即化为虫,与诸虫群飞,掩蔽
日光,天地晦冥。积十余日,廪君伺其便,因射杀之,天乃开明。廪
君于是君乎夷城,四姓皆臣之。廪君死,魂魄世为白虎。巴氏以虎
饮人血,遂以人祠焉。"①在廪君的率领下,这支巴人顺势而上,进
入鄂西、重庆地区。管维良先生在《巴族史》中认为,巴人是沿着
清江河水上行,再转入郁江,顺着郁江下行至今彭水县城,即进入
乌江水道,再顺着乌江下行,到达乌江与长江的交汇处——枳(今
重庆市涪陵区),建立了进入川东后的第一个政治中心。② 故《华
阳国志·巴志》曰:"其先王陵墓多在枳。"从 1972 年起,重庆市博
物馆、四川省文物考古所等单位先后在涪陵小田溪进行了四次发
掘清理和一次中日联合物探工作,共发掘清理墓葬九座,出土有一
套十四件错金编钟、"廿六年"铭文戈等大批战国时期珍贵文物,
其中包括一套象征王权的编钟。文物专家认为小田溪很可能是战
国晚期巴国的王陵区。2002 年 9 月至 12 月,重庆市文物考古所
又对涪陵小田溪墓群进行大规模科学勘探和发掘,清理战国中晚
期竖穴土坑墓 11 座,西汉时期土坑墓两座,共出土铜、玉、陶、石等

---

① ［南朝］范晔:《后汉书》,上海古籍出版社 1991 年版,第 289—292 页。
② 管维良:《巴族史》,天地出版社 1996 年版,第 42—42 页。

文物 350 余件。这些战国墓葬多属战国晚期，规模较大，随葬品等级较高，属巴国贵族所有。2005 年 11 月 26 日至 2006 年 1 月 9 日，重庆市文物考古队再次对小田溪进行发掘，又发掘 5 枚国内无人能识巴蜀图语青铜印章。在春秋战国时期"廪君种"部落西迁，进入今重庆地区之后，先后在枳（今重庆市涪陵区）、平都（今重庆市丰都县）、江州（今重庆市主城区）、垫江（今重庆合川市）、阆中（今四川阆中市）等五处建都，部分与当地土著相融合，并与中原华夏族加强联系。所以周武王伐纣时，巴族的队伍也参加了战斗。①

4. 百越族群。"越"又作"粤"，部族众多，互不统属，"各有种姓"。《吕氏春秋·恃君览篇》记载："扬汉之南、百越之际，敝凯诸，夫风，余靡之地。缚娄、阳禺、欢兜之国，多无君长。"《汉书·地理志》载："粤地，牵牛、婺女之分野也。今之苍梧、郁林、合浦、交趾、九真、南海、日南、皆粤分也。"罗香林著《古代越族分布考》一文中指出："古代越族之分布状况，依今日地理情况言之，殆环踞中国西南各省，如川、滇、黔、桂等。"今贵州境正是古越人的分布区域。

百越族群有着众多的文化特征，主要体现在：第一，共同的语言体系。据《越绝书》记载，越人谓人为铩，谓船为须虑，谓海为夷，谓盐为徐，谓官为朱，诸如此类，数不胜数。第二，形同、相近的民族习俗。"文身断发"是越人的一大特征，凡是古越人都有此习俗。《史记·越王勾践世家》载："越王勾践……断发纹身。"《汉书·地理志》亦载："今之苍梧、郁林、合浦、交趾……，文身断发，以避蛟龙之害。"三是越人铜鼓文化。越人普遍重铜鼓，《广州记》载："俚僚铸铜为鼓……初成，悬于庭，克晨置酒，招致同类，来者盈门。"第三，相似的居住模式。越人还有一种普遍的建筑样式，为"干阑"。《桂海虞

① 李良品等:《乌江流域民族史》，重庆出版社 2009 年版，第 44—45 页。

衡志》说:"民居檐茅为两重棚,谓之麻栏。"而且各地出土的不同时代的铜鼓上,都普遍铸有此种"干阑"住宅的图案。

　　在乌江流域的古百越族群中,夜郎较大。学术界认为夜郎属于百越族群的理由在于:第一,秦时,夜郎属象郡,而象郡为越地的一部分。即时贵州以南北盘江流域属象郡管辖,换言之,夜郎土地上的居民应为"百越"民族的一部分。第二,牂牁江流域是秦汉时期"百越"民族最大的聚居区,而夜郎正处在这个区域之内。古人之所以称"牂牁江"是因为牂牁二字来源于壮傣语族,其意为"壮牯佬",意为自称为"壮牯佬"的越人聚居区。是故夜郎的民族当是"壮牯佬"的一部分,即古越人的一支。第三,秦汉之际,夜郎与南越的关系十分密切,这亦为夜郎属于"百越"民族的证据。第四,夜郎与其旁小邑建立的部落联盟是在同一族属关系的基础上建立起来的。第五,牂牁郡的设置也能反映夜郎地区的部族关系,因为设郡、县而立当地土长为王、侯进行统治,就不能不以原先的部族关系为基础,而建立"牂牁郡",显然是因为郡内主要居民是"牂牁僚",而牂牁与越人是有莫大关系的。①

　　(二)乌江流域的文化遗址

　　远古时代,古人类就在乌江流域生息繁衍,创造了丰富多彩的历史和文化。随着考古学、民族学、历史学等学科成果的不断涌现,乌江流域各族人民创造的优秀文化逐渐为世人所知,众多文化遗址也逐渐为后人发现、发掘出来。

　　乌江流域的古人类文化遗址,可以分为晚期直立人与旧石器时代早期文化、早期智人与旧石器时代中期文化、新石器时代文化等类型。课题组在翻阅《贵州省志·文物志》(2003)、《贵州通

---

① 李良品等:《乌江流域民族史》,重庆出版社2009年版,第36页。

史》(2003)、《土家族地区的考古文化》(1999)、《重庆通史》
(2001)以及《乌江流域民族史》(2009)等文献基础上,将乌江流域
现已发掘的古人类遗址统计如下:

表2-4 乌江流域古人类文化遗址一览表

时期	遗址	地点	所属县市	距今年代
晚期直立人与旧石器时代晚期文化	观音洞遗址	沙井乡井山村	黔西县	20—18万年
	灰洞遗址	九坝镇白盐井村	桐梓县	24—20.6万年
早期智人与旧石器时代中期文化	大洞遗址	珠东乡十里坪村	盘县	17—13万年
	硝洞遗址	艺奇乡	水城县	20—5万年
	扁洞遗址	海子街镇周家村	毕节市	17—13万年
晚期智人与旧石器时代晚期文化	马鞍山遗址	桐梓县城东	桐梓县	2—1万年
	红土塆遗址	冯家坝镇茶花村	黔江区	1万年
	老鸦洞遗址	青场镇	毕节市	2万年
	海子街大洞遗址	海子街镇	毕节市	1.8万年
	猫猫洞遗址	旧州镇	安顺市	1.5万年
	大岩洞遗址	小寨乡安庄屯寨	安顺市	1.5万年
	观音洞遗址	安顺市东	安顺市	1.2万年
	白岩脚洞遗址	普定县西南	普定县	1.4万年
	红土洞遗址	小窑乡大坝村	普定县	1.5万年
	穿洞遗址	新寨村	普定县	1.6—1万年
	清水苑大洞遗址	摆金镇清水苑村	惠水县	1.3万年
	草海遗址	王家院子	威宁彝族回族苗族自治县	1万年

续表

时期	遗址	地点	所属县市	距今年代
新石器时代文化	飞虎山遗址	平庄村	平坝县	0.8—0.4 万年
	凤凰穿洞遗址	凤凰乡新民村	黔西县	1.6—0.8 万年
	凤帽山遗址	红花岗区北关乡	遵义市	0.8—0.5 万年
	牛鼻子洞遗址	朱昌镇接口	毕节市	0.8—0.3 万年
	吴家大坪遗址	花桥乡	威宁彝族回族苗族自治县	0.35—0.2 万年

　　同时,在乌江流域众多古人类文化遗址中,观音洞遗址、硝灰洞遗址、穿洞遗址、飞虎山遗址、中水鸡公山遗址、盐店嘴遗址、邹家坝——清远遗址、土坎遗址等最具有代表性。在古人类墓群墓葬中,可乐古墓群、小田溪巴人墓群、奢香墓等很具代表性。在古建筑和摩崖碑刻中,末代彝族土司庄园、唐崖土司遗址等最具代表。在所有遗址中,普定穿洞遗址、小田溪巴人墓群和兴义猫猫洞遗址最具有代表性。

　　小田溪巴人墓群遗址位于乌江下游涪陵区城南 15 公里处的白涛镇,为 1972 年 4 月当地农民取土时无意发现。经考古学家发掘清理,发现 8 座战国时期巴人墓穴。墓穴均为竖穴土葬,墓坑有长方形、狭长形、方形圆角等形式。出土的文物有铜凿、铜斧甑、铜盆等生产、生活用具。兵器有巴式柳叶剑、戈、矛、弩机、箭镞等。乐器有编钟一套、虎纽淳于、铜饰品、铜条、玉环等。

　　穿洞古文化遗址位于普定县城西南五公里处,洞高九米,长十八米。1979 年,贵州省博物馆和南京大学首次发现了洞内的石器、骨器和古人类化石。1981 年,中国科学院与贵州省博物馆首次共同组成发掘队,进行第一次正式发掘,出土石器 2000 件,骨器 400 多件。1982 年进行第二次发掘,又发现了完整的人头骨化石。人类遗骸出自第五层以上的堆积物中,有较为完整的头骨、下颌骨以及头骨残片和上、下颌骨残段、单个牙齿等,分别代表不同年龄段的多个个体。其中,较为完整的头骨是乌江流域首次发现。经室内细致的科学复原,为一女性。依据现代人头骨缝愈合情况观测,可推知死者的年龄只有 17 岁,综合其他特征,确认为晚期智人。

除人骨外,另出土骨器 400 余件。骨器制作精巧,形式多样,为其他地方所少见。该遗址发掘出土各类旧石器 2 万余件,20 余种哺乳动物化石 200 余件,此外,还发现多处用火遗迹。普定穿洞出土古人类文物之多,全国之冠,震惊考古学界,该遗址具有重要的考古研究价值和极高的学术地位,列为国家重点文物保护单位,为研究我国西南原始社会提供了丰富的实物资料。①

黔西观音洞遗址在一片封闭洼地的小山坡上,是一个长约 90 米的天然溶洞,海拔 1450 米。经过几次发掘,在这里出土了 3000 多件石制品和大量哺乳动物化石。石制品分为石核、石片和石器三大类,石核、石片是加工过程中留下的遗物,石器多用石片制成,以刮削器居多,其次是端刮器、砍砸器、尖状器,还有几件凹缺刮器和雕刻器。毫无疑问,这是人类早期的活动遗迹,属旧石器时代早期。这时的人类还处在“晚期直立人”阶段,人类已经能够直立行走。洞里留下了 25 种哺乳动物化石,有柯氏熊、大熊猫、嵌齿象、

---

① 贵州省地方志编纂委员会:《贵州省志·文物志》,贵州人民出版社 2003 年版,第 20—21 页。

贵州剑齿象、似东方剑齿象、巨貘、中国犀等,大抵属于"南方大熊猫——剑齿象动物群"。它们当中,有8种动物已经灭绝,根据这些动物遗骸,地质学家们判断正处在地壳演变的"更新世中晚期"。遗憾的是,在这里并没有发现古人类化石。考古学家根据这些丰富的文化遗物,把它命名为"黔西观音洞文化"[①]。

三、乌江流域的文化遗产

(一)乌江流域少数民族的分布与人口

乌江流域地理环境复杂,民族众多,文化多样。据统计,乌江流域共有人口3345.02万,其中汉族有2278.62万人,占总人口数的68.12%;少数民族共有1066.43万人,占到总人口数的31.88%。在40多个少数民族中,有15种世居民族,其中,苗族最多,土家族次之,彝族、布依族、仡佬族、水族、回族、侗族等又次之,壮、瑶、满、蒙、白、毛南、羌等民族人口相对较少。[②] 此外,除世居民族外,其他民族多在新中国成立前后迁入乌江流域居住。

从民族分布来看,多民族交错杂居,但又有一定的聚居,即"大杂居、小聚居"特征明显。在所有少数民族当中,苗族人口最多,分布也最广,主要集中在乌江下游地区的秀山苗族土家族自治县、彭水苗族土家族自治县、湖北省恩施土家族苗族自治州恩施市和咸丰县、贵州松桃苗族自治县等地区。其次是土家族,主要分布在贵州省思南县、沿河土家族自治县、印江土家族苗族自治县、德江县、酉阳土家族苗族自治县、黔江区、石柱土家族自治县、湖北省

① 贵州省地方志编纂委员会:《贵州省志·文物志》,贵州人民出版社2003年版,第11—12页。
② 李良品等:《乌江流域民族史》,重庆出版社2009年版,第10页。

恩施土家族苗族自治州咸丰县、利川市以及恩施市等地。再次是布依族,主要分布在贵州省安顺、贵阳等地区。再其次是彝族,主要分布在贵州省毕节地区、六盘水市及黔西南州北部。最后是仡佬族,主要分布在贵州省务川仡佬族苗族自治县、道真仡佬族苗族自治县等两个自治县及黔西北部分地区。其他民族分布比较零散。

从居住格局来看,乌江流域已建立了民族自治地方的少数民族有:苗族、土家族、仡佬族、布依族、彝族和回族,其他民族均为散居民族和杂居民族。从自治的类型来看,单一民族建立自治地方的少数民族只有土家族和苗族。其中,土家族自治县主要有重庆市石柱土家族自治县、贵州省沿河土家族自治县等两个自治县,苗族自治县只有贵州省松桃苗族自治县。两个民族共同建立的联合自治地方的少数民族有苗族和土家族、苗族和仡佬族、布依族和苗族等,主要有重庆市彭水苗族土家族自治县、酉阳土家族苗族自治县、秀山土家族苗族自治县,贵州省印江土家族苗族自治县、务川仡佬族苗族自治县、道真仡佬族苗族自治县以及镇宁布依族苗族自治县、关岭布依族苗族自治县。三个民族联合建立自治地方的仅有彝族、回族和苗族,即贵州省威宁彝族回族苗族自治县。

对于乌江流域的少数民族人口数及其占所在地区(县)人口的比例,李良品等进行了统计与分析(见乌江流域少数民族区、县民族人口及比例表)。

从乌江流域少数民族区(县)民族人口及比例表可以看出,在所有区(县)中,少数民族占总人口比例超过50%的有18个区(县、市)。其中,少数民族人口数占总人口数在50%—60%的有:石柱土家族自治县、秀山苗族土家族自治县、思南县、施秉县和镇宁县等5个。少数民族人口数占总人口数在60%—70%的有:德江县、黄平县、都匀县、关岭布依族苗族自治县等 4 个县（自治县）。少数民族人口数占所在区（县）总人口数在 70%—80% 的有：彭水苗族土家族自治县、黔江区、石阡县等 3 个区（县）。少数民族人口数占总人口数 80% 以上的有：酉阳土家族苗族自治县、咸丰县、沿河土家族自治县、印江土家族苗族自治县、道真仡佬族苗族自治县、务川仡佬族苗族自治县等 6 个县（自治县）。

统计数据显示，在所有区（县、市）当中，少数民族人口数占总人口数比例最高的为务川仡佬族苗族自治县，比例高达 91.5%，比例最小的是涪陵区，仅有 0.05%。

李良品等（2009）学者在研究后发现，由于受人口基数、自然增长、地理环境、宗族观念、人口迁移等诸多因素影响，乌江流域少数民族人口分布有如下四个特点：

第一，聚居地少数民族人口保持持续增长。由于聚居地少数民族人口基数庞大，尽管在一定程度上受到人口外迁的影响，但在生育政策倾斜和各项优惠政策的作用下，多数民族聚居地的少数民族人口都保持着持续增长的趋势。

第二，乌江流域的人口外流特征明显。由于自然环境恶劣，大量本地居民纷纷外出务工，甚至出现了举家迁移到发达地区的趋势，人口外流特征非常明显。

第三，乌江流域经济较发达地区的城市少数民族人口显著增加。在市场经济对人口流动的持续影响下，许多经济较发达城市出现了不同程度的人口集聚现象。可以说，少数民族人口增长最快的城市基本上是乌江流域经济发展速度最快的城市。

第四，乌江流域部分民族地区少数民族人口锐减。虽然乌江流域大部分少数民族聚居地区民族人口都保持持续增长的态势，但由于人口迁移的影响，这一地区少数民族人口不可避免地出现减少的现象。

从人口数量来看,乌江流域上游地区人口相对较多、居住相对集中的少数民族有:布依族、彝族、白族、满族、回族、蒙古族等民族;中游地区主要有:仡佬族、苗族、仫佬族等少数民族;而下游地区主要有:苗族和土家族、侗族、白族等少数民族。当然,有些少数民族在流域的上、中、下游地区都有分布,但是数量有限,如蒙古族等。

从单个区(县、市)的少数民族人口分布来看,也体现了乌江流域人口分布的民族特征和地域特征。根据乌江流域少数民族分布的实际情况,课题组从民族语言与文字使用情况将乌江流域少数民族分为以下几种类型:有本民族语言和文字的少数民族、有语言无文字的少数民族和无语言无文字的少数民族。在查阅文献史料和实地调研考察的基础上,现将乌江流域各区(县、市)分布的以上少数民族类型的大概情况粗略统计如乌江流域少数民族分布表。

表2-5　乌江流域少数民族区(县、市)民族人口及比例表①

区县(市)名称	人口			区县(市)名称	人口		
	总人口(万)	少数民族(万)	占总人口比例		总人口(万)	少数民族(万)	占总人口比例
涪陵区	111.5	0.06	0.05%	贵定县	28.82	14.24	49.40%
武隆县	39.7	1.99	5%	龙里县	20.54	7.83	39.60%
石柱土家族自治县	51.23	26.23	51.2%	南明区	50.33	9.1	13.15%

---

①　李良品等:《乌江流域民族史》,重庆出版社2009年版,第11—12页。

区县(市)名称	人口			区县(市)名称	人口		
	总人口(万)	少数民族(万)	占总人口比例		总人口(万)	少数民族(万)	占总人口比例
彭水苗族土家族自治县	61.86	43.61	70.5%	云岩区	54.95	7.3	10.46%
黔江区	50.44	36.72	72.8%	白云区	17.25	3.21	13.16%
酉阳土家族苗族自治县	74.5	62.58	84%	乌当区	30.25	5.79	17.91%
南川区	64.35	0.05	0.07%	小河区	11.86	2.3	16.41%
秀山土家族苗族自治县	60.32	31.5	52.2%	花溪区	32.15	11.7	34.74%
恩施市	76.84	23.82	31%	清镇市	51.65	11.48	24.37%
利川县	82.33	37.68	46%	修文县	30.57	2.35	8.37%
咸丰县	36.74	31.45	85%	息烽县	25.88	1.35	5.30%
松桃苗族自治县	64.16	31.2	48.1%	开阳县	43.54	4.69	10.98%
沿河土家族自治县	56.11	39.92	81.5%	平坝县	35.07	9.6	27.37%
德江县	45.16	28.64	80.2%	西秀区	82.39	17.2	21.80%
印江土家族苗族自治县	41.48	33.2	82.2%	普定县	41.11	7.76	21.83%
思南县	63.66	34.1	52.5%	六枝特区	63.51	19.38	30.60%
石阡县	38.40	23.2	71.78	水城县	74.85	30.38	40.50%
道真仡佬族苗族自治县	33.82	26.09	80%	关岭县	32.59	19.93	61.15%
务川仡佬族苗族自治县	42.15	40.3	91.5%	镇宁县	34.78	20.38	58.61%
正安县	60.42	5.3	8.4%	钟山区	42.70	7.9	18.50%
绥阳县	51.01	0.31	0.7%	金沙县	59.05	7.1	12.02%
凤冈县	41.26	4.81	12.9%	黔西县	83.17	20.19	25.20%

续表

区县(市)名称	人口			区县(市)名称	人口		
	总人口(万)	少数民族(万)	占总人口比例		总人口(万)	少数民族(万)	占总人口比例
湄潭县	47.51	1.2	2.2%	大方县	97.59	31.6	33.10%
余庆县	29.36	2	7.5%	毕节市	128.47	13.97	10.30%
施秉县	15.56	8.17	52.5%	织金县	93.04	44.81	48.10%
黄平县	35.03	21.53	61.46%	纳雍县	76.75	41.4	54.30%
瓮安县	46.06	2.05	4.99%	赫章县	64.68	13.5	21.30%
遵义县	138.21	1.5	1.14%	威宁彝族回族苗族自治县	109.42	27.81	24.67%
福泉市	30.89	6.7	21.7%	镇雄县	125.85	11.83	9.40%
都匀市	48.75	31.94	65.51%	合计	3345.02	1066.43	31.88%

表2-6 乌江流域少数民族分布情况统计表

区县名称	苗族	土家族	彝族	布依族	仡佬族	侗族	回族	白族	瑶族	畲族	满族	蒙古族	羌族
武隆县	☐	☐			☐								
石柱土家族自治县		☐											
彭水苗族土家族自治县	☐	☐			☐	☐	☐					☐	
黔江区	☐	☐											
酉阳土家族苗族自治县	☐	☐											
秀山土家族苗族自治县	☐	☐				☐			☐				
南川区	☐				☐								

续表

区县名称	苗族	土家族	彝族	布依族	仡佬族	侗族	回族	白族	瑶族	畲族	满族	蒙古族	羌族
恩施市	□	□				□	□						
利川市	□	□				□							
咸丰县	□	□				□							
松桃苗族自治县	●	□			□	□							
沿河土家族自治县	□	□				□							
德江县	□	□			□	□							
印江土家族苗族自治县	□	□											
思南县	□	□			□							□	
石阡县	□	□	□		□	□			□			□	□
道真仡佬族苗族自治县	□	□			□								
务川仡佬族苗族自治县县	□	□			□								
正安县	□				□								
绥阳县	□												
凤冈县	□	□			□		□						
湄潭县	□												
余庆县	□	□											
施秉县	□		□	□		□							
黄平县	□				□	□							
遵义县	□		□		□								
福泉市	□					□				□			
瓮安县	□			□									
都匀市	□			□					□				

区县名称	苗族	土家族	彝族	布依族	仡佬族	侗族	回族	白族	瑶族	畲族	满族	蒙古族	羌族
贵定县	□			□		□							
龙里县	□		□	□									
贵阳市	□		□	□		□							
清镇市	□		□	□	□								
修文县	□		□	□									
开阳县	□			□									
平坝县	□			□			□						
安顺市	□			□	□		□						
普定县			□	□	□			□					
六枝特区	□		□		●		□						
水城县	□		□				□						
关岭县	□		□	□									
镇宁县	□		□	□									
钟山区	□		□					□					
金沙县	□		□					□			□		
黔西县	□		□					□			□		
大方县	□		□		●			□			□	□	
毕节市	●		□	□				□				□	
织金县	□		□		□			□				□	
纳雍县	□		●	□									
赫章县	□		●	□			□					□	
威宁彝族回族苗族自治县	●		●	●			□	□					

备注:表中"●"表示有本民族语言和本民族文字的少数民族;"○"为有本民族语言而无本民族文字的少数民族,□表示既无本民族语言又无本民族文字的少数民族。
课题组在调查和统计过程中,只考虑调查地各民族语言与文字的使用情况。

从乌江流域少数民族分布表可以发现,乌江流域区少数民族人口分布有着自身的特点。从民族语言和文字使用情况来看,就乌江流域所有少数民族而言,有本民族语言和文字的少数民族数量极少,只有苗族、彝族、布依族和仡佬族;有本民族语言而无文字的少数民族几乎没有;无本民族语言和文字的少数民族则较为普遍,几乎所有的少数民族都可以划入此种类型。这一统计数据可以说明,乌江流域少数民族语言和文字的濒危现象十分严重,很多民族已经或者接近失去本民族的语言和文字,汉语和汉字的使用已十分普遍。换句话说,乌江流域少数民族的汉化程度已相当高,汉文化已成为乌江流域的主流文化。

(二)乌江流域的文化遗产

乌江流域山川秀丽,河谷交错,民族风情浓郁,风景秀丽。千百年来,乌江流域各族人民创造了内涵十分丰富的少数民族物质文化和非物质文化遗产。

物质文化遗产是具有历史、艺术和科学价值的文物,包括古遗址、古墓葬、古建筑、石窟寺、石刻、壁画、近代现代重要史迹及代表性建筑等不可移动文物。历史上各时代的重要实物、艺术品、文献、手稿、图书资料等可移动文物,在建筑式样,分布均匀或与环境景色结合方面具有突出普遍价值的历史文化名城(街区、村)。

非物质文化是相对于可传承的物质文化而言的无形文化遗产,是历代先民创造的极其丰富和珍贵的文化财富,是一个民族的民族精神、民族情感、个性特征以及凝聚力与亲和力的重要载体,是人类文明的重要组成部分。

2003年,联合国教科文组织在《保护非物质文化遗产公约》中对"非物质文化遗产"的内涵作了科学阐述:"非物质文化遗产是被各群体、团体、有时为个人视为文化遗产的各种实践、表演、表现形式、知识和技能及其有关的工具、实物、工艺品和文化场所。各个群体或团体随着其所处的环境、与自然界的相互关系和历史条件的变化不断使这种代代相传的非物质文化遗产得到创新,同时使他们自己具有一种认同感和历史感,从而促进了文化多样性和文化创造力。"按照这一定义,非物质文化遗产的内容主要包括以下几个方面:第一,口头传统,包括作为文化载体的语言;第二,传统表演艺术;第三,社会风俗、礼仪、节庆;第四,有关自然界的相关知识和实践;第五,传统手工技能;第六,与上述形式相对应的文化空间和文化场所。①

乌江流域各族人民创造的物质文化遗产和非物质文化遗产,内容丰富,形式多样,生动活泼。归纳起来,主要有民族民间神话故事、民族民间美术、少数民族服饰、民族民间音乐、民族民间舞蹈、民间戏剧、建筑文化、饮食文化等。②

1.民族民间神话故事。土家族有着类型多样的民族民间故事和神话传说,如开天辟地神话、洪水神话、廪君故事、鲁里噶巴故事、磨亮卡铁故事、席里莎乃神话、摆手歌神话等,构成了土家族丰富多彩的口传文化。苗族的伏波宫传说、女儿杉、石家两兄弟、牛王节、苗家过年、古老歌等广为流传,是苗族口传文化的重要组成部分。这些古老的传说和神话故事是乌江流域少数民族民间口传文化的瑰宝。

2.少数民族服饰文化。土家族老年男子穿长袍,短领,右斜衽

① 高丙中:《非物质文化遗产:作为整合性的学术概念的成型》,《河南社会科学》2007年第2期。
② 王希辉:《论乌江流域少数民族文化的开发与保护》,《黑龙江民族丛刊》2008年第4期。

至腰间转直衽,斜衽钉布扣,直衽无扣或部分有扣。腰间缠布腰带,腰带上挂布烟包或牛皮烟包,别竹蔸或竹竿铜头烟袋。头包白布帕子,成圈形盘在双耳上方,巾头向下留于左边。中青年男子穿单或夹对襟短衣,矮领,下摆两边缀无盖口袋,装烟包或其他杂物。土家族女性不穿长袍而穿斜衽短装、卡腰,上衣的领口、袖口、衽口、下摆在制作时,用同色布条镶边,扣子多用琵琶形,增加了美感。苗族服饰有性别、年龄、地区差别及盛装与常装之分,主要样式有湘西型、黔东型、川黔滇型、黔中南型以及海南型等五大类别和若干款式,银饰主要有银冠、银珈、项圈、披肩、项链、牙签、髻簪、耳环、手镯、戒指等。可以说,乌江流域少数民族从纺织、漂染、刺绣、挑花、蜡染直至佩戴以各种饰挂、头冠、颈圈、面牌、发钗、手圈等,均有着极为丰富的文化内涵,是各民族文化精神的重要载体。

3.民族民间工艺美术。土家族的西兰卡普、手织花带、竹编用具、藤编器艺、草编艺术等非常有名。西兰卡普织艺精巧,图案多取材于飞禽走兽,花草水木,有二百多种样式,曾多次参加国家美术展览,深受好评。土家族雕塑品有石雕、木雕、铜雕、根雕等,主要在神祠、寺庙、亭台、楼阁等建筑物和日用品、装饰品中展现出来。苗族蜡染和挑花、刺绣艺术闻名中外。苗族挑花刺绣工艺精美,图案别致,挑花主要有"十字针"、"长短针"、"回复针"等几种,图案主要有装饰图案、仿物图案和寓意图案及汉字图案等。苗族蜡染有着悠久历史,宋代五溪地区的"点蜡幔"(蜡染)已很盛行。明、清时代,黔中一带苗族也多服用蜡染衣料。苗族擅长纺麻织布,织好的布用蓼蓝、红花、栀子、五倍子等草药就可以染成蓝、红、黄、黑等各种颜色。此外,苗族还可编织提篮、饭篮、凉席、鸟笼、竹椅、苗草鞋、剪纸、面具制作等。可见,乌江流域民族民间美术从生活用品到生产器具,可谓无所不包,主要涵盖染织、竹藤、乐

器、雕刻和器具等五大类。有的手工技艺已进入国家非物质文化
遗产代表作名录,如贵阳皮纸制作技艺、土家族织锦技艺、苗族芦
笙制作技艺、蜡染技艺等,都是少数民族文化的宝贵财富。

4.民族民间音乐。土家族民间音乐主要有打击乐和吹奏乐两
种。打挤钹(土家语为"侬家哈")就是土家族地区流传最广、老少
都欢迎的器乐合奏。每逢喜事,土家族则持头钹、二钹、马锣、土锣
四种打击乐器,走乡串寨,停停打打,热闹非凡。吹奏乐有"咚咚
奎"、唢呐、"吹木叶"、"吹牛角"等。"咚咚奎"由竹子制作,音色
纯正,主要曲牌有"咚咚奎"、"巴列咚"、"乃约乃"、"那拍山"等,
独奏曲"山寨春早"还曾在国家歌舞联欢赛上演出。"吹木叶"则
是在劳动之余,随手摘取竹叶或者树叶放到嘴中,即可吹奏出清脆
婉转之曲,表达男女爱慕之情。龙船调又名瓜调,是利川土家族跳
彩龙船的唱腔之一,1953年首次登台演出,经整理后风靡全国,被
录入《中国名额四十首大联唱》。苗族乐器主要有芦笙、锣、鼓、马
锣、钹、铜铃等。芦笙是苗族古乐器,大芦笙一般长6米,有的达
8.9米,通常有4根笙苗,3根盲音,1根开眼;小芦笙相应减短,一
般为2.2米,1.8米,1.5米等,均为6管无盲音。芦笙可以吹奏优
美的乐曲,亦可吹奏中外高雅的曲调。可见,乌江流域民族民间音
乐深受喜爱,侗族大歌、石柱土家啰儿调、黔江南溪号子等已于进
入国家非物质文化遗产代表作名录。

5.民族民间舞蹈。土家族民间舞蹈主要有摆手舞、跳丧舞、铜
铃舞、梅嫦舞、八幅罗裙舞、操旗舞等,其中摆手舞最为出名。摆手
舞分为大摆手和小摆手两种,内容丰富,或表现战争场面、或表现
田间劳作,或展示生活细节,形象生动,妙趣横生,具有很强的群众
性和娱乐性,深受土家族喜爱。苗族舞蹈形式多样,有芦笙舞、铜
鼓舞、木鼓舞、湘西鼓舞、彩鼓舞、猴儿鼓、单人或双人鼓舞、茶盘

舞、打花鼓、地狮子、板凳龙、花花灯、古瓢舞等,尤以猴儿鼓最具代表性。猴儿鼓是以三人或多人模拟猴子各种习性与击鼓姿态的男子表演性舞蹈。可见,乌江流域民族民间舞蹈古朴浓郁、独具特色,是少数民族文化的重要组成部分。

6. 民族民间戏剧。土家族主要有毛古斯、傩戏、阳戏、南戏、高台戏、荆河戏、苞谷戏、土地戏、利川小曲、龙船调、恩施扬琴等多种戏剧形式,其中毛古斯最有代表性。毛古斯是土家族的一种原始戏剧,表演者身扎稻草或者茅草,采用土家语对白,内容包括打猎、钓鱼、烧山挖土、接新娘、过年、读书等,反映了土家族先民的生活场景。乌江流域民族民间戏剧是少数民族群众日常生活、婚姻爱情、民风民俗、民族宗教文化的反映,是乌江流域民族特有文化的典型形式。其中,2006 年入选首批国家非物质文化遗产代表作名录的就有威宁彝族撮泰吉、石阡木偶戏、思南和秀山花灯、德江傩堂戏等民族民间戏剧。

7. 民族民间节日文化。土家族节日主要有祭祀类、自然崇拜类、喜庆类等。祭祀类节日主要有过小年、过赶年、破五日、上九日、牛王节、向王节、晒龙袍、月半节等;自然崇拜类有社日、磨刀节、老鼠子嫁姑娘节等;喜庆节有乞巧节、女儿会等。苗族节日主要有农事节、祭祀节、纪念节、社交娱乐节等类型。如乌江下游湖北恩施地区的苗族就有苗年、社日、清明节、尝新节大年等节日。①

8. 饮食文化。土家族苗族地处山区,形成了具有浓郁地域特色的饮食文化。土家族、苗族均为喜爱酸、辣食物的民族。土家族爱食辣椒,炸广椒是土家族的一道名菜,腊肉也是土家族的一道特色食品。土家族也爱喝油茶汤、四道茶、鸡蛋茶等;酒类主要有咂

---

① 龙子建、田万振等:《湖北苗族》,民族出版社 1999 年版,第 140 页。

酒、乳汁酒、雄黄酒、菊花酒等。苗族酸肉、酸菜鱼等均为民族特色菜肴,同时,苗族也是个爱酒的民族,有着浓郁的酒文化。

9.民族特色建筑文化。苗族、土家族民居多为干栏建筑,大多建有排楼、晒楼等,结构合理、适于山地气候特征。土家族建筑多依山傍水,因地制宜,多为土木架构或者土砖结构。吊脚楼是土家族建筑的主要样式,主要有"一"字形、"L"型、"撮箕口"型、"现代"型和"复合"型等六种类型。作为民族文化的重要物质载体,吊脚楼不仅在一定程度上展示了土家族的生态观、家庭伦理观、宇宙观和民间信仰,而且在土家人的家庭教育、民族文化的传承与创新过程中也发挥了重要作用。苗族先民曾"穴居野处、架木为巢",后来演变为瓦屋、茅草屋、杉木屋等样式,其中瓦屋和吊脚楼等是苗族最具典型的建筑模式。苗族吊脚楼多以十几根木柱着地,上面支撑楼板。楼上住人,楼下蓄养牲畜,或堆放柴草等杂物。

10.其他。乌江流域还有很多古镇、祠堂、民族文化村落、名贵文物、墓碑、古战场、艺术品以及民族古书手抄本、族谱、宗教活动和仪式等重要文化遗产,这也是乌江流域少数民族文化的重要组成部分。

随着经济的迅速发展和社会的急剧变迁,乌江流域少数民族和少数民族文化受到了全球化的巨大冲击,很多少数民族物质文化和非物质文化遗产已处于濒危的边缘。而与此同时,社会各界对待少数民族和少数民族文化的态度和看法也发生了很大变化,各级政府、学术界和社会大众对民族文化遗产的重视和保护意识也逐渐加强,并积极采取措施付诸实施,取得了一定实际效果。

自2005年国务院办公厅下发《关于加强我国非物质文化遗产保护工作的意见》以来,文化部先后公布了三批国家级非物质文化遗产名录。在已公布名录中,乌江流域很多少数民族优秀文化遗产入选,并引起了社会大众的广泛关注。在第一批国家级非物质文化遗产名录中,乌江流域共有 16 项入选,内容涉及民间音乐、民间文学、民间舞蹈、传统戏剧、民间美术、传统手工技艺和民俗等 7 大类型。在第二批国家级非物质文化遗产名录中,乌江流域非物质文化遗产共有 17 项入选,内容涉及民间文学、民间音乐、民间舞蹈、传统戏剧、曲艺、传统手工记忆、传统医药和民俗等 8 大类型。

在我国第三批国家级非物质文化遗产名录中,乌江流域也有多项入选。酉阳土家族苗族自治县的酉阳古歌、利川市的利川灯歌、铜仁市的赛龙舟、咸丰县和石柱土家族自治县的土家族吊脚楼营造技艺、赫章县的彝族火把节、彭水苗族土家族自治县的狮舞等入选正式名录及其扩展版名单。

从以上三批国家非物质文化遗产名录可见,乌江流域非物质文化遗产入选名单具有很强的地域性和民族性特征。从民族性来看,名录涉及的主要有苗族、土家族、仡佬族、彝族、水族和侗族等。从地域性来看,很多非物质文化遗产为当地众多民族共享和共有,如安顺地戏、木偶戏、花灯戏、傩戏等等。

现将乌江流域国家级非物质文化名录入选情况统计如下:

表 2 - 7　乌江流域少数民族第一批国家级非物质文化遗产名录

类别	名称	地域
民间文学	苗族古歌	黄平县等
	刻道	施秉县
民间音乐	铜鼓十二调	镇宁布依族苗族自治县等
	石柱土家啰儿调	石柱土家族自治县

续表

类别	名称	地域
民间舞蹈	苗族芦笙舞(含锦鸡舞、鼓龙鼓虎——长衫龙、滚山珠)	贵定县、纳雍县等
	酉阳摆土家族手舞	酉阳土家族苗族自治县
传统戏剧	彝族撮泰吉	威宁彝族回族苗族自治县
	花灯戏(思南花灯戏)	思南县
	安顺地戏	安顺市
	木偶戏(石阡木偶戏)	石阡县
	傩戏(德江傩堂戏)	德江县
民间美术	苗绣(花溪苗绣)	贵阳市
传统手工技艺	皮纸制作技艺	贵阳市
民俗	仡佬毛龙节	石阡县
	秀山花灯	秀山土家族苗族自治县
	水书习俗	黔南苗族布依族自治州

表 2-8　乌江流域少数民族第二批国家级非物质文化遗产名录

类别	名称	地域
民间文学	仰阿莎	黔东南苗族侗族自治州
	苗族贾理	黔东南苗族侗族自治州
民间音乐	布依族勒尤	镇宁布依族苗族自治县
	秀山民歌	秀山土家族苗族自治县
	酉阳民歌	酉阳土家族苗族自治县
	宣恩薅草锣鼓	宣恩薅草锣鼓

续表

类别	名称	地域
民间舞蹈	彝族铃铛舞	赫章县
	肉连响	利川市
传统戏剧	南剧	咸丰县等
	傩戏	恩施市
	灯戏	恩施市
曲艺	恩施扬琴	恩施市
传统手工技艺	彝族漆器髹饰技艺	大方县
	涪陵榨菜传统手工制作技艺	涪陵区
传统医药	苗医药(骨伤蛇伤疗法、九节茶药制作工艺)	黔东南苗族侗族自治州
	侗医药	黔东南苗族侗族自治州
民俗	苗族跳花节	安顺市

同时,还有众多非物质文化遗产入选贵州省、重庆市和湖北省省(市)级非物质文化遗产名录。其中,盘江小调(关岭布依族苗族自治县)、铜鼓十二调(镇宁布依族苗族自治县)、清水江杀鱼节和阳戏(福泉市)、大狗场吃新节(平坝县)、苗族跳花节(水城县)、苗族弄嘎讲略和苗族"古歌古词"神话(黄平县)、思南上元沙洲节和花灯(思南县)、仡佬族敬雀节和木偶戏(石阡县)、安顺屯堡文化(安顺市)、六枝梭嘎箐苗文化空间(六枝特区)、茅坪花苗婚俗(湄潭县)、手工土纸制作工艺(乌当区)、苗族挑花制作工艺(花溪区)、彝族赶毡制作工艺(威宁彝族回族苗族自治县)、鼓龙鼓舞长杉龙(贵定县)、莲花十八响(沿河土家族自治县)、瓦窑四面花鼓(松桃苗族自治县)、苗族芦笙技巧舞"滚山珠"(纳雍县)、

苗族大迁徙舞和彝族铃铛舞（赫章县）、苗族"刻道"（施秉县）、傩堂戏（德江县）等就入选贵州省第一批非物质文化遗产名录。

苗族《古歌》（施秉县、普定县等）、布依族摩经（关岭县）、布依族口传史诗"布依族盘歌"（六盘水市）、布依族勒尤（镇宁布依族苗族自治县）、土家族打镏子（沿河土家族自治县）、龙灯钹（铜仁市）、薅秧歌（金沙县）、船工号子（思南县、赤水市）、苗族阿江（普定县）、凤冈吹打乐（凤冈县）、黔北打闹歌（余庆县）、布依山歌十八调（贵定县）、绕家呃嘣（都匀市）、高腔大山歌（桐梓县）、仡佬族哭嫁歌（道真仡佬族苗族自治县）、苗族"游方歌"（施秉县）、屯堡山歌（安顺市）、苗族芦笙舞（关岭布依族苗族自治县、水城县、乌当区）、苗族长鼓舞（贵定县）、苗族猴鼓舞（花溪区）、苗族踩鼓舞（镇远县）、土家族摆手舞（沿河土家族自治县）、彝族酒礼舞（威宁彝族回族苗族自治县）、彝族铃铛舞"恳合呗"（钟山区）、苗族花鼓舞（乌当区）、卡堡花棍舞（乌当区）、矮人舞（余庆县）、素朴金钱棍（黔西县）、四桐鼓舞（威宁彝族回族苗族自治县）、仡佬族踩堂舞（遵义县）、文琴戏（黔西县、铜仁市、遵义市、乌当区）、花灯戏（普定县、黔西县、福泉市、花溪区、遵义市、余庆县、石阡县、印江土家族苗族自治县）、仡佬族傩戏（道真仡佬族苗族自治县）、镇远土家族傩戏（镇远县）、蓬莱布依地戏（白云区）、安顺唱书（安顺市）、仡佬族高台舞狮（务川仡佬族苗族自治县县、道真仡佬族苗族自治县）、寨英滚龙（松桃苗族自治县）、仡佬族打篾鸡蛋（平坝县、道真仡佬族苗族自治县）、苗族射弩（织金县、普定县）、梭嘎箐苗彩染服饰艺术（六盘水市）、通草堆画（遵义市）、苗族泥哨（黄平县）、苗族银饰（黄平县）、大方漆器制作技艺（大方县）、屯堡石头建筑技艺（平坝县、西秀区）、傩面具制作工艺（德江县）、印染工艺（印江土家族苗族自治县）、砂陶制作工艺（织金县）、安顺蜡染(安顺市)、高坡苗族银饰制作技艺(花溪区)、布依族纸染绣花制作技艺(花溪区)、罗吏目布依族龙制作技艺(花溪区)、布依族土布制作技艺(关岭布依族苗族自治县)、烟火(金沙县)、董酒酿制技艺(遵义市)、布依族防治肝病益肝草秘方(贵定县)、苗族"四月八"(贵阳市)、苗族独木龙舟节(台江县、施秉县)、谷陇九月芦笙会(黄平县)、仡佬族婚俗(务川仡佬族苗族自治县县)、杜寨布依族丧葬砍牛习俗(贵阳市)、仡佬族吃新节(金沙县、平坝县)、土家族过赶年(印江土家族苗族自治县)、下洞祭风神(印江土家族苗族自治县)、余庆龙灯(余庆县)、桐梓苗族服饰(桐梓县)、安顺苗族服饰(西秀区、关岭布依族苗族自治县)、箐苗服饰(纳雍县)、屯堡服饰(平坝县)、贵阳苗族服饰(花溪区、乌当区)、黄平亻革家服饰(黄平县)、偏坡布依族服饰(贵阳市)、土家族婚庆夜筵(岑巩县)、屯堡"抬亭子"(西秀区)、仡佬族宝王祭拜(务川仡佬族苗族自治县县)、土家族"八月八"唢呐节(镇远县)、仡佬族丧葬习俗(石阡县)、起房造屋习俗(遵义市)、侗族民俗"悄悄年"(石阡县)、凤冈茶饮习俗(凤冈县)、彝族年(赫章县)、高坡苗族射背牌(花溪区)、苗族跳场(花溪区)、化屋苗族文化空间(黔西县)、"6·24"民族传统节——二郎歌会(福泉市)、布依族"六月六"(关岭布依族苗族自治县)、"划筷奠祖"苗俗(纳雍县)、仡佬族三幺台习俗(道真仡佬族苗族自治县、务川仡佬族苗族自治县)、彝族咪古(毕节地区)、仡佬族吃新祭祖习俗(遵义县)、大屯三官寨彝族祭祀(毕节市)、说春(石阡县)、苗族跳花节(安顺市)、竹王崇拜(镇宁县)等入选贵州省第二批非物质文化遗产名录。

在贵州省第三批非物质文化遗产名录中,布依竹筒歌(关岭布依族苗族自治县)、苗族十二路酒歌(施秉县)、土家族高腔山歌

(印江土家族苗族自治县、沿河土家族自治县)、仡佬族情歌(石阡县)、苗族三眼箫音乐艺术(织金县、六枝特区)、彝族《莫蒿亩》(赫章县、钟山区)、布依族吹打乐(关岭布依族苗族自治县)、姊妹箫(关岭布依族苗族自治县、六枝特区)、哥蒙芦笙乐(黄平县)、苗族芦笙蹉步舞(毕节市)、苗族斗角舞(修文县)、苗族斗鸡舞(黔西县)、苗族夫妻舞(平坝县)、丝弦灯(凤冈县)、仡佬族滚龙戏(正安县)、端公戏(金沙县)、围鼓(正安县)、傩技·上刀山(松桃苗族自治县)、赛龙舟(铜仁市、镇远县)、长坝狮灯(金沙县)、布依族铁链械(花溪区)、抵杠(平坝县)民间棋艺(正安县)、岩鹰高跷(黄平县)、布依族织锦(关岭布依族苗族自治县)、黄平蜡染(黄平县)、云雾贡茶手工制作技艺(贵定县)、油茶制作技艺(正安县)、豆制品制作技艺(大方县)、布依族糯食制作技艺(贵定县)、荞酥传统制作技艺(威宁彝族回族苗族自治县)、青岩玫瑰糖制作技艺(花溪区)、鸟笼制作技艺(黔西县)、焰火架制作技艺(印江土家族苗族自治县)、安顺木雕(西秀区)、火龙丹(金沙县)、罗氏瘊疱疗法(关岭布依族苗族自治县)、布依族服饰(西秀区、水城县)、苗族二月二(松桃苗族自治县)、苗族斗牛习俗(施秉县、开阳县)、苗族命名习俗(平坝县)、彝族毕摩习俗(赫章县)、彝族丧葬习俗(金沙县)、苗族祭桥节(黄平县)、彝族火把节(大方县、赫章县)、玩水龙(施秉县)、布依族坐夜筵(开阳县)等入选。

在乌江流域下游,入选重庆市和湖北省非物质文化遗产名录的也较多。其中,石柱土家啰儿调(石柱县)、南溪号子(黔江区)、鞍子苗歌(彭水县)、秀山民歌(秀山县)、薅草锣鼓(秀山土家族苗族自治县)、酉阳民歌(酉阳土家族苗族自治县)、后坝山歌(黔江区)、土家斗锣(石柱土家族自治县)、摆手舞(酉阳土家族苗族自治县)、面具阳戏(酉阳土家族苗族自治县)、阳戏(秀山土家族苗族自治县)、余家傩戏(秀山土家族苗族自治县)、中塘向氏武术(黔江区)、涪陵榨菜制作工艺(涪陵区)、龙凤花烛(秀山土家族苗族自治县)、朗溪竹板桥造纸(彭水苗族土家族自治县)、纸竹工艺(武隆县)、秀山花灯(秀山土家族苗族自治县)、男女石柱神话(石柱土家族自治县)、吴幺姑传说(黔江区)、巫傩诗文(酉阳土家族苗族自治县)、涪陵御锣(涪陵区)、诸佛盘歌(彭水苗族土家族自治县)、彭水耍锣鼓(彭水苗族土家族自治县)、彭水道场音乐(彭水苗族土家族自治县)、马喇号子(黔江区)、帅氏莽号(黔江区)、普子铁炮火龙(彭水苗族土家族自治县)、高台狮舞(彭水苗族土家族自治县)、庙池甩手揖(彭水苗族土家族自治县)、玩牛(石柱土家族自治县)、打绕棺(石柱土家族自治县、酉阳土家族苗族自治县、秀山土家族苗族自治县)、石柱土戏(石柱土家族自治县)、辰河戏(秀山土家族苗族自治县)、保安灯儿戏(秀山土家族苗族自治县)、木腊庄傩戏(彭水苗族土家族自治县)、濯水后河戏(黔江区)、郁山鸡豆花制作技艺(彭水苗族土家族自治县)、郁山擀酥饼制作技艺(彭水苗族土家族自治县)、秀山竹编制作技艺(秀山土家族苗族自治县)、濯水绿豆粉制作技艺(黔江区)等先后入选重庆市级非物质文化遗产名录。

在目前已经公布的湖北省省级非物质文化遗产保护名录中,利川市的利川灯歌、肉连响、利川小曲,咸丰县的地盘子、南剧,恩施市的耍耍、傩戏、恩施扬琴、恩施社节等多项文化遗产入选。

此外,乌江流域各地区(州、市)也相继公布了地(州、市)级非物质文化遗产名录,如恩施土家族苗族自治州、铜仁地区等就公布了第一批名录。乌江流域部分县(市)也制定了本县(市)的非物质文化遗产名录,并制定了保护计划,如咸丰县就公布了县级非物质文化遗产保护名录。

总之,乌江流域文化遗产是各族人民千百年来积累下来的宝贵财富,形式多样,内容丰富,地域特征也十分明显。在当前社会急剧变迁的大背景下,社会各界有识之士也已积极行动起来,呼吁并积极采取措施来保护和传承这些濒危文化遗产,取得了一些实效。

第三节　乌江流域经济与社会的当代发展

新中国成立尤其是改革开放三十年来,乌江流域经济社会发展取得了巨大成就,各族人民社会生产、生活水平有了很大提高,基本解决了赤贫问题,社会面貌焕然一新。但是,由于特殊地理环境的限制和复杂的社会历史背景,乌江流域仍然是我国经济欠发达地区,社会生产力水平尚待大幅提高,"老、少、边、穷"的特征还十分突出,和我国中东部地区的经济社会发展差异并非缩小而是在逐渐扩大。

改革开放以来,随着经济社会的巨大发展,乌江流域各区县经济实力明显加强。数据显示,贵州省经济生产总值从 1978 年的 46.62 亿元增加到 2007 年的 2741.9 亿元,经济总量增加了 12.7 倍,年平均增长 9.4%。1978—2007 年累计实现生产总值 20683.49 亿元,是 1949—1977 年累计实现生产总值的 19 倍。①如,2006 年毕节地区生产总值就达到 270.61 亿元,19 年平均增长 9.7%;三大产业排序从 1988 年的"一二三",中间经过"二一三",再到现在的"二三一",实现了历史性的突破;粮食产量从 1988 年

---

① 贵州省统计局、国家统计局贵州调查总队编:《贵州改革开放 30 年》,中国统计出版社 2009 年版,第 3 页。

的 103.83 万吨增加到 247.22 万吨,农民人均占有粮食从 1988 年的 180 公斤增加到 340 公斤,基本解决了长期缺粮的突出矛盾;财政收入从 1988 年的 3.02 亿元增加到 44.76 亿元;农民人均纯收入从 1988 年的 226 元上升到 2043 元,净增 1717 元。超过全省平均水平;贫困人口从 1988 年的 312.2 万减少到 57.31 万,低收入人口减少到 101.96 万。1978—2007 年,重庆 GDP 从 67 亿元增加到 4123 亿元,增加了 71 倍,年增速为 10.4%。人均 GDP 由 269 元提高到 14660 元,增长了 69 倍,年均增长 10%。① 2009 年,重庆市达到 5097 亿元,增速为 14.3%。尤其是重庆“两翼”发展迅速,渝东北、渝东南 GDP 分别增长 17.1% 和 16.4%,分别提高 1.6 和 0.8 个百分点。② 如,2006 年重庆黔江区地区生产总值就达到 39.91 亿元,人均 GDP 达到 9080 元(按常住人口计算)。2008 年,黔江区生产总值为 60.48 亿元,比上年增长 17.3%。按常住人口计算,人均 GDP 为 1.39 万元。③ 2009 年,渝东南民族地区一区四县人均 GDP 也已达到 9286 元,是重庆市直辖前的 8 倍多;地方财政收入 29.54 亿元,是重庆市直辖前的 10 多倍;农民人均纯收入 3174 元,是直辖前的 2.8 倍。

　　以前,渝东南民族地区自然条件恶劣,交通不便,人民生活水平低,经济社会发展严重滞后。如今,渝东南民族地区城乡面貌焕

　　① 重庆市人民政府办公厅、重庆市人民政府发展研究中心、重庆市社会科学院:《1978—2008:历史丰碑—中国重庆改革开放三十周年纪实》,重庆出版社 2008 年版,第 85 页。
　　② 重庆市人民政府办公厅:《重庆年鉴(2009)》,重庆年鉴社 2009 年版,第 18 页。
　　③ 重庆市人民政府办公厅:《重庆年鉴(2009)》,重庆年鉴社 2009 年版,第 344 页。

然一新,5个区(县)全部通高速公路,4个区(县)通铁路(一个自治县铁路在建),一大批与高速公路、铁路联网的二级出境公路,二、三级乡镇公路、村级公路建成投入使用,黔江飞机场2010年将投入使用。重庆民族地区集铁路、水运、高速公路、航空运输于一体的现代快速交通体系初步形成,经济社会发展进入快车道。

　　虽然新中国成立尤其是改革开放三十年来,乌江流域经济社会发展取得了很大成就,但是和全国尤其是中东部发达地区比较起来,仍然存在很大差距,经济相对落后状态仍然没有改变,地区差异和城乡差异也还非常明显。现将乌江流域城乡差距与全国平均水平做如下比较:

表2-9　乌江流域城乡差距与全国水平比较

年份	绝对差距		相对差距	
	乌江流域城乡绝对差距平均水平	全国城乡绝对差距平均水平	乌江流域城乡相对差距平均水平	全国城乡相对差距平均水平
1978	157	209	2.42:1	2.56:1
1997	1761	824	3.01:1	2.20:1
2000	3806	4027	3.77:1	2.79:1
2005	4761	7238	3.41:1	3.22:1
2007	7659	9646	3.84:1	3.33:1

　　以上数据,乌江流域城乡绝对差距从1978年的157元扩大到2007年的7659元,年均扩大250元,全国城乡绝对差距从1997年的209元扩大到2007年的9646元,年均扩大315元。分析发现,乌江流域城乡绝对差距要低于全国平均水平,尤其是2000年以后,乌江流域城乡绝对差距明显低于全国平均水平。从相对差距来看,乌江流域城乡收入比从1978年的2.42:1上升到2007年

的3.84∶1,期间2005年出现短暂的下降,之后差距又继续拉大。而同期全国从2.56∶1扩大到3.33∶1,增长幅度比较平缓。整体上,乌江流域城乡绝对差距要低于全国平均水平,而相对差距要高于全国平均水平。当然,乌江流域城乡绝对差距明显低于全国平均水平而相对差距要高于全国平均水平,这与乌江流域经济社会发展起点低密切相关。同时,这给乌江流域各地区的发展敲响了警钟:在经济社会发展的同时,要促进城乡统筹、地区统筹,推动乌江流域经济社会全面发展。

第三章　边缘与中心:乌江流域民族教育的发展历程

　　由于特殊的自然、人文特点以及政治经济文化等方面的影响,乌江流域民族教育特别是学校教育的发展起起伏伏,不断游离于边缘与中心之间。在漫长的封建社会,乌江流域教育制度的建立以及教育整体发展状况均大大落后于中原地区,教育总体处于边缘化状态。其中,在政治清明、经济繁荣发展的历史时期,各级政府注重兴办学校,加强文化交流,教育得到了较快发展。新中国成立后,由于社会发展理念的不断更新,乌江流域民族教育得到了前所未有的重视,民族教育体系不断发展和完善,发展较快。回顾乌江流域民族教育的发展史,不难看出,只要政府重视教育,将其置于社会的中心地位,教育就必然获得较快发展,反之,教育的发展必将受到极大制约甚至被严重破坏。

第一节　乌江流域民族教育发展的历史回顾

　　乌江流域是人类起源和远古文化发祥地之一,很早就有人类活动,教育历史悠久。由于地理环境、历史条件和经济政治等因素的制约,乌江流域民族教育的发展相比中原以及其他地区来说,基本处于边缘的境地,其发展大致可以分为四个时期。

一、原始形态的教育

乌江流域和其他地区一样,在原始社会时期,由于社会生产力水平低下,教育没有从社会生产和生活中分化出来成为专门活动,仅是一种在生产劳动和社会生活中传授生产经验、技能、社会生活的知识、能力及行为规范的处于自然状态的活动。当时,教育活动是面向全体社会成员的社会活动,没有阶级性,教育内容也十分简单,基本上只限于一些原始的生产劳动、社会生活和原始宗教活动领域。

历史资料表明,秦汉以前,乌江流域主要是少数民族居住,由于这些古老的民族当时尚无自己的文字,生产经验和生活经验也主要通过语言和生产生活实践进行传递。远古时代,乌江流域少数民族自编自唱的成千上万的歌谣以及一些民俗活动是当时教育的主要形式和载体。如瑶族利用集会口耳相传,宣讲民族历史、生产知识、社会秩序、道德伦理等,也有通过对歌、讲故事的方法进行教育。在家庭教育中,鼓励子女勤劳、诚实,赡养父母,尊重老人等。布依族注重以神话形式开展教育活动。神话内容丰富,流传很广,如《极老多采青石盖天》、《洪水朝天》、《十二个太阳》等,这些神话反映了布依族先民的劳动、生产及生活等。[①] 特别是民族歌谣内容十分丰富,涵盖宇宙形成、天文地理、族源发展、生产生活以及民风民俗等诸多方面,堪称"百科全书"。苗族《苗族古歌》中传唱描述生产过程的"用机蔴粟织/用梳竹子梳/拍呀砰呀砰/才得今娲衣。""五把锄头挖/两盏灯火点/九架车轮摇/接银金来

---

① 吴洪成:《中国西南古代教育史》,西南师范大学出版社1998年版,第56—59页。

到/银冒做什么/金冒做什么/银冒做圈项/打银花饰头。"孝敬长辈的"晚上来烘席/早上来煨茶/慰妈条心安/慰爹条心安。"彝族先民在庆祝传统的"火把节"等节日时传唱的歌谣也很多，"彝历年年有虎月（农历六月）/虎月是彝族的火把节/远行的个人都回来呀/团团圆圆七过节。"这些歌谣通俗易懂，言简意赅，易于接受，代际传唱，有的古歌古谣承自上千年。①

　　总之，这个阶段教育的手段主要是口耳相传和行为的观察模仿，学校教育还没有产生，也没有成形的教育制度，教育公平还没有成为社会问题。但是，随着社会的不断发展，教育活动开始发生很重大变化，学校教育开始萌芽，教育的阶级性逐渐显现，教育公平问题也随之产生。

二、封建教育制度的形成与发展

　　从原始形态教育到封建教育制度的形成，有一个交叉而漫长的历史过程。早在秦汉时期，以儒学为代表的汉文化，就已经逐渐传入乌江流域，特别是巴蜀文化和楚文化对贵州影响较大。东汉时期毋敛县（今独山、荔波一带）的尹珍，不远千里到中原地区，师从大学者汝南许慎、应奉，学习经书、图纬，学成为官，离职回贵州后在今正安、道真仡佬族苗族自治县、绥阳一带办学，成为儒学教育体制的开端，世称贵州"教育先驱"。唐宋时期，贵州地区陆续创办学校，相传在正安州建有旧学和书院，在绥阳建有儒溪学院。古籍记载：南宋时期，播州地区统治者在今遵义地区"择师礼贤"、"建学养士"、"蛮荒子弟乃多读书"，并向朝廷争取到每年参加科举考试的部分名额。三十多年间，播州地区出现了一批进士，促进

---

　　①　孔令中：《贵州教育史》，贵州教育出版社 2004 年版，第 7—9 页。

了封建教育的发展。南宋绍兴(公元 1131～1162 年)年间,贵州出现了沿河鸾塘书院。到了元代,贵州今贵阳、安顺一带均建有儒学。

贵州建省以前,类似彝族毕摩、土家族歌师等从事教育活动的人很多。同时,部分政府官员也为教育做出了贡献。明洪武二十一年(公元 1388 年),妻袭夫位的宣慰使首领、彝族女政治家奢香夫人即为一例。她在位 15 年,先后七次赴明朝首都南京述职,不仅奉旨在贵州开置官驿大道,沟通云、贵、川、湘的交通,促进经济发展,而且还不断向外广聘汉儒,多方接纳文人学士,引入儒学,倡儒学之风,立儒学之馆,进一步兴办贵州宣慰司学,培养民族子弟。为了学汉语,尊儒学,她带头将其子送入京师太学,结业后,朱元璋亲授三品朝服和袭衣金带,促进了贵州和中原的文化交流与发展。此后,奢香夫人的子孙和当地执政者,尊儒重教,代代相传,儒士辈出,并纷纷在本地和附近周边地区从政、施教,汉文化的影响逐渐扩大。

明代永乐十一年(公元 1413 年)贵州建省,乌江流域封建教育体系迅速形成。一方面,中央政府为实现控制西南边陲,推行"安边之道",使人民"如君臣父子之道"、"变其土俗同于中国"的目的,对当时被称为"蛮夷之地"的贵州,加强"礼乐教化"。明太祖朱元璋御批:"遗风善俗,礼为之本,敷训导民,教为之先。"要求贵州兴办学校,建立各级教育行政机构。明朝政府还明确规定"土司子弟送入州、府、县学习'礼',未经过学习者,不得承袭土司职务。"土司子弟,纷纷送入各种学校直至太学(国子监)学习。另一方面,贵州建省以后,与周边省区的经济、政治等多方面交往更加深入,汉语的使用、汉文化的影响进一步扩大;同时,大量汉族知识分子,或做官、或从军、或如王阳明等被贬谪来贵州,加上本省也逐渐培养一些如明朝嘉靖进士、教育家孙应鳌等学者,他们离职后多回贵州办学讲授。尤其是从王阳明到孙应鳌等学者在贵州开一代学风,贡献较为显著,影响尤为深远。因此,官学、社学、书院等迅速发展,土司、头人子弟和少数平民子弟都能进入官学、书院学习并学有成效,汉文化在贵州迅速传播并逐渐占据文化主导地位,贵州地区也就很快建立并形成了以汉儒文化为核心的封建教育体系。

清代,贵州教育承袭旧制,封建教育制度更趋完善。随着经济社会发展,各类学校数量增加,规模扩大,各级官学、书院达到 200 余所。此外,清朝官府还在边远民族地区兴办了不同形式的"义学",有的直接称为"训苗义学",总数超过 300 所;至于民间私塾,数量则更多。这些学校,特别注重招收民族子弟入学。清廷还规定各级官学要增加民族子弟的名额,并专门开设"苗科"。据资料累计,清代贵州中举者达 4300 多人,中进士者达 600 多人。在清代贵州封建教育制度的发展中,由于朝廷的目的是维护其封建统治,所以民族教育发展断断续续。起伏不定。乾隆时期,贵州民族教育发展就受到一定限制。乾隆年间,"义学"大减,少数民族儿童入学人数骤减,直到"咸同"起义(公元 1854～1867 年贵州苗族起义)以后,贵州的"义学"才有所恢复和发展,但全省"义学"总数也才 300 来所,每个学校学生人数一般只有十几名或几十名。

清朝末期,国人注重发展先进科技和现代教育,封建教育开始向现代教育转变。清末民初,李端棻、严修、张之洞等一批有识之士,为贵州的近代教育开创了历史先河。光绪二十二年(公元 1896 年),时任刑部左侍郎的贵州人李端棻向朝廷上奏《请推广学校折》,建议"自京师至各府州县皆设学堂",改革以"八股取士的弊端,开设算学、外语、天文、地理、格致(理、化)、制造、农、工、商、矿业、时事外交等方面的课程",成为中国改革封建教育制度、推行新教育的先驱。李端棻戊戌变法时曾任清廷礼部尚书,戊戌变法失败后被流放新疆,途中因病留住在甘州(今甘肃省张掖),光绪二十七年(公元1901年)始得赦免回乡。他回贵州后,不顾病体,从事教育,广开新学,亲任贵山书院山长,并参与创办贵州第一所师范学堂——贵阳公立师范学堂等。光绪二十至二十三年(公元1894—1897年),翰林院编修严修调任贵州学政。他主政期间,大力倡导引进西方教育思想和近代学制,在贵州建立官书局,引进西方先进的民主思想和科学技术;改革学古书院,培养学兼中西的人才;他还上奏朝廷,实行经济特科取士,取代八股取士制度。光绪二十八年(公元1902年),原籍河北,出生贵阳,在贵州安龙长大的张之洞,在担任湖广总督时,支持贵州安龙创办中学和高等小学,出资让贵州兴义府派学生到武汉完成师范学习,毕业后回乡任教。他还提议将兴义府城的书院改为中学堂,并捐银修缮学堂,派人到日本购置图书仪器。《辛丑条约》签订后,中国内地被迫向教会开放,国外传教士在贵州创办学堂,如伯格里、党居仁等。这些教会学校,为贵州近代教育发展提供了一些示范和启迪。①

三、近代学校教育体系初步建立

　　1905年8月,清光绪帝发布诏书,"著即自丙午科为始,所有乡会试一律停止,各省岁、科考试亦即停止"。② 在中国延续一千三百余年之久的科举制终于寿终正寝。清政府在废科举之际,颁布了《钦定学堂章程》("壬寅学制")和《奏定学堂章程》("癸卯学

---

　　①　孔令中:《贵州教育史》,贵州教育出版社2004年版,第10—13页。
　　②　李斌:《略论贵州教育近代化进程》,《贵州社会科学》1994年第3期。

制"),要求各地遍设蒙小学堂,广开民智,于是各省纷纷创办学堂,出现了前所未有的兴学热潮,乌江流域近代教育也由此产生并开始逐步发展。

在1902—1905年间,贵州掀起了举办近代学校的第一次浪潮。1902年,贵州巡抚邓华熙在贵州开始遵旨兴学。在贵阳,除原有的武备学堂外,还举办了贵阳府中学、公立师范学堂和贵州大学堂等几所新式学校。随后现代学校在贵州开始群体性出现,1904年前后,一些社会知识社团组织,创立大量公立、民(私)立小学,拉开了贵州现代教育的大幕。① 新学制颁布前,贵州教育机构主要为书院和地方旧式官学,1850年前后,贵州全省共有旧式官学60余所,学生一万多名。新学制颁布后,贵州教育体制发生了根本变化。中小学堂、高等学堂相继建立,还创设了师范,实业、女子、军警子、军警等学堂,同时,还选派留学生出国留学,此外还出现了自成体系的教会学校。1905年至1915年,学堂由30所增加到1652所,增加55倍。不仅学堂增多,"中华民国"初年还开始小学四年制义务教育的实施,还规定初等小学堂和师范学堂均不收学费,其余学堂如经费困难,才可向学生收取少量费用,这使得受教育的社会范围不断扩大,大批贫穷人家子弟也获得了受教育的机会,为贵州培养了一大批具有新知识新思想的学生群体。1915年,贵州省各级各类学校学生已达67000多人。仅达德小学从1907年到1911年间,共培养毕业生218人,其中女生50人。这些学校为贵州军事、经济、教育、文化等部门输送了大批有用之

---

① 张立新:《清末民初贵州近代教育评述》,《贵阳学院学报(社会科学版)》2008年第1期。

才,这对于贵州社会经济、政治、文化的进步、发展有着不可忽视的影响。①

　　辛亥革命后,贵州教育进入了一个新的发展时期。在1912—1935年间,由于方军阀统治,贵州社会动荡、经济萧条、人民贫困、教育经费短缺,教育事业发展受到制约。但许多教育行政官员和众多有识之士采取了诸如集资兴学、培训教师等一些有效措施,贵州教育仍有所发展。到1935年,中央军入黔时统计,全省中小学发展到2400多所,在校生达到15万多人,除个别山区学校外,均按新学要求开设课程。高等教育方面将官立法政学堂改为"贵州公立法政专门学校"。职业学校,经过调整改建,开设了分别与中学、高小同级的甲、乙两种学校。举办了金工、织染、漆工、蚕业模型和女子刺绣、织布等,为社会培养了一批中、初级实用技术人才。师范教育也有所调整和加强。20世纪20年代,平民教育风行全国,贵州也纷纷成立平民学校、平民识字处和露天学校,有力地推动了广大群众的文化素质教育。②

　　1935—1949年间,贵州教育经历了整顿、发展、衰退的发展过程。1936年,贵州调整教育行政机构,将全省划为30个义务教育视导区,各派一位视导员;增加教育经费,设在部分县的省立中学,将经费原由各县分摊改为由省开支。县级义务教育,由县制定经费筹集和管理办法;充实教师队伍,建立健全师资管理制度;举办训练班,培训教育行政人员;制定部分教育法规,使学校在方针、制度、学制、课程方面与全国渐趋统一。1937—1945年间,贵州教育大发展。由于日本入侵,中国大片土地连连失守,敌占区一批学校

---

①　李斌:《略论贵州教育近代化进程》,《贵州社会科学》1994年第3期。
②　孔令中:《贵州教育史》,贵州教育出版社2004年版,第14—15页。

诸如国立交通大学、浙江大学、中山医学院、私立大夏大学、湘雅医学院等 10 多所知名高校和一批包括陆军大学、海军学校在内的 10 多所军事院校迁入贵州,一大批如竺可桢、茅以升、苏步青、贝时璋、卢嘉锡、黄质夫等专家学者也云集贵州。省内外广大知识分子与各民族,各阶层群众,在民族危亡的关键时刻,同仇敌忾,激流勇进,奋发图强,抓教育,抓科研,发展贵州经济。加上贵州也增建了贵州大学等,贵州教育历史阶段出现鼎盛时期。中等教育迅速发展,到 1944 年,中等文化学校比 1937 年增长近 4 倍。私立中学发展到 80 多所,比抗战初期增长 6 倍多。中等师范学校由 2 所发展到 10 余所。职业教育校数倍增,尽管规模不大,但农、工、商、医药等等门类俱全。全省乡下中心国民小学 1500 余所,保国民小学 8000 多所。边疆学校教育(又称边民教育、苗民教育、苗夷教育)遍布各个地区,这些学校免交学杂费、书籍费、放宽入学年龄,教学中增加农业知识、防病治病、增加军事训练、童子军训练、学生参加看护训练,增加各种武器图样、模型、防空用品及战争知识教育等等,使得教育与时俱进,快速发展。1945—1949 年间,贵州教育又陷入低谷。抗日战争胜利后,大批的学校、工矿企业和入黔的知识分子纷纷返回原地;国民党发起内战,贵州城乡四处抓兵派款,社会经济衰退破败;教育经费大幅度下降,半数学校的正常经费难以为继,教师工资,多有积欠。国民小学的经费,下放到乡镇自筹,摊派迫索,带来大批学校裁撤,教师解聘。到 1949 年贵州解放时,全省接管的仅有小学 494 所、盲聋哑学校 2 所、中等学校 81 所、大学 3 所,适龄儿童入学率不到 20%,全省文盲半文盲占到 90% 以上,整个教育事业一蹶不振。[1]

---

① 孔令中:《贵州教育史》,贵州教育出版社 2004 年版,第 15—17 页。

第二节　乌江流域民族教育的现实概况

新中国成立尤其是改革开放三十年以来,乌江流域民族教育从横向来看,仍然无法与东部发达地区比较;但从纵向来看,相比以往取得了很大成就,民族基础教育、民族职业教育和民族高等教育成绩显著,民族教育体系不断发展和完善。同时,由于社会发展理念的不断进步,特别是国家西部大开发战略的实施,乌江流域民族教育正逐渐从边缘走向中心。

一、民族基础教育

教育学理论认为,基础教育是对学生进行基础文化知识和做好初步生活准备的教育,是各级各类教育的基础,是培养社会主义的建设者和接班人的重要时期,是受教育者的思想品德、文化科学、劳动技能、身体心理素质得到提升的关键阶段,可以说,基础教育是整个教育体系的重中之重,其成败关系到国家和民族的发展兴衰,是振兴国家、民族的奠基工程。[①] 因此,民族基础教育发展在少数民族地区经济社会中的重要地位和作用不言而喻。

新中国成立尤其是改革开放三十年以来,乌江流域基础教育发展取得了很大进步。在乌江流域中上游地区,贵州省普通中学和中等学校由 1978 年的 277 所增加到 2007 年的 333 所,在校生总数由 16.3 万人增加到 30.91 万人,增长了约 1 倍;普通小学稳定发展,在校生由 1978 年的 37.12 万人增加到现在的 38.07 万

---

①　曹中保、但汗礼:《基础教育的困境与对策》,《湖北民族学院学报(哲学社会科学版)》2000 年第 4 期。

人,增长了 2.3%。①《思南县教育局 2009 年工作总结》数据显示,截止 2009 年底,思南县共有各级各类学校 405 所,其中高级中学 4 所,职业高中 1 所,初级中学 35 所(含九年制学校 4 所),小学 312 所,其中片区小学 60 所,村级小学 98 所,初小 50 所,教学点 73 个,幼儿园 53 所(民办 48 所)。有在校学生 149218 人,其中小学生 79249 人,初中生 37943 人,高中生 13116 人,中职学生 2924 人,学前教育学生 15986 人。

在乌江流域下游地区,2007 年酉阳土家族苗族自治县、秀山土家族苗族自治县、黔江、彭水苗族土家族自治县等区(县)全部实现了"两基"目标,人口覆盖率达 100%,"两基"攻坚顺利通过国家验收,九年义务教育由基本普及跨入均衡、优质发展的新阶段。②

在乌江流域基础教育发展过程中,各级政府和社会各界积极支持改善基础教育条件,提高办学质量,成绩显著。印江土家族苗族自治县在原《十一五教育发展规划》中规定新建和扩建初中和小学用房 3000 平方米,使中小学生均校舍建筑面积分别达到 6 平方米和 4.5 平方米,实施"中小学危房改造工程",改善中小学教学用房 30000 平方米,基本消除了危房。

同时,乌江流域各区县还积极改善学生住宿条件,扩大义务教育普及程度,进一步夯实基础教育发展基础。比如,2008 年酉阳全县九年义务阶段学校(含教学点)共计 460 所,教职工 6436 人,

---

① 贵州省统计局、国家统计局贵州调查总队:《贵州改革开放 30 年》,中国统计出版社 2009 年版,第 91 页。

② 重庆市人民政府办公厅、重庆市人民政府发展研究中心、重庆市社会科学院:《1978—2008:历史丰碑—中国重庆改革开放三十周年纪实》,重庆出版社 2008 年版,第 275 页。

在校学生 12.15 万人。2005 年,全县"两基"人口覆盖率达到 100%,"两基"工作顺利通过市政府评估验收;2006 年起,全面开展"两基"巩固提高工作,到 2008 年普及程度稳步提升,小学适龄儿童入学率分别达到 99.83%、99.84%、99.995%,初中阶段入学率分别达到 98.58%、98.64%、99.47%,"三残"儿童入学率分别达到 77.81%、79.69%、82.85%,15 周岁人口文盲率分别降低到 0.30%、0.26%、0.17%。2005—2007 年全县义务教育阶段新补充专任教师 816 人,现有中小学专任教师 6020 人,小学专任教师学历合格率为 97.55%,初中专任教师学历合格率为 98.52%。2005—2007 年三年共投入教育工程建设资金 2410.15 万元,启动建设工程 72 个,小学生均占地面积由 2005 年的 19.3 平方米增加到 23.72 平方米,生均校舍面积由 2005 年的 4.33 平方米增加到 5.01 平方米,在连续三年初中适龄学生入学高峰的情况下,初中生均占地面积仍然达到 18.80 平方米,生均校舍面积达到 5.34 平方米;共投入资金 1133 万元,新添置课桌椅 2.55 万套,双层铁床 1.14 万张;教仪电教设施逐步配套跟进,已有专用现代化实验室 112 间,微机室 71 间,微机 2616 台,已建成现代远程教育卫星地面接收点 212 个,多媒体教室 70 间,光盘播放点 182 个;小学生均图书量达到 8.51 册,初中生均图书量达到 10.49 册。2008 年预算安排教育经费 3226 万元,已拨付 1600 万元用于解决"两基"工作的突出问题。2009 年 6 月,正式启动了全县农村义务教育管理体制改革工作,进一步明确了各级政府义务教育办学责任,撤销了乡镇教办,设立了乡镇教育管理中心,推行校长负责制,乡镇教育经费收归县级管理。2007—2009 年,该县连续三年要应对初中适龄学生入学高峰的问题,2007 年初一新生 6478 名,2008 年初一新生 5953 名。2006—2008 年全县公开招考录用义务教育阶段新教师300名,代课教师转公办招考录用516名,基本解决了全县基础教育尤其是农村边远学校师资严重不足的问题。

在思南县,政府加大基础设施建设,成就明显。一方面,政府认真组织实施各种项目工程建设,2009年计划实施项目86个,建筑面积221161平方米,投资24661万元。其中,2008年薄弱学校改造项目32个,建设面积33982平方米,计划投资2307.2万元;2009年薄弱学校改造项目12个,建设面积13000平方米,计划投资1226万元;农村初中校舍改造项目9个,建筑面积29860平方米,计划投资2553.8万元;移民工程13个,建设面积58966平方米,计划投资7872.9万元;自营工程2个,建筑面积4500平方米,计划投资479万元;新农村卫生校园建设7所,计划投资145万元;受地质灾害影响整体搬迁项目1个,建筑面积1598平方米,应投资159.8万元;实施希望工程3个,建筑面积4542平方米,计划投资348万元(其中赠款170万元)。另一方面,加强工程项目资金使用及管理,2009年到位资金11496.12万元,尚缺资金13164.88万元。目前已完工项目51个,2008年薄弱学校改造工程27个,2009年薄弱学校改造工程10个,新农村校园建设7个,农村初中校舍改造项目2个,移民工程4个,希望工程1个。在建工程项目29个,未开工项目6个,完成建筑面积58494平方米,完成投资16029万元。随着硬件设施和软件条件的改善,全县基础教育质量取得很大成绩。《思南县教育局2009年工作总结》数据显示,截止2009年底思南县小学适龄儿童入学率99.9%,初中阶段入学率113.67%;小学辍学率控制低于0.22%,初中辍学率低于1.79%;三残儿童少年入学389人,入学率达88.7%。乡镇及村农技校开展实用技术培训达45383人次。

在搞好硬件设施的同时,乌江流域各区县还不断强化师资队伍建设,取得了一定成效。《印江县教育局 2009 年工作总结》数据显示,印江土家族苗族自治县仅 2004 年选派了 43 名教师脱产学习进修,360 名教师参加各类函授培训和自学考试。小学教师学历合格率从 90.1% 增加到 93.8%;初中教师的合格率从 88.2% 增加到 93.1%;高中教师合格率从 52.4% 增加到 73.5%。全年共选派 35 名中、小学校长参加省、地级中、小学校长培训,2 名中学校长赴青岛挂职学习;800 名参加了国家、省、地级的学科培训;3500 人参加了贵州省"普法考试"、"新课程通识性培训考试"、"教师职业道德修养考试"等等,大大提高了教师队伍的素质。思南县为优化教师队伍和结构,一是大力补充农村中小学教师,新招录教师 150 名,完成了国家级 50 名、县级 50 名特岗教师的招录工作,且分配到边远的 13 个乡镇缺员学校任教。二是扎实抓好师资调配工作,按照《思南县师资配备实施方案》和《教材教法过关考试实施方案》要求,对申请调动人员和拟任免人员进行了合理调配。根据县政府常务会议精神,对撤销的 11 个乡教办的 20 名工作人员实行带编调整了工作岗位,从超编学校择优招录 29 名教师补充到城区学校,对 2006 年 12 月 31 日前乡镇间借调的 238 名教师行文明确(人事关系),有效缓解了部分学校超编和边远山区学校缺员的问题,师资配备逐步趋于合理。三是认真实施教师绩效工资政策,切实抓好岗位竞聘工作。《思南县教育局 2009 年工作总结》显示,思南县 2009 年对申报评审初、中、高级专业技术职务人员的相关材料进行了认真核查,推选出申报中级 378 名、高级 37 名中小学教师参与评审,推选 198 名教师申报评审初级专业技术职务。经过调整和转岗、进修、招聘等方式,思南县教师队伍的数量和质量都有了很大变化。数据显示,截止 2009 年底,思南县教师队伍人数达 6134 人(含特岗 428 名),其中小学教职工 3382

人,初中 1824 人,高中 758 人,中职教职工 91 人,公立幼儿园 79 人。共有专任教师 5624 人,其中小学 3026 人,初中 1767 人,高中 681 人,公立幼儿园 68 人,中职 82 人。专任教师学历合格率达 90% 以上。有高级职称教师 163 人,中级职称教师 1243 人,初级职称教师 3287 人,未评聘专业技术职务教师 931 人。有代课教师 387 人。

印江土家族苗族自治县和酉阳土家族苗族自治县的成功做法,在整个乌江流域具有一定的代表性,体现了乌江流域民族基础教育领域教师素质的整体提升情况。

镇雄县也始终把教育摆在优先发展的战略地位,认真落实各项措施,努力推进基础教育的发展与改革。镇雄县委、政府严格实行"县人民政府、乡镇人民政府、村委会、村民小组"为一线,"教育主管部门、乡镇中心学校、村级学校、教师"为另一线的"双线四级"承包责任制,由县、乡、村、组干部负责发动适龄儿童和少年入班,由县教育局、乡镇中心学校、村级学校和教师负责抓业务和教学,形成政府一线和教育一线共同负责学生入学发动并负责"控辍保学"的工作局面,确保每一个学龄人口能上学。同时,投资 8990 万元,累计建校 28 所,总建筑面积 12.4 万平方米,完成危改项目 26515 平方米,完成投资 2032.04 万元,校舍"排危"取得一定成效。投入 300 万元,并配套安排 300 万元,共修建了安全简易教室 334 间 2 万平方米。

此外,镇雄县严把教师入口关,加强师资队伍建设。2003 年到 2007 年,全县累计招聘教师 1746 人,其中特岗教师 480 人。2008 年,还补充教职工 1981 人。截止 2009 年,已招聘学科紧缺教师 201 人,特岗教师 864 人,安置退伍军人到学校作工勤人员 31 人。同时,积极组织教师参加各类培训,鼓励教师通过函授、自学等方式提高学历。截止 2009 年，小学、初中教师学历合格率分别达到了 99% 和 99.8%。这些措施的实施和大力推行，推动和强化了基础教育硬件设施的完善，带动了整个民族基础教育的发展。

　　加强双语教学，提高少数民族群众的科学文化素质，也是乌江流域推进素质教育发展取得的重要成就之一。中国少数民族双语教学主要是指民族语和汉语的教学，主要是培养民—汉兼通型双语教育人才，为汉族和少数民族以及各少数民族之间相互沟通、和睦共处、共同繁荣发展服务。① 双语教学不仅对提高少数民族的教学质量有重要意义，而且在多元文化互动、互融的背景下有助于少数民族学生融入主流文化，又能为学好并保存本民族优秀文化提供重要保证。② 《铜仁地区民族教育情况汇报》数据显示，贵州松桃苗族自治县有 73 所小学采用双语教学，开办双语教学班级 297 个，其中有 13 个苗语班。在盘石镇民族完小、世昌乡花溪民族完小等 13 所小学开办双语教学班。全县接受双语教学的学生达到 12665 人，占 73 所小学在校生总数的 78.4%；共有从事双语教学的教师 298 人。专职苗语授课教师 21 人，中师及以上学历 194 人，高中及以下学历 104 人。松桃苗语属于湘西方言语，现在是使用湘西自治州出版的苗语教材，还没有专门的、正规的双语教材编译机构。如今，湖北民族学院毕晓玲等出版了《湖北苗语》③ 教材及相关配套资料，这是填补苗语教材空白的重要作品，对促进

---

① 滕星：《20 世纪中国少数民族与教育——理论、政策与实践》，民族出版社 2002 年版。

② 谭志松等：《武陵地区民族教育调查报告》，民族出版社 2006 年版，第 116 页。

③ 毕晓玲等：《湖北苗语》，民族出版社 2004 年版。

乌江流域双语教学起到了一定的促进和示范作用。

二、民族职业教育

职业教育是我国教育体系的重要组成部分,是培养技术人才和实用人才的重要平台。新中成立前,乌江流域并没有真正意义上的现代职业技术教育。新中国成立尤其是改革开放三十年以来,乌江流域民族职业教育实现了全面快速发展,实绩明显。随着乌江流域产业结构的逐步调整和经济建设的需要,民族职业教育逐渐形成了多形式、多层次和多规格的发展新格局。

在乌江下游地区,重庆市经过整合、联办、划转和撤销等多种形式,职业教育资源逐渐优化,中等职业教育学校达到 341 所,校均规模提高到 1400 多人。① 渝东南民族地区职业教育的发展,为乌江流域经济社会发展培养了大批实用型和技术型人才。

经过社会各界的努力,乌江流域职业学校数量不断增加,办学条件和师资队伍质量得到很大改善,极大提高了办学质量,推动了民族职业教育的发展。据统计,乌江流域重庆境内职业技术学校已经有上十所。秀山县有秀山职业教育中心,酉阳县有酉阳职业教育中心,彭水县的彭水县职教中心和郁山职业中学,石柱县有重庆石柱职业教育中心,石柱县职教中心黄水分校,石柱县职教中心县城分部,黔江区黔江综合中等专业学校,黔江工业技术学校等七所职业技术学校;职业技术学校所设专业也由原来比较单一发展成以养殖、种植、计算机应用、铁路运输、电子等多专业的学校,培

---

① 重庆市人民政府办公厅、重庆市人民政府发展研究中心、重庆市社会科学院:《1978—2008:历史丰碑一中国重庆改革开放三十周年纪实》,重庆出版社2008 年版,第 275 页。

养了各方面不同的职业技术人才,也为当地提供了各类人才。①

近些年来,乌江流域中上游地区民族职业教育发展成效显著。在贵州,民族地区职业教育发展的成绩主要体现在:中等职业学校调整力度加大,中等职业教育规模显著增长;高等职业教育取得长足发展,办学模式和类型呈现多元化;人才培养模式改革与专业建设取得较大进展,建成了一批优质职业教育资源;职业培训范围和规模不断扩大,初步适应了劳动力转移和职工转岗的需求等四个方面。② 2007 年贵州职业教育发展基本情况统计如下:

表 3-1   2007 年贵州职业教育发展基本情况一览表③

内容	学校数量 (个)	专任教师数 (个)	学生人数 (人)	毕业生人数 (人)
中等职业学校	244	9954	333383	62027
成人高等学校	5	1131	89554	44795
职业初中	59	1572	28331	12097

根据最新统计数据,贵州省已建立起高等职业院校 18 所,中等职业学校 317 所,建立了各种类型的职业培训机构和成人文化技术学校 11747 个,高等和中等职业院校分别以举办高职(大专)和中职学历教育为主,设置的专业主要有计算机技术、电子技术、数控技术、护理技术、采矿技术、建筑技术等。各类职业培训机构

①　王孔敬:《重庆民族地区职业教育可持续发展研究》,《贵州民族研究》2009 年第 2 期。

②　赵家君:《贵州职业教育面临的发展机遇与展望》,《职业教育研究》2009 年第 16 期。

③　贵州省统计局、国家统计局贵州调查总队:《贵州改革开放 30 年》,中国统计出版社 2009 年版,第 278—285 页。

承担了各行各业的继续教育工程、阳光工程、雨露工程、农村实用技术工程、劳动力转移工程、下岗再就业工程等方面的各种长期和短期培训工作。从而，形成了层次多样、专业门类齐全、结构较为完善的职业教育体系。

三、民族高等教育

现阶段，我国少数民族高等教育是指以少数民族为主要对象、以少数民族文化为主要特征，以促进少数民族及民族地区的经济、文化和社会发展为主要目的的跨文化的高等专门教育。① 现今，我国高等教育体系中的民族大学（民族学院）、少数民族地区的普通高校以及内地的普通高校都从不同的侧重点共同承担着弘扬少数民族优秀文化和提高少数民族素质两大任务，这些与少数民族高等教育关系密切的院校都在发挥着各自的优势，扬长避短，提高了少数民族高等教育的整体效率。②

乌江流域高等教育也取得巨大发展。以贵州为例，从 1949 年到 2009 年的 60 年间，高等教育经历了创建初期、动荡停滞时期、恢复和稳步发展时期、跨越式发展时期四个阶段。1949 年 11 月贵州解放时，全省仅有贵阳医学院、贵阳师范学院、贵州大学等 3 所普通高校，教职工 787 人，在校学生 1747 人。如今，全省已经拥有 42 所高校，专任教师 1.8 万人（其中博士生导师 61 人，硕士生导师 2087 人），36 万在校学生，博士点 11 个、硕士点 258 个，涌现

---

① 王军：《文化传承与教育选择—中国少数民族高等教育的人类学透视》，民族出版社 2002 年版，第 104 页。

② 谭志松等：《武陵地区民族教育调查报告》，民族出版社 2006 年版，第 62 页。

出国家有突出贡献中青年专家、国家百千万人才工程人选、省级核心专家、省管专家等一批高级专家。2008 年高等学历教育在校生近 36 万余人,是 2000 年的 3 倍多;高等教育毛入学率达到11.8%,比 2000 年提高 5.35 个百分点;研究生在校生达到 8842人,是 2000 年的近 9 倍;高校办学层次进一步提高,"十五"期间博士点实现零的突破,现有博士点 11 个,硕士点 258 个。同时,高等教育发展的新格局初步形成,形成了研究生教育、本科教育、专科教育共同发展,普通教育、职业教育、成人教育相互促进的格局。

在乌江流域,少数民族高等教育的职责和任务主要是由贵州民族学院、湖北民族学院以及长江师范学院等民族高校和其他地方高校共同承担。新中国成立以来,乌江流域民族高等教育经过几十年的发展和进步,民族高等教育从无到有,办学层次由专科发展到本科教育为主,兼办硕士研究生教育;专业也从少变多,由原先的师范型教育逐渐向师范型和应用型并重的发展方式转变,以满足乌江流域经济社会发展对高层次人才的需求。乌江流域民族高等教育体系基本情况如下:

表 3-2　乌江流域民族高等教育体系一览表

省(市)	民族高校	非民族高校
湖北省	湖北民族学院	恩施职业技术学院、恩施广播电视大学
重庆市	无	长江师范学院、重庆工贸职业技术学院、涪陵广播电视大学、黔江广播电视大学等
贵州省	贵州民族学院	贵州大学、贵州师范大学、铜仁学院、安顺学院、遵义师范学院、铜仁职业技术学院、贵阳学院、毕节学院等
云南省	无	镇雄广播电视大学

备注:本表统计时,只考虑位于乌江流域的主要高校。

　　从上表可以看出,乌江流域初步形成了分布相对合理、规模较大,类型也较为齐全、层次分明的民族高等教育体系。普通高等学校、民族高等学校和成人高等学校互为补充,共同承担着为乌江流域经济与社会发展培养和输送各级各类人才的社会责任和历史重任。

　　随着经济社会的快速发展与进步,乌江流域民族高等教育的规模不断扩大,办学层次不断提高,科研水平不断增强,教师队伍建设取得了很大成就,推动了高等教育格局的进一步完善和发展。其中,湖北民族学院和贵州民族学院是乌江流域两所专门培养少数民族人才的重要基地,最具代表性。

　　新中国成立尤其是改革开放以来,乌江流域民族高等教育实现了跨越式发展。数据显示,贵州省高等教育质量不断提高,办学层次不断提升,规模也不断扩大。高等教育从1978年的6所增加到16所,在校人数由原先的9444人增加到20.95万人,增长21.2倍。① 在乌江下游地区,重庆市普通高校在校生规模从1997年的16.1万人增加到2007年的62万人,高等教育的毛入学率从8%提高到23%,有力推动了渝东南地区民族高等教育的进步和发展。②

第三节　乌江流域民族教育发展的特点与规律

　　乌江流域自然、人文均有着自己的特点,一些地区山高坡陡,

---

① 贵州省统计局、国家统计局贵州调查总队:《贵州改革开放30年》,中国统计出版社2009年版,第90—91页。
② 重庆市人民政府办公厅、重庆市人民政府发展研究中心、重庆市社会科学院:《1978—2008:历史丰碑—中国重庆改革开放三十周年纪实》,重庆出版社2008年版,第275页。

生存环境恶劣,经济长期落后,但自然矿产能源等富集,民族文化资源丰富,很多民族都有本民族的语言,苗族、布依族、侗族、水族、回族、彝族等都有过自己的文字。但是,民族教育特别是学校教育发展与其他地区相比,仍体现出较大的不平衡性。新中国成立后,由于社会发展理念的不断进步,特别是近十年来西部大开发政策的实施,乌江流域民族教育发展取得了很大成就,民族教育体系不断发展和完善,民族教育正逐渐从边缘走向中心。

一、乌江流域民族教育发展的特点
(一)教育发展大大落后于中原地区,教育总体处于边缘化状态

回顾教育发展历程可以发现,贵州等地原始形态的教育到正规教育制度的形成与发展,经历了很长的历史时期。夏商周时期,随着经济社会的不断向前发展,我国教育有了很大的发展。夏代已经开始建立学校教育制度,西周已形成比较系统和完善的学校教育制度。但贵州等地仍是"蛮荒之地",还没有真正意义上的学校教育。直到东汉时期,毋敛县的尹珍才开创了贵州真正的儒学教育体制。《后汉书·西南夷列传》记载:"郡人尹珍……学成还乡里教授,于是南域始有学焉。"是说尹珍远赴洛阳,拜师经学大家许慎学习儒家经典,学成后回到贵州办学,开创了贵州真正的学校教育,"一洗牂牁之陋,允为百世之师"。① 可见,从学校教育制度的建立来看,乌江流域贵州等地已经落后中原地区近千年。

由于历史、地理等原因,两汉时期,儒学文化只是在乌江流域交通沿线和汉族移民聚居的部分地区传播,而广大少数民族地区,

① 张羽琼:《贵州古代教育史》贵州教育出版社 2003 年版,第 23—24 页。

文化教育仍然处于封闭的原始状态。这一时期,生活教育、习俗教育和原始宗教教育仍然是牂牁、夜郎地区文化教育的主要形式。《华阳国志·南中志》记载,牂牁郡"俗好巫鬼,多禁忌",与牂牁相邻的南广也"俗妖巫,或禁忌,多神祠"。可见,当时贵州土著的社会文化主要是巫文化,牂牁、夜郎各民族相信巫术和崇拜巫力量,这也是当时教育活动的主体。① 这固然有其积极意义,但其中的非科学因素也大大阻碍了乌江流域文化教育的发展和社会进步,使得教育发展长期落后于中原地区。

　　贵州有文字记载的官学和书院,均始于唐朝。《遵义府志》:"正安州,州有旧学,遗址在唐都坝,相传为唐时建学处。"《遵义府志》记载,柳宗元曾在今绥阳县儒溪乡曾建有儒溪书院。只是在唐朝文教政策的影响下,贵州北部地区出现了地方学校。据《遵义府志·学校一》记载,"唐武德中,州、县及乡皆置学"。同时佛教和寺院教育才开始出现。据史载,唐初牛腾贬谪贵州牂牁建安(今瓮安、余庆一带)做丞,牛腾奉佛教,于是"大布释教于牂牁"。②

　　隋唐时期,贵州文化教育比前代有所发展,中原文化通过学校教育进一步传播,影响了贵州传统文化的发展方向,部分地方的语言文字和生活习惯已基本同于中原,而黔北和黔东北地区,则"土俗大变,渐染华风"。尽管如此,当地的文化教育与中原地区相比,差距仍然很大,而且区域内部发展也不平衡,特别是在一些"化外之地",文化教育基本处于比较原始的状态,学校教育基本

---

① 张羽琼:《贵州古代教育史》贵州教育出版社 2003 年版,第 27—28 页。
② 张羽琼:《贵州古代教育史》贵州教育出版社 2003 年版,第 41—43 页。

缺失,生活教育和原始宗教教育仍然是教育的主要形式。① 与此同时,中原地区的封建教育则已进入一个新的历史阶段。隋朝统一南北之后,政治上革除了门阀士族专政,加强了中央集权,经济上实行均田法和租调徭役法,促进了农业生产稳定发展,这些都为文化教育科技的发展创造了有利条件。唐朝出现了封建文化教育高度繁荣发展的局面,学校的数量有较大的发展,基本教学制度已确立,专门学校在学制中也占有一定地位,从中央到地方已形成一个较完备的封建学校教育体系。贞观年间(公元 627—649 年),唐太宗李世民在"偃武修文"的治国方针指导下,积极推行崇儒兴学的文化教育政策。到唐玄宗李隆基当政时,京都官学及地方官学均有制度,确定编制,并载入《六典》之中,作为国家基本教育法令。当时还有些专门学校与行政业务机构结合在一起,尚未分离独立,专门学校的办理已有多种形式。同时,隋唐政府着重办官学,对乡里学校有时也加以提倡,任其发展,不施加过多的强制。私学遍布城乡,制度不一,程度悬殊,既有名士大儒的传道授业,也有村野俗儒的启蒙识字。②

明清以后,乌江流域的教育仍然落后于中原地区。乌江流域社学发展的起伏就充分说明这一点。社学是元明清中央政府在府、州、县、司、卫的治所及乡镇里社兴办的对少年儿童进行基础教育的学校,它创设于元代。目的是为了利用农闲空隙时间教育农家子弟,劝教民众勤农桑、司礼仪、遵守社会道德规范。而乌江流域社学是在明朝永乐年间才开始创建,创立时间要晚上百年。当文化发达的江浙地区社学比较普及之时,乌江流域的社学才开始

---

① 张羽琼:《贵州古代教育史》,贵州教育出版社 2003 年版,第 44—45 页。
② 孙培青:《中国教育史》,华东师范大学出版社 2000 年版,第 280 页。

出现。而且乌江流域设立社学主要是在乌江流域贵州段，重庆段和鄂西段的社学情况在史籍中或语焉不详，或不见记载，所以探讨明清时期乌江流域的社学，基本上是贵州的社学。① 此外，乌江流域社学教育也是屡办屡停。康熙十五年，因害怕汉族知识分子利用社学传播反清思想，令各地整顿社学，进而导致乌江流域许多社学刚刚开办即被查封，一些社学为了生存，也被迫改为义学。到康熙年间后期，乌江中上游地区社学基本处于停滞状况。雍正皇帝即位后，又决定重新申定办学原则，恢复了乌江中上游地区的乡村社学。从雍正到乾隆初年，在清政府的扶持下，乌江流域的社学获得了较大的发展，在乾隆十六年，乌江中上游地区的社学又遭封杀。由于清政府文化专制政策的封杀，该地区的社学很快走向消亡。②

明清以后，乌江流域教育的主要形式是救济性质的义学。清朝，乌江流域尤其是贵州地区尽管儒学（即官学）、社学、义学、书院、私塾等多种办学形式同时存在，但这期间，教育的主要类型是义学。义学，也称义塾，产生于北宋时期，始于名相范仲淹。清朝义学之设，是据康熙四十一年（公元 1702 年），"定义学小学之制"，及康熙五十一年（公元 1713 年），"令各省府州县多立义学，聚集孤寒，延师教读"之规定而办理。是由地方官府或私人出钱资助建立的一种蒙学教育，主要招收贫寒子弟入学学习，带有教育救济的性质。据《清史稿》载："义学，初由京师五城各立一所，后

---

① 李良品：《明清时期乌江流域社学研究》，《民族教育研究》2008 年第 5 期。

② 李良品：《明清时期乌江流域社学研究》，《民族教育研究》2008 年第 5 期。

各省府、州、县多设立,教孤寒生童,或苗、蛮、黎、瑶子弟秀异者。规制简略,可无述也。"民国《贵州通志·学校志·义学》记载:"书院之外有社学,有义学。""朝廷为彝洞(对少数民族的泛称)设立之学及府州县为彝洞捐立之学则曰义学。"自雍正十三年(公元1735年)"改土归流"后,义学开始成为民族基础教育的主要形式。①

同时,乌江流域义学发展也多受限制。康熙初年,桐梓县创办了三所义学,后因经费缺乏而无法运转,不得不停办。在彝、苗、汉等多民族杂居地的大定府黔西州(今黔西县),很长时间义学因聘不到塾师而形同虚设。"前州鲍牧,虽捐赠义学,而修脯无资。家道饶裕之生,既多不屑处馆而训蒙;生计贫寒之士,又因俸少薪薄而推辞。所以数年来,义学虚无人也。"因此,从表面看乌江流域义学发达,但因经费紧张而时兴时废,坚持办学者并不多。② 这种救济性质的办学形式,还主要集中在这些地方的府、州、县治所在地,在绝大部分的乡村特别是少数民族聚居的村寨,除了部分富裕家庭建有家塾教育家族子弟外,仍是尚未设学的地区。直到清代,当大部分城镇和坝区教育已得到普及时,广大少数民族聚居区的教育问题才被提到政府的议事日程上来。这也深刻反映了清代乌江流域教育发展的落后状况。

（二）教育供给单一,教育需求具有鲜明的功利色彩,功名求取占据教育的主要地位

乌江流域居住着汉、苗、彝、土家、回、仡佬、布依等民族,这些民族都有悠久的民族历史与文化,少数民族和广大汉族也逐渐形

① 李良品:《清代乌江流域义学教育研究》,《教育评论》2008年第4期。
② 李良品:《清代乌江流域义学教育研究》,《教育评论》2008年第4期。

成杂居和聚居的生存格局,文化多样性特征明显。然而,文化的多样性并没有带来教育的多元化,乌江流域的教育仍以儒家经典为教材,以汉文化为主要教学内容,传统文化教育和应对科举考试的教育在教育体系中占据主导地位。

魏晋南北朝时期,中央政府长期对包括乌江流域在内的"南中"地区控制较弱,蜀汉政权建立后,"南中诸郡,并皆叛乱",后诸葛亮军事进攻和心理征服并用,平定了叛乱。本着"南抚夷越"的方针,他积极改善民族关系,"即其夷师而用之",在南中奖励农耕,教民纺织,发展经济。同时,他借助当地少数民族的巫术文化,利用图谱形式,对各族民众进行封建伦理道德教育,通过君尊臣卑的教育,树立蜀汉王朝在当地的统治权威,强化君主专制,加强了中央集权。但诸葛亮并没有在当地建立完整的学校教育制度,反映了"贵中华,轻夷狄"的思想。① 诸葛亮在南中实施封建伦理教育的同时,在曹魏政权控制的中原地区,儒学受各种思潮的冲击日渐衰落,两汉时独尊的地位不复存在,相反,东汉时传入中国的佛教,汇合儒道佛的玄学,以及史学、书学、文学等都进入大发展时期。魏文帝修葺孔庙,兴修太学,置经学博士,并制定了"五经课试法",规定了太学的学习内容,建立了学生定期考试制度,使学校教育考试和文官选拔统一起来。魏明帝等还规定了太学的标准教材,使得太学一直处于兴办阶段。同时,曹魏还颁布《修学令》,要求"郡国各修文学,县满五百户置校官",设立地方学校,并创办律学,置律博士,教授官吏法律诉讼之学,是我国律学设置的开端,

---

①　张羽琼:《贵州古代教育史》,贵州教育出版社2003年版,第30—31页。

打破了经学一统的局面。① 这说明不管从教育制度上，还是教育内容、规模上，汉族聚居区的教育发展均大大超越了乌江流域单纯的封建伦理教育。

儒家学说为主要教学内容。儒家经术历来被封建统治者视为支配人们思想的行为的最高权威，是巩固封建统治的理论武器。为了维护自己的统治，清朝历代皇帝均崇尚儒经，大力尊孔，提倡程朱理学。经统治者的大力倡导，程朱理学成为清代育才办学的指导思想和科举考试的基本内容。据《清文献通考·学校考七》记载：顺治九年规定"嗣后直省学政将《四子书》、《五经》、《性理大全》、《资治通鉴纲目》、《大学衍义》、《历代名臣奏议》、《文章正宗》等书，责成提调教官令生儒诵习讲解"。根据清廷规定，贵州府、州、县、卫学的课程主要为经、史、性理书及时文等。《五经》、《性理大全》、《四子书》、《大学衍义》、《朱子全书》、《钦定教经演义》、《御制性理精义》、《御制诗、书、春秋三经传说类纂》等是经籍方面的教科书；《文章正宗》、《古文渊鉴》、《御制律学渊源》、《资治通鉴纲目》、《历代名臣奏议》及《钦定四书义》为应行修习之书。学生可以先修《孝经》、《小学》、《论语》、《孟子》、《大学》、《中庸》等书，行有余力再进而学习经籍。平时作业有属对、解经、史评、诗章等。②

同时，乌江流域的学校均把适于启蒙的《三字经》、《千字文》和适用于科举考试的"四书五经"作为主要教学内容，并长期稳定下来，在教学内容上显示出较大的功利性。据《瓮安县志》记载：

---

① 孙培青：《中国教育史》，华东师范大学出版社2000年版，第128—129页。

② 张羽琼：《论清代前期贵州民族教育的发展》，《贵州民族研究》2001年第2期。

教材由塾师指定,或由家长选择,由易到难。一般教材为《三字经》、《百家姓》、《千字文》、《增广贤文》、《千家诗》、《四书》等。在思南地区,书院、义学和私塾启蒙学生,必读《三字经》、《大学》、《中庸》、《论语》、《孟子》。为了识字和讲礼节,亦伴读《女儿经》、《女蒙童学》等书。经馆学生必读《书经》、《易经》、《礼记》、《春秋》等书。遵义地区早在明朝就有颇具影响的沙滩黎氏家馆,初入学时的教材就多为《三字经》、《百家姓》、《千字文》等启蒙读物。

可见,乌江流域民众求学目的或为识字知书,或为科考功名,立足民间而又缺乏政府支持的私塾不得不迎合教育市场的客观需求,选择具有上述功能的文献作为教材,具有鲜明的功利色彩。封建政府儒化教育和科举功名的引诱,使乌江流域各族人民把仕进科举作为家庭和人生的重要追求。学政张大受在《重修大定州学记》中云:"设学以教郡县子弟,则人知重师儒、崇名教,衣冠揖让彬彬然,勉修士君子之行。虽穷陬荒裔,皆知学之可贵,有都会儒雅之风。"统治者为教化民众知礼崇教,移风易俗,积极推动儒学教育;乌江流域各族人民为融入主流社会,自觉学习汉文化;塾师也把传播汉文化、培养科举人才作为重要的任务和培养方向,更是自觉地选择了汉文化作为教学的主体内容。①

(三)学校教育长期发展不足,民众接受教育的范围和程度受到限制

由于统治阶级对教育的控制,政府没有承担发展大众教育的责任,只有少数贵族子弟才具有受教育的特权,广大民众接受教育

---

① 彭福荣:《乌江流域私塾教育的发展历程、特点及启示》,《教育评论》2007年第1期。

的权利长期被剥夺,乌江流域学校教育长期处于落后状态。

　　明代,虽然各级政府较为重视开设学校,以"教化"少数民族,但是,却规定必须是土司子弟才能够上学。同时,还要求这些学子必须学习儒家文化,不经过儒家读书习礼者,不准承袭土司职务。清代,官府在少数民族地区设置"义学",规定各级官学要增加少数民族子弟的名额,并开设苗科,但他们的教育的目的是为了培养为朝廷服务的"精英分子",加强对少数民族的思想统治。在此背景下,一般民众仍然只能是依靠神话传说、歌谣、民风民俗代代口耳相传的活动接受教育,无法接受正规学校教育。

　　苗族是乌江流域人口最多、地域分布最广的主要聚居民族。苗族对本民族的生产技术、伦理道德、风俗习惯和民族文化等的继承,主要通过家庭教育、师徒传承等类型的教育来实现。家庭教育是苗族教育的主要载体,教授内容也主要是以礼仪教育和集体教育为主。苗族社会以一夫一妻制小家庭为主,男孩子跟父亲学习开荒种树,耕田犁地,吹笙击鼓,习武狩猎;女孩子同母亲学习耕耘收割,纺纱织布,刺绣蜡染,唱歌跳舞。苗族理词就曾这样形象地描述家庭教育情况:

　　　里屋的娘,中堂的爹,母教闺女,
　　　父教儿郎,哥教弟弟,姐教妹妹。
　　　教才明事理,导才开心窍。
　　　相教共做吃,互导共做穿。
　　　姑娘要手巧,男儿要勤劳。

　　师徒传承一般表现为歌师传理、工匠传艺。苗族民间的师徒传承主要有两种:一种是一人教,众人学。如传授苗族民间古歌、古词、古俗,学吹芦笙、箫、唢呐或者学习民间武术等等。另一种是个别传授,内外有别。如学习中草药,一般是父亲传男不传女,母亲传女不传男,男药师传男徒弟,女药师传女徒弟。苗族的很多传统生产技艺、民间文学、纺织刺绣、银饰加工、乐器制作、中草医药等等,都是通过师徒传承的方法来实现的。①

学校教育是效率更高的教育形式,也是体现教育发达程度的重要教育类型,但在贵州苗族教育的主要形式中,学校教育长期处于缺失状态。家庭教育、家族教育等形式一方面体现了苗族教育的独有特色,但另一方面也同时反映出苗族教育形式单一,成效低下,进而使得普通民众接受教育的范围和程度受到极大限制。

同时,课题组在实地调研和翻检文献的基础上发现,关于乌江流域教育发展的文献记载很少,甚至是严重缺失。这在一定程度上也就印证了乌江流域学校教育发展的不足。正如李良品对乌江流域各地明清时期地方志研究所得出的结论那样:"(乌江流域)有很多府、州、县的志书有官学和义学的记载,社学一词不见史籍,这反映社学或未创办,或数量有限。乌江流域除了遵义府五州县在明末共建社学87所之外,其余地方社学数量很少,与全国文化教育发达地区相比,差别很大。"②

历史证明,同样经历了朝代更迭、战乱以及各种自然灾害,关于主流民族发展的情况记载,从官方文献到地方方志却汗牛充栋,这显然无法用巧合来解释,这是印证乌江流域教育欠发达的重要证据,也是乌江流域教育发展长期被边缘化的具体表现。

------

① 罗廷华、余岛:《贵州苗族教育研究》,贵州教育出版社1999年版,第19—23页。
② 李良品:《明清时期乌江流域社学研究》,《民族教育研究》2008年第5期。

二、乌江流域民族教育发展的规律

从乌江流域民族教育发展的历程,可以得出一个基本的结论,那就是教育发展与社会的政治经济文化具有高度的关联性。

(一)教育要健康发展,必须保持一定的独立性

长期以来,乌江流域民族教育很大程度上是社会政治的附庸。乌江流域的历代统治者往往在武力征服的同时,也注意兴办学校,以达到从思想上教化民众,维护统治的目的,但这却极大限制了教育本身的健康发展。明清时期,乌江流域学校管理制度苛严专制,统治者在贵州发展学校教育的同时,也把专制政府的封建教育管理手段移植到贵州的各级各类学校中,强化对贵州各族人民的思想统治。明朝初年,朱元璋曾亲下谕旨,命中书省及各地政府建立社学,史载洪武八年春正月丁亥,命天下立社学。"上谓中书省臣曰:昔成周之世,家有塾,党有庠,故民无不知学,是以教化行而风俗美。今京师及郡县皆有学,而乡社之民未睹教化。宜令有司更置社学,延师儒以教民间子弟,庶可导民善俗也。"从朱元璋的这道命令可以看出,创立社学的宗旨是要达到行教化、敦风俗的目的,本质上是为巩固政权服务的。

清朝雍正年间,贵州巡抚杨名时曾经向清廷上《绥定苗疆方略》的奏疏,提出"驭夷之道,贵在羁縻,服贰之方,务彰诚信。止戈所以为武,惟德足以感人"的主张,认为要加强集权统治,必须对各族人民实行"德化"教育,而推行"德化"的最好方式就是兴办地方学校。因此,当时清政府也曾经在经济上予以扶持,在学制上采取与府、州、县学连接等措施以推动社学的发展。这种办学宗旨在清代贵州省巡抚张广泗的《设立苗疆义学疏》中也有所体现:"治化攸隆,默化潜移"。社学的基础教育性质,决定了这类地方

学校的主要功能在于推行教化,通过儒学经书、朝廷律令的传授宣传,使百姓庶民"驯归礼义",服膺儒学伦常纲纪,从而达到"移风易俗"、稳定乡村社会和边疆地区社会秩序的目的。①

同时,清中央政府也仿照明朝做法,制订了各种严厉的学规,以加强对各级学校的管理和控制。在这些学规中,最著名、影响最大的有三个:其一是顺治九年(公元1652年)颁布于省直儒学的《卧碑文》,亦称《训士卧碑文》。其具体内容为八条,要求各地儒学刊立卧碑,置于明伦堂之左,晓示生员。其二是康熙三十九年(公元1700年)颁布于省直学校的《圣谕十六条》。其三是雍正二年(1724年)颁布于省直学宫"的《圣谕广训》。其内容是对《圣谕十六条》的旁征远引,往复周详,对具体条文的进一步解释和发挥。规定每月初五、十五两日,由教官向学生宣读"圣谕"。以后历朝沿习,成为定制。②

在地方官学的组织体系上,清政府也实行严格管理。各府学、州学和县学均设有教官,"训迪学校生徒,课艺业勤惰,评品行优劣,以听于学政"。据统计,清代贵州各学校有教授12人、学正14人、教谕30人、训导60人,总计有学官117人。贵州官学的学生人数由政府规定,按清制,将府州县学依人数的多少为大学、中学、小学。大学40名,中学30名,小学20名。大、中、小学之名是按学生人数而定,而不是按学生学习程度的高低而定。同时,清政府还仿照明制,在军队驻地设立卫学,以教育"武臣子第",卫学额设

① 李良品:《明清时期乌江流域社学研究》,《民族教育研究》2008年第5期。

② 张羽琼:《论清代前期贵州民族教育的发展》,《贵州民族研究》2001年第2期。

廪膳、增广生员各 10 名。顺治十六年,一般卫学都逐渐并入了府学和州学。据有关资料统计,清代贵州的地方学校(包括武学)共有生员 3178 名(廪生 1589 名、增生 1589 名)。这些学规虽对地方官学中学生的为人、求学以及教师的教学等提出了一些具体要求,产生了一定的促进作用,但是限制了学生过问社会现实问题,剥夺他们的言论自由,钳制他们的思想,不利于学生真正的发展。① 学校教育的目的,主要是服从于培养和选拔精通儒术的统治人才,服从于封建统治的巩固。因此,教育成为了政治的仆从,教育本身的发展也受到了极大限制。

(二)制度变革极大影响着教育的发展

明永乐十四年十二月(公元 1417 年),贵州建省后继续推行改土归流。"正统至隆庆间,继续改土归流,增设府、州、县治"等管理地方。弘治七年(公元 1494 年)开设都匀府,升九名、麻哈二长官司为独山、麻哈二州,改清平长官司为清平县。移程番府入省城,次年更名为贵阳府。改福禄长官司为永从县,改施秉长官司为施秉县,改思宁长官司为印江县,改镇远溪洞金容金达蛮夷长官司为镇远县。贵州建省以前,其建置分隶四川、云南、湖广等省管辖。黔地实属三省边沿地带,互不统属,各布政司对其鞭长莫及,各自为政的零散状态。土地、人口属大小土司所有,庶民为土司头人的奴隶,生活艰苦。

贵州建省,结束了自汉代以来四分五裂、各自为政的局面。贵州统一在中央政权之下,西南地区更加稳定,边疆更加统一巩固,也符合民众的愿望,并在一定程度上减轻了土司施加给人民的痛

---

① 张羽琼:《论清代前期贵州民族教育的发展》,《贵州民族研究》2001 年第 2 期。

苦,促进了贵州文化、经济的发展。一方面,从人口数量来看,贵州地区人口数量迅速增加。"唐天宝元年(公元742年),黔中道辖有贵州48个县,有29434户159779人,当时黔中道土地面积114920平方公里,仅为今贵州面积的65%,人口密度1.39。"明弘治十六年(公元1502年)贵州布政司人口为43754户,264798人,嘉靖二十九年(公元1550年)为138957户,512289人,万历二十九年为111552户,528781人。清雍正十年(公元1732年)贵州人口增加到272687户,140多万人。这主要是雍正六年遵义军民府划入贵州管辖。明代土地面积为183768平方公里,仅为今贵州的70%,人口密度为每平方公里4.27人。人口数量增加,是社会经济发展的重要表现。播州在明代前共开垦土地1284顷,合1281400亩,而贵州布政司所属各府,在万历年间总共有田(不含屯田)1344510亩,两者相差6万余亩,由此可见播州农耕经济的发达。另一方面,从赋税看,贵州布政司所属各府夏税粮(不包含卫所屯科粮)共29239石,而遵义一府竟达12478石。在经济社会等方面取得发展的基础上,乌江流域各级地方官吏遵照明政府"抚绥得人,恩威兼济"的指导思想,把"附辑诸蛮"、"教化为先"作为治理乌江流域的重要内容,在乌江流域多层次办学、多形式兴教,教育取得了较大发展,这不仅有利于乌江流域各族人民文化素养的提高,而且还在一定程度上推动了明代乌江流域地方社会政治、经济、文化的全面发展。①

---

① 杨隆昌:《改土归流促进贵州发展》,遵义地方志网站。http://jyj. zunyi. gov. cn/cms/cms/website/fangzhi/jsp/page. jsp? channelId = 3648&infoId = 2009520810.

（三）文化的交流融合可以有效促进教育的发展

长期以来，乌江流域汉族人口较少，少数民族居多，故史籍称贵州"夷多汉少"。乌江流域各民族虽然创造了独特的传统文化，但却与外界不同民族之间的文化缺乏交流，因而，民族教育中的民族色彩较为浓厚。"苗夷童时在家，于无意间习知成人所能千古如斯的简单生活知能，稍长之时则在家庭之外，仗其天赋人类可塑性的本能，日积月累，在不知不觉中模仿学来，他们很少有什么计划施行教育的帮助"，教育总体相当落后。①

随着文化交流的增加，外来文化特别是汉文化通过学校教育与乌江流域本土文化日渐交流、融合，使得乌江流域文化教育日益兴盛，各族人民的整体文化素养也随之日益提高。从唐朝开始，乌江流域与中原文化教育交流日益加强，越来越多的少数民族子弟进入中原学习汉文化，同时，汉族知识分子也纷纷到少数民族地区居留，传授汉族的经籍文史著作，汉文化因此源源不断地输入少数民族地区，一定程度上促进了乌江流域民族教育的发展。唐时，中原地区的教育影响也就已扩及边远地区：《千字文》作为初学的识字课本，《论语》作为启蒙教育课本。明朝建立后，中央政府在贵州推行屯田制，汉族人口随之急增，但是直到明末清初，贵州人口仍然是"夷多汉少"。康熙年间，贵州巡抚阎兴邦上奏疏说："黔地偏少，苗、仲十居六七，汉民更多寄寓，并无恒产，去来无定，难编入籍。"越往前追溯，少数民族在人口中所占比重越大，教育中民族化色彩越鲜明。② 同时，明代，科举制度在乌江流域逐渐推行，学校的制度、教育内容、方法、考试等都为适应科举的需要而成为科

①　张羽琼：《贵州古代教育史》，贵州教育出版社2003年版，第301—302页。
②　张羽琼：《贵州古代教育史》，贵州教育出版社2003年版，第301—302页。

举的附庸,这对乌江流域的教育也产生了巨大影响。乌江流域少数民族"变其士俗","同于中国"。在全新的文化背景下,乌江流域出现了一批理学名士和教育大师,如陈宗鲁、孙应鳌、马廷锡、李渭、陈尚象等。在这些名人学士的推动下,乌江流域的学术文化出现了长足的发展,"黔中王学"逐渐形成,方志撰修成绩显著,各类人才辈出。① 乌江下游土家族地区的思南府,早在南宋绍兴年间,所辖之沿河司就建有銮塘书院;明代学校教育更是广泛兴起。永乐七年(公元 1409 年)和永乐十三年(公元 1415 年)分别创建思南宣慰司学和思南府学,另建斗坤书院、为仁书院及中和书院等。这种传统一直延续至清际,因此,该府在明代涌现各类科举人才达302 人(属县人才不在统计之列),居乌江流域明代科举人才的第二名。明代正嘉年间,宋昂袭贵州宣慰司同知职,崇尚儒学,改弦更张,网罗经史,重金延聘文士教授子弟,时人称其"循良如文翁"。他与弟宋煌、子宋炫皆为一代文士,词文传颂一时。② 到了清朝,乌江流域与外界的交流进一步加大,清末一些基督教传教士在贵州等地少数民族地区开办的少数民族学校,其中最为出名的是英国传教士柏格里于光绪三十年在威宁石门坎设立的苗民学校。该学校苗族学生有二十名,最初由英籍牧师柏格里经营,自柏氏死后,由其他西方牧师继续经营。后据调查,云贵两省境内有教会学校三十七所,四川境内有十五所,共计五十二所。由此,乌江流域的教育得到了较快发展,真正进入了现代教育时代。

---

　　① 李良品:《乌江流域明代学校教育的发展、特点与深远影响》,《重庆社会科学》2007 年第 1 期。
　　② 马震崑等:《思南县志稿·选举志》,民国九年(1920)刊刻,贵州省图书馆1966 年油印本。

（四）教育的发展可以反作用于社会经济文化等方面的发展①

明代是乌江流域经济、社会和文化都得以快速发展的重要时期。各级地方官吏能够遵照明政府"抚绥得人，恩威兼济"的指导思想，把"附辑诸蛮"、"教化为先"作为治理乌江流域的重要内容，并多层次办学、多形式兴教。两百多年间，明代中央政府和地方政府积极发展教育，不仅提高了各族人民的文化素养，推动了明代乌江流域地方社会政治、经济、文化的发展，为明朝政府顺利实现控制西南、巩固边疆的战略目标创造良好的前提条件，产生了深远影响。

汉文化的广泛传播和兴盛，带来了乌江流域各阶层思想意识一定程度的改变，并进而推动了乌江流域的民族融合、政治稳定和经济发展。明朝统治者为加强对西南地区的统治，巩固西南边防，特别强调发展教育，制定了"儒化"统治为主的民族政策，通过教育"宣扬朝廷德威"，用儒家思想"教化"少数民族，以达到"以夏变夷"的目的，其重点在于加强对土司子弟的封建文化教育。中央政府积极支持、奖励兴办学校的土司。永乐时期，酉阳土司冉兴邦申请建立学校，明成祖除准允外，还从汉族地区调教授一名，协助酉阳土司筹建学校。② 为了扩大受教育的机会，明政府还将中央政府的国子监和与土司相邻的汉族地区的府州县学向土司子弟开放，鼓励他们进入这类学校学习。经过明政府的大力倡导和强制学习，乌江流域土司土官的风俗习惯得到了一定的改善。在乌江上游，颇有势力的水西土司安陇富经过儒学教育后"晓字义，事母

① 李良品：《乌江流域明代学校教育的发展、特点与深远影响》，《重庆社会科学》2007年第1期。
② 四川黔江地区民族事务委员会：《川东南少数民族史料辑》，四川民族出版社1995年版。

孝,持家以俭,尝恶其土鄙陋,欲变之"。其子安观"凡居室、器物、衣服、饮食、婚姻、丧葬、取众待宾、攘灾捍患之事,颇依华夏之礼"。安观之子安贵荣"好读史,通大义,设庠序以明礼义,旧染陋俗,寖变华风,用夏变夷之功日见其甚"。在儒学熏陶下,水东宋氏土司亦"尚礼义,以气节相高"。① 乌江下游土家族地区地方官学、书院、社学的创设与管理,使大批土家族子弟能接受儒家思想熏陶,潜心钻研儒家经典。同时,这些文人或承袭土司,或异地为官,或设馆教学,或居家著述,或为教谕训导,对推动当地的思想更新与文化发展都起到了积极促进作用。入学中举、考取进士,谋得高官厚禄,已深得乌江流域士子之心。乌江流域各少数民族接受儒学教育,学习汉文化,使少数民族地区对汉文化有了更多的了解和认同。同时,汉族士大夫在给少数民族传授汉文化的过程中,对少数民族的思维方式、民族性格、生活习惯有了更多了解,这在一定程度上也推进了乌江流域各民族融合的历史进程。

以儒家思想和文化为主要内容的学校教育的发展,也在一定程度上更新了乌江流域各族人民的思想观念,"读书—赶考—做官"逐渐成为各族青年的价值取向和理想追求。科举制度公平竞争、量才录用原则是"学而优则仕"的儒家理念在实际生活中的体现,当乌江流域各族人民运用汉语言文字和考试内容去参加科举选拔时,中原文化就已经潜移默化于他们的社会生活和价值追求之中。据统计,明代乌江流域黔渝两省市共有五贡 1527 名,文武举人 973 名,文武进士 100 名。② 从这些五贡、举人、进士的地区

---

① (民国)贵州通志·土司志。
② 李良品:《乌江流域历代科举人才的地理分布》,《贵州民族研究》2004 年第 3 期。

分布来看,除贵州宣慰司与贵阳府名列前茅外,居于前几位的是思南府(今思南)、毕节卫(今毕节市)、普定卫(今安顺市)。而这些地区从明代以来一直是土家族、苗族、布依族等少数民族聚居区,因此,在这些科举人才中不乏大量的少数民族子弟。各族人民在学校教育影响之下,道德价值观念得以转变,民族之间加强融合,这在一定程度上为推动乌江流域的政治稳定、经济发展和社会进步做出了重要贡献。

此外,教育的发展也促进了乌江流域传统文化的发展和创新。随着学校教育的发展和汉文化的大力传播,乌江流域的教育逐步向多元一体方向发展。学校教育的普及,提高了乌江流域各族人民的整体文化素养,"文治日兴,人知向学"的社会风气日渐形成。同时,汉文化通过学校教育与乌江流域本土文化日渐交流、融合,并作用于乌江流域传统文化的各个层面,各民族的传统文化经过乌江流域各族人民的重新整合与积极推进,在更高层次上获得了发展和创新,逐步形成了乌江流域色彩斑斓、"多元一体"的民族文化新格局。①

---

① 李良品:《乌江流域明代学校教育的发展、特点与深远影响》,《重庆社会科学》2007 年第 1 期。

第四章 个性与共性:乌江流域民族教育发展的个案描述

长期以来,苗文化、土家文化、汉文化等多民族文化的交错混杂与融合,使得乌江流域文化生态呈现出一定的复杂性、多元性和层次性。因此,在此背景下,乌江流域各地的民族教育发展呈现出不同的地域特征,发展水平参差不齐。

第一节 用教育托起明天的太阳:乌江流域民族教育发展的"务川现象"

务川仡佬族苗族自治县,一个地处云贵高原的贫困县,一个仡佬族文化底蕴丰厚的革命老区,一个经济发展相对滞后的民族自治县。在改革开放的浪潮中,务川仡佬族苗族自治县各族人民用勤劳的双手和伟大的民族智慧,用汗水和艰辛谱写了基础教育发展的历史新篇章,用爱心和脊梁托起了祖国明天的太阳。

务川仡佬族苗族自治县这个集"老、少、边、穷"为一体的少数民族自治县成立于1987年,位于贵州省东北部,东与德江、沿河土家族自治县相连,南与凤冈接壤,西与正安、道真仡佬族苗族自治县毗邻,北与重庆市彭水县交界,是遵义乃至贵州进入重庆、长江的出境县之一,也是一个典型的山区农业县、国家扶贫开发重点县。全县总面积2777.59平方公里,总人口43.13万,辖10镇5

乡,113 个行政村(居)委会,有 25 个民族,少数民族人口占 96.5%,其中仡佬族、苗族占 85%。全县生产总值 11.3 亿元,财政总收入 9214 万元,其中,地方财政收入 4683 万元,农民人均年纯收入 1696 元。

务川仡佬族苗族自治县是仡佬族文化的发祥地,自隋开皇十九年(公元 599 年)置县,迄今已有一千四百多年的历史。务川特产丰富,文化底蕴深厚,素有"丹砂古县"、"仡佬之源"、"铝土矿都"、"野银杏之乡"的美誉。务川旅游资源,有原汁原味的仡佬族文化,有惊险奇绝的高台舞狮,有绵延十多万亩的天然草场栗园草场,有可与云南红河哈尼梯田媲美的竹园梯田,有惊险刺激的丰乐河漂流等等。

全县有各级各类学校(教学点)252 所,其中公办小学校(教学点)211 所(含九年一贯制学校 8 所),民办小学校(教学点)12 个,独立初级中学 18 所(含民办初级中学 3 所),完全中学 2 所,高级中学 1 所,职业高中 1 所,中心幼儿园 1 所,聋哑学校 1 所。

面对相对落后的经济发展现状和较为偏僻的交通条件,务川仡佬族苗族自治县各族人民用勤劳和智慧走出了一条具有民族特色和地方特色的基础教育发展之路,形成了极富特色的"务川现象"。

一方面,务川仡佬族苗族自治县是我国仡佬族的重要聚居地之一,仡佬族文化丰厚,民族特色鲜明。于是,务川仡佬族苗族自治县各级教育主管部门和民族工作部门联手,大力挖掘民族文化资源内涵,将传统民族文化资源转化成富有特色的教育资源,转化为仡佬族、苗族等少数民族文化地方课程走进课堂,真正做到"寓教于乐",同时又能弘扬和传承优秀民族传统文化。

另一方面,伴随着我国改革开放的逐步深入,务川仡佬族苗族自治县出现了史无前例的人口流动现象,大量青壮年劳动力流向中部、东部发达地区。因此,务川仡佬族苗族自治县乡村也出现了为数众多的"留守儿童"、"留守家庭"和"留守老人"等"留守现象"成为了制约基础教育发展,甚至是影响年轻一代成长的重要制约因素。但是,各级有关政府部门和务川各族人民发挥聪明才智,勇于改革和创新,走出了一条具有务川民族特色和地域的"留守儿童教育"之路,引起了社会的广泛关注和赞誉。

一、"打篾鸡蛋"与民族传统体育运动进课堂

2010年4月,一个阳光明媚的日子。调查组一行来到了务川县民族高中,校园里人声鼎沸,操场上热闹非凡,高一(1)班的同学们正在上他们十分喜爱的"打篾鸡蛋"体育课。只见裁判一声哨响,进攻队员挥手赶"蛋",左冲右突,欲占领防守队员严防死守的"蛋窝"。守窝队员则挥手挡"蛋",顽强阻击。双方你来我往,好不热闹。灵敏的进攻队员瞅准一个空档,突破封锁,高喊"换窝了",篾鸡蛋应声入窝。守窝队员亦高呼"换窝",旋即抢占别的新窝,场面生动有趣。

打篾鸡蛋是乌江流域仡佬族群众传承下来的一项古老而独具民族和地域特色的群众体育运动。打"篾鸡蛋"盛行于务川、仁怀、织金、道真仡佬族苗族自治县等县的仡佬族村寨,亦称"打花龙"或"打竹球",是仡佬人独有的融体育和娱乐为一体、集庆礼与竞技于一身的传统民族文体活动。"篾鸡蛋"多用柔韧的竹篾编成,形如鸡蛋,大小如拳,有实心和空心两种,实心塞有稻草等柔软之物,空心内装铜钱、或小砂石,上面涂有各种颜色,宛如彩球。宋代朱辅在《溪蛮丛笑》中曾有记载:"仡佬土俗,于岁节数目,人赴野外,男女分两队,各以五色彩囊豆粟往来抛接,名飞绽。"飞绽即

"篾鸡蛋"。

关于"打篾鸡蛋"来历，在务川自治县还流传着一个悠久而生动的古老传说。据说，仡佬人非常崇拜宝王和山王。宝王是仡佬人采丹砂的领头人，他在开荒辟草中挖出一个"圆宝"，得知是朱砂圆宝，后向周武王进贡，周武王得宝后，封他"宝王"。山王是仡佬族人的自然崇拜，认为山有灵气，可保佑人们事事顺心，万事大吉。仡佬族人民则根据这个仡佬族先人的传说而形成了"打篾鸡蛋"的风俗，并通过整理加工推广普及。这项带着仡佬族远古的民族信息的体育活动以现代的方式展现在大家眼前。而今，在务川自治县的村村寨寨及每所中小学，打篾鸡蛋成为小朋友、青少年经常自觉性组织开展的一项业余娱乐项目。

同时，"打篾鸡蛋"也是仡佬族青年男女爱情的见证。相传，古时有位叫竹青的仡家姑娘，心灵手巧，善良美丽，深得小伙子们的喜爱。竹青向求爱者们提出，谁的篾球编得好，打得好，就嫁给谁。众小伙儿铆足了劲练技艺，结果一名叫竹平的青年以其精湛的编球和玩球技术，赢得姑娘的芳心。从此，篾绣球便成为仡佬人爱情的象征。如今不少相爱的年轻人，还以送篾球互表爱意，青年男子更将打好篾鸡蛋作为值得夸耀的技艺。

在遵循基础教育新课程标准的前提下，为加大民族传统体育课程的比重，树立素质教育、健康第一、终身体育的理念，丰实民族传统体育教学体系，务川仡佬族苗族自治县教育主管部门和民族工作部门联手，充分挖掘"打篾鸡蛋"等仡佬族古老文化习俗的内涵，让"打篾鸡蛋"等一批特殊的体育运动形式经过提炼与发展为学生所掌握与运用、传播到社会中去，不仅可以强身健体，保持强健的体魄和充沛的精力，而且还可以培养和造就优秀民族传统文化传人，弘扬和继承优秀民族文化。

　　在改造后的"打篾鸡蛋"中，篾鸡蛋基本都是用竹篾编就，分设进攻和阻击双方，并设"界河"，各队设一名指挥，负责抛掷篾鸡蛋，队员获球后奔跑着传球。在进攻中，场内设置三道防线，每道防线进攻方将球抛打对方队员后落地为攻破防线，活动规则严格规范。按照基本规则，如用手投球加2分，用脚踢入球加2分，用头顶入球则加3分，双方以进球数量多少和得分高低来决定胜负。

　　经过加工、调整和改造，仡佬族"打篾鸡蛋"这一民族文化习俗正式成为课程进入务川中小学课堂中，深受学生和教师的喜爱。课题组调查发现，在务川县的民族高中、务川中学等学校已正式开设"打篾鸡蛋"课程。在务川民族高中，每个年级的学生都会上"打篾鸡蛋"体育课，每个教学班级每周至少上2个学时，累计教学超过数千课时。

　　务川县教育局局长告诉我们，如今该县已有数千学生学习并掌握了"打篾鸡蛋"的基本技能、技巧和基本规则，并能真正进入"实战"表演和参与比赛。在他看来，现在的"打篾鸡蛋"体育课具有如下特征：一是简便易教。"打篾鸡蛋"规则简单，器材简单易得，可发动学生自己做，对场地要求也不高，只要有块平整场地即可，整个教学活动朴实无华，教学过程注重实效性。二是简单易学。"打篾鸡蛋"动作简单，不仅可用手拍、托、推、扣，也可以用脚踢，对学生的限制较少，学生一般不需要基础，容易掌握。三是简捷易赛。"打篾鸡蛋"经过长期的演变，操作起来比较简捷，只要初步掌握了基本技术和战术就可进行对抗。现在的教学过程中，教师也常常采用"实战对抗"这种寓教于乐的方式进行教学，学生参与热情高，锻炼的效果也比较好。

　　调查发现，在务川仡佬族苗族自治县的很多村寨，这种改造后的"打篾鸡蛋"运动走进了普通老百姓的日常生活。虽然各村寨的"打篾鸡蛋"活动有一些细微区别,但是总体上大同小异。如在春节期间,这种活动有两种玩法:一种是分成人数相等的两队,每队三五人。在场地中央划一条中线或横置竹竿,以界为"河"。玩的时候,双方队员可以用手拍、托、推、扣,也可以用脚踢。如果"篾鸡蛋"碰到了手足以外的身体或打不过河,即判失败。如果"篾鸡蛋"在本队界内落地,对方可以越过河界占领落点的地盘,以将对方赶出全部地盘为胜。这种玩法只见篾鸡蛋来回穿梭飞行,有如流星,煞是好看。另一种玩法是不分队,人数也不限。先由一人将"篾鸡蛋"扔进远处,众人奔跑过去抢夺。抢到者又往另一方向扔,以谁抢到"篾鸡蛋"多为胜者。优胜者可以获得酒、肉、糯米糍粑等食品奖励。打"篾鸡蛋"的运动量比较大,不仅能锻炼人们的力量和速度,而且可以培养机智、灵巧的作风。

"打篾鸡蛋"的整理与开发,不仅受到了学校教师和学生的喜爱,而且还在仡佬族地区得到了广泛发扬和传播,有着良好的社会口碑。因此,2006 年,"打篾鸡蛋"正式入选遵义市第一批非物质文化遗产目录,并且还首次亮相于全国民族运动会,得到了社会各界的好评。

二、"留守儿童"与"留守儿童"托管中心

经济的迅速发展带来了富裕,也带来了一系列的问题。特别对于民族地区农村学校,家长们忙于外出务工、进城做生意,造成了很大一部分无法随父母生活、就学在一起的农村"特殊"留守儿童。据统计,乌江流域留守儿童的人数呈日趋上升的势头,已经形成了一个特殊校园群体。这些儿童缺乏心灵关爱、生活关照、学习帮助,给这些儿童的健康成长造成了极为不利的影响;对社会影响重大的也是留守儿童,由于数量庞大,足以影响到我国经济社会的

发展。

这些留守儿童和其他孩子一样,渴望在蓝天白云下的明亮世界里快乐成长,渴望在草长莺飞的空气中自由呼吸。但是他们回到家里,不能向妈妈撒娇,不能跟爸爸嬉闹。他们必须用稚嫩的肩膀,承担起本不该他们承担的沉重的家务劳动甚至是农活,当他们割完猪草的时候,或者放牛的时候,会怔怔地看着对面山口那条通往外面世界的小路,幻想着爸爸妈妈回家的情景,可是——等待他们的永远是失望! 在留守儿童的世界里,太多的场景让人辛酸,太多的故事催人泪下!

面对这一特殊情况,务川仡佬族苗族自治县各级政府部门和社会各界积极筹划,群策群力,组建了留守儿童托管中心,为留守儿童给予了新的爱和温暖,托起了孩子们心目中明日的东升太阳,给予了孩子们美好明天的希望。

2010 年 4 月,调查组一行来到了务川自治县镇南镇泰坪完小。校园内孩子们来回追逐,热闹嬉戏,书声琅琅。

泰坪完小所处的泰坪村位于务川自治县镇南镇西部,上与泥高乡接壤,下与本镇桃符村毗邻,北与本镇镇南村交界,南与都濡镇桐木村相连,道德(道真仡佬族苗族自治县—德江)公路从中穿过,由仡佬族、苗族、土家族聚居而成。泰坪完小招生范围 12 个村民组,距镇南 20 公里,距县城 30 公里。

根据 2007 年秋季学期统计泰坪完小数据显示:该校 393 名学生中有留守儿童 200 人,这 200 名学生住在学校辐射 4 公里的农户家中,最大的 14 岁,最小的年仅 6 岁。

由于父母不在身边,这些孩子就在学校附近租住民房,开始自己料理生活。租住的民房空间窄小,孩子们煮饭、睡觉都在一个屋子里,被子、炊具、洗漱用品、柴草乱成一团,并且地面潮湿、饮水极不卫生。在学校和家长都缺位的背景下，一部分学生由于受社会不良现象的影响，参与打牌、偷柴、偷菜、深更半夜不睡觉、早上不起床、打架斗殴、三天两头旷课等五花八门的情况屡见不鲜。他们学会了乱花钱，没有钱就强迫爷爷奶奶给，不给就偷家里的东西卖。这样，这些学生养成了自由散漫、懒惰、厌学、贪吃、贪小便宜等不良习惯，即使到了学校也不学习，面对老师的教育无动于衷，严重影响了他们自身的成长和学校的教育教学质量。

这些特殊儿童群体的生活、学习和心理等问题，引起了各级党政机关及其相关部门的高度重视。2008年秋，务川仡佬族苗族自治县委、县人民政府、县教育局和镇人民政府领导在泰坪完小现场办公，决定成立镇南镇泰坪完小留守儿童托管中心，全方位为这些儿童服好务。由务川县教育局出资30万元为学校购买房屋，维修托管中心，添置设备；遵义市教育局出资2万元为中心购买电视机、冰柜、消毒柜、热水器等；镇人民政府出资5000多元，为学生添置床单、被套、枕套等生活用品；同时利用有限的资金为学生开办食堂，让留守儿童的物质文化和精神文化生活基本上得到了保障。贵州省妇联、省教育厅、省关工委在托管中心挂牌，成立流动儿童家长学校。2009年秋季学期，务川县计生局筹款1万元为托管中心添置设备，同时资助4名学生的生活费。学校留守儿童托管中心竭尽全力对留守儿童做到生活上优先关心和照顾，学习上优先帮助和辅导，活动上优先参与和指导，安全上优先教育和监督。时刻关注他们的一言一行，完善各类管理制度，保障他们的健康安全。虽然教师们的工作量大了，责任强了，但教师们并没有退缩，毫无怨言，迎难而上，不懈努力，其精神实在令人感动、感叹！

现代教育理论认为"没有爱就没有教育"，泰坪完小依托留守儿童托管中心，一直以"师爱"传承着古老的文明和教育。他们尝试着将留守儿童集中到学校进行统一管理,让教师的爱渗透到每一个学生的心灵深处,使他们能够感受到家的温馨,不再因为离开父母而感到孤独无助,用爱的教育点亮深山,传承文明,付出了艰辛,收获了学生对学校和社会的信任。

校园文化是"学校之魂"。为丰富留守儿童的课余学习和生活,泰坪完小尽力搞好校园文化建设和环境建设,营造良好的氛围,充分利用和发挥教师、学生的特长,做好学校的标语、走廊文化(唐诗、宋词各 150 首)、教室文化(立足于学生的实际)、寝室文化、班刊(充分展示学生的特长)等的布置。近年来,泰坪完小还引导学生栽种玉兰花、棕榈树、刺梨子树、红子树、雪松近三百棵,并将学校周边的空地全部种上花草,不仅让学生亲自参加劳动,而且还陶冶了学生的审美情趣。此外,泰坪完小还不时地对留守学生进行卫生、健康、安全等方面的宣传、教育工作,让这些留守学生培养良好的思想意识和卫生行为习惯。

为真正将托管中心变成留守儿童心中的"家",泰坪完小全校上下形成了一致共识:坚持以"人文化"升华管理理念;以"优质化"体现服务意识;以"多元化"开发课余生活;以"素质化"呈现活动效果,并将留守儿童托管中心的目标定在"四个学会"——让孩子学会学习、学会生活、学会自理、学会做人;教育学生学习自勉、生活自理、行为自律、思想自省。在具体实施过程中,要坚持做到"三个到位":工作安排到位、指导督促到位、检查落实到位;实行"三全管理":全过程管理、全方位服务、全天候跟踪,并最终追求一个效果:学生开心、家长放心。

在学习方面,留守儿童托管中心老师一方面要改变留守孩子们"读书无用"的思想观念,让他们明白"知识可以改变命运",帮助他们重新树立理想、重拾自信心,另一方面则由托管中心统一安排老师,针对成绩差的学生设计一些切实可用的学习方法,有计划地为这部分学生开"小灶",着重针对学习基础差的学生进行课余辅导。同时,每天晚上还由值周教师将托管中心的学生集中到教室,统一辅导完成当天的家庭作业,预习第二天的功课,让留守儿童在学的时候认认真真学,玩的时候开开心心玩,养成良好的学习习惯。

在生活方面,托管中心采取以下几个措施解决他们生活问题:一是要求托管中心的孩子们统一到食堂就餐;二是每个孩子都可以享受寄宿生生活补助费;三是教会留守儿童学会整理内务。值周老师每天到学生寝室,手把手地教他们叠被子;教他们学会使用各种用具及摆放在指定的位置;污水垃圾如何处理;怎样洗衣服等等,亲手示范,耐心讲解。四是帮留守孩子们管好钱用好钱。当地农村有句俗话:有米一顿充,无米敲米桶。这也是很多留守儿童的通病。因此,针对这种现象,托管中心经常与家长取得联系,要求他们把给子女的钱寄给老师,再由教师有计划按需要发给孩子们。

在安全方面,泰坪完小托管中心采取了详细的措施保障学生安全。第一,建立值周管理制度,制定详细的《住校生管理细则》,派老师值周,每天对全体住校生监督:按时睡觉起床;整理个人内务;打扫寝室内外卫生,讲究饮食卫生;防火防盗,保护学生,教育学生遵守住校生管理制度;处理住校生之间纠纷和突发事件;每晚在 9:40~10:00 查寝室,保护学生安全;教育寄宿生遵守住校生管理制度;督促学生每晚按时到教室学习并做好记录;负责维持学生就餐秩序,清点就餐学生人数;做好当天食品留样等。第二,制订包保责任制度,将留守学生按寝室包保到每个老师的日常管理工作中。第三,设立值班室和医务室,派专人值班,对留守学生在宿舍和食堂范围内的安全进行 24 小时监控,预防各种事故的发生;

随时了解学生的健康状况,并对一些常见的轻微病症进行必要的治疗;学生生病,最先知道的老师必须无条件将他们送到校医务室或村卫生所治疗,同时报告托管中心,为他们垫付医药费,如果数额较大的由托管中心垫付。第四,加强安全隐患的排查。值周教师、食堂工作人员、值班人员、医务人员要随时对留守学生的活动空间进行隐患排查并及时消除隐患。第五,加强食堂卫生和饭菜质量管理。由学校后勤负人对食堂卫生、工作人员的健康资料、在食堂就餐学生的健康资料、粮食蔬菜购买及操作程序进行全程监控并作好资料记录,做到安全卫生、物有所值。第六,由学校与托管中心的工作人员、留守学生签订安全目标责任书;制订各类相关管理制度,严格按制度进行工作。第七,集中对留守学生进行安全教育;组织留守学生学习规章制度,请司法部门、工商部门、卫生部门的同志对他们进行法律法规、食品安全、卫生常识教育。

在心理疏导方面,由托管中心老师专门负责对学生进行心理疏导。一是要教会留守学生如何与同学相处。这些儿童由于父母不在家,没有人告诉他们要如何与同学相处,常常因为鸡毛蒜皮的事情就吵嘴、打架。如果仅靠课堂上泛泛而谈往往效果不佳,托管中心统一组织老师经常深入到他们中间,从具体的每件事上去帮助他们分析,教育他们如何为人处事,如何处理同学之间的矛盾;定时组织住校生集会,集中批评不好的现象、表扬好人好事。让他们在迷惑时有问处,遇困难时有找处,有委屈时有诉处。让他们感觉到这儿就是家,这儿很安全。让他们幼小的心灵充满阳光,不会因离开了父母就觉得孤单寂寞。二是细心照顾生病的留守学生。留守儿童在生病的时候往往是最脆弱、最孤独无助的时候,也是最容易在他们心里留下阴影的时候,这是最需要人关爱的时候,托管中心安排专人细心照顾生病的住校生。三是定期开展丰富多彩的

活动。每天下午为住校留守学生开放图书室,在课余时间让学生
有组织地进行体育活动,如羽毛球、篮球、乒乓球、跳绳、皮筋、踢
毽、下棋等。托管中心从附近老百姓那里租用土地,全体老师和住
校生共同参与种菜,既可降低买菜的成本从而增加肉类含量,又可
教他们学会劳动,让他们懂得劳动的意义,学会珍惜劳动成果,不
乱花一分钱,不浪费一粒米,回报父母一片心。

在老师们的细心照料下,泰坪完小留守儿童不仅受到了较好
的基础教育,而且幼小的心灵有了家的温暖,有了爱的熏陶,也获
得童年的乐趣。在调查中,调查组就发现了几个留守学生的日记,
让我们感触良多。

日记(一)
享受幸福感恩祖国
覃　爱

清晨,厚厚的积雪早已把唯一的一条小路,从崇山峻岭之间抹
去,天地间一片昏暗,呼啸的寒风夹杂着雪花迎面扑来,打在脸上
像刀割一般疼痛,在悬崖边,在峭壁上,有两个小孩相互搀扶着艰
难的向山下走去,他们各自的背上还背着一个背篼,里面是一些柴
和米,还有他们的书包!雨,整整下了一夜,形成了无数条小溪从
山顶直冲下去,还是这两个小孩,他们仍然背着好像永远也离不开
的背篼,光着脚丫,在陡峭湿滑的小路上,在平时并不存在的溪流
间小心翼翼的穿行!

这不是电影,而是真实的场景,这两个小孩就是我和我的姐
姐,这仅仅是我们无数次上学途中的两次,当年我七岁,姐姐九岁,
我家住在泰坪村岩后头组,一家人住在山顶上,到学校要翻越几座
大山,爸爸妈妈外出打工多年,我和姐姐、爷爷、奶奶相依为命,爷

爷、奶奶年岁大了,走路都很困难,更别说为我们送柴送米了,我和姐姐互相鼓励,要好好读书,相信我们能改变自己的命运!我和其他孩子一样,渴望在蓝天白云下快乐追逐,渴望在明媚的阳光里自由自在。但是我们回到家里,不能向妈妈撒娇,不能跟爸爸嬉闹,我们必须担起沉重的家务劳动甚至是农活,还要照顾好年迈体弱的爷爷奶奶,有时深更半夜的要到很远的院子里,去找大人帮助送到医院。当我在田间地头种完包谷的时候,或是割完猪草的时候,或者放牛的时候,常常怔怔地看着,对面山口那条通往外面世界的小路,幻想着爸爸妈妈会突然出现,可是,等待我的永远是失望!我孤独、我寂寞、我想高声喊、我多想痛痛快快的大哭一场!可是我不能!

正当我再也无法忍受这无边的苦日子的时候,党和政府送来了温暖,在我们学校成立了留守儿童托管中心,一百多名和我一样的儿童住进了托管中心这个温馨的大家庭,装修漂亮的房子,崭新的铁床,崭新的被套床单,崭新的鞋柜,崭新的毛巾和漱口杯,可口的饭菜,一切都像梦幻一般!更有老师给予我们无微不至的关怀,耐心细致地教育我们互相友爱、互相帮助;教育我们讲究卫生;教会我叠被、刷牙、梳头、洗衣服;每天晚上辅导我们完成作业;经常到寝室嘘寒问暖,为我们全体住宿生过集体生日,送上最美的祝福;我们生病了送我们到医院,为我们垫付医药费。还记得上学期的一天晚上,我病得很厉害,头痛,四肢无力,又发高烧,查夜的罗老师将我抱到村卫生室,守着我打完吊针,已经是凌晨三点钟了。我虽然病了,但老师给了我父母般关怀,我很幸福。

现在我们住在学校的全体哥哥姐姐,弟弟妹妹,在迷惑时有问处,遇困难时有找处,有委屈时有诉处。这儿就是我们的家、这儿是最安全的、最温馨的。从此我们的心灵充满阳光,从此我们再不会因为离开了父母而孤单。

今天我要在这里大声的喊出：

谢谢您！老师——妈妈——

谢谢您！祖国——妈妈——

日记（二）

学校是我们温馨的家

陈世维

我们的学校不但风景优美：如诗、如画，令人神往，而且充满了温暖和关爱。说到关爱，使我激动得泪流满面。

因为我们生活在非常落后偏远的山区，爸爸妈妈为了生计外出打工去了，我们很难得到爸爸妈妈的关心和爱。

但同学们都不因为爸爸妈妈不在我们身边而孤单，因为校园是我们又一个温馨的"家"，在这充满欢声笑语的家园里有老师的关心、党的关怀，使我如沐春风。如：镇党委政府为我们买的三件套，使我们不再因为床单和被套的破旧而惆怅满怀。

当我看到崭新的床单被套时，我感到无比的暖和；手捧崭新的床单，我的思绪又回到了几年前，那是妈妈在家的时候为我们姐妹买的新床单的情形，我不禁潸然泪下，使我再次感受到了母亲般的关爱和家一样的温馨，不再因为爸爸妈妈的外出而孤独寂寞、惆怅满怀。

同学们，校园里处处都充满了关心和爱，让我们沐浴在这充满关心和爱的校园里，努力学习，来报答老师的关心、党和政府的关怀。将来，也把关爱献给社会。

日记(三)

我们的"护士"

陈兴科

秋天,已经来到了我们的身边,秋雨,如秋天的姐弟一样已随着跟来。带给我们的是收获,同时带给我们的是烦恼。

秋雨绵绵不断,压抑随之而来,有的同学感冒了,有的同学"心灰意冷"。

清晨,天还没大亮,邹老师的身影已在教室晃动,每天的晨检开始了。"有谁感到不舒服?"老师环视全班,"哎,陈连超,你怎么了?",他走过去,用手轻轻地捂住那同学的前额。"你发烧了,快来测量一下体温。"邹老师随手递来了温度计。每个同学都被老师在额上捂了一下。"很好,你们没事。陈连超,看看有多少度。"

"没事,放心,36.9℃"简短的话语让我们倍感亲切,觉得老师比父母还要关心我们呢。父母曾何时为我们量过体温。又有多少次这样轻抚过我们的头。

老师,你这样日复一日的问我们,为我们量体温,不累吗?不感到厌烦吗?

说真话,我打内心感谢您,您是我们的保姆、医生、护士、父母、亲人、朋友……

老师,我希望您能睡睡懒觉,能起得迟点吗?

老师,您辛苦了,累了吗?像照顾我们这样照顾过您的孩子吗?我知道,您的孩子还很小,只有两三岁吧,他也需要关心,需要您的呵护,长大了,不会埋怨您吗?

最后我只能代表全班同学在心里祝您愉快,健康,幸福!

让我再向您道声谢谢。

老师,辛苦了,累了,你是最伟大的。

日记(四)
难忘托管中心的老师们
唐红艳

我是泰坪完小五年级的学生,我家离学校很远,经济条件相当落后,父母为了生计,双双外出打工,至今已有三年了,除了过年过节外,爸妈从来没给我打过电话。在这三年里,我没有父母的关心、爱和庇护,我深感孤独和寂寞。是老师用他们的爱点燃了我阴暗的内心,抚慰了我孤寂的灵魂,让我不再因为远离父母而感到孤独、寂寞。

记得有一次我生病了,病得很严重,我的班主任罗老师得知我生病的消息,急急将我送往医院。医生经过诊断,我得了重感冒,又发高烧,必须挂水,但我的父母已外出,怎么办? 罗老师毫不犹豫地说:"你先把液体给我挂上,钱吗? 由我为她垫付"。就这样,医生为我挂上了液体,一个小时过去了、两个小时过去了……已是晚上十二点,为了让我不会因为没有父母在我身边而感到孤独,罗老师一直陪我直到把液体输完,已是深夜二点钟了。罗老师将我送到住宿处,还不时地告诉我,要盖好被子……我哭了,不知是因为感动还是……

像这样的故事不止发生在我一个人的身上,像这样关心学生的也不止罗老师一人。正是他们用无微不至的关怀让我们感受到了学校就是我最温馨的家,我们不再因为远离父母而感到孤独寂寞。

如果有人问我:"你喜欢学校还是家",我会毫不犹豫地回答:"学校和家一样的温馨"。

我最最尊敬的老师们,我一定会努力学习,来报答你们对我的关心和爱。

日记(五)

我的第二个家

陈红林

记得是星期二早上,我坐在教室里,觉得脸上热乎乎的,背上特别痒,我不经意地用手抓了抓背,被正在上课的田老师发现了。他望着我,眼里没有责备的神情,而更多的是关注,他走过来,亲切地问:"你怎么了?"我把情况如实地告诉了他。老师说,这段时间正流行一种病"水痘",决定带我去村卫生室看看,老师还问其他的同学有没有这种症状,没想到有十几个同学都举起了手,老师一个一个地给他们看,最后,还是决定带我们去村卫生室检查一下。

我们一同来到村卫生室,医生给我们较为严重的同学先看,然后一一给我们检查。医生发现我们的病情一样,但不是"水痘"。具体是什么病呢! 医生也好像拿不准,最后决定给镇卫生院打电话咨询,让他们上来给我们作检查。

就在当天中午,镇南镇卫生院来了两位医生,把我们叫来,又进一步地给我们做了检查。

下午放学后,田老师把药包成小包分发给我们,看着他那关怀的眼神,我们非常感动。虽然爸爸妈妈离我们很远很远,但老师们的热心关怀和帮助,让我们不再因为父母不在身边而孤独。因为这儿就是我们另一个温馨的家。

日记（六）

谢谢您！老师

申超林

托管中心的老师，实际就是在学校为我们上课的老师，他们不但要教给我们知识，还要为我们生活的点点滴滴操心。

一天晚上，我觉得浑身瘙痒又发烧，特别难受，躺在宿舍里床上悄悄哭，邹老师去查夜，看见我满身都是小红泡，便将我送到附近的药店为我作了检查，确认是水痘，医生为我开了一些药，邹老师为我付了药钱。吃过药后，痒的症状得到了缓解。

第二天一早，母亲听说我生了水痘，特地来看我，我把我生水痘以及邹老师是如何关心我的告诉了妈妈，她非常感谢邹老师。还特地为邹老师道谢："谢谢您：邹老师，为我们申超林所做的一切。""这没什么，关心学生是我们每一个老师的职责。在我们的心目中，他们都是我们的孩子。"

老师，您辛苦了！是您无微不至的关怀让我倍感温馨；是您悉心的教导使我明白了做人的道理。长大了，我也要做老师，也要向他们一样关心我的学生。

覃爱、陈世维、陈兴科、唐红艳、陈红林、申超林等同学的日记，字字句句都是他们的亲身感受和内心情感的抒发，语言虽朴素不华丽，却深深打动了我们每个人的心。托管中心的建立，抚慰了留守儿童幼小心灵的创伤；托管中心教师们无微不至的关怀和爱，给予了留守学生家的温暖，让他们明白了人间的真情与爱，懂得了"大爱无疆"的至理。

我们有信心，也有理由相信，务川仡佬族苗族自治县的民族文化进课堂、进学校以及留守儿童托管中心的建立,哺育了民族传统文化新的优秀传人,抚慰了在市场经济冲击下的年轻一辈留守儿童的幼小心灵,让他们懂得了人间真爱,懂得了个人成长的社会责任和义务。务川仡佬族苗族自治县的措施和对策,乌江流域民族教育发展的"务川现象",也仅仅只是乌江流域民族教育发展的一个缩影。我们相信,乌江流域的教育,甚至我国西南地区的少数民族教育发展的明天一定会更加美好。

在务川,调查组感受到了大山深处教师的"大爱"和奉献,以及深深的感动。在松桃苗族自治县,调查组一行也感叹苗族同胞的执著、辛勤和奋斗不息。

第二节　被边缘化的城市边缘学校:湖北省恩施市三岔乡茅坝小学调查

在中国城市化进程快速推进的今天,在乌江流域,一些城市边缘或者附近的学校在被现代城市文明忽视的同时也被传统民族社会所忽视。可以认为,在乌江流域,一些地理位置不很偏僻、交通相对较为方便的学校为社会和大众所忽视,就更不用说那些位于大山深处的学校了。

中国是一个农业大国,正所谓农业兴则中国兴,农村教育兴则中国教育兴。正因为如此,近些年来,农村教育成为各级政府和社会大众所关注的焦点和社会热点,也成为社会关注度较高的重要社会问题之一。因此,乌江流域的基础教育发展也就成为我们的高度关注的对象。

恩施土家族苗族自治州地处中国腹地湖北省西南部,是乌江流域一个典型的民族杂居山区。州内现有人口380多万,111.99

万户,男性人口 199.52 万人,女性人口 182.27 万人,性别比为
109.46。其中,土家族、苗族、侗族、白族、蒙古族、回族等少数民族
与汉族世代杂居,少数民族的人口比例达高到50%。同时,州内
自然环境恶劣,交通闭塞,信息不灵,至今还不通火车,没有高速公
路,少数村庄甚至还不通公路。

　　恩施市号称"中国硒都",是湖北省恩施土家族苗族自治州下
辖的六县二市之一,是恩施自治州的首府所在地,地处湖北省西南
部,清江中上游,是湖北省九大历史文化名城之一,国土面积3976
平方公里,辖16 个乡、镇、街道办事处,总人口77 万,以土家、苗、
侗族为主的少数民族占38.49%。恩施市矿藏主要有铁、磷、煤、
金等;多深切峡谷、溶蚀洼地等;水力资源丰富;农产品有玉米、稻、
小麦、薯类等;为湖北省主要林区,有多种珍贵动植物;土特产和药
材资源有板桥党参、坝漆、鸡爪黄连、石窑当归等;有纺织、煤炭、机
械、制药、皮革等工业。

　　位于大山深处的恩施市,地广人稀,交通较为不便。2009 年,
全市共有小学231 所,小学适龄儿童总数51281 人全部入学。初
中适龄少年总数30581 人,入学30519 人,入学率99.79%。其中,
非完全小学21 所,教学点72 个。在这些偏远地区的教学点中,教
学班级仅为1 个的就有53 个,教学班级为2 个的有15 个,教学班
级只有3 个的有4 个教学点。从学生数来看,学生数在10 人以下
的就有18 个教学点,甚至还有2 个学生、3 个学生的教学点。人
数在10—20 人之间的教学点有37 个。学生人数最多的教学点也
只有54 个学生。

　　调查发现,在所有教学点中,72 所学校没有厕所。即使是部
分城区和交通相对方便的乡镇小学,也没有修建厕所。为此,2009
年,恩施市教育局就拨款先后援建26 个厕所,总投资达155 万元,

现已全部投入使用。统计显示,仅有27个教学点有食堂,22个教学点有教师宿舍,2个教学点有学生宿舍,24个教学点没有教师办公室,所有教学点均没有语音室,4个教学点有微机室,62个教学点没有图书室,66个教学点没有实验室。可见,学校基础设施较差,条件也比较艰苦。统计数据显示,即使是在完全小学中,仍有25所学校没有修建厕所,71所小学没有食堂,159所学校没有学生宿舍。这是恩施市基础教育硬件设施的缩影。

为亲身感受恩施市基础教育的实际情况,2010年1月18日,调查组一行来到了恩施市三岔乡茅坝小学。

三岔乡号称"中国民间艺术之乡",位于恩施城东恩鹤公路23公里。三岔乡东与新塘、沙地交界,南与宣恩万寨相望,西与舞阳坝毗邻,北与白杨、崔坝接壤,国土面积259.35平方公里。乡人民政府驻地三岔口集镇。全乡现辖12个村、1个社区、共65个村民小组,总人口4.2万,农村人口39499人。耕地面积4.43万亩,其中旱地3.84万亩,水田0.59万亩。全乡以农业生产为主,主要种植玉米、洋芋、红苕、黄豆、水稻等作物,兼种药材、李子、魔芋、烟叶等,畜牧业生产历史悠久,生猪饲养量逐年上升。

三岔乡现有中学1所,全日制小学14所,教学点1个,在校学生4709人,教职工230人。三岔乡设公办小学始于1950年5月,时称龙凤区三岔小学,为现乡中心小学前身。嗣后,各地开始开办小学。1958年,三岔乡始设初中,称恩施八中,1961年被撤销。1966年,三岔口复设中学,称恩施第十中学。3年后,三岔各公社均设初中。1980年,全区中学合并,设三岔中学、鸦沐羽中学、和湾中学,1993年3所中学合并为现三岔中学。1971年至1983年,三岔初中设戴帽高中班,培养高中毕业生2000余人。

茅坝村位于三岔乡西部,距州城10公里,交通便利,信息灵通。全村国土面积 24.57 平方公里,耕地面积 5476 亩,其中水田 2179 亩,全村共 1583 户,5809 人,劳动力 3309 人。2008 年度农业生产总值 2567 万元,其中养殖业收入 580 万元,人均纯收入 2050 元,村民现金收入主要来源于种植、养殖、外出务工。

随着打工人口的大量增加和国家新农村建设的逐步推进,茅坝乡村社会面貌发生了很大变化。人们的生产、生活面貌焕然一新,原本偏僻的民族山区生机勃勃,充满了希望。那么,面对一派生机,面对恩鹤公路上川流不息的人来人往,位于"中国民间艺术之乡"的茅坝小学发展又是什么样子了? 我们在寻觅,在沉思。

一、三岔乡茅坝小学基本情况介绍

三岔乡茅坝小学位于恩施市东乡的门户,辖区共 12 个村民小组,总人口 1691 人。本辖区现有小学 1 所,2008—2009 年度在校生 189 人,幼儿园在园人数 42 人,合计 231 人。全校教职工 9 人,其中,专任教师 9 人,女教师 2 人,男性教师 7 人。2009—2010 年度有在校生 223 人,男生 113 人,女生 110 人。

本辖区 2008—2009 年度,7 周岁—12 周岁适龄儿童 125 人,入学 125 人,入学率 100%。13 周岁—15 周岁适龄儿童 74 人,在初中 71 人,毕业 1 人,学年初在校学生 219 人,巩固率为 100%。残疾儿童 3 人,入学 3 人,入学率 100%。学年初毕业班 45 人,毕业 45 人,毕业率为 100%。

据茅坝小学老师介绍,现在的茅坝小学原本不在现址,而是在老校区。一年前发大水,老校区被大水淹没,冲坏校舍称为危房,无法进行教学,后在原毛坝乡政府的协助下,学校搬迁至至原乡政府(现校址斜对门茅坝管理区办公地)大楼进行教学。后来,随着国家政策调整,原毛坝乡粮店库房闲置,在政府的协调下,为解决学校的教室问题,粮店库房经改造后学校搬迁到现址。2003年至今,茅坝小学搬迁至改造后的亮点库房作为教学用房,校舍面积为782平方米,生活用房230平方米,教学用房510平方米。

二、当前茅坝小学生存与发展的困境

经过多年的发展,学校和老师培养一代又一代的毕业生走向社会,培养了一个又一个大学生走出大山,培养了一个又一个的山沟沟里的成功者,取得了很大成绩。但是,在成就的背后,又有多少心酸的故事和无奈不为人知? 而今,茅坝小学存在重重困境,面临着发展中的巨大困难。

1. 师资队伍素质不齐,不能满足学校教育的基本需要。

调查发现,一方面教师数量不足,9个教师负责223个学生的教育与辅导工作,一个教师负责最多承担5门课的教学任务,严重影响教学质量;另一方面,教师学历普遍偏低。在现有教师中,没有一个经过正规高等本科教育的教师,学历最高的也就是函授或者电大大专毕业,学历普遍不高。统计显示,茅坝小学现任9名教师中,学历为专科的教师5人,中专毕业的教师3人,还有一名教师是高中毕业。从教师年龄分布来看,近6名老师接近退休的年纪,年轻教师数量不足。再从教师教学背景来看,有的中文专业毕业的老师,不仅要上语文、数学等课程,还要教授社会、音乐等课程,隔行如隔山,教师也勉为其难。此外,面对多媒体教学和英语教学,更是难上加难,外语专业或者计算机专业教师一个没有,教授这些课程的老师很多是自学或者仅有初中水平,因此教学质量难以保证。可以说,茅坝小学现今存在的首要问题就是因国家教师"编制"而受到限制的教师队伍本身的问题,这是制约发展的根本因素。

当然,有人会提出老师们可以接受继续教育来充实自己。但是,茅坝小学是"吃财政饭",学校经费紧张,无力解决教师继续教育的经费问题。继续教育如果需要教师们自掏腰包,又严重影响他们接受继续教育的积极性。固然,湖北省为推动农村地区教育发展,推动了"湖北省农村教师素质提高工程",但是,实地调查发现,全市乃至全州每年的指标有限,很难轮到像茅坝小学这类学校的老师们,用老师们自己玩笑话说"一辈子轮得到一次"。可以说,这也很难满足教师接受继续教育的需要。

表4-1　恩施市三岔乡茅坝小学 2009—2010 年度任课教师一览表

姓名	性别	学历	专业技术职务	是否班主任	所任年级	学生数
龚仁高	男	专科	中学一级	否		
黄希舜	男	中专	小学一级	是	六年级	31
黄娅琴	女	专科	小学一级	是	一年级	24
李正斌	男	高中	小学高级	是	四年级	35
刘信平	女	专科	小学一级	是	三年级	39
谭永贵	男	中专	小学高级	是	学前班	42
熊家兴	男	专科	小学一级	是	五年级	31
郑玉清	男	专科	小学一级	否		
周英绪	男	中专	小学一级	是	二年级	21

此外,教师生存状况也是当前面临的重要问题。首先,是工资问题。现在包括茅坝小学教师在内的所有恩施土家族苗族自治州农村中小学教师的工资已完全实现财政支付转移,教师工资被拖欠的状况也得到根本改变。[1] 但是,教师工资原本就不高,和公务

---

① 王世枚、殷波:《教育公平的理论与实践——恩施土家族苗族自治州教育公平的实证研究》,湖北人民出版社 2008 年版,第 190—191 页。

员、工商、财政、税务、土管等行业比较起来,差别很大,并且在节假日福利、住房和年终津贴等方面,行业之间的巨大差异使得教师们深感社会的不公平和不平等。其次,是教师住房问题。调查发现,茅坝小学的老师一部分住在很远的乡里,一部分住在县城里。每天早上,住在城里的老师要么自己坐公交车或者坐摩托车来上班,而在乡里的老师则步行很远来上班,年复一年、日复一日,工作条件之艰苦可想而知。再次,是教师职称评审问题。调查发现,茅坝小学 9 名教师中,中学一级教师 1 名,小学一级教师 6 名,小学高级教师 2 名,职称结构不是很合理。按照国家政策,茅坝小学教师的工资和职称挂钩,而像茅坝小学这类学校教师的职称评审可谓难上加难。在评审过程中,上级部门是给各个乡镇教师一定的指标。因此,这种指标式评审制度是否公平和公正我们无法确定,也许上级部门也有其难处,但是这严重挫伤了老师的积极性。最后,则是教师们的身体状况问题十分严重。调查发现,茅坝小学老师从来就没有进行过例行身体体检,没有享受到作为教师的基本医疗福利和社会待遇。同时,要是真有 2～3 个老师去参加体检或者其他活动,则学校的正常教学秩序就无法维持,教学活动就得部分停止,因为学校教师不够,人盯人,岗顶岗,任何一个人都无法落下。因此,可以认为,茅坝小学教师的整体状况十分堪忧。某种意义上说,他们是一群承载社会未来希望的弱势群体和为社会忽视的一群人,他们应得到社会更多的关注和关爱。

2. 教学设施简陋,教学楼安全隐患多,教师无办公和休息场所。

学校现有校舍是原三岔乡粮店,始建于 1958 年,为石木结构,距今已有 50 多年,虽经危房改造,教室部分墙体有所加固,但是屋面的檩子、床椽、平梁、楼枕、过桥、楼板等房屋的主要构件经过多年的老化、风化和虫蛀,朽木随处可见,危险很大。

调查发现,现有教室等基础设施也很难满足教学活动的需要。改造后的教学用房也极不适应班级(单位)教学,很多教室后窗户2个底边离地面高达2.3米,前窗只有单独一个,高1.7米,宽1.9米,为南北走向。教室内光线昏暗,下雨天或者阴天日光灯照明都看不清楚师生面目,致使教师和学生近视率逐渐升高。同时,教学规格离教学用房规格相差太远,长达9.5米,而宽只有5.2米,面积49.5米,黑板、桌凳排列十分不协调,学生与黑板协调斜度太大。①

从教学器材角度来看,教学活动中真正是"一个教师、一块黑板、一本书、一支粉笔和一群学生"的简单组合,没有图书室、没有电教室,更不用说语音室等其他现代化教学设施。此外,在整个茅坝学校,学生娱乐设施仅有一个破损严重的水泥板乒乓球台,一个篮球架。除此以外,没有其他设施。

3. 家庭贫困与父母外出打工,严重影响了学生的学习。

茅坝小学的学生多来自于原二龙寺村、原茅坝村和莲花池村。这些自然村落的家庭都是农业人口,家庭收入渠道和方式十分单一,都是土里刨食,靠天吃饭,经济情况十分不好,很多家庭刚刚脱离赤贫状态。可以这么说,经济贫困已成为影响茅坝小学学生发展一个实际障碍。

近些年来,茅坝村形成了一个数量庞大的打工群体,他们逐渐游走于城市和农村之间。自改革开放以来,茅坝村"打工族"经历

① 本资料为笔者田野调查所得。在此对恩施市三岔乡茅坝小学全体师生提供的热情帮助表示感谢。

了由原先的个别现象到现在的大量出现、由原先的已婚者到现在已婚者和未婚者并存、人数由少变成多的发展过程。自家庭联产承包责任制实行后，早在1984年，茅坝村就不断有村民到外面打工，并逐渐形成了毛坝村的"打工族"，当初工种仅仅限于木工和建筑业，性别仅限于已婚男性青年。截止2004年8月，村里的"打工族"的家庭占整个家庭总数的87.5%。在这些打工者中，其中年龄最小的女性为14岁，男性为17岁；年龄最大的女性为39岁，男性为42岁。这个群体以男性青壮年为主，也有少量的家庭妇女和未婚女孩。现在这些打工者从事的工种很多，除了传统的木工、建筑外，还有房屋装潢、车辆驾驶、商品推销以及服装制作、餐饮、和家政服务等行业。

从地域上看，茅坝村大多数外出劳动力都是跨省区或者跨地区流动。调查发现，只有少部分务工者在恩施市、巴东县、宣恩县、来凤县等恩施州内县市务工，更多的人则到武汉市、宜昌市、黄石是等湖北省内大中城市，或到更远的广东省广州市、福建省泉州市、上海市等沿海较为发达的大中省市，甚至还有部分务工者在北京奥运会筹建期间，去会场工地做工……从外出时间来看，茅坝村劳动力外出时间则长短不一。这些务工者外出务工，短则十几天或几个月，长则几年。但不管外出时间是长是短，务工者在春节一般都会回村和家人团圆。

人口大量外流，给茅坝村小学学生的学习和发展带来了很大影响。2010年3月统计，茅坝小学有留守学生34人，其中女生17人，男生17人，留守学生数占全校学生总数的17.6%。父母亲外出打工，一方面在一定程度上改善了家庭经济条件，有利于激发了留守学生的学习欲望。但是，另一方面，则使得留守学生对读书的看法有了严重偏差。调查发现，很多学生认为，他们的父母外出可以挣到钱，他们成年后后也出去打工挣钱，没有将心思放到学习上，因此，读书无用论的观点有所抬头。很多家长也认为，反正现在就是大学毕业也找不到工作，读书不好还不如外出打工划算实惠。故而，家长对于读书的态度是无所谓的，孩子读书愿读就读，不愿读就不读，反正读书就是混年龄而已，孩子大了就出去打工。贫困家庭也只注重眼前利益，而忽视了学生素质的提高，态度十分消极。

更为紧迫的是，留守孩子的教育问题也越来越受到关注。2010 年 3 月调查发现，在所有留守学生中，父母亲全部都外出打工的家庭有 18 个，只有父亲外出而母亲随孩子留守的家庭有 11 个，母亲外出而父亲随孩子留守的家庭有 5 个。在这些留守学生当中，单亲抚养的孩子有 7 个，隔代抚养的孩子有 22 个，其他亲属代为监管的有 5 个。[①] 中青年劳动力的外流，给孩子的抚养教育也带来挑战。社会学家认为，家庭教育在孩子社会化过程中占有重要地位。父母是孩子的第一任老师，孩子一直都是在父母身边长大。父母对孩子言传身教，影响极大。但由于父母一方或双方外出务工，造成了对孩子的传统家庭教育缺位和断裂，这就给孩子身心发展带来一定的负面影响。同时，由于父母一辈的缺位，伴随孩子一起生活的祖辈对其管教就显得很无力，也很难严格地要求其学习、生活以及培养其高尚的思想品质。据调查，一位跟祖父母生活的初中孩子，经常在学校打架斗殴，并私下辱骂学校老师，在学校教育无果的情况下，于 2007 年下半年自动退学。还有一位和外祖父母生活的初中生，在家里从来就不听祖父母的话，在学校不

① 本数据和资料由恩施市三岔乡茅坝小学黄娅琴老师提供，在此表示感谢！

爱学习,经常旷课逃课,且在同学中发放利息高达50%的高利贷,在学校和村里影响极坏。可见,父母在孩子家庭教育中的缺位,给下一代孩子的成长带来的挑战。

4.自然环境和生态条件不好,严重影响了学校教学质量的提高。

恩施市属于典型的西南山区地环境,区域内地理环境恶劣,沟壑纵横,河流遍布,村落与村落、甚至是家庭与家庭之间相距甚远。这种"山上云里钻,山下在河边,对山喊得应,走路要半天"的特殊地理环境,延伸了学生上学和生活的空间范围,加大了学生上学和生活的难度。因为茅坝小学的学生不住校,学校也无法提供一定的饮食服务,因而,很多学生只有每天早上起床吃完早饭后来学校上课;下午放学回家后才能吃午饭,从早上8点到下午4点半,甚至到5点,接近9个小时的时间,学生无法补充营养,不仅增加了家庭的经济负担,而且还严重影响学生的学习积极性。调查发现,有的学生家住学校十多里路的地方,一天来回就要两个多小时,不仅路途遥远,而且在下雨天或者雷雨天,学生安全也是家长和学校最担心的重要问题之一。

5.作为民族聚居地区,茅坝小学的地方课程、校本课程开发起步较晚,地域文化资源和民族文化资源走进课堂传承民族文化的实践经验还不足,制约了学生对民族文化知识的掌握程度。

恩施土家族苗族自治州是一个以土家族、苗族为自治主体的少数民族地区,土家族、苗族文化浓厚,土家族摆手舞、哭嫁歌、苗族服饰等少数民族文化丰富多彩。因此,作为传承民族文化和地方文化的重要手段和载体,校本课程开发和民族文化读本的编写,就将为传承民族文化、培养民族文化传承人奠定坚实基础。但是,课题组调查发现,茅坝小学教师中,没有一个教师受过民族文化知识专门培训和继续教育,本身对民族文化知识和地方文化不是熟悉。

此外,湖北省中小学教材审定委员会2008年初审通过的《恩施州民族文化》①教材缺乏一定的灵活性,限于条件,课程设置和教学活动较为古板和老套,民族文化和地方文化的活泼性和生动性表现不足,严重影响了的学生的积极性。这也是茅坝小学及周边小学遇到的问题之一。

6. 教学资源不足,课程设置成为"课表"课程,严重影响教学质量。

调查发现,茅坝小学在课表上课程是开设齐了,但是,因为很多课程因教师不足、教学设施不全等原因而无法进行实际的教学活动。

同时,对于很多只会读到中学就就业的茅坝小学学生来讲,理应强化地方课程。因此,把科学课和综合实践课程开设好十分必要,这类课程是培养学生认知能力的重要手段,但是却没有开设相关课程。与此同时,却开设有外语课程,这是当前所有教育界和政府相关部门需要深思的问题。开设外语即英语课程,一则师资不足,现有教师中一个英语专业毕业的教师都没有,二则学生适用性不强,生活接触不多。固然,开设英语课程有它存在的理由,但是对于很多只会读到中学就毕业的小学生来讲,开英语课程仅仅是为了考试而已,现实生活中与英语接触机会并不多,实用性和必要性也严重受到质疑。

---

① 邓斌:《恩施民族文化》(供七至九年级使用),长江出版社2008年版。

表 4 - 2 湖北省恩施市三岔乡茅坝小学 2009—2010 年度 第二学期开设课程一览表

年级	开设课程
一年级	思品政治、语文、数学、体育、音乐、美术、地方
二年级	思品政治、语文、数学、体育、音乐、美术、地方
三年级	思品政治、语文、数学、外语、科学、体育、音乐、美术、地方①、综实②
四年级	思品政治、语文、数学、外语、科学、体育、音乐、美术、地方、综实
五年级	思品政治、语文、数学、外语、科学、体育、音乐、美术、地方、综实
六年级	思品政治、语文、数学、外语、科学、体育、音乐、美术、地方、综实

三、促使茅坝小学走出困境的应对之策

面对茅坝小学存在的现实困境,社会各界包括政府部门在内,都要真正关心和支持学校的发展,真正行动起来,解决好基础教育发展中存在的问题。

第一,加大投入,强化基础设施建设,更新教学设备,满足正常教学的需要,维持基本教学活动的开展。一方面,上级有关部门要解决茅坝小学现有教室的"危房"问题,加固或者重修现有教学用地和房屋等硬件,做到"安全第一";另一方面,强化教育设施建设投入,购买相应的教学设备,如电脑等,不要使教学条件维持在"一群学生、一个老师、一块黑板和一支粉笔、一本书"的状态,真正改善教育条件和教学环境。再者,还要强化学校的其他设施建设,如学生娱乐设施、教师活动室、教师娱乐中心等,满足教师和学

---

① "地方课"是指地方特色课程,如摆手舞蹈课等。

② "综实课"是综合实践课程的简称,主要是指地方实践活动课,如劳动课、手工课等。

生基本的娱乐活动的需要,这也是搞好教学活动的基础硬件之一。

第二,真正关注和解决当前教师的"民生"问题,解决教师的后顾之忧,为教师搞好教育提供良好的后勤保障。一方面,上级有关部门要实地调研,关注到茅坝小学等类似学校教师的师资配置、教师年龄结构等问题,合理配置教师资源,适当增加教师指标,使得全校教师学历、专业、年龄等因素合理搭配,学校才能可持续发展,提高教学质量。同时,还要关注教师的职称评审、继续教育等问题,真正关注教师的福利和发展问题。

第三,地方政府要关注留守学生问题,解决"留守"遗留下来的诸多问题,满足留守儿童的教育需求。要大力调整产业结构,改变以种植业为主要生计手段的生活方式,减轻留守老人的劳动负担。要健全社区的文化设施,提倡留守家庭之间的互帮互助,让留守人口有一种心灵的归依和温暖。对留守学生,要在加强对孩子学习辅导的同时,注意对孩子的心理疏导,关注孩子的成长,为孩子提供一个温馨的成长环境。

第三节　民族文化进课堂:酉阳土家族苗族自治县民族教育发展调查

近些年来,随着经济社会的急剧变迁与不断发展,我国民族地区经济与社会进步取得了巨大成就。但是,在取得成就的同时,民族地区的文化生态也受到巨大冲击,很多少数民族优秀文化正面临着失传的危险,处于濒危状态。这种严峻形势,引起了社会各界的广泛关注,政府、学者、学校等积极行动起来,呼吁并实际参与到抢救和保护我国少数民族优秀文化上来,并已取得了一些成就。

乌江流域各区县也已积极行动起来,深入挖掘地域文化和民族文化资源,大力保护与传承优秀民族传统文化,取得了较好效果。为实地调查"民族文化进课堂"的具体情况和实践经验,调查组一行走进了酉阳土家族苗族自治县,亲身感受民族文化进课堂带来的震撼和无穷魅力。

一、民族文化资源丰富的酉阳土家族苗族自治县

酉阳土家族苗族自治县地处渝东南民族地区,是"一区四县"中的"四县"之一,更是重庆市"一圈两翼"战略的重要支点,是一个以土家族、苗族为主体民族的少数民族自治县。位于渝鄂湘黔四省市结合部的酉阳自治县,东邻湖南省龙山县,南与重庆市秀山土家族苗族自治县、贵州省松桃苗族自治县、印江土家族苗族自治县接壤,西与贵州沿河土家族自治县隔江相望,西北与彭水苗族土家族自治县,正北与黔江区、湖北省咸丰县、来凤县相连,辖区面积5173平方公里。下辖钟多、龙潭、麻旺、酉酬、大溪、兴隆、黑水、丁市、龚滩、李溪、泔溪、后溪、苍岭、小河等14个建制镇和涂市、板溪、铜鼓、江丰、可大、五福、偏柏、木叶、毛坝、花田、后坪、天馆、宜居、万木、两罾、板桥、官清、南腰界、车田、腴地、清泉、庙溪、浪坪、双泉、楠木等25个乡,278个行政村(社区)。

酉阳县少数民族人口较多,民族文化风情浓郁,民族文化资源丰富。统计数据显示,2008年酉阳土家族苗族自治县共有人口80.81万人,农业人口72.25万人,非农业人口8.56万人。境内有少数民族17个,共66.72万人,占总人口的84%。在少数民族人口中,土家族有47.66万人,占总人口的60%,苗族有19.06万人,占总人口的24%。此外,还有蒙古族、回族、壮族、彝族、藏族、布依族、满族、侗族、瑶族、白族等其他少数民族。可以说,酉阳县

有着独具特色的民居、民情和饮食文化,摆手舞、吊脚楼、油茶汤等享誉四方,民族文化底蕴十分丰厚。

酉阳自治县是我国著名的"摆手舞之乡"。摆手舞是土家族最主要的标志性文化形态,自古也就有"北跳丧,南摆手"的说法。摆手舞是以摆手为基本特征的祭祀性舞蹈,是土家人祭祀神灵、酬报先祖和传承民族文化的重要形式。根据表演形式、内容、规模和祭祀主体的不同,摆手舞可分为"大摆手"和"小摆手"两种,摆手舞的基本动作有"单摆"、"双摆"和"回旋摆",基本动作:手脚同边,下不过膝,上不过肩,身体下沉而微有颤抖,内容涉及人类起源、神话传说、民族迁徙、古代战争、狩猎捕鱼、刀耕火种、生产劳动、饮食起居等社会生活的方方面面,是一部活生生的土家民族发展史。2002年5月,文化部把酉阳自治县命名为"中国民间艺术之乡(摆手舞)",2008年6月7日酉阳土家摆手舞又入选第二批国家级非物质文化遗产名录。

酉阳自治县也是民歌文化富集的地区,2008年酉阳民歌也入选第二批国家级非物质文化遗产名录。酉阳民风古朴,文化底蕴深厚,民歌是各族群众喜闻乐见的艺术形式,并在节日喜庆、婚丧祭祀等活动中展示和演唱,故《酉阳州志》有"土人面对篝火歌舞膜拜以祀神"的记载。酉阳地处古代五溪之首的酉溪地带,属九溪十八峒的原始部落,因此,最初的酉阳民歌具有很强的民族性和原生性。从内容来分,酉阳民歌主要有劳动歌、爱情歌、闲情歌、苦情歌、哭嫁歌、红军歌、新民歌等多种形式。

二、富有特色的酉阳民族教育

统计数据显示,2008年酉阳全县共有各级各类学校539所,其中小学218所,教学点247个,初中38所,普通高中4所,职业高中1所,特殊教育学校1所,中等师范1所,幼儿园29所(含民办幼儿园)。共有在校生146500人,其中小学84370人、初中39955人、普高6624人、职高1142人、特殊教育45人、中师1319人、幼儿教育13045人。共有市级重点高完中两所(酉一中、酉二中)、重点中职学校一所(民族职教中心)。

酉阳自治县共有教职工7389人,其中专任教师6490人。数据显示,全县7~12周岁小学适龄儿童入学率达到99.83%,初中阶段入学率达到98.58%,7周岁—15周岁"三残"儿童少年入学率达到77.81%。15周岁人口初等教育和17周岁人口初级中等教育完成率分别达到98.82%、89.16%。

为体验和实地调查酉阳县基础教育的"民族特色",课题组一行在酉阳县教委和民族宗教事务委员会的介绍下,来到了酉阳土家族苗族自治县民族小学校。该校校长胡斌先生接待了课题组。

位于酉阳县城钟多镇的酉阳县民族小学校成立于2001年,由原酉阳师范附小、钟多镇一小和丘添小学三所学校整合而成,占地面积19343平方米。现有教师164人,教学班级52个,学生2806人。

长期以来,酉阳县民族小学校坚持走"为师生的发展和幸福奠基"的办学思想,努力打造一支质量过硬的教师队伍。从职称来看,酉阳县民族小学有中级及中级以上职称的占教师总数的47%,初级职称占53%。从学历来看,大专及大专以上学历者133人,中专(高中)38人,其他学历4人。

近几年来,学校坚持走特色发展道路,努力开发酉阳自治县少数民族文化资源,并将之转化为课堂资源。通过实地观摩和访谈后发现,酉阳县民族小学校的"民族文化进课堂"主要体现在以下几个方面:

第一,土家族语言进语文课堂。在调查期间,调查组发现,该校组织编写了《民族特色:土家语言酉阳民歌》①校本教材。在该书的序言中,编者说出了教材编写和使用的目的:我们力求让我校师生会说土家语言,会唱土家民歌,会跳土家摆手舞,会创新民间艺术。同时,编者的重点也在于:本教材用于1~6年级民族特色建设的教学,重点在于教学生学习土家语言、土家民歌,了解自己民族的优秀文化传统,并传承和弘扬,让土家族这朵民族奇葩盛开于中华民族之大花园。

教土家语言的田凤玲老师告诉课题组,在实际教学活动中,土家语言主要是教习学生懂得常用土家族语与汉语的对译、读书用语、辨别物品用语、劳动用语、称谓、动物、植物、食品、用具、天文地理、服饰、建筑、代词、动词、数量词、副词、介词、时间词、方位词、形容词、生产生活用语等常用土家语。这些内容,都是土家语的最基本、最常用词汇。田老师还介绍说,现在全校师生或多或少会说点土家语。尤其是学生,感觉很新鲜,兴趣还比较高。《重庆市酉阳县民族小学校2009—2010年度总课表》显示,学校还在两个年级专门开始双语教学班,其中,一年级开设两个班级,二年级开设一个班级。

现将一年级所有教授《土家语言》的教师和班级情况统计如下:

表4-3　重庆市酉阳县酉阳民族小学校《土家语言》授课教师统计表

一班	二班	三班	四班	五班	六班	七班
粟云华	倪玲锋	甘小玲	石碧莲	冉 燕	田庆惠	彭琼

---

① 重庆市酉阳县民族小学校编:《民族特色:土家语言酉阳民歌》,2009年3月25日。

　　调查发现，一年级每个教学班级每个星期开设《土家语言》课程两节课，一个学期共开设 38 次课。一年级共有《土家语言》老师 7 人。

　　在二年级八个教学班级中，教《土家语言》的老师主要有：张小菊、孙万琴、邱丽红、冉翠霞、田素钗、汪金花、冉小芹、张琼芳共八位老师，即一个老师负责一个班级的语言教学任务。此外，该校还在三年级七个班级、四年级七个班级、五年级七个班级、六年级八个班级中开始这门语言课程，29 个班级共有 29 个《土家语言》的老师。再加上一年级和二年级 15 个教师，酉阳县民族小学校共有 44 个教师教《土家语言》课程，约占到教师总数的 25%。可见，教《土家语言》的老师队伍相对较大，人数也较多。

　　第二，民族音乐即酉阳民歌进音乐课堂。这种形式主要将土家族民歌经过整理加工后，以教学内容的形式教给学生。在校本教材中，就收入了被确认我国第二批非物质文化遗产的酉阳民族歌 14 首：《凉风吹过凉风垭》、《拗岩号子》（一、二）、《割草草》、《木叶情歌》（一、二）、《古州风光数最美》、《过街调》、《送郎调》、《踢毽调》、《一颗豆子圆又圆》、《一群麻雀树上叫》、《紫竹钓竿马尾索》、《数星星》等。这些民歌歌曲悲壮高亢、慷慨低回、自由洒脱，可谓是土家族先人生存和发展状态的壮丽诗篇。

　　《重庆市酉阳县民族小学校 2009～2010 年度总课表》统计显示，酉阳县民族小学全校所有年级都配置有专职《音乐·酉阳民歌》教师，每个星期每个教学班级上 2 个课时的酉阳民歌。统计发现，全校共有《音乐·酉阳民歌》教师有 5 个：一年级的教学任务由毛燕、二年级由何忠强、三年级由杜燕、四年级由冉丽华、五年级由杨鸿等老师负责。

　　第三，民族艺术进美术课。调查发现，民族艺术进美术课程，主要由刘万新老师负责一年级、冉凤鸣和李秋江老师负责二年级、吴素花老师负责三年级、李树荫老师负责四年级、冉腾老师负责五年级的教学任务。每周行课一次，两个学时。

第四，民族体育即摆手舞进体育课堂。摆手舞进体育课堂有专门的教师负责，每周行课1次，2个学时，深受学生的喜爱。负责民族体育即摆手舞进体育课的体育老师主要有冯卫平老师、殷先林老师、李玉峰老师、冉忠建老师、席元林老师以及冉彦文老师等，共六位。冯卫平老师告诉笔者，摆手舞进体育课堂能寓教于乐，学生们很喜爱，教学效果也较好。

可见，酉阳县民族小学校为大力挖掘地域民族文化资源，并将之转化和应用于实际的教学活动中，推动土家族语言进课堂、民族艺术进美术课、民族音乐即酉阳民歌进音乐课、民族体育即摆手舞进体育课，开设《土家语言》、《美术·民族艺术》、《体育·摆手舞》、《音乐·酉阳民歌》课程，取得了较好的教学效果，得到了社会各界的认可和支持。

调查发现，酉阳县民族小学大力挖掘民族传统文化资源，走特色发展之路，学校发展也得到了重新定位，全校树立了"为学生的发展和幸福奠基"的理念，厘清了"质量兴校、科研强校、特色强校"的办学思路，突出了"主动发展、全面育人"的办学特色，激发了教师们的聪明才智，取得较大成绩。

近年来，酉阳县民族小学校教师在课题申报、论文发表与获奖、评优争先等方面，由于特色文化课程的开设，做到了"人无我有、人有我强"，优势明显，取得了不小成绩。同时，学生作品参与竞赛，也先后获得国家级奖项3次，市级奖励116次，县级奖励50次，提高了办学质量。

表4-4 重庆市酉阳县酉阳民族小学校教学成果统计报

内容	国家级	市级	县级	校级	合计
论文发表、获奖	10	10	39	44	103
课题	1	3	3	2	9
优秀、先进	2	3	35	40	80
各类辅导	19	175	202	42	438

调查期间，一位同学告诉课题组，她很喜欢唱（酉阳）民歌，因为这些课其他地方的小朋友学不到，只有她和同学才会，是多么高兴的事。她还说，民歌唱起来很有意思，跟其他（歌）唱起来不一样。

当然，调查期间，胡斌校长也说起了他的一些担忧。他说，现在的民族文化特色课程建设还有很长的路要走，存在很多问题，解决起来也很不容易。

一是土家族语言环境问题。现在酉阳县的一些偏僻地方仍有少部分人还在使用土家语，但是年纪都较大了，而年轻人基本都不学了，他们认为那（土家语）是没有用的。所以，在一定程度上来说，语言环境问题制约了土家语的传承和发展。

二是实际内容与现实生活脱节问题。学生在学校学习土家语，但是回家或者现实生活中根本就不使用，甚至以前也没有听人讲土家语，同时就是他们上课学的（土家语内容），在现实生活中也很难实际遇到。因此，这有可能也是土家语濒危的重要原因之一。

三是师资不足问题。在酉阳县民族小学校现有师资中，根本就没有一个教师能掌握国际音标，也没有教师有时间和精力去做田野调查土家语，故课堂教学显得有点枯燥，提高课堂的实效性就更难。

四是民族文化的传承问题。随着流动人口数量的剧增,少数民族文化本身受到了很大冲击,传承人变少了,所以"进一步传承就出了问题"。

第四节　"双语教学"路漫漫:松桃苗族自治县苗族双语教学实地调查

1956 年,松桃苗族自治县就开始进行苗文试点教学;

1982 年,松桃苗族自治县"双语文"教学恢复;

2006 年,国家民委和联合国教科文组织在松桃苗族自治县创办"苗族语言环境建设示范区";

2007 年,松桃苗族自治县创办《松桃苗文报》;

2008 年,双语文教材《苗文课本》出版并在小学课堂使用;

2009 年,松桃苗族自治县被评为第二届"中国少数民族双语教学先进单位"。

六十多年的守望,六十多年的奋斗,双语教学架起了苗族同胞通向未来的桥梁。

松桃苗族自治县是乌江流域仅有的两个以苗族为主体的自治县之一,成立于 1956 年,东接湖南省湘西土家族苗族自治州,北与重庆市酉阳土家族苗族自治县、秀山土家族苗族自治县接壤,西南与贵州省沿河土家族自治县、印江土家族苗族自治县、江口县、铜仁市相毗邻。全县国土面积 3400 平方公里,有 13 个镇 15 个乡503 个行政村,人口 679840 人。其中,少数民族人口 305920 人,占总人口数的 47.3%,苗族人口 289222 人,占总人口数的 42.5%。境内有苗族、侗族、土家族等 23 个兄弟民族,苗族为自治民族,并有完整的语言和文字。

一、关于松桃苗语

松桃苗族自治县是乌江流域较早建立的苗族自治县之一,苗族是松桃苗族自治县境内的主体民族,人口最多,分布也最广。苗族语言属汉藏语系苗瑶语族苗语支,主要有东部方言(亦称湘西方言)、中部方言(亦称黔东方言)、西部方言(亦称川黔滇方言)三个大方言。松桃苗族自治县境内苗族语言属于苗语东部方言。

长期以来,苗族只有语言没有文字。新中国成立后,《中华人民共和国宪法》规定"每个民族都有使用和发展自己的语言文字的自由"。1953 年,第一个五年计划中央也正式提出,"对于那些还没有文字的民族,应当努力帮助他们创造文字"。于是,1952年,中央民族学院语文系开设了苗语班,为这以后的苗语调查及苗文创制培养了一定数量的骨干力量。随后,由著名语言学家马学良、王辅世等带队的少数民族语言调查工作队成立,并对苗族以及其他民族语言进行为期半年多的调查。经过实地调查,1955 年调查组初步将苗语划分为东部、中部、西部及滇东北四个方言并向第一次全国民族语文科学讨论会提交了《苗语调查报告》。1956 年5 月,以马学良、王辅世两位教授为正、副队长的中国社科院少数民族语言调查队第二工作队主要负责苗族、瑶语及其他亲属关系较为接近的语言调查任务。工作队深入到湖北、湖南、贵州、四川、广西、广东等省(区),记录了 70 个县市 203 个点的苗语材料,完成了全国苗语的普查工作。

鉴于苗族语言内部特征的复杂性,1956 年底在贵阳召开的全国苗族语言文字问题科学讨论会议决定,将为苗语中部、东部、西部三个方言各创立一种文字,并通过了苗语四个方言的文字方案

（草案）。关于苗语方言名称,1957 年 7 月中央民族事务委员会的
"关于民族语文工作座谈会"确定为:中部方言改为黔东南方言,
东部方言改为湘西方言,西部方言改为川黔滇方言。上述苗语四
个方言文字方案,都是以拉丁字母为基础而创造的拼音文字。此
后,苗族同胞有了自己的文字。

　　1956 年,松桃苗族自治县盘信、世昌的民族学校开始了有史
以来的苗文试点教学活动。1957 年,松桃苗族自治县还曾在苗族
聚居区开展"双语文"教学,苗族群众中也一度兴起了学校苗族语
文的热潮。不少学员以掌握的苗文为工具,用来记账、记事、学习
科学技术和搜集、整理民族文化古籍、文化遗产,还有的用来整理
苗医、苗药。苗语一度广泛地进入到群众的社会生产、生活当中。

　　但是,时至今日,由于特殊的地理、文化和历史等方面原因,松
桃苗族自治县境内苗族聚居区的部分年纪较大的苗族同胞,自小
就没有机会学习汉语,成人后也很少有机会接触汉语,因而终身也
没有机会使用汉语。因此,这些苗族同胞聚居地区的苗族儿童自
出生到上学前的时间里,都处于苗族母语环境之中,也没有机会学
习汉语,更不会使用汉语。统计数据显示,目前,在整个松桃苗族
自治县,会说苗语的 27 万多人,约占总人口的 40%;不会说苗语
的 41 万人,约占总人口的 60%。其中,不会说汉语的苗族人口
6.9 万余人,约占全县人口的 10%;苗语、汉语都能说的约 20 万
人,约占总人口的 30%。全县不同程度地掌握和使用汉语的有 61
万人,约占全县总人口的 90%。

二、当下松桃苗族自治县苗语环境示范区建设

　　在这种特殊的社会历史背景下,松桃全县几乎所有的小学、初
中、高中和其他教育教学活动都主要使用汉语和汉语文进行教学。

在一些苗族聚居社区的完小、教学点和一些夜校、培训班的教育教学活动,则苗语、苗语文作辅助,实行苗、汉双语教学。各级行政机关和法院、检察院等在履行职能、执行公务时,根据工作环境和工作对象实际,灵活使用苗语和汉语。在苗族聚居社区和集镇,人们多以苗语为交际工具,在苗、汉杂居地区,则是哪种语言方便就使用哪种语言。

2006年,联合国教科文组织派出官员,在开展实地考察基础上,和国家民委于2006年8月共同决定在贵州省松桃苗族自治县和新疆察布查尔锡伯自治县,建立"少数民族双语环境建设示范区"。示范区建设宗旨是:在全社会营造关注母语、重视母语学习和使用的氛围,保持和维护语言文化的多样性;加强少数民族聚居区儿童母语启蒙教育,提高学校教育的入学率、巩固率和毕业率,提高少数民族青少年的文化素质;促进成人母语扫盲、科技扶贫、普法、预防自然灾害和重大疾病等活动的开展;促进以少数民族语言文字为载体的新闻出版、广播影视、文化艺术事业的可持续发展。

为搞好苗族语言环境建设示范区建设,2006年10月28日,松桃苗族自治县人民政府以"松府办发[2006]169号"文件印发了《关于成立县语言环境建设示范项目领导小组的通知》,成立了以自治县人民政府县长为组长,分管民族事务、文化教育工作的副县长为副组长,县委办公室、县人民政府办公室、县民族事务局、县教育局、县文体广电局及有关乡镇人民政府主要负责人为成员的苗族语言环境示范区建设工作领导小组。领导小组办公室设在县民族事务局,由一名分管民族语文工作的副局长兼办公室主任,相关人员具体办公。随后,2006年11月3日,松桃苗族自治县人民政府以"松府办发[2006]171号"文件印发了《松桃苗族自治县苗族语言环境示范区项目实施方案》，提出要高起点、高要求、高标准，有计划、分阶段推进苗族语言环境建设工作。

在此背景下，为建好苗族语言环境建设示范区，松桃苗族自治县民族宗教事务局先后组织了多期苗语培训班。

2006年12月20日至24日，举办了有史以来第一次为期5天的苗族语言环境建设培训班，培训以苗族为主体的学员136名。其中：示范乡镇人民政府副乡镇长3人，乡镇党委副书记1人，示范村村委主任5人，村民组长20人，劳动能手和优秀青年82人。有女学员23人，男学员113人。具有大专以上文化5人，高中文化36人，初中文化76人，小学文化19人。培训期间，国家民委巡视员安清萍、国家民委文宣司贾捷华、中央民族大学教授王远新等领导和专家现场授课。同时，还邀请了省、地、县苗学研究人员、双语文教师、民间绝技绝活大师、农林牧水专业技术人员20人参加授课。在为期5天的培训活动中，教员们先后讲授了包括经济果木林栽培嫁接技术，科学合理施用肥料，全方位开发应用沼气技术，水土保持常识，科学养猪、养羊、养禽等在内的知识和技术。

2007年，开办了以传播农业农村实用技术为主要内容的各类夜校19期次，参加学习人数2856人次，其中男学员1833人，女学员1023人，产生了良好的社会效应和经济效益。

2008年，组织了5期苗语培训班，每期培训3天，培训时间累计共15天、105学时，培训学员共459人，男学员累计共290人，女学员累计共169人，取得了较好效果。第一期培训时间：2007年12月20—22日，参培人数92人。有女学员45人，男学员47人。从地域分布来看，后寨村8人、地所村7人、邓现村5人、麻旦村14人、薅菜村7人、官舟村7人、柳浦村7人、康金村10人、盘石村8人、臭脑村5人、响水洞村9人、石榴溪村5人。从文化程度看：具有大专文化 2 人,高中文化 1 人,初中文化 22 人,小学文化 67 人。第二期培训时间:2008 年 3 月 16—18 日,培训学员 88 人,有女学员 35 人,男学员 53 人。从文化程度统计情况看:具有大专文化 37 人,高中(或同等学力)文化 48 人,初中文化 3 人。第三期培训时间:2008 年 3 月 16—18 日,培训学员 95 人,有女学员 43 人,男学员 52 人。其中,后寨村 5 人、地所村 8 人、邓现村 5 人、麻旦村 12 人、薅菜村 12 人、官舟村 9 人、柳浦村 5 人、康金村 10 人、盘石 6 村、臭脑村 6 人、响水洞村 8 人、石榴溪村 9 人。从文化程度统计看:具有大专文化 2 人,高中文化 3 人,初中文化 18 人,小学文化 72 人。四期培训时间:2008 年 8 月 25—27 日,培训学员 82 人,有女学员 39 人,男学员 43 人。其中,后寨村 7 人、地所村 7 人、邓现村 7 人、麻旦村 9 人、薅菜村 7 人、官舟村 6 人、柳浦村 7 人、康金村 4 人、盘石 8 村、臭脑村 5 人、响水洞村 8 人、石榴溪村 7 人。从文化程度统计情况看:具有初中文化 25 人,小学文化 57 人。第五期培训时间:2008 年 12 月 6—8 日,培训学员 102 人,有女学员 70 人,男学员 32 人。其中,后寨村 8 人、地所村 5 人、邓现村 5 人、麻旦村 19 人、薅菜村 7 人、官舟村 8 人、柳浦村 8 人、康金村 8 人、盘石 5 村、臭脑村 6 人、响水洞村 8 人、石榴溪村 15 人。从文化程度统计情况看:具有高中文化 8 人,初中文化 18 人,小学文化 76 人。

2009 年 7 月 27 日—8 月 2 日,松桃苗族自治县民族事务局在太平营乡古庄村举办首期苗歌培训班,56 名苗族青年学员分别来自各乡镇,其中 6 名是中小学教师。本期主要培训苗歌演唱技巧、苗歌的类别、演唱形式、苗歌的表现手法以及新歌的创作方法。这次培训聘请苗歌研究资深人士、民间歌师授课,学习气氛浓厚,学习效果很好。

这些培训,不仅使得苗族同胞掌握了一定的知识和技术,开阔了眼界,带动了群众脱贫致富奔小康之路,而且还使得苗族群众学习了苗族的语言与文化,提高了苗族群众的民族认同和民族自豪感、自信心,也在一定程度上传承苗族的优秀文化,有力推动了苗族语言环境示范区建设。

三、松桃苗族自治县苗族双语教学实践

自 20 世纪 50 年代,苗族文字创立之后,由于特殊的社会背景和国内的政治运动等原因,松桃的"双语文"教学和苗族语言文字的推行工作中断了 20 多年。

改革开放以后,党的民族政策得到了恢复和实施。1982 年,松桃苗族自治县的"双语文"教学工作得以正式恢复。二十多年来,松桃苗族自治县先后在 20 多所民族聚居中小学开办"双语文"教学班级 317 个,培育学生 12014 人。

调查发现,自 2006 年松桃苗族自治县创办"苗族语言环境建设示范区"以来,不断采取措施巩固和强化双语教学。数据显示,2006 年,松桃苗族自治县共有 2 个镇 4 个乡 4 所民族完小、10 个小学和 2 个教学点共开设双语文教学班 22 个,学生共有 1215 人,从事"双语文"教学的教师 20 多名。在示范区建设的推动下,2008 年松桃苗族自治县又新增 5 个双语文教学班,学生人数增加 265 人。目前,全县双语文教学示范班由 2007 年的 27 个增加到 32 个,学生人数由 2007 年的两千人增加到现在的 2265 人。2009 年,松桃苗族自治县主要在县境东部的盘石、正大、太平、盘信、长坪、蓼皋、世昌 7 个苗族相对集中的乡镇开设双语,共有 13 所学校,开办 35 个"双语文"教学班,其中:4 个学前班,一年级 12 个班,二年级 9 个班,三年级 8 个班,四年级 1 个班,五年级一个班;

学生共2155人,其中,苗族学生有2085人。从事"双语文"教学的教师35名,其中公办教师18名,代课教师17名;中共党员3人。大学专科11人,中师及同等学力21人,初中3人。

在双语教学活动中,松桃苗族自治县各级政府部门还联合社会各界,组织编写和出版苗文读物和教材,推动苗族语言文字的普及。首先,在2007年4月,根据不断深化苗族语言环境建设工作实际需要,按照相关程序向上级文化部门提交办报申请,完成了制订实施方案、明确办报人员等必要工作,创办《松桃苗文报》。同时,为进一步充实苗族群众的文化生活,经过认真收集、整理,编写了三期苗文读物(苗歌选辑、科技知识)《SEADJIDJOUBJIDCANGT》、《SAEDCENXSIBMEIT》、《SEADBANX》,近5000字,每期刊印150册,共450册,按期发放到示范乡镇、村、户。最后,为深化苗族语言环境建设的实际需要,促进学校双语文教学的发展,组织编译了小学一、二年级(全一册)双语文教材《苗文课本》①,即苗语东部方言小学双语试用教材。小学一、三年级(全一册)《苗文课本》也于2008年6月17日在正式通过了审稿会,即将进入印刷和使用阶段。

在调查组一行的实地调查中,课题组所遇到的所有苗族同胞,包括政府官员、教师、商贩、出租车司机、学生以及路人之间交流和谈话,几乎都是用苗语。松桃苗族自治县委办公室副主任吴国团告诉笔者:"(松桃苗族自治县)乡下几乎所有的人都说苗话,说汉话他们反而不是很适应。政府部门很多单位,包括政府和学校内部,(人与人)交往,只要是苗族,都会说苗话,很少说汉话,因为苗话说起来方便,大家都懂。"由此我们可以发现,松桃苗族自治县

---

① 铜仁地区双语文教材编译委员会编:《苗文课本》(全一册),贵州民族出版社2007年版。试用范围为小学一、二年级。

苗文的推广和应用已经取得不小成绩,苗文和苗语已经真正成为了当地苗族生产、生活中的重要工具。

四、松桃苗族自治县盘石镇民族小学校见闻实录

一支粉笔,一块黑板,一本书,一个老师,还有一群学生。教室里,麻老师手上拿着那本学校自己编写的《苗文课本》,逐字逐句地给学生讲解《红围裙》一课。麻老师语言生动,苗汉结合。学生们学习积极,踊跃回答问题,课堂活跃,校园里一片朗朗的读书声。

这就是松桃苗族自治县盘石镇民族完小双语课的真实写照。

盘石镇位于松桃苗族自治县东北部,距县城23公里,铜松公路、松吉公路穿境而过。东部和北部分别与湖南省湘西的雅酉、两林、补抽、吉卫等到乡镇压毗邻。全镇行政区域总面积120.9平方千米,耕地面积1025公顷。其中,水田698公顷、旱地327公顷。全镇下辖一个居委会,20个行政村156个村民组。少数民族人口20610人,占总人口的98.6%,非农业人口528人,占总人口2.53%。全镇有普通中学2所,在校学生639人,教职工48人,专任教师46人。有普通小学17所,其中,完小6所,初小3所,还有教学点8个,在校学生3416人,教职工106人,专任教师106人。学年初初中毕业班人数284人,毕业284人,毕业率100%,小学升初中559人,升学率100%。全镇有乡镇企业21个,从业人员450人。年实现企业总产值2600万元,20个村通电通路通电话,建成地面卫星接收器109座。

2010年4月,调查组一行来到了盘石镇民族完小,实地调查和感受了盘石镇民族完小的双语教学情况。盘石镇民族完小周围聚居了30多个自然村寨和上万个苗族同胞,生源半径超过6公里,涵盖了5个教学点。

　　盘石完小历史悠久,为当地苗族同胞培养了一批一批的民族干部。学校始建于公元1735年,起源于由当地把总龙金保创办的沃里坪私塾。"五四运动"以后,由当地苗族知识分子发动更为"新学"。1938年,国民政府将该校定为"省立边疆第一实验小学",培养了大批苗族知名人士和知识分子。新中国成立后,贵州省政府于1951年定该校为"贵州省兄弟民族学校",也曾拨付专款大力资助该校苗族学生用品,解决食宿问题等。

　　长期以来,盘石镇完小一直坚持"双语"教学,得到了社会的认可和褒奖。1982年,盘石民族完小就开始实施"双语文"教学和研究活动;1993年,该校没松桃苗族自治县确认为"双语文教学先进单位"。1994年,该校麻勇老师的"双语"教学公开课实况录像被选送联合国教科文组织备案;2007年10月,还受到了联合国教科文组织的褒奖和肯定。

　　盘石镇民族完小现有教师33人,其中,苗族教师有18人。在所有教师中,男老师16人,女教师17人,教师性别比例基本持衡。从教师职称结构来看,在所有教师中,小学高级教师6人,小学中级教师13人,小学初级教师14人。全校现有学生763人,6个年级13个教学班。具体情况统计如下:

表4-5　贵州省松桃苗族自治县盘石镇民族完小班级开设情况统计报

年级	一年级	二年级	三年级	四年级	五年级	六年级
数量	2	2	2	2	2	3

　　为亲身感受盘石镇民族完小的"双语"教学,我们课题调查组一行走进了四(2)班的课堂。正如前面所描述,麻老师正在给他们上"双语文"课。

四(2)班有学生46人,其中,女生17人,男生29人,都是苗族学生。教室布置简单而朴素。正前方一块黑板,黑板正上方悬挂着鲜红的国旗,国旗两边写着校训"诚实勇敢、团结守纪"。教室后壁办有学生的板报:放飞心灵的翅膀,画上不仅有同学的日记和内心情感抒发,而且还有他们的美术作品。教室左、右侧墙壁上悬挂着达·芬奇、弗莱明等名人肖像及其名言、语录,以激发同学们好好学习,善于思考,勇攀科学高峰。同时,还在窗户间隔处悬挂《中小学生守则》、《小学生日常行为规范》。教室的墙角杂乱的堆放着扫帚、小水桶等清洁工具。教室里没有电灯等照明器具,光线也不是很好。

麻老师是一位年近五十的苗家汉子,夫妻二人均为学校教师。虽然麻老师头发已开始花白,但是课堂上他倾注了所有的情感和心血。在《红围裙》的课堂上,他一手拿着苗文课本,一手给同学们详细解说和打比方。对于课本上的新词、新句子,他一遍又一遍的讲解、翻译。对于汉语中的新词汇、新流行语,麻老师往往领导学生首先用汉语朗读,然后再带领学生用苗语朗读,最后还要用苗语给学生翻译和解释,不然学生们无法理解。尤其值得一提的是,汉语中出现的新词汇和新流行语,可难为麻老师了,因为苗语中根本就没有与之对应的词汇,如面包师、手机、电视机、网络等。当谈起这些,马老师只有腼腆而害羞的笑一笑,让人充满同情和无可奈何。

在访谈中,麻老师说出了他心中的隐忧。一方面,对于他上的"双语文"课程,全校就他一人教授,自己年纪也不小了,而年轻人又没人能上这个课,可能面临着"双语文"师资后继无人的问题。另一方面,现在使用的"双语文"教材,虽然现在课堂实践还比较好,但是教材形式过于单一,缺乏教辅教材和工具书,而且教材内容与学生的现实生活脱节,严重影响教学质量和效果,这个也是实际教学中存在的事实。再者,麻老师自己原本学历不是很高,知识结构也不合理,也没有出去接受正规的继续教育,也无法赶上急剧变迁的社会,跟不了解外面世界的信息,更不用说去亲身实践了,因此,很多课堂就显得生硬无趣,很干瘪。

对于"双语文"教学,盘石镇民族完小校长龙志新告诉课题组,"双语文"采取的是苗语文和汉语文同步教学,在苗族聚居地,效果非常好。

第一,可以帮助苗族学生克服书面语与口语脱节、识字难、区分汉语语法和苗语语法等问题,让他们能很快、很好的学习汉语。苗族儿童在入学前,语言环境为苗语,很少有机会接触汉语。因此,一进入学校,苗族学生不仅不知道教师所说,而且根本搞不清楚书面语和口头语的区别,也不知道什么叫语法。这时,教师只有将所要讲授的内容用苗语在课堂上表达,并反复用苗语和汉语对译、解释,学生才能接受和理解。甚至,有时候还需要教师用苗语和汉语在黑板上对着讲授,学生才能充分理解。这样,苗族学生也才能通过苗语的传递和翻译作用,很快地学习汉语。

第二,"双语文"教学可以帮助苗族学生学习汉语文课程、数学等,提高汉语学习和写作能力,提高学习成绩。在调查中,我们将盘石镇民族完小二(1)班学生 2008 度第一学期期末统考成绩与非双语班的学生进行了对比:

表 4 - 6　贵州省松桃苗族自治县盘石镇民族完小双语文班二(1)与非双语文班二(2)成绩对照表

年级	人数(人)	学科	人均分	及格率	优分率	低分率
二(1)	52	语文	69.7	53.8%	25%	15.3%
		数学	74.8	79.6%	34.6%	5.7%

续表

年级	人数（人）	学科	人均分	及格率	优分率	低分率
二(2)	45	语文	48	28.8%	11.1%	40%
		数学	57.7	42.2%	17.7%	31.1%

由上表可以看出，双语文教学班的人均分、及格率、优分率都比非双语文教学班高，进一步证明双语文教学的优越性和促进作用。

在完小五(1)班，该班从一年级开设苗文课程，全班52名学生。2007年度第二学期语文人均分35.3，及格率38.7%；2008年度第二学期语文人均分61.4，及格率59.3%；2009年度第二学期语文人均分78.6，及格率76.1%；自2007至2009年，三个学年度以来，学科成绩不断攀升，在全镇统考、统改中，成绩始终名列前，人均分和及格率连续三年获全镇第一名，而且单科最高分一直在这个班。由此可以看出，双语文教学对促进教学质量提高的重要推动作用。

另外，"双语文"教学培养了一大批苗族民族干部，造就了一批热爱苗族、掌握苗文的少数民族高级知识分子，为传承和弘扬民族传统文化作出了贡献。

当然，龙校长还告诉课题组，对盘石镇民族完小开展的"双语教学"社会还存在着一些偏见，甚至是错误的认识，从而导致师资力量不足、硬件设施简陋、办学经费缺乏以及教材编写等问题，这些问题都急需解决和给予关注。

当调查组一行离开这个大山深处的苗族学校，离开这些远离城市喧嚣的小镇，苗族孩子们那淳朴而又充满求知欲望的眼神历历在目,教室里朗朗的读书声也还在耳边回响。我们也为像麻老师和他那些坚守在这个大山深处的同事们而感动,也为老师们的执著所感染。我们深深相信,盘石完小的明天一定会更美好,孩子们的未来也一定会是康庄大道,因为,大山深处的"双语"教学架起了他们通向明天的桥梁。

第五节　在困境中前行：威宁彝族回族苗族自治县民族教育发展调查

　　威宁彝族回族苗族自治县位于乌蒙山腹地,平均海拔在2200米,号称"贵州屋脊"。县境西部、西北部、南部分别与云南省接壤,东北部、东南部分别与贵州省赫章县、六盘水市相邻,位于贵、川三省的交通要道。距毕节地区行署所在地170公里。威宁彝族回族苗族自治县下辖35个乡(镇),621个行政村(居委会),居住着汉、彝、回、苗、布依等21个民族,总人口超过100万,是毕节地区唯一的少数民族自治县,是乌江流域唯一由三个民族联合建立自治政权的少数自治县,也是全国由三个民族联合建立自治地方的五个少数民族自治县之一。

　　威宁属亚热带季风性湿润气候,年日照时数1800小时,无霜期180天,年降雨量926毫米,年温差小,日温差大,冬暖夏凉,夏季平均气温23.2度,气候宜人,具有"冬无严寒,夏无酷暑,日温差大,年温差小"特征。盛产玉米、马铃薯、苦荞、燕麦等粮食作物和烤烟、水果、兰花、魔芋等经济作物。矿藏丰富,主要有煤、铁、锌、铜、石膏等十多种。交通便利,326国道和102省道、贵昆铁路和内昆铁路贯穿县境。

　　威宁彝族回族苗族自治县少数民族众多,民族文化丰富多彩。

彝村、回屯、苗寨星罗棋布,彝族火把节、回族开斋节、苗族花山节,
场景恢宏、气氛热烈,摔跤、赛马、射弩、扭扁担、荡秋千等民族竞技
活动异彩纷呈。彝族的大型歌舞组合阿西里西及弹月琴、唱对歌
等,苗族大型迁徙舞及芦笙舞,唱情歌、吹芦笙以及布依族插秧歌,
无不洋溢着浓烈的民族自豪感,展示出了浓郁的民族风情。各民
族迥异的生活习俗、婚丧礼仪、图腾崇拜、服饰装扮以及回族挑花
剪纸、苗族蜡染编织、布依族刺绣竹编等民族工艺,展示了威宁彝
族回族苗族自治县独具特色的民族文化资源。

一、威宁彝族回族苗族自治县教育发展现状

为真实了解和调查乌江上游民族地区民族教育发展的实际情
况,课题调查组一行选取了威宁县为调查对象,进行了为期一个星
期的实地考察。在实地调查的基础上,现将威宁彝族回族苗族自
治县共有普通高中、职业高中、初中和办学点的学校数量、学生数
和教师数的基本情况统计如下:

表4-7　贵州省威宁彝族回族苗族自治县基础教育情况统计表

	普通高中	职业高中	初中	小学
学校数(个)	8	1	50	407(含 57 个办学点)
学生数(人)	8392	2314	65038	260349
教师数(人)	402	48	2855	9228

上表显示,威宁彝族回族苗族自治县基础教育发展有如下特
点:第一,普通高中和职业高中数量不多,合计 9 所,学生数量合计
也不足 11000 人。第二,小学、初中和高中(包括职业高中)在教
师数量、学校数量和学生数量上以金字塔式方式递减,发展较为不

平衡。年级越高,则教师数量和学生数越来越少。

调查统计发现,截止 2010 年,经政府审批并正式命名为"民族学校"的民族中、小学共有 5 所:石门民族学校、威宁民族中学、雪山镇雪山民族小学、中水镇出水民族小学、新发布依族民族乡新发民族小学。根据 2008 年统计数据显示,全县农民人均收入 2101 元,共有教育事业拨款 516321 千元,教育基础设施建设拨款 461314 千元,地方教育附加费用为 39949 千元。

二、威宁彝族回族苗族自治县民族教育发展的当下困境

经过课题组实地调查发现,威宁彝族回族苗族自治县基础教育发展存在一系列问题,在经费投入、教育结构、城乡分布、管理体制、办学理念等方面存在不足。

第一,地理环境恶劣,自然条件较差,制约了威宁彝族回族苗族自治县基础教育的发展。根据实地调查发现,在威宁彝族回族苗族自治县很多交通不变、位置偏僻的地方,很多学生上学要走 10 多里的路程,而山路崎岖,高山峡谷,沟谷交错,给学生的安全带来了很多不确定性因素。同时,很多孩子上学路途遥远而路上人烟稀少,因此,孩子的安全很让人担忧。

第二,投入不足,经济条件较差,基础教育设施严重不足,制约了威宁彝族回族苗族自治县基础教育的发展。2008 年经济统计报表显示,威宁彝族回族苗族自治县农民当年收入不足 2200 元,经济条件较差,严重制约了教育的投入。同时,威宁彝族回族苗族自治县也是贵州人口较多的少数民族自治县之一,工业基础薄弱,农业发展后劲不足,教育投入十分有限。在实地调查中,很多学校连最基本的教学楼和课桌等设施都不足,很多孩子还没有见过电脑,更不用说多媒体教学了。

第三，不良观念也是制约威宁县基础教育发展的重要因素之一。随着改革开放以来，威宁彝族回族苗族自治县外出务工人员逐渐增多，并逐渐形成了游离于乡村贫困和城市繁华之间的特殊群体。同时，这一群体既没有受过较高的正规教育，也没有什么特殊的技能、技巧，主要是靠出卖自己的劳动力赚取廉价的收入。在他们看来，只要身强力壮，肯卖力气，就能赚钱，养活家人。因此，对于这些以出卖劳动力为生、赚钱而原本家境就较为贫困的务工人员来说，他们对于供自己的孩子去读高中、上大学的积极性就相对不高。

调查还发现，在他们眼中，现在大学生到处都是，即使是读了大学，工作也找不到，仍然是出去打工。因此，他们的孩子只要能读书识字，看得懂基本的文字和数字加减等问题即可，并不必要去深造上大学。在他们看来，上高中、读大学是"划不来的"，"亏本的"。可见，"读书无用论"的论调仍然还有一定市场，至今影响着乌江上游部分民族地区人们的思想观念。

此外，对于教育管理者而言，学校的办学理念、教育思想还较为落后，办学体制、学校内部管理体制等相对滞后，"等、靠、要"的思想一定程度地存在。调查发现，很多学校责权不明，人浮于事的现象也很明显。

第四，教师队伍的数量和质量也是严重制约威宁县基础教育发展的关键性因素之一。调查发现，在威宁彝族回族苗族自治县初高中学校，尤其是民族学校，师资力量原本就不足，教师数量不够，这早已不是什么秘密。但是，问题在于有限的教师还会不断出现外流，并且还严重影响了学校，尤其是偏僻地区学校教学活动的进行和开展。调查组发现，偏僻地区的教师流向乡镇小学、初中，乡镇学校的教师则流向县城的初中、高中学校，而县城的优秀教师则不断向贵阳市、遵义市等地区的学校流动。

当然,从一般意义上说,教师流动是正常的。可是,在"编制"限定下,在学校分级管理的体制下,教师流动就成了制约部分学校,尤其是那些地理位置偏僻、教学设施不好的学校发展的重要障碍。调查发现的情况是:基层学校往往成了向较高层次学校输送优秀教师和教学能手的摇篮。一个教师在基层工作积累了经验,创造了成绩,往往就会被地理位置较好、待遇稍好点的学校"挖走"。这样,优秀教师单向流动的现象逐渐形成。与此同时,在教师流走的情况下,学校要补充一个教师,达到基本的教师"编制数",还要等县级人事部门进行一定的编制审核、招考、培训等漫长的过程,而流走教师的教学任务急需教师承担。在更大背景下,一方面很多师范院校师范专业本专科学生就业不景气,另一方面很多学校却由于教师流走严重,急需补充,教学活动受到影响严重。

同时,调查发现,在交通较为偏僻、条件较差的地方,部分学校除了教师被"挖走"以外,还存在教师素质较差、教师业务水平不高等问题。调查组发现,很多地方中小学教师十年内都没有一个教师去进修或者培训,接受继续教育的机会十分有限。在部分学校,教师中间一个本科毕业的教师都没有,甚至部分教师是初中或者高中毕业。更有甚者,学数学的老师要在教数学的同时,还要教授语文甚至是体育等课程,因为师资不足,导致了很多教师都变成"多面手",很多教师是一人上几门课程。

第五,调查发现很多学校,尤其是小学和办学点,地理偏僻,办公成本较高,亏损大,资金不足,制约了发展的速度和发展质量,从而影响了教学质量的提高。威宁县基础教育发展还存在远程教育起步晚、远程教育体系建设失调等其他方面的问题,这些问题也是制约和影响威宁县基础教育发展的重要因素。

可见,要推动威宁彝族回族苗族自治县民族教育的发展与进步,首先必须始终注意与发挥学校教育在本地经济发展与社会进步中的导向性、全局性、基础性作用,在民族学校教育相对落后,经济实力有限、资金缺乏且短期内难以改变的情况下,要正确处理好4个关系:一要处理好少数民族与汉族协调发展的关系;二要正确处理教育发展方面数量与质量的关系,坚持质量、数量、规模、结构、效益的协调发展;三要正确处理教育发展与经济发展、社会进步的关系;四要正确处理艰苦创业与外部支持的关系。

同时,要搞好区域统一规划、加强分类指导。就区域来讲,要不断推动向雪山、板底;中水、秀水;石门、龙街和新发等偏远地区进行教育资源倾斜;从教学业务来说,必须切实抓紧学校布局调整,双语教学和各类民族教材的建设工作。在民族学校的德育和思想政治工作方面,要采取各种措施,进一步改进并加强爱国主义,维护民族大团结、反对民族分裂。

此外,还要努力推进改革步伐,不断改善办学条件并积极争取中央及各方面的大力支持,改善经济条件,加大教育投入,并在今后一个时期内推行分层次、有重点的基础教育发展战略,推动威宁县基础教育健康、稳定的和谐发展。

第五章　应然与实然:乌江流域民族教育公平发展的问题分析

　　民族教育学认为,民族教育发展的目标不仅在于教育质量的提高和教育功能的全面发挥,而且还在于消除教育差别,实现教育公平。翻开乌江流域民族教育发展的厚重长卷,书写的是一部历经岁月洗礼而沧桑尽录、印痕斑驳的历史。新中国成立后,乌江流域民族教育的发展翻开了新的篇章,然而教育公平,在乌江流域民族教育发展中被纳入议程也不过三十年,三十年矢志不渝、不遗余力的教育公平追求,使乌江流域民族教育在当初不公平的境遇中寻求公平的发展,在民族教育的公平发展中祛除不公现象的存在。但乌江流域民族教育公平发展在应然与实然形态之间仍然存在较大差距,乌江流域民族教育公平发展的理想诉求与现实境况产生了裂痕,在发展中遭遇林林总总的困境。

第一节　教育公平视野下乌江流域民族教育发展的现实困境

　　教育公平既是一种价值追求也是一种事实判断,乌江流域民族教育发展离不开公平这杆标尺。教育公平在普通教育的意义上讲,一般从教育起点的公平、教育过程的公平和教育结果的公平三维度分析教育的发展及不公平现象,也有从伦理学的教育正义、经济学的教育资源合理配置、法学的教育权利平等、社会学的教育机会均等等场域叩问教育发展中的公平问题,这些分析维度契合了普通教育的发展属性。民族教育的民族性和地域性折射出民族教育发展中不公平的问题应在更深度的教育公平维度上探究,故课题组从教育公平的主客体因子、教育公平的多学科交叉综合、教育公平内容的纵横交错以民族教育的特殊性中提炼出供给与需求、传统与现代、结构与功能、权利与责任四个分析维度以管窥乌江流域民族教育发展的现实困境。

一、民族教育需求与供给不平衡

教育供给和需求是事物的两个方面。教育供给是指一定社会为培养各种熟练劳动力和专门人才,促进经济、社会和个体的发展,而由各级各类教育机构在一定时期内提供给学生受教育的机会。教育需求是指个人、社会对教育有支付能力的需要。"个人及其家庭对教育的需求是教育发展的源动力,教育发展水平是教育需求与教育供给相互作用并达到均衡的结果,教育发展差异产生的原因也正是在于教育需求与供给水平的差异。"①在教育经济学看来,教育供给是指一定的社会为培养各种熟练劳动力和专门人才,促进经济、社会和个人的发展,而由各级各类教育机构提供给学生的受教育机会,包括正规教育机构,也包括非正规机构提供的教育机会,如成人教育、在职培训等。有关教育供给与需求的界定,还有一种观点主要是从教育起点和终点双重角度出发把教育的供给与需求分为机会和产品的两个层面,即包含教育机会的供

---

① 刀福东等:《少数民族个人教育需求研究》,《教育学术月刊》2008 年第 7 期。

给和需求，也包括教育产品的供给与需求。

从某种意义上来说，教育供给与教育需求之间的矛盾是永恒的客观存在，因此，这一矛盾也就成为教育学界的重要话题之一。一般来说，教育供求分析至少包括基础教育、高等教育、职业教育和成人教育四大部分。但是，当前学术界的研究多集中在高等教育和职业教育，这可能与这两种教育个人需求旺盛和受社会需求影响较大有关。这两种教育的供需矛盾集中在对教育的数量、质量和结构方面的需求与教育供给的不平衡性上。这种矛盾具有的动态性、波动性和长期性，主要体现在大学生的结构性就业问题方面。

乌江流域各类教育供给与需求都处于一种不足状态，教育基础差，投资不足，供需矛盾尖锐。对民族教育而言，既存在有效需求不足的问题，又存在供给不够的问题，还存在供给"过剩"的问题。

（一）乌江流域人口对教育的需求程度不高

乌江流域民族教育发展落后的一个重要原因就是需求方面的制约，即少数民族民众对教育的需求程度过低。教育是一种需要耗费资源、产出人的智力和能力的精神生产活动。它可以不赢利，但绝不能不计成本，人们享受教育，就得支付教育成本（个人不支付社会就得支付），以补偿教育资源的耗费。[①] 相对于教育的实际需要，乌江流域由于经济落后，支付能力不强，导致了对教育的有效需求严重不足。

第一，一般来说，越是经济贫困的地区，对教育的直接产出越

---

① 罗时发：《市场经济条件下发展少数民族教育的几个问题》，《贵州民族研究》2000 年第 4 期。

是急需,人们越注重教育的经济功能,家庭教育投资行为的决策根据往往是为求职谋生等直接效用而不是受教育者个人在接受教育后所获得的素质提升、人的发展等潜在效用,即看接受教育之后能否在经济上尽快获益,如在城市谋求一份更好的工作等。当教育不能带来立竿见影的作用时,人们对教育的需求必然就会减少。因为上学不能马上获得直接受益,所以很多学生就选择能够直接获取收益的辍学打工,这导致了乌江流域部分学校辍学率长期居高不下。课题组调查,有的地方初中阶段上报的辍学率为9%,实际辍学率却高达30%。

　　第二,由于教育投资的迟效性,个人从接受教育到能够为家庭、为自己作出实际贡献之前,要在一个长时期内持续地、不间断地付出大量的人力劳动和资本投入。贫困地区家庭对这种投入成本的承受能力较弱,极大限制了对教育的需求。部分少数民族家庭和个人无力投资教育,直接减少了对教育的有效需求,即使在义务教育阶段的费用也让很多贫困家庭难以承受。义务教育本身应该是免费教育,但现实中接受义务教育仍然需要支付书费学费以外的部分其他费用,这对绝大多数家庭并不构成负担,但对于少数民族贫困地区许多家庭来说,仍是一笔沉重的负担,这种情况下,教育需求自然就被放在温饱需求之后,教育费用也成为家庭压缩开支的首选项目,并直接导致很多学龄儿童滞留于学校之外。在乌江流域贵州段,大部分县为国家扶贫重点开发县,贫困面大,贫困程度深,尚未解决温饱的绝对贫困人口集中。根据课题组抽样调查统计,乌江流域农村小康综合分值只及小康标准的30%。毕节市13万少数民族人口中至今尚有8万多未脱贫,纳雍县67万人口中有30多万未解决温饱,甚至人均年收入在200元的还有18万余人,贫困民族乡村有50%-70%的家庭无力支持子女上学读书。特别是边远、高寒山区的少数民族,生活条件更为艰苦,支持子女入学的困难更大,不少学生不能完成学业的状况更为突出。根据课题组对某县的调查,小学贫困生占在校生总数的 36%,初中贫困生占 41%,高中贫困生占 45%,很多学生家庭贫困程度较深,需要给予不同形式救助才能完成学业,如减免书、杂费、给予生活补助等。

第三,乌江流域地域辽阔、高山阻隔、人口稀疏、居住分散,这一地理因素和居住特点给学校布局带来了困难,并导致学校分散、在校学生少,学校规模小,教育投入不足,教师及各类教学设施配置不全,教育效益低,极大增加了民族教育的供给成本。同时,也在很大程度上降低了教育需求,有的学校要辐射周围几十公里的范围,导致学生上学路途遥远,时间长,增加了安全成本,也减少了学习时间,降低了学习效果。接送小孩上下学既费时又费力,如采取寄宿制办法,家长又不得不多承担一笔开支,因此部分家长选择让到龄小孩继续待在家里。课题组在部分地区调查时,发现很多家庭小孩八九岁还没上学,而小学一年级学生中超龄小孩占了相当比例。询问原因,家长的解释就是小孩太小,上学太远,不得不等孩子大一些再上学。

调查发现,目前,乌江流域绝大多数农村初中一般办在乡镇政府所在地,学校普遍无学生宿舍,有食堂的就更少。家离学校远的学生,有的投亲靠友寄宿,少数家庭经济条件好的学生则合伙租低价民房。家庭经济困难的学生上学每天往返 4—5 个小时,要走 20 多公里山路,往往是早晚两头黑。这种情况一方面给学校对学生的管理、教育带来很大的困难,另一方面学生的人身安全和身体健康也令人担忧。

（二）教育供给总量不足

1. 乌江流域经济落后，教育经费短缺，教育投入不足

《2008 中国教育统计年鉴》数据显示，从 1989 年到 2008 年，我国教育经费的绝对数保持了稳定上升的趋势，增加了 10 倍多。2008 年，中央和地方各级政府预算内教育拨款（不包括教育费附加）为 9685.56 亿元，比上年的 7654.91 亿元增长 26.53%。其中，中央财政教育支出 1603.71 亿元，按同口径比较，比上年增长 49.00%，高于中央财政经常性收入约 17.50% 的增长幅度。但是，地区间发展不平衡导致了教育发展与教育投入的地区差异的存在。在乌江上游的镇雄县，目前中小学校舍严重紧缺。全县小学生均校舍面积 2.32 平方米，普通初中生均校舍面积 2.76 平方米。全县 28 个乡镇中，还有 1 个乡无中学，21 个初级中学无寄宿制项目。要实现"普九"目标，小学尚缺 53.71 万平方米，初中尚缺 55.87 万平方米，小学校舍缺口资金 53711 万元，初中校舍缺口资金 55871 万元，中小学校舍缺口资金 109582 万元。全县中小学有 D 级危房 156982 平方米。学校附属设施严重缺乏。全县 28 所农村寄宿制项目学校没有厕所、食堂、实验室等配套设施。全县学校课桌椅、图书、教学仪器等设施设备紧缺。缺课桌椅 17508 双人套，需资金 526 万元（其中小学 143 万元，初中 383 万元）；缺图书 141.5 万册，需资金 991 万元（其中小学 506 万元，初中 485 万元）；缺学生住宿双人床 50522 张，需资金 1516 万元（其中小学 742 万元，初中 774 万元），缺教学仪器配备资金 1909 万元（其中小学 1293 万元，初中 616 万元）。2008 年 5 月 12 日，又遭受四川汶川 8.0 级强烈大地震影响，全县共有 89 所学校受灾，受灾校舍面积 83044 平方米，其中形成 B 级危房 288 间 18265 平方米，C 级危房 222 间 14492 平方米，D 级危房 739 间 51666 平方米。主要

表现为平房板面有裂缝,墙体开裂、变形,楼房扭曲、歪斜,房顶掉瓦。虽然全县校舍无倒塌现象,但全县有 10650 平方米围墙开裂或歪斜,25 立方米挡土墙开裂,2892 平方米球场开裂或下陷,260 立方米水池破裂。以上直接经济损失达 6350.35 万元,重建需要资金 8387.362 万元。①

同时,教育投入不足导致了教师缺编、缺额现象的普遍存在,因此,乌江流域很多区县方甚至出现了教师队伍有编不补等现象。《镇雄县教育局 2008 年上半年工作总结》数据显示,2008 年镇雄县教师队伍缺员依然严重:按师生比最高限(小学 1:23、初中 1:18)计算,实现"普九"时,全县在校学生将达:小学 24.5 万人、初中 9.17 万人,到时"普九"教师缺员将达 6892 人;全县有 20 余万青壮年常年在外务工,产生了大量留守儿童,一定程度上影响了义务教育普及率,特别是初中学龄人口入学困难增大。"普九"指标要求初中毛入学率达 95%,全县现阶段的初中毛入学率仅为 88.3%,形势严峻。生均校舍面积(小学 2.34 平方米、初中 2.18 平方米)离"普九"标准(初中 4.6 平方米、小学 3.6 平方米,住宿生增加 4 平方米)差距很大,严重存在卫生、安全隐患,加重教师负担,影响教育教学质量,给教学管理带来诸多困难和问题。

思南县的情况也类似。近年来,虽然思南县在推动经济发展、建设教育强县方面取得了很大成就,但是,仍然还有大量代课教师。同时,由于人口流动数量的增加,住宿生和农村留守儿童大量出现,导致了教师需求缺口增大。《思南县教育局 2008 年度工作总结》显示,2008 年思南县尚有代课教师 554 人,占全部教师的比例为 12.6%,师资供给明显不足。与此同时,思南县县城所在地

---

① 以上数据由当地教育局提供,特此说明。

学校普遍存在大班超额现象。调查数据显示,初中部分:56—65人的大班额有 33 个,涉及学生数 2428 人。66 人以上超大班额有4 个,涉及学生数 270 人;小学部分:56—66 人的大班额有 29 个,涉及学生数 1751 人。66 人以上超大班额有 9 个,涉及学生数622 人。

在乌江流域深山区和高寒山区,教育投入严重不足,教育发展缓慢。如毕节地区,义务教育发展仍处于低水平阶段。无论普及程度、办学条件,还是师资水平、教育质量,与国家和省的要求及发达地区相比,都有很大差距。入学率、辍学率不稳定。2007 年全区高中阶段毛入学率仅 30.6%,低于全国 27 个百分点、全省 11个百分点。同时,中等职业教育发展更为缓慢且普职比例不协调。2007 年普通高中与中等职业学校在校生比例为 3∶1,距"十一五"期间全省 6∶4,与全国 5∶5 的普职比的目标要求相距较远。优质高中教育资源缺乏,小学、初中与高中阶段教育发展不均衡,特别是小学与初中阶段结构性矛盾更为突出。学前教育与特殊教育发展十分薄弱,2007 年全区幼儿入园(班)率仅为 25%,特殊教育资源缺乏,全区有 6 个县无特殊学校。2007 年全区教师总数为61710 人,其中小学专任教师 37639 人,缺 5000 多人;初中专任教师 8143 人(职业初中 494 人),缺 200 多人;高中专任教师 3991人,中职专任教师 1255 人,缺 2000 多人;幼儿教师仅 719 人,尤为重要的是优秀教师流失严重。①

2.教师队伍素质整体偏低,师资数量严重不足

从教师队伍来看,乌江流域教师队伍不但数量不足,而且质量整体偏低,结构不合理,特需教师严重缺乏。尤其是音乐、体育、美

---

① 参见毕节教育网。

术、外语和信息技术教师十分缺乏,教师队伍难以满足义务教育发展的需要。根据课题组统计,2008 年乌江流域很多小学、初中阶段教师学历合格率均较低。

2008 年,威宁彝族回族苗族自治县新华布依族乡有 1200 名学生,仅有 28 名教师,师生比达 1:42.85,最小班额 79 人,最大班额高达 122 人。云南镇雄县由于教师、教室紧缺,全县 66 人以上大班有 1934 个,人数达 100 人以上的班级有 92 个(初中最大班级达 110 人,小学最大班级达 146 人),复式班 156 个。

课题组在调查中发现,由于边远民族地区条件差、福利少,教师"跑教"、"走教"现象十分普遍,严重影响了乌江流域教学质量的提高。教非所学、职称系列与所教学科不一致现象普遍存在。有的学校教师学科分布不平衡,大部分农村学校语文、数学、物理、化学学科的教师充足,但体育、音乐、美术、外语、信息技术教育、实践课程等科目教师却严重短缺,个别学校小学英语、音、体、美专业教师甚至就一个没有,无法正常开课。很多教师要跨学科、跨专业进行教学,出现很多体育教师上生物课、地理课和历史课,生物教师、数学老师去上英语课的情况,在一些体育教师缺乏的学校,语文老师和数学老师临时顶替上体育课,教学效果受严重影响。多年来,思南县城区小学、幼儿园并未直接分配毕业生,所缺教师也均通过招考或调动来解决,因此,一方面,城区教师老龄化趋势越来越明显,另一方面,两三年后城区教师人数急剧增加,造成大量缺编。同时非统考科目(即:音、体、美、英语、计算机)教师较为紧缺。因城区学校教师照顾性调动较多,此类教师多数是语文、数学教师,音、体、美专业教师几乎没有,造成此类教师严重紧缺,如思南三中无一名音乐教师,思南四中、思南五中无美术教师,思唐小学无计算机教师等。所缺学科教师只能请代课教师或其他学科教师兼任,对学生不能进行全面发展的教育。此外,近年来,幼儿园教师均是照顾性调动方式调入,幼儿专业教师严重短缺,许多教师不能结合幼儿特点进行教学,阻碍了城区幼儿教育的发展。

调查还发现,同一地区校际之间差距也大,很多区县都有选拔农村优秀教师进城的政策,这一政策在一定程度上导致了薄弱学校的骨干教师大量流失。教师职称分布也十分不均。在调查中,课题组同一天调查的两所学校,一所是重点学校,高级教师占教师总数的45%,而另一所是非重点学校,有教师78人,高级职称一个都没有,中级8档只有2人,9档2人,10档14人。

3. 教育硬件资源严重缺乏,教育设施极为落后

乌江流域由于经济欠发达,较边远的县(市)财政十分困难,投入发展教育的经费极为有限,以至于学校办学条件改善步伐缓慢,教学基础设施落后,教育技术现代化程度较低。

截止2009年,乌江流域已基本实现"两基"攻坚目标,但在广大农村,达到办学条件和办学水平要求的学校仍然是少数。许多偏远的农村小学、初中校舍还未完全得到改善,农村教育仍然在低水平上徘徊。根据课题组调查统计,农村寄宿制初中"大班额"还比较多,学生住宿条件较差。很多农村中小学体育设施也普遍落后。

调查发现,很多学校没有电脑,没有图书室,有些学校危改资金缺乏,潜在的安全危险仍然没有消除;很多学校的校舍年久失修,房屋漏水,卫生条件状况很差;有的学校把"学校有围墙,有厕所1间"当做大事情宣传;有的学校在门上挂着"电化教室"的牌子,结果我们一看,除了一台386微型计算机外,再没有任何其他设备,甚至这个房间做普通教室都不合格,因为没有窗户;有的学校没有体育器材,没有活动场所,完全无法保证学生的体育锻炼,

有的学校甚至没有通往"外界的大门",学生疏散困难,机动车无法进入,存在着严重的安全隐患。

按国家关于农村普通中小学校建设标准,课题组在调查乌江流域贵州段黔东南州三个县后发现,三县尚缺校舍(包括教学及辅助用房、学生宿舍、食堂、教师宿舍等)3538696平方米,还需投入159241.32万元;按照国家关于普通中小学校教育教学设备配备目录标准,还需投入4502.9万元购置教学仪器设备,1540.3万元购置图书,16545万元购置计算机,2094.4万元修建水泥篮球场。调查统计表明,遵义、安顺民族地区有近80%的农村初中没有宿舍和食堂,即使有宿舍和食堂的学校也非常简陋,狭窄、拥挤,卫生条件很差。由于这些地区教学设施落后,教师素质不高,优质教育资源严重缺乏,再加上山区交通不便,信息不畅,农村小学也几乎没有什么教研活动,工作负荷又重,因此造成了学校教学质量低下。调查发现,乌江流域城镇与农村教育质量差异巨大,课题组测验了一所县城小学与42所农村小学,城乡比分别是,一年级人均分为82∶38,及格率90%∶18%;三年级人均分75∶42,及格率84%∶14%;六年级人均分70∶46,及格率84%∶21%。

根据《2008年贵州省年鉴》记载:2008年4月对9个市(州、地)所辖的白云区等9个县(市、区)的小学数学、科学,初中英语、生物的教学质量进行了监测试点,监测对象为9个县的9所乡镇初中,18所小学(其中9所乡镇中心完小,9所村级小学)。监测内容为学生学业成绩测试、教师学科专业水平测试、课堂观察,学生问卷和教师问卷调查。测试结果表明,小学和初中的监测学科学生学业成绩较低;每个学科几乎都有一半的学生达不到课程标准的基本要求;校际间、县际间的差异十分显著。

表5-1　监测点学生学业成绩测试统计表

学校类别	课程	及格率(%)	均分	标准差
初中	英语	23.25	46.69	19.28
	生物	44.45	56.99	15.03
小学	数学	23.00	44.60	19.57
	科学	57.40	62.80	17.18

在威宁彝族回族苗族自治县,由于缺乏校舍,即使在县城周边乡镇的适龄儿童上学也很困难,9岁才入学在威宁彝族回族苗族自治县是司空见惯,还有的即使9岁也不能入学,尤其是草海周边这一现象特别突出。比如,草海周围的东山小学,由于教室和教师缺乏,有的学生读上午,有的学生读下午,每班学生人数100多,有些老师也不知道他的班上有多少学生。有的必须要排队等学校抽签决定,拿到学校的小学入学通知才能入学;有的地方不管你是否在校学生,每到报名的时候谁先报名谁入学。草海周边有的学校甚至采取隔年制教学,比如今年读一年级,后年才能读二年级。有的学校隔年招生,如麻乍乡的玉角小学,只有两个教室,只办一年级和三年级,下一年二年级和四年级,五年级以后孩子大一点可以去较远的学校读书。甚至有的学校只有一个教师,有一个班,所有学生从一年级一直读到五年级,有新学生也在一起读,如麻乍乡的甲马石小学,名为四年级,可是学生的水平仅相当于一年级。

同时,需要指出的是,课题组在调查中也看到了大量的、非常漂亮的空壳学校(因为学校布局调整和人员流动),有学校没学生已经是部分农村比较普遍的问题,特别是希望学校,空闲比较多。

(三)教育供给低效,与乌江流域经济发展的实际需要相脱离

民族教育是一种具有特殊功能的教育,教育供求矛盾不仅表现在供给机会的数量上,而且还会表现在对需求的满足和对优质教育资源的供求上。但是,从目前情况看,乌江流域教育供给存在一系列的问题。

一是乌江流域民族教育仍以普通教育为主,各类教育之间结构不够合理,导致供需脱节。生活在偏远落后、经济欠发达地区的少数民族,他们生活和生产环境的恶劣与民族地区自然资源相对丰富的特点,决定了其对人才需求的紧迫性,实际上中等职业教育则更适合当地教育需求的实际。长期以来,少数民族职业教育特别是民族语文授课的高等职业教育几乎是一个空白,我国大部分少数民族职业教育都是通过在各类高、中等职业技术院校民族班的形式或县级职业技术学校和职业高中来完成的。从中等教育来看,中等职业教育既有助于提高少数民族地区生产的科学化,也有助于提高少数民族地区就业人口的素质和职业适应能力,从而为少数民族地区提高物质生活水平作出贡献。然而,由于民族地区职业教育发展历史较短,在师资和基础设施方面也比较薄弱,使得少数民族地区职业技术教育跟不上经济发展的需要。

同时,学校结构不合理,普通中等教育规模远远大于中学职业技术教育规模,乌江流域职业技术教育非常薄弱,与普通教育的比例严重失调。职业教育因长期投入不足而难以满足办学要求,如沿河自治县沙子镇初级民族职业中学有学生 800 余名,但师生只能挤在 4 间破旧的木楼和 3 间砖混结构教室上课,另租 6 间民房作教室和微机室。按最低标准计,该校需投入 300 万元进行基本建设。此外,民族职业教育还普遍缺乏专业教师,课题组走访了 9 所职业学校,9 所学校都找不到一名焊工教师,要真正的数控机床的专业教师授课则更是"奢望"。

高级中学分布也不够合理，满足不了教学需要，如六盘水市高中入学率仅22%，而全国高中阶段毛入学率是53%。近年来，随着社会经济的发展和高校的扩招，乌江流域民众希望子女接受高中阶段教育的愿望愈加迫切。尽管高中阶段教育规模逐年扩大，但仍然不能满足人民群众希望子女接受高中教育的愿望，教育需求与可容纳能力之间的矛盾十分突出。由于高中学校分布的不合理，而且教育质量相对较高的学校分布更不均，导致"择校风"愈演愈烈，给教育公平原则带来了严峻挑战。在高等教育大规模扩招之后，普通高中成为狭窄的"瓶颈"，中考竞争的激烈程度远远甚于高考。当然，初级中学数量也不足，据统计乌江流域尚有至少207个乡（镇）没有独立初中。如务川自治县15个乡（镇）只有6所初级中学，有9个乡（镇）没有初中，这给当地学生上学带来极大不便。

二是现有教育供给缺乏针对性和差异性。面对千差万别的教育需求，乌江流域现有教育供给缺乏差异性和针对性。首先，教材缺乏本土化特点。目前，我国在校学生均主要使用国家统编教材，这些教材内容大多与汉民族有关，而有关少数民族历史、生活、习俗的内容较少。全国民族学生使用的教材，除了民族语文和汉语课本外，其他教材都是编译全国统编教材，这些编译教材主要是汉族教师编写的，所以在思维方式、编写原则上都是完全汉语式的，而少数民族学生在认知结构、抽象能力、文化背景、思维方式上都与汉族不同，因此在使用这种"完全汉语式"的教材时必然会出现不适应感。特别是"非学术课程"的教材，诸如历史、地理等反映民族本土文化的内容太少，学生接触的大多是他们生活中不熟悉的东西。对于这些教材，他们很难产生兴趣，这在一定程度上也就妨碍了他们对知识文化的吸收。①

其次,调查发现,现有教育体系严重忽视民族教育特点,教学内容也脱离现实。要使民族教育加速发展,就应该注意其独具的特点,民族教育体系的确立,也应该体现民族特性和地域特色。但是,长期以来我们对民族特点注意不够,研究不够,认识不足,民族教育的特殊规律长期被忽略甚至被否定。在教学结构、教学内容和课程设置上,照搬或模仿全国模式,忽略地域特色和民族特性,搞"一刀切"。在教学方法和形式上,忽略少数民族学生的身心特点,在发展规模上追求速度、数量,不顾民族教育的原有基础和现实质量。在民族教育内部,也忽略了各少数民族之间、不同地区之间的差异。

事实上,由于受传统升学教育的影响,民族学校在课程设置方面对上述要求重视不够。调查发现,特别是民族职业学校教育体系没有与乌江流域社会经济结构、就业结构的调整趋向相协调。总体来看,民族教育脱离乌江流域发展实际需要的现象严重存在,没能很好地建立起民族教育主动适应民族地区经济建设需要并为之服务的有效机制,使民族教育思想内容、方法以及培养的人才不同程度地与民族地区经济建设和社会发展需要相脱节。其结果,绝大多数回乡青少年花钱花时间所学到的知识不适应农村生产劳动的需要,在无一技之长的情况下,走向社会、回到农村后,既无生产劳动的实践经验,又无科技致富的实际技能,这就严重挫伤了民族地区群众办学的积极性和送子女上学的自觉性,导致许多家长让子女辍学打工挣钱、谋生。

---

① 王维:《试析近年来我国民族教育存在的问题及对策》,《中南民族大学学报(人文社会科学版)》2007年第1期。

　　长期以来,我国相对统一的教育制度使乌江流域民族教育供给也表现出强烈的升学偏好。一方面,在教育结构安排上重文化教育,轻技能教育、职业教育。因此,每年都要有一大批文化课学不下去或虽已完成初高中学业而又不能继续升学的年轻学生,带着失败者的心态充实到劳动大军中来。另一方面,从校长、教员,到家长、学生乃至整个社会取向对升学率目标的事实上的强烈认同,使教育供给在教学内容、课程设置的安排上仍然是围绕着为继续升学作文化知识准备来进行,很少考虑那些将不能继续上学的学生,对他们该设置什么样的课程、教授何种实用技术才能增加他们获得就业机会的能力及提高他们对工作的适应性等思考严重不足。因此,这批不能升学的学生,因为学非所用,而难以很快在他们所在的社区中,也很难作为实用型劳动人才在经济快速发展中发挥作用。

二、在传统与现代的冲突中民族教育遭遇公平发展的尴尬

　　公平发展是有重点、有差异、有特点地发展,而不是平均使用力量进行发展。在公平发展的早期阶段,区域间的成长倾向于不平衡态;随着发展的不断完善和深化,不平衡程度将趋于稳定,区域间的发展差异逐渐缩小并倾向成长的平衡态。发展从不平衡到相对平衡的演变过程是以时间变量为依托,在极化效应和扩散效应的交互作用下缩小差距实现公平,这就是被称为"库兹涅兹 U 字形"的公平发展原则。那么萌发于少数民族地区的民族教育受制其特定的地理环境和历史条件在发展中正行走在由非平衡态过渡到平衡态的途中,扩散效应正变得日益显著,极化聚集的发展平衡态正向少数民族地区的民族教育渗透。这种渗透正遭遇着民族教育传统性与现代性碰撞和冲突。传统指向过去,现代面向未来

或当下,民族教育的现实中现代性制约着传统性的继承,传统性的强化限定了现代性的发展,传统具有个性,现代反映了共性,兼具民族教育的两种不同属性在教育公平的发展中表现出明显的排他性和对立性。

民族教育的传统性是以少数民族地区的传统文化为载体,反映了从历史流传下来并体现民族群体特质面的属性,是民族文化的生长点。在整个社会发展的历程中,少数民族在特定的地理环境和生产生活中生成独特的文化生态,民族语言、生产方式、风俗习惯、心理素质、宗教信仰都不同程度的积淀在民族传统文化中,构架出多姿多彩的民族文化。"学校和学校教育是以对人的文化造就,以文化传承、创造为主要任务,并以文化为机制建立的文明实体,是以文化贡献为基本使命的文明存在。"①那么,民族教育就承载着延续、发展少数民族文化的使命。但在现代化进程中,一方面民族教育的不利处境造成了教育机会的不均等,另一方面民族文化在现代性的潮流中遭受到前所未有的冲击,民族教育现代化的进程割裂了民族文化传承与教育的关系,摒弃了少数民族文化知识结晶与生存智慧,遗忘并轻视少数民族地区地方性知识和本土知识的存在价值,这就进一步造成民族教育发展的极大不公平。

民族教育的现代性表现在促使个体适应社会发展、科技进步、时代变迁和生活方式转变等方面代表着开放性、未来性和科学性。在民族教育传统性与现代性碰撞与抉择中,不是强调传统性忽视现代性,就是注重现代性忽略传统性,传统和现代不是简单的"新"与"旧"、"落后"与"先进"的纯粹发展主义进化链的关系。

---

① 樊浩:《现代教育的文化矛盾》,《北京师范大学学报(社会科学版)》2005年第4期。

根植于浑厚民族传统文化的民族教育,在加速现代化的进程中,要有意识地保护好民族教育的传统性。民族教育的公平发展是在传统性中兼具现代性、现代性中兼具传统性的交融共处中延续传统并"扬弃"传统,实现民族教育个性和教育共性的协调发展。然而,乌江流域民族教育在一味追求民族教育现代性发展的过程中,既没有实现民族教育的现代性追求反而抛弃了民族教育的传统性,在个性和共性的交融中呈现出不伦不类的民族教育,民族教育的公平发展陷入泥潭,暴露出诸多问题。

新中国成立初期,国家就将民族教育定性为"民族的、科学的、大众的教育,而不是其他性质的教育,即少数民族教育必须是新民主主义的内容,并应采取各民族人民发展和进步的民族形式"。因此,传统性与现代性是新中国民族教育性质的核心部分。纵观民族教育发展史,几乎每一次民族教育改革,都是其传统性与现代性之间的一次碰撞与抉择,不是强调传统性而忽略现代性,就是强调现代性而忽略传统性,久而久之,形成了民族教育改革和发展复杂而艰难的普遍印象。民族教育的传统性与现代性的确体现了民族教育的不同属性,二者之间具有明显的差异和排他性。辩证唯物主义告诉我们:"一切差异就是矛盾",矛盾无处不在、无时不有,并且矛盾都有同一性(统一性、一致性)与斗争性(对立性)、特殊性与普遍性的特点。辩证唯物主义还要求,具体矛盾具体分析,既要看到矛盾的同一性,又要看到矛盾的斗争性,既要坚持"两点论",又要坚持"重点论"。民族教育的传统性与现代性之间既存在着相互依存、相互吸引、相互贯通的同一性,也具有相互否定、相互反对、相互限制的斗争性,即对立统一的辩证关系。

民族教育的传统性是以其现代性为自己存在的条件,没有民族教育的现代性,也就没有民族教育的传统性。在现代社会里,没有现代性的纯粹传统性的民族教育是不存在的,每一个民族的发展都必须是在不断更新自己文化传统的基础上实现。同样的道理,民族教育的现代性仍以其传统性为存在的条件。没有民族教育的传统性,也就没有民族教育的现代性。现代是传统的延续,是传统的"扬弃",没有传统性的纯粹的现代性民族教育也不存在。

在现实中,传统性的强化有阻于现代性的体现,现代性的追求有碍于传统性的继承;或是从民族的、传统的角度反对现代性,或是从现代性的角度否定传统性等等。比如,民族教育中的民族语文教学与汉语教学、外语教学之间就有明显的排他性。从加强民族教育传统性的角度来看,民族语文教学非常重要,课时越多越好;从增强民族教育现代性的角度来看,汉语教学和外语教学很重要,不能不学好。民族语文与汉语、外语之间,既然有区别,有差异,就有对立,就有矛盾,这符合辩证唯物主义立场。

人们常常以某一个时期的民族教育工作和经验,来反驳另一个时期的民族教育工作和做法,甚至简单做出"滑坡"、"低谷"等结论。根据辩证唯物主义观点,在民族教育发展的不同阶段,传统性与现代性、普及与提高、规模与质量等之间的矛盾不平衡,各个时期的主要矛盾和矛盾双方的主次关系也不同。因为所处的社会、经济、文化、科技背景不同,内涵、地位、力量也就会发生相应的变化。就双语教学而言,也许从学生数量上来讲是"滑坡"或"低谷",但是从师资、教材、质量以及学生的能力而言一直是持续发展的。

长期以来,无论在民族教育理论界还是在民族教育实践中,传统性(民族的、个性的)和现代性(普遍的、共性的)之间的矛盾忽隐忽显、忽急忽缓,但始终没有停止过。在多元文化教育的旗帜下,保护传统、崇尚个性的呼声越来越高,民族教育的传统性再次受到广泛关注。民族教育的传统性与现代性之间,从平衡到不平衡、从不平衡到新的平衡的矛盾运动,不断推动着民族教育自身的持续发展。

(一)民族教育中民族传统文化传承序列断裂,民族性严重丧失

关于发展,沃勒斯坦曾提出"发展是指路明灯还是幻象"的话题。他认为,发展一词有两种不同的涵义,一是指生物有机体的生长过程,以某种方式开始生命,然后生长或发展,到最后死亡;二是算术法则的涵义,这里的类比不是指有机循环,而是指线性,至少是单调的投射。① 第一种是基于有机体自身生存和存在的内部需求的发展,属于内生性的发展,第二种追求"更多",倾向于数量的积累,属于外生性的发展。有机体在发展中如果过于关注外延式的发展,忽略内涵的积淀发展,只会造成"内在不足,外在多余"的怪象。民族教育的公平发展不能够脱离民族赖以生存的文化脉络,民族文化特色和价值观是民族的教育的源和根。民族文化是少数民族的重要特征,是一个民族长期共同生产生活的产物,是民族的灵魂和血脉,维系着民族的生存和发展。民族教育的公平发展首先应该促进本民族文化和社会的发展,让其民族传统文化在民族地区社会再生中成为不可或缺的源泉。即使民族教育在现代科技理性和现代化生活的催生下衍生出现代性的特点也不能够脱离民族地区社会经济和文化的独特性而纯粹现代性。课题组在调研中发现,近年来,乌江流域民族教育受到外来文化的冲击,在"被现代化"中脱离民族文化与民族生活的现实,民族传统文化传

---

① [美]沃勒斯坦:《发展是指路明灯还是幻象》,许宝强、汪晖选编:《发展的幻象》,中央编译出版社 2001 年版,第 3 页。

承序列严重断裂,教育的现代性遮蔽了民族性。

1. 学校教育的文化传承功能缺失。

民族教育关乎着少数民族的未来命运,不仅有提高少数民族成员的素质、开发民族地区经济发展所需的人力资源的价值,而且更有维护民族平等促进"中华民族多元一体"发展的价值,还有继承和发展民族传统文化,守望和捍卫民族精神家园的责任。学校教育是人类文化传承的主渠道,每一个社会或民族都有自己的文化传承的内容与方式,文化传承既是某一个社会或民族的群体行为,也是该社会或民族的个体行为。而文化传承就其本质而言不仅是一个文化过程,而且更是一个教育过程。① 文化传承是民族教育最基本、最核心的价值。一个民族的发展,首先要是民族文化的发展,而发展民族文化的最佳方式是学校教育。优秀民族文化是民族智慧的结晶,凝聚着一个民族的感情、意志、追求,体现民族精神,是一个民族的标志,对民族进步和繁荣有着重要作用。优秀的民族文化是一个地域的灵魂,缺少优秀民族文化的地域,是无生命力的地域,是文化的沙漠。因此,乌江流域民族学校教育,应让民族学生对其文化有"自知之明",明白其来历、形成过程以及所具有的特色及发展趋势,只有加强学校民族文化教育,才能提升文化发展的自主能力和选择新文化的能力。

近年来,乌江流域各地政府先后颁布《民族民间文化保护条例》、《关于在各级各类学校开展民族民间文化教育的实施意见》等法律法规,很好地推动了民族文化进课堂活动的开展。课题组走访了民族教育进课堂的国家级先进学校、省级示范校等,听取校领导的经验介绍,查看档案,真实感受到"民族文化进课堂"取得

---

① 哈经雄、滕星:《民族教育学通论》,教育科学出版社 2001 年版。

的可喜成绩。乌江流域中上游地区,围绕当地优秀民族民间文化资源特点,因地制宜地开展了民族歌舞、民族声乐、民族工艺、民族绘画、民族语言文字等进课堂。六枝特区陇脚乡中学将布依族的挑花刺乡,铜鼓舞引入课堂,培养了120余名铜鼓舞队员,会击打传统鼓的达80余人。落别乡自20世纪80年代起就在一些学校开展民族文化教育活动,把布依族蜡染、竹筒舞、撒麻舞等民族文化引入课堂。黄平县民族文化进课堂将民间文化教育的重点放在民族音乐、民族舞蹈、民族工艺、民族体育方面。民族音乐有的以行云流水的"苗族飞歌"为主,有的以天籁之音的"侗族大歌"为主,有的以近年创作的原生态民歌为主旋律,民族舞蹈围绕芦笙舞、板凳舞、锦鸡舞、踩鼓舞等为主题材,民间工艺以工艺美术、绘画、刺绣、蜡染为主内容,民族体育以摔跤、抢花炮、押加、射弩、高脚竞速等位主要项目。2006年4月,湖北恩施市芭蕉侗族乡民族初级中学被命名为湖北省高脚竞速训练基地。在近三年时间里,该校培养出的高脚竞速运动员多次代表恩施在国家、省、州级的少数民族运动会上摘金夺银。2007年11月该校学生在广州举行的第八届全国少数民族传统体育运动会上,代表湖北省还获得了高脚团体操表演项目银奖、竹马球表演项目铜奖。但是,在实地调查中,课题组发现很多学校的"民族文化进课堂"也就仅仅只能"表演"一下,并不能成为全民性和经常性的活动,真正走进民众活生生的现实生活。

乌江流域民族文化进课堂的成绩固然可喜,但在乌江流域56个区县中,真正开展民间民族文化进课堂、进校园活动的不到50%。即便开展了民族文化进课堂的学校,他们也是在政府、民族宗教局、教育局的强制性要求下,以"民族民间文化教育工作领导小组"等强制性的形式制定并实施民族民间文化进校园实施方案。这就导致了部分开展民族民间文化进校园活动的地区一心为了完成上级交给的政治任务,搞了很多只重形式的民族民间文化进校园活动。乌江流域某县按照省教育厅、省民族宗教委员会文件的精神,县委、县政府高度重视,县教育局、县民族宗教局立即沟通,成立了"某县民族民间文化教育工作领导小组",制订了实施方案,并将文件印发到 11 个民族乡,要求各民族乡认真开展好此项工作。各乡接到《意见》后,"非常重视"民族民间文化教育工作,并分配任务:A 乡的苗族芦笙和布依族铜鼓舞,B 乡乐器大筒,C 乡正月歌舞大赛、斗牛、摔跤、斗鸡、吹拉弹唱、文物古籍整理,D 乡清真寺的穆斯林"古尔邦节",等等。民族文化进课堂的活动在政府强制力度大的阶段开展得有声有色,但随着考试的压力和时间的推移,逐渐业余化、形式化。纵观之,乌江流域学校承担的民族文化传承重担主要以民族民间文化进校园的方式展开,以课堂活动为主要载体,开设以少数民族体育、少数民族歌舞、少数民族乐器、少数民族美术为主要内容的课程。文化包括物质文化和非物质文化,民族学校传承文化既包括有形文化也涵盖无形文化,而乌江流域民间文化进课堂的方式只关注了民族民间的有形文化,且停留在文化传承的表层主要围绕音体美开展,而没有深入学校教学的内部将文化融入所有的教育教学工作和学校工作中。调查发现,乌江流域民族民间文化进课堂往往强调文化灌输,受教育者属于被动地接受,他们不了解少数民族学生对民族文化的需求或者少数民族学生应该具备哪些民族精神和价值。因此,学校的文化传统功能演变成了与少数民族相关的音体美文娱活动,乌江流域开展民族民间文化进课程的学校并没有增强学校的民族文化底蕴,学校也根本无法很好地真正担当起传承民族文化的重要职责,其主要表现为:一是没有将教学的科学性和思想性统一起来,将民族精神有机地渗透到教学的全过程,没有使学生在学习文化知识的同时,受到科学精神、人文精神、民族精神的熏陶。二是学校没有承担民族文化建设的重任,民族音乐、民族美术、民族工艺、民族舞蹈、民族体育等是民族传统文化活的载体,学校没有通过各类文化活动形式挖掘民族的精神和文化核心力。

文化人类学认为,传承文化就是传承民族精神,就是提高民族的生命力。调查发现,乌江流域很多地方将民族文化传承搞成一种轰轰烈烈的形式主义,有的地方和学校借此获得更多的经济利益,有的甚至高呼民族文化进校园是实施素质教育的主要形式。乌江流域民族民间文化进学校是政府以项目形式推广,由各个学校自行申报,专家审核,最终通过评估并授牌。比如,2008 年安顺市根据贵州省教育厅、省民族宗教事务委员会《关于在全省各级各类学校开展民族民间文化教育项目学校评选活动的通知》精神,由市民族宗教局、市教育局、市文化局、市体育局联合下文,决定命名镇宁、关岭、紫云三个自治县的民族中学、民族寄宿制中学、市民族中学、普定县仙马小学等 20 所学校为安顺市首批民族民间文化进校园的示范学校。其中,安顺市民族中学、普定仙马小学就是贵州省首批民族民间文化进校园的示范学校。调查发现,这种申报—任命的形式,从某种意义上说,本身就没有文化传承行为,只有形式主义。因此,这种政策下出现的民族文化进课堂和民族文化传承也只能是肤浅的文化活动,缺乏民族文化传承的真正内涵和精神实质。可以认为,本为文化自觉的文化传承行为,在乌江流域已被严重的形式主义所掩盖。

总体来讲,民族教育现代化、学校化的过程,使民族文化传承与教育的关系割裂;作为少数民族知识结晶与生存智慧的民族文化不能有效地传授,使得民族文化在现代化的过程中受到很大的冲击。民族教育在具体实施过程中,过于强调同一性而忽视多样性、强调现代性而忽视传统性、强调都市文化而忽视乡村特色。这一切导致民族教育的文化功能时常处于缺席状态。从某种意义上说,乌江流域学校教育是以强势民族的城市文化为本位的,实际上是强调和重视主流民族城市文化的"共性"。民族教育的教学内容、教学方式、管理方式,实际上是基本沿用了汉族地区城市里的一些做法,少数民族和少数民族农村地区的文化传统在教育过程中很少被加以考虑,民族学生的特殊需求,在统一的教育体制里很难得到重视。由于"学校所传播的文化是先进的、现代的"这一观点已经被现代社会所普遍认可和广为宣传。因此,当少数民族学生进入到学校以后,在一种相对陌生的文化环境下进行学习的过程中,逐渐发现自己身边熟悉的文化原来是奇异的、落后的、古老的。故而,要适应新的文化环境就意味着对本土文化的否定和"剥夺"。这种教育的直接后果就是许多民族,尤其是一些弱势民族的传统文化因素开始消亡,一些口耳相传的民间技艺开始面临绝迹的境地。所以,学校教育的过程往往是要学生摒弃旧的文化身份,重新塑造新的为学校所认可的文化身份的过程。

2. 开展"双语"教学的目的不明确。

民族语言是民族文化的重要内容,保存并记录了本民族认识和改造世界的经验和认知。语言人类学认为,语言既是一个民族内部人们相互交流的工具,又是对民族生境、历史和文化的折射,"一种语言即一种观察世界的方式,一种将延续的、多变的现象分解为相互独立、稳定的类型的方式"①。语言是民族形成的第一要

---

① [美]P. K. 博克:《多元文化与社会进步》,余兴安等译,辽宁人民出版社1988年版,第27页。

素,共同的语言形成了民族的内聚力,同一个民族的人们总是通过他们的语言取得认同,世界上不存在不具有自己的语言、文化与历史的人群。乌江流域少数民族分布具有"大杂居,小聚居"的基本特点,在杂居中有聚居,在聚居中有杂居,这种居住特征造成就乌江流域语言的发展,形成了不同类型的双语社会和双语人。在现代化语境的冲击下,少数民族语言濒临消失,少数民族文化传承遇到障碍,"双语"教学随之而生。我国的双语教学有两种类型,第一种类型的"双语"教学旨在既能继承、弘扬、发展本民族传统语言与文化,又能掌握主体民族语言文字从而更有利于直接吸取接受文明发展的一切优秀成果,接受国内外先进科学技术和经济信息;第二种类型旨在保存民族语言文化,使本民族学生不致因为学习主体民族语言文字而失去或降低本民族语文的使用能力。[1]"双语"教学是以本民族语言作为学习国家共同语或官方语言的媒介,是指以两种语言作为教学媒介的教育系统,其中一种语言常常是但并不一定是学生的第一语言,[2]在少数民族学校里,有计划地开设少数民族语文和汉语文两种课程,以达到少数民族学生民、汉两种语言兼通,民汉两种语言文字都得到发展的目的。[3]。

由于利益、观念、师资和学校生存等原因,中国的少数民族双语教育基本上属于方法说:"双语是教学方法问题。鉴于少数民族群众和学生不懂汉语,教师在教育教学过程中使用当地少数民族的语言或文字对汉语汉文进行翻译解释。使他们真正理解教育

① 胡书津:《试论我国民族教育与民族语言的关系》,《西南民族学院学报(哲学社会科学版)》1996年第3期。

② 申小龙:《社区文化与语言变异—社会语言学纵横谈》,吉林教育出版社1991年版,第193页。

③ 滕星:《族群、文化与教育》,民族出版社2002年版,第423页。

教学的内容,尽快学会汉语汉文"。① 调查发现,乌江流域苗族、布依族、侗族、彝族、壮族、水族、瑶族、毛南族、畲族的语言保留完好,使用人数相对较多;仡佬族、回族、白族、蒙古族的语言掌握的人数较少;仡佬族的语言已是濒危语言,掌握人数在 0.1%;满族和羌族已转用汉语。在乌江流域少数民族地区,当地汉族或其他少数民族通晓当地主体少数民族语言的现象很普遍。尤其是苗族、布依族、侗族、彝族四个少数民族使用母语的比例很高。根据调查分析,在苗族中,有 70.4% 的人操母语;在布依族中,有 59.31% 的人操母语;在侗族中,有 52.82% 的人操母语;在彝族中,有 60% 的人操母语②。1957 年乌江流域部分县、市开展苗文(4 种)、布依文、侗文和彝文的试验推行工作,"双语"教育由此而生。但乌江流域开展的"双语"教育实际上也是将少数民族语言作为学习汉语的一种过渡性语言,诸如苗语、彝语、布依语、侗语等少数民族语言基本上限于学校教育的初级阶段,而后引入汉语并逐渐加大汉语教学的比重,向全面汉语教学过渡。"③这种"双语"教育不可能实现"使少数民族学生既能熟练掌握和运用本民族语文,又能在此基础上掌握汉语文的知识和运用汉语文进行交流与学习的技能,尤其是运用汉语文进行思维和表达思维成果的能力"。④ 只能达到维持本民族语言低水平状态和培养汉语思维能力的目的。

　　从课题组调查的双语学校来看,双语学校的产生得益于国家

---

　　①　滕星:《族群、文化与教育》,民族出版社 2002 年版,第 423 页。

　　②　杨亚东:《因地制宜开展双语教育为构建和谐贵州而努力》,《贵州民族报》2009 年 8 月 19 日。

　　③　滕星:《族群、文化与教育》,民族出版社 2002 年版,第 423 页。

　　④　李谨瑜:《试谈民族中小学双语教学的几个问题》,《民族教育研究》1992 年第 4 期。

政策支持,其主要目的乃推广全国通用的共同语言或官方语言,与此同时将少数民族语言维持在低水平状态,这不利于少数民族文化的传承,如果一种语言仅仅作为记录一个民族古老文化的工具,不再被本民族的大多数成员所使用,那么这种语言只具有考古学价值。① 乌江流域的许多少数民族内部只用口头语言进行简单地生活交流,只有极少的民族教师和民族学者能够阅读民族语言文献,乌江流域的"双语"教育陷入困境。

　　根据调查,乌江流域共有人口 3345.02 万,其中汉族有 2278.62 万人,占总人口数的 68.12%;少数民族共有 1066.43 万人,占到总人口数的 31.88%。整个乌江流域有近 500 所学校(教学点)13 万名学生需要双语教学,但目前乌江流域坚持"双语"教学的学校不足 15%。在课题组走访的民族学校中,几乎每位校长都感叹"双语"教学在缺乏学历合格的既懂"双语"又熟知民族民间文化的教师的条件下,"双语"教学对于他们来讲只是一种政策性的呼吁,根本不可能实现"双语"教学。即便已经开展得很好的"双语"学校(教学点),所使用的教材仍用民族的语言来反映主流社会的生活,"双语"教材没有充分体现本民族的文化和精神。

　　调查发现,威宁地区开设的《汉彝语文》,是经全国中小学教材审定委员会 2001 年初审通过、经贵州省中小学教材审查委员会审定通过(试用)的义务教育课程标准实验教科书,由课程教材研究所、小学语文课程教材研究开发中心、贵州省小学双语教材编译委员会编著,以义务教育课程标准教科书《语文》最新版式为蓝本,编译成汉文和民文对照的小学语文用书。课题组以一年级上

---

① 张蓉蓉:《教育与文化传承:贵州少数民族教育存在的两个问题》,《贵州民族研究》2006 年第 4 期。

册的课本为例,整本教科书统一按照拼音、汉字、彝文由上到下的排列,汉字有注音,有拼音标示,彝文只有文字没有注音。在威宁彝族回族苗族自治县某双语学校,课题组看到小学一年学生的语文课本上都用汉字注音彝文,比如"轻轻地",学生就在彝文的旁边写上"罗罗目","罗罗目"就是汉字"轻轻地"的彝文读音。作为小学一年级的小孩,在不认识彝族文字、又不懂汉语更不认识汉字的条件下,拿到这样的课本无疑加重了他们学习的负担,最终导致彝文不彝文,汉文不汉文的结局。该双语教材除开文字上多出彝文之外,与非民族地区的学生所学教材没有差异,那么民族性,民族文化在"双语"教学中根本无法体现。有些地方搞"双语"教学为了追求时髦的目的,在本来就没有文字只有语言的民族中,将一些日常用语、一些常用的名称通通用汉字注音民族语言来传授,比如土家族语言中将"欢迎你"的读音用"窝火尼"来注,将"欢迎您再次光临"的读音用"窝火尼情捏衣"来注,将"我正在吃饭"的读音用"(呀)直嘎(那)"来注。可见,课题组调查发现,很多所谓的"双语"学校进行的并非是真正的"双语"教学,在乌江流域"双语"教学演变成了形式、作秀,甚至曲解了"双语"教学的根本宗旨。在乌江流域"双语"教学的功能严重不全,民族学校在小学开展双语教学,仅是为了普及新中国成立后创建的民族文字,让不懂汉语的学生能理解课本中的文化知识,用民族语言解释汉语课本中出现的各类名词,即用民族语言辅助汉语教学,而不是传授民族文化知识。因此,双语教学不能是搭建少数民族语言通向汉语的桥梁,而是要坚持尊重和保障少数民族使用本民族语言接受教育的权利,在民族地区有计划、有步骤地开设使用少数民族语言的课程。

少数民族"双语"教育的目的除了让少数民族青年去努力学

习本民族语言文字传承优秀民族传统、弘扬民族文化以外，重要的
是更有效地提高少数民族学生的"双语"水平，缩小少数民族学生
与汉族学生在各方面的差距，最终达到消除民族教育与纯汉语教
育在使用汉语言文字上的差距，使少数民族学生经过中小学的汉
语学习，大多数能够达到民族语文和汉语文兼通的水平。课题组
在威宁彝族回族苗族自治县、松桃苗族自治县、酉阳县调研中，针
对"双语"教学的基本目的可能不太明确的设想，专门访谈了威宁
彝族回族苗族自治县、松桃苗族自治县、酉阳县的"双语"教师，他
们的回答令人瞠目结舌，他们没有一个人知道"双语"教学的目
的，甚至连自己承担的"双语"课程的课程目标也一无所知。调查
期间，有老师说告诉课题组搞双语教学是为了多争取教育经费，上
"双语"课也是无奈的选择。更有老师完全不能够准确合理的回
答双语课的教学目标，更有老师坦言在自己没有搞明白甚至还是
"鹦鹉学舌"阶段就被"赶鸭子上架"。

3. 忽视民族教育特点，教学内容脱离实际。

自近代学制颁布以来，我国的课程计划几乎一直是自上而下
的指令性规定，全国使用统一的课程模式。尽管按有关政策和规
定，一些学校（包括民族学校）在学科、课时方面有所调整，但大体
上还是遵循统一的课程标准，形成"千校一面，万人一书"的局面。
通过调查，乌江流域民族学校的课程计划，教材模式等与非民族地
区的普通学校基本无差异。乌江流域多数民族学校从教学内容到
办学模式都没有特色，很多民族自治地方的民族中小学教育仅处
于"挂个牌"状态，除在校名上冠以"民族"二字外，其他方面没有
什么区别，没有把本地方民族特色文化教育落到实处，没有把现代
科学文化与本地实际情况联系起来。

课题组查阅了大部分民族学校的课程表，发现课程表上所反

映的教学计划与其他地区几乎完全一致。课题组在随机深入课堂听课后发现,即使是民族特色课程,也没有体现出"民族特色"。教师的课堂教学不是围绕分数,就是围绕考试"指挥棒",唯一感受到的"特色"是大部分老师都用地方方言授课。在很多学校基础教育现行课程设置中,没有任何一门课程专门讲述少数民族文化,因此,少数民族学生也就不可能在学校接触到更多自己民族的历史、宗教、文学和艺术,甚至接触不到本民族的语言。课题组随机的对民族学校的学生访谈中,当问及对本民族语言、生活传统、文化、习俗认识情况时,绝大部分学生都是摇头,对其一无所知,甚至对自己怎么会属于该少数民族都一概不晓。

调查发现,乌江流域部分学校开设了民族语文课,也有很多学校热衷于以民族传统项目打造学校特色,开展民族传统的项目提升学校知名度,由此他们开设了民族体育、民族音乐、民族美术、民间工艺等课程,并在必要的时候也开展了相应的民族传统项目的教学活动。但是,总体看来,大多数民族教育脱离乌江流域民族地区发展实际需要的现象严重存在,没能很好地建立起民族教育主动适应民族地区经济建设需要并为之服务的有效机制,没能使得民族教育思想、内容、方法以及培养的人才不同程度地与民族地区经济建设和社会发展需要相衔接。

(二)民族教育发展的现代化价值追求缺失

现代化是当今世界任何国家和地区都不可回避的社会现象。它以不可阻挡的强势,挟其巨大的成就和对传统社会的荡涤冲击着现代社会中的每一个人。从外国教育史中可以发现,日俄早期现代化过程中,由于日本重视教育并采取一系列措施来普及教育,使其在短期内就完成了工业化,跻身于资本主义强国之林;而俄国忽视并限制本国教育的普及与发展,从而造成国民素质相对低下,工业化进程十分缓慢,阻碍了其经济的发展,日俄两国对待教育的不同态度及产生的不同结果对我们今天的现代化进程有重要借鉴意义。

一个国家"发达与不发达的真正区别,主要并不在于一小批文化贵族的存在,而在于教育在全体人民中更广泛的普及"。① 意大利经济史学家齐波拉的这句话,十分真切地概括了科学、教育的普及对社会经济发展的作用。因此,要实现社会的现代化,首先必须实现人的现代化。这就要求我们必须发展现代化的教育,提高全体国民的科学文化素质,民族教育更不能例外。

但是,民族教育受制于相应的自然环境、文化传统以及社会各项事业的现代化程度,不仅担负传承少数民族文化弘扬少数民族精神的重任,而且也肩负着推动少数民族和少数民族地区现代化发展的责任。民族教育发展的现代化追求一方面要求为民族地区的社会主义现代化建设服务,另一方面为教育系统的自身现代化,即将现代科学技术和科学方法广泛地应用于教育教学工作中,实现民族地区教育体系的现代化、教育观念的现代化、办学理念的现代化、教学手段的现代化、师资队伍水平的现代化及教育管理的现代化,并帮助民族地区的青少年获取进入现代化主流社会所需要的基本知识基本技能,养成适合主流社会的意识形态和行为方式。

课题组在调查中也发现,在市场经济大潮的冲击下,乌江流域民族民间文化有的正逐渐嬗变,有的正走向消亡。大部分少数民族成员已离他们自身的传统节日、习俗、服饰、仪式、禁忌、语言等渐渐远去,古老歌谣无人传唱、节日庆典日渐淡化,民族服饰少见

① [意]卡洛·M.齐波拉:《欧洲经济史》第2卷,张菁译,商务印书馆1988年版,第3页。

穿戴者,年轻小伙子乐于走进现代学堂或打工挣钱也不愿意固守民族传统。

　　课题组在走访的一些村落后也发现,愈是传统文化民族习俗保存完好的村落愈表现出窘困的现实,愈是现代品性浓厚的村落愈表现出富足的物质文化生活。在威宁、务川仡佬族苗族自治县等地的偏远村落中,很多人均年收入不足 500 元,全村至今没有一个大学生。如果说贫穷是一种罪恶,文化教育的落后则是莫大的悲哀,在农村小孩子的心中,他们都有一个共同的梦想"跳出农门,做个城里人,让爸爸妈妈爷爷奶奶过上幸福的生活",在这些地方"现代"比"传统"更重要,他们对现代化的追求比任何人都迫切。教育无疑是实现他们现代化梦想的最佳途径。可以认为,追求教育的现代化是乌江流域广大农村孩子的心愿,教育的现代化首先是民族学校教育的现代化,然而课题组调查发现,乌江流域的民族教育的现代化价值追求严重缺失。

　　西部地区的"两基"攻坚战,是党和国家推动西部教育发展,促进西部教育现代化进程的重要举措。乌江流域很多地区都属于国家"两基"攻坚的重点县,通过"国家贫困地区义务教育工程"、"农村中小学危房改造工程"、"农村寄宿制学校建设工程"、"农村初中改造工程"、"农村中小学现代远程教育工程"、"新农村卫生校园建设工程"等一系列国家专项工程,终于在 2007 年 12 月基本实现"两基"。在举国为之欢呼,政府部门大肆宣扬"两基"攻坚的政绩工程之时,课题组一行深入乌江流域大部分区县发现,成绩并非新闻报道、"两基"攻坚报告材料中那样实在和真实。乌江流域的相当部分学校原有基础比较薄弱,基于带有强烈政治倾向性的专注"政绩"工程的"两基"攻坚工作又有明显的突击性因素。很多学校以指标为终极追求,大量的作假、造假,用材料来搪塞民族

地区基础教育现实的困境。在访谈中,有受访教师对课题组如是说:

"检查组检查的重点是在校生人数与当地适龄儿童人数是否相符,为了使入学率、辍学率、毕业率等符合国家标准,每个假期都是辛辛苦苦造不真实的学生花名册,从入学到毕业,哪些学生来,哪些学生去,都弄得严丝合缝,为了真实,还时不时编几个'转学'的情况,并到教育局盖上公章以示手续正当。上级领导千叮咛万嘱咐的一句话就是:'数字要推得转!'什么叫'推得转'?就是说你的数字拿出来,要经得住推敲,正推倒算,都没问题。每个学生按花名册领取一个姓名,如果有人点名就答到,但绝不能说自己的真名字,人数不足部分要让老师和学生编好理由,比如请假生病等。"

教师的这段话说明,原来某些"两基"攻坚的数据都是"人造"数据,我们自己引以为自豪的"普九"攻坚战依靠"作假、胡编、造材料"等方式取胜。在走访中发现,"两基"攻坚结束后,一些乡镇干部反映,县领导认为任务已经完成,可以松一口气,对"普九"的工作力度和资金投入均有明显下降。由此,乌江流域学校基础教育在现代化的进程中仍然步履艰难。在正安县格林镇,小学生均占地面积8.6平方米,中学生均占地面积17平方米,小学生均校舍占地面积2.8平方米,中学生均校舍占地面积4平方米,小学危房面积260平方米,中学危房面积600平方米,75%的教师没有宿舍,部分教师所住宿舍也属于危房。全镇中小学校中,中学有计算机90台(格林中学60台,太平中学30台),小学有计算机46台(格林小学16台,太平小学30台),其余各校均有一台用于远程教育的计算机,但大部分都没有计算机教师。按三类标准配备仪器的学校有两间(格林中学、格林小学),按四类标准配备仪器的学校有两间(太平小学、朝阳小学),其余学校目前均未配备仪器;目前小学共有图书8972册,人均2.5册。初中共有图书7600册,人均5.6册,尚差7000册。

从对格林镇中小学的调查中可以看出,教育部门实施远程教育工程为两所中学建立了计算机室,但是却没有专业教师,致使设备不能发挥作用,而小学计算机室是学校自行贷款购买的,地方政府又不能协助还贷,使得学校不得不拿出部分教学资金来偿还贷款,减少了对其他方面的投入,严重制约了学校的发展。同时,为了"两基"攻坚顺利达标,使得县、乡镇政府和部分学校负债累累,影响了地方政府在"两基"之后对教育的投入,学校的教学设施还不够完善,特别是在提高学生入学率的同时没有添加相应的教育教学设备,学生人均占用的教育设施比率比原来的要低许多,其中以中小学师生校舍问题尤为严重。在格林中学,由于校舍紧张,有一些教师至今仍在学校外面办公、住宿。在校内的则几个人住一间房子,既是办公室又是宿舍,教师办公住宿条件异常艰苦。因交通不便,有一部分学生需要在学校住宿。全校有33名学生在学校住宿,男生18人挤在一间较大的宿舍,女生15人则挤较小的那一间。而每年申请在校住宿的学生至少有60人,但由于校舍紧张,学校无法全部解决。学校在接受申请时主要考虑学生家庭的贫困条件和家庭距学校的距离,优先解决贫困学生和离学校远一点的学生的住宿问题。其他至今未能在校住宿的学生由家长出面在学校附近的街道租房住宿。学生在校住宿,包括炊事员工资、伙食加工费、水电费、柴火费等费用每个月交10元,而在学校附近租房住宿的,每个月四五十元。调查发现,一些边远的小学甚至连基本的教室、桌椅等必要条件尚且不能满足,更不用提素质教育、现代科学技术教育了。不少中小学还没有电脑室、语音教室等先进的教学设备,也没有图书馆和实验室等培养学生创造性思维的场所,造成的结果就是普九工作数量上的提高,而质量却不断下降。

在"两基"攻坚国检中,大搞形式主义,蒙混过关。华丽的"两基"攻坚战战果遮蔽了教育现代化进程中已经颓废的内力,乌江流域民族教育发展的外表繁荣孕育着教育的深刻危机。在乌江流域民族教育现代化进程中,从县政府到乡镇政府,从教育局到教辅站,层层签订目标书,把实施"普九"工作作为"一把手"工程,作为考核各级党政领导干部的一项重要内容,并实行"一票否决"制,促使政府行为到位。对"普九"工作月月有安排,周周有检查,形成一级抓一级,一级带一级,层层抓"普九"。在乌江流域的很多地区,为了营造良好的"两基"攻坚社会氛围,县委、县政府成立了专门的宣传机构,以会议、广播、电视、板报、标语、简报等为宣传阵地,以现场咨询、文娱演出、散发资料、树立标牌等为主要形式,发起立体宣传攻势,不断掀起"两基"攻坚的热潮。在贵州省某国家级贫困县,全县上下投入"两基"宣传经费86万元,开办各类"两基"专栏650期,播出"两基"信息新闻125条,书写宣传标语5000余条,建立永久性宣传标牌350块,发放各类"两基"资料15万份,印发简报86期①。全县公路沿线,田间地头,乡村集镇,随处可见"两基"字样,一方面体现了该县决战"两基"的信心和决心,但从另一个侧面折射出民族地区教育现代化发展中的表面风光和内在不足。

同时,乌江流域民族教育也深受传统文化中消极因素的制约,民族教育的各个领域与相应的现代先进科学技术缺乏结合融通,

①　材料来源:课题调查组调查所得。按照学术规范,此处隐去真实地名。后面相似情况做类似处理。特此说明。

自身素质难以得到提高。民族教育与社会其他各个领域间缺乏相互支持、相互渗透和经常性沟通,致使民族教育系统缺乏了解和适应社会对教育产品在数量上、质量上和结构上的不同需求,从而难以形成观念灵活、直接面向社会经济发展的开放的民族教育体系。民族教育脱离社会具体实际,学生学习枯燥无味,中小学生辍学和毕业后难以适应工作的现象居高不下。民族地区的学校教育在传承本民族文化的同时,学校教育的价值取向也应该朝主流社会的价值取向上运行,其目标应指向现代化的生活。以现代化为本位的教育一方面为少数民族学生带来了现代的科技与文化知识,有助于提高少数民族学生融入主流的城市社会的能力。但另一方面,也对这种能力和知识进行了定义——适合在城市里生活的知识和适合在城市里发展的能力。如果说学校教育意味着民族学生新的文化身份的获得,那么他们要获得这种社会身份,还需要通过一系列的升学竞争、获得必要的文凭,并顺利在城市里找到职业之后才能最终完成。但恰好相反,在这种培养模式和价值取向下,少数民族学生从一进入学校就开始面临"文化中断"的困境。正是因为这种文化的中断,导致少数民族学生根本无法与主流民族的学生在学业上竞争,他们在升学的独木桥上纷纷坠马而被淘汰掉。所以,大部分少数民族学生在完成义务教育甚至高中阶段的教育后,并没有通过教育真正融入到主流社会,实现自身的社会流动。相反,大多数学生最终不得不回归到原有的社区,但是由于学校教育并没有传授与本民族和当地社区相关的知识与内容,当这些少数民族学生在接受一定年限的教育后,以失败者的身份回到自己的民族社区时,这些"文化人"反倒成了"最没文化"的人。甚至部分高中或初中毕业生回到山区后,由于长时间的学校教育已经使他们养成脱离社区生产实践的习惯,他们好吃懒做、眼高手低,陷入一种"文化边缘人"的孤立彷徨境地。民族地区大量"文化边缘人"的出现,恰好说明乌江流域民族教育的现代化价值追求出现了偏差。

三、民族教育在发展中呈现出结构与功能失衡的状态

任何一个社会都是由不同结构、不同性质的部分组成的相对持久、相对稳定、和谐的统一整体,每一部分彼此协调,并对社会整体的维持和发展发挥着重要作用。社会结构作为一个不可分割的整体,任何一部分的活动都有助于社会整体的生存和发展,整个社会系统的维持和延存得益于社会结构的四个功能性条件,即适应、达标、整合和维模四个功能。按照帕森斯结构与功能理论,"适应"功能主要指社会系统由其外部环境获得足够的资源或能力,以及这些资源或能力在该系统中的配置;"达标"功能主要指系统有能力确定自己的目标次序和调动系统内部的能量以集中实现系统目标;"整合"功能主要指为了使系统作为一个整体有效地发挥功能,必须将各个部分联系在一起,使各个部分之间协调一致,不致出现脱节和断裂现象;"维模"功能主要指在系统运行过程暂时中断时期,原有的运行模式必须完整地保存下来,以保证系统重新开始运行。在社会系统中执行四种功能的结构分别是经济制度、政治体制、法律和家庭及教育为主的制度,那么整个社会系统内部各构成部分通过不断的分化与整合对系统整体发挥作用来维系系统整体的动态的均衡秩序。因此,在结构功能主义看来,任何一种功能都是由一种特定的结构来实现的,而这种结构运作模式就决定了某一系统的整体组织特性和动作方式,那么功能对维持社会均衡是适当的、有用的,是控制系统内结构与过程之运行的条件。结构和功能之间相互关系、互相作用,结构是功能的前提,没有结

构便无所谓功能,但研究结构并不是目的,通过研究结构探讨各结构要素的功能才是真正目的。

民族教育系统也是由一系列具有特定功能的结构(组织)组成,要使整个系统合理合法地运作,就必须做到内部各系统的平衡统一,也只有各系统组成部分相互协调,结构才能够得到维持和发展。民族教育系统作为社会系统的一个部分,需要不断调整自己的管理体制以适应社会环境系统;从民族教育系统内部来看,各子系统也有其相应的发展模式,有其存在的社会环境,只有它们相互合作、平衡发展,才能支持这个大系统的正常运行。由此,只有民族教育结构与民族教育功能的有机协调才能够保障民族教育公平的发展,民族教育结构在功能的调控中不断分化与整合才能够维系教育的公平。民族教育的结构是指民族教育机构总体的各个部分的比例关系及组合方式。即民族教育纵向系统的级与级之间的比例关系和相互衔接及民族教育横向系统的类与类之间的比例关系和相互联系,具有多层次性和多方面性,合理的民族教育结构对经济和社会发展、经济结构的合理化有重要作用。滕星教授就指出,民族教育体系作为社会组织的一个组织部分,它的功能就是通过学校课程、教师、学校活动以及其他社会活动将国家的民族政策、主流社会的科技文化知识以及民族的传统文化传承给年轻一代。具体而言,民族教育应该具有:(1)推动民族地区经济持续发展的经济功能;(2)巩固"中华民族多元一体格局"的政治功能;(3)守望民族精神家园的文化功能;(4)促进少数民族学生身心健康成长的个体发展功能。① 基于此,民族教育的结构应为全面实

---

① 滕星:《文化多样性与现代教育——答中央电视台记者白英问》,《湖南师范大学学报(教育科学版)》2009 年第 2 期。

现民族教育的功能服务。由于地域结构、交通运输、思想观念的封闭性和半封闭性,乌江流域民族教育在发展过程中呈现出结构单一、模式单一、教学内容脱离实际的情况,民族教育和民族经济发展的契合度低,不适应当地经济社会多样化、多层次的需要。由于民族教育结构的失调,乌江流域民族教育的功能没能够得到充分的发挥,从本质上也就造成了民族教育发展的不公平。

(一)民族教育层次结构失衡,民族教育功能发挥不全

教育层次结构,也称教育程度结构,是教育结构的一个重要组成部分,是教育系统内各级教育之间的比例关系。教育按程度一般分为三级:初等教育、中等教育、高等教育;也可按类别分为普通教育、职业教育。普通高中教育是与高等教育、中等职业教育、义务教育相区别的一种教育,兼容按层次分的"中等教育"与按类别分的"普通教育"两重性质。合理的教育层次结构有助于形成劳动力的合理供给,培养出经济社会发展所需要的不同层次、等级的劳动力,从而促进民族教育的公平发展,否则,不但会浪费极为宝贵的教育资源,还会使教育在对经济和社会的需求上出现较大的偏差,造成人才过剩与短缺并存的局面,影响经济社会的健康发展,进而导致教育不公平的进一步普遍化。

教育社会学认为,教育结构的优化对人才结构的优化发挥着重要作用。在转变经济发展方式过程中,教育起着不可替代的作用。改革开放以来,我国教育事业发展迅速。工业化、城镇化和现代化进程的加速,进一步推进了人才需求结构的急剧变化。从应然角度,在现阶段我国经济结构和产业布局仍大多处于国际产业链分工中低端的状况下,不仅需要大批一流科学家及科技领军人才通过研发创新去改变和提升我国在国际产业链分工中的地位,而且也急需更多服务于生产第一线的高素质的专业化劳动者,去适应目前的产业结构布局和经济发展方式转变对人才的需求。因而,乌江流域民族教育应该是初等教育、中等教育和高等教育比例适宜;普通教育与职业技术教育比例大体相当,成人教育应该占有一定比例。高质量普及义务教育,加快发展高中教育(含职业高中教育),突出民族特色、地方特色办好高等教育,为地区经济与社会发展培养各级各类高素质人才。

但是,数据显示,乌江流域的教育体系不仅以普通教育为主的局面并没有多大变化,并且还存在许多薄弱环节,结构也不甚合理。普通高中教育远远大于中等职业技术教育,民族职业技术教育非常薄弱,与普通教育的比例严重失调。调查数据显示,2008年乌江流域有小学 11219 所,初中 1839 所,普通高中 388 所,职业高中 154 所,高职院校 20 所。小学、初中、高中入学率以小学平均年级人数为基准计算,初中毛入学率为 89%,高中毛入学率为33%(其中普通高中占 24.5%,职高占 8.85%)。职教规模与《教育部关于加快发展中等职业教育的意见》(教职成[2005]1 号)所提出的"到 2007 年,中等职业教育和普通高中教育规模大体相当,实现中等职业教育快速健康持续发展"的要求相差甚远。

表 5-2 2008 年乌江流域中小学生学生人数统计表

类别	总人数(人)	平均年级人数(人)	毛入学率
小学学生总数	4126824	687804	100%
初中学生总数	1850040	613346	89.00%
普通高中学生	505591	168530	24.50%
职业高中	183066	61022	8.85%

调查发现,如果具体到某个县,问题可能更大,如在一个人口

130万的大县,接受职业教育的学生才300多人,根本无法满足就业结构转换对劳动力技能和素质的需求。对乌江流域各区县而言,现阶段教育结构调整的重点应是扩大职业教育规模,使教育发展能与经济结构调整和产业优化升级协调一致。同时,加强职业技能培训,推进职业教育改革,优化职业教育专业,提升职业教育水平。充分发挥职业教育在推动经济发展、促进就业、改善民生和服务"三农"等方面的特殊作用,发挥职业教育在促进经济结构调整、产业优化升级和经济发展方式转变中的积极作用。

（二）学校教育布局结构不合理,民族教育功能在现实中被架空

1. 重结构调整、轻功能发挥的民族基础教育学校布局结构调整忽视教育公平的发展

2001年国务院颁布《关于基础教育改革与发展的决定》,要求按照小学就近入学、初中相对集中、优化教育资源配置的原则,合理规划和调整学校布局。农村小学和教学点要在方便学生就近入学的前提下适当合并,在交通不便的地区仍需保留必要的教学点,防止因布局调整造成学生辍学。乌江流域各级政府为贯彻落实国务院关于合理规划和调整学校布局的政策,按照所谓"因地制宜"的原则出台了一系列调整农村义务教育学校布局结构的方案。贵州省提出了中小学布局结构调整的目标:(1)开办寄宿制,逐步减少现有村小,保留居住极分散山区的少数教学点,2002年基本取消复式班,2003年基本取消教学点,2004年村小减少50%以上;(2)提倡打破村、乡(镇)界限,实行联村、联乡(镇)办学,原则上不新办村小,可数村联合办完小,每所完小覆盖人口5000人左右。最小规模12个班,在校生达到500人左右,乡(镇)中心完小最小规模18个班,在校生达到800人左右,服务人口8000人左右;(3)

在管理区、乡(镇)完小服务半径3公里以内的区域,不能有(或新建)其他小学和教学点;(4)大部分完全中学实现高、初中分离办学等内容。乌江流域贵州段的区县就按照贵州省关于中小学布局结构调整的要求开展拆校、并校工作,各地农村也开始进行中小学布局调整。但是,基于地理条件和民族教育发展的特殊性,这种所谓"因地制宜"的大规模撤并农村学校的工作却导致乌江流域特殊民族学校教育在撤并之风中丧失了独特性。可见,在结构调整的同时忽略民族教育功能的发挥,就可能带来民族教育功能被架空的后果。

学校布局结构调整要求讲科学、因地制宜,要统筹考虑到区域内的人口数量结构、经济条件、地理环境等,而不能搞一刀切。但在乌江流域民族基础教育中盲目草率地撤并校,给很多中小学生带来更多的麻烦与负担。主要表现在:(1)在乌江流域民族教育中,很多教学点被撤销,村小被合并,有的地方农村小学则销声匿迹。学校被拆,可相应配套设置的进展却步履缓慢,大多数学校仍没有寄宿条件,学生不寄宿。有些学生每天需要跑上10多里甚至更远的路程,这种体力上的劳累已成为小学生新的负担。课题组在湖北省恩施市三岔乡茅坝小学、重庆市彭水县乔梓乡中心小学校、重庆市彭水县梅子乡中心小学校等调查发现,山里的孩子每天打着电筒,披星戴月,步行10多公里的羊肠小道,往返四五个小时去上学。贵州一个苗族行政村距最近中心学校的实际行走距离在7公里以上,村里面有120名7岁—12岁的适龄儿童,有72人辍学,占学生总数的60%。主要原因就是路远,上学不方便。另外,还有两个村布依族和黎族村寨,他们的适龄儿童是168人,失学辍学116人,约占学生数的69.05%。这个村离最近的中心学校是9公里,离最近的教学点是5公里,因为路远辍学儿童占了47.4%。

因此,合并"麻雀学校"反而加重了农村娃上学负担。由于家门口的学校被"撤并"了,一些边远山区的孩子只能是爬山路去读书。有的孩子才七八岁,每星期日下午都要背着书包拎着够一个星期吃的米和菜,翻过几个山头,到十多里外的乡中心小学上学。(2)学生的饮食成困难,睡眠时间严重不足必将影响孩子的健康成长。课题组在彭水县农村小学调查中发现,在没有寄宿和饮食条件的学校中,学生早上六点在家吃完早餐后,直到晚上八点才可以用餐,中午学校不提供午餐,学校也不出售任何食品,学生就已完全没有正常人饮食的规律中成长,他们饿了就多喝几口冷水,早餐经常吃糯米饭。家庭条件稍微好点的学生会带点干粮,但更多同学只有通过在作业本上写下一个大大"饿"字表达心声。这里的孩子们为了上学每天早上不得不五点起床,更早的有些三点起床,上学的路程要步行3—5小时,下午3点放学,孩子回家吃晚饭做完作业至少也是10点,屈指一算孩子们一天的睡眠时间不足八小时。可见,民族教育承担着促进少数民族孩子身心健康发展的功能,然而在撤校并校之风中,孩子们上学起早贪黑、道路泥泞难行、困难重重,身体的健康发展受到严重的影响,民族教育功能在学校布局结构调整中被架空,孩子们的上学之路、成长之路、教育之路遭遇了更多不公平待遇。

调查发现,学校结构布局调整一方面促进了教育资源的合理分配,提高了农村学校的规模效益和教育质量,另一方面也促进了区域教育的均衡发展。但是"因地制宜"原则的贯彻实施不到位,将布局调整片面理解为"撤点并校",其解决农村上学难问题的初衷演变成了学生辍学率反弹、教育质量下降等,民族教育功能的发挥在这里成为空话。湖北恩施市辖10个乡、3个镇、3个街道办事处和172个行政村,在经过学校结构调整之后形成了中心校13

所,完小102所(其中寄宿制小学65所),非完小22所,教学点62所,城区初中3所,农村初中21所。从表面上看,较之调整前学校结构布局更为合理,教育资源的分配更为恰当,但在《恩施市2008—2009年教育年度报表》中,调查组发现学生总人数不足10人的教学点仍有18个之多,学生总人数超过10人不足20人的教学点也有32个,教学点每个班级学生人数不到10人,如此的学校教育结构布局又导致教育资源的严重浪费。黔西县补郎苗族乡下辖16个行政村,106个村民组,408个自然村寨,全乡有中学1所,村级完小8所,初小3所,教学点2所。经过学校教育布局结构调整看似教育资源被充分整合,但课题组在调查中发现,被整合的完小不能提供健全的生活设施,学校的学生生活极为不便,寄宿的学生面临洗衣服、洗澡、就餐等难题,学校缺少专门的运动场、语音室、实验室、微机室等设施,也没有扩建新校舍、新实验室、新宿舍,过大班额现象严重,结构调整后的问题正影响着学校的教学质量。在结构调整后,学生上学路途遥远,大量的孩子被迫住宿从而增加了家庭教育的开支,有家长告诉课题组,虽然国家免除了学杂费,对住宿的学生也给予了一定的生活补贴,可每学期仍需要大约700元的生活开支,如果孩子在家吃住,那就是有啥吃啥,随便整点就够吃了,根本不用花钱。也有家长告诉课题组,孩子年龄小,异地上学放心不下,不得不选择"陪读",无形又增加了房租费等开支,即使选择走读由于路途遥远不得不承担交通费用,这些对于贫困家庭来说难以承担。在黔西县一个辍学的孩子告诉课题组,家里很穷,学校被撤之后,她每天上学需要三个小时,交通、吃饭需要不少钱,自己成绩不好,最后决定不上学了。正如很多家长所言这不仅增加了家里负担,自己家的农活有时候也顾不上,都靠打零工生活。可见,在学校布局结构调整中,如果只顾结构调整而忽略民族教育的功能发挥,那对民族教育的公平发展是极为不利的。

2.高中阶段教育学校分布不均,学生进一步接受教育的机会受到限制。

众所周知,普通高中教育是在九年义务教育基础之上进一步提高国民素质、面向大众的基础教育,突出了普通高中教育的非义务性,同时又强调了它的大众性和基础性。历史上,普通高中曾被定位为高等教育的预科,有着很强的选拔性。所学课程不是作为形成国民基本文化素养的基本知识和技能,而是大学专业教育的基础知识和技能,学生毕业后的出路是单一的升学。这与经济发展对人才的要求有关,也受中等教育的非普及性因素所影响。

调查发现,乌江流域普通高中毕业生的去向主要有两个:升学和就业,即一是为高等学校输送生源;二是为社会培养和输送具备一定素质和能力的建设者。可见,普通高中是学生进入高等教育或社会的过渡阶段。一般认为,"后期中等教育作为基础教育的最高阶段或者国民教育的完成阶段,是连接基础教育和高等教育的中间环节,同时又是学生由在学校接受教育走向社会就业的过渡阶段。"①在乌江流域,特别是以农业为主的县,高中数量过少。由于高中的数量有限,部分高中积聚优质教育资源成为超大规模的高收费学校。在这些地区,高中学校的布局呈现出向县城、城镇集中的趋势。据课题组调查,人口规模较小的县一般只有1所高中,较大规模的县一般有高中学校2—3所,这些高中学校大都位于县城的城区和人口密集的大乡镇。现有高中学校布局的形成基本上也是校际竞争、优胜劣汰的自然结果。在竞争中幸存下来的

① 张德伟:《略论后期中等教育的性质、地位、功能和作用——一个国际与比较教育的视野》,《外国教育研究》2004年第3期。

学校几乎都是"县中"、重点中学、"巨型中学"或标准化中学,政府对高中学校的布局无规划、无定点,统筹、干预能力脆弱,即使干预也仅限于下达导向性指标。因此,部分县区就出现这种情况:在城区有 2—3 所普通高中而在乡镇地区、边缘山区几乎没有普通高中的布点。高中学校分布分散,不等距分布,辐射半径有限,给边缘山区生源就读高中带来诸多不便,这种情况制约着高中的普及率。与之并存的是,在城区出现了大量的"超大中学",其办学规模达数千人。这导致了诸多不良现象的发生,首先学校办学中的"精品"意识不强,招生上"以钱买分",学校规模与班额失控,走上了外延式的发展道路。其次,扩招给学生的学习、生活带来诸多不便,埋下了许多安全隐患。在这些学校中,许多学生不得不在校外租房就读。而在学生租房区,卫生条件差,闲杂人员多,网吧、娱乐场所随处可见,学生学习交流不便,人身与财物安全难以保证,直接影响高中学校教学质量的提高。最后,异地就读学生家庭经济负担加重,教育成本增加。在普通高中城镇化、城市化的潮流中,许多学生不得不支付高额的生活费、住宿费、租房费等,学生家庭的经济压力增加,贫困家庭子女完成高中学业困难。

表 5-3　1988 年与 2007 年高中阶段教育有关数据统计表

单位:所、人

项目内容年份	学校数	其中		专任教师数	其中		在校学生人数	其中	
		普通高中	职业学校		普通高中	职业学校		普通高中	职业学校
1988	68	48	20	1724	1019	705	21622	16628	4994
2007	111	86	25	5330	3991	1339	118055	88328	29727

3.职业教育内部结构失衡,以致促进乌江流域经济发展的功

能缺失

　　首先,调查发现,乌江流域职业教育的不公平性不仅表现在人力、物力、财力的投入上显著不足,全社会对职业教育的认识和认可程度明显太低,而且还表现在职业教育领域内部差异的存在。同样是从事职业教育的学校,各项优惠政策及待遇不公平,隶属于教育主管系统的高等职业学院、中等职业学校(以下简称职业学校)与隶属于其他系统的技师学院(或技术学院)、技工学校之间(以下简称技术学校)在各个方面的待遇明显不对等:在资金投入上,职业学校每年可以享受到政府每年千百万甚至上亿元的财政拨款,而技术学校则主要靠自筹资金来解决办学经费问题;在学生来源上,由于作为主要输出地的初中、高中学校同属于教育系统,许多地方的教育主管部门人为给职业学校提供便捷通道,而为技术学校设置各种阻碍,甚至为系统外学校发布"禁招令";在教师待遇上,职业学校的教师完全依照教师法享受诸如评优、职称晋升、休寒暑假等所有的教师待遇,而技术学校的教师则很少完全享受,甚至一些企业办的技术学校的教师基本按企业员工对待,完全不能享受到各种教师待遇;在毕业生待遇上,虽然随着市场经济体制的不断完善,干部、工人之间的界限基本被打破,过去那种职业学校的毕业生按干部对待、技术学校毕业生按工人对待的不公现象正在消失,但职业学校毕业生可以拥有大专学历,还可以直接"续本",而技术学校的毕业生大部分只有通过技能鉴定获得技术等级证书,却不具备学历,因此到企业后很多方面的待遇比职业学校的毕业生差。

　　其次,从教育体系来说,乌江流域至今还未建立起初等职业教育、中等职业教育、高等职业教育和职业培训为主体的完善的职业教育体系。近年来,乌江流域各类中等职业学校通过布局结构调整和资源整合开始走向融合,并在名称上逐步统一规范为"中等职业技术学校"或"中等职业学校"等。高等职业教育是改革以来为了适应经济社会发展需要,在改革原有的高等专科学校、职业大学和成人高校,以及整合优质中等职业学校资源的基础上发展起来的。目前,乌江流域高等职业教育主要通过高等职业学校招收普通高中和中等职业学校毕业生,讲授大学文化知识和专业文化知识,进行专业能力和职业技能训练,学制两年或三年,培养高技能人才,特别强调培养应用型、工艺型、复合型的高技能人才。调研发现,乌江流域中等职业教育发展缓慢,严重影响了教育体系的建立和各级各类人才的培养。

最后,乌江流域职业学校"双师型"教师和实验实训设施严重不足,职教生源流失严重。据调查,2007年武隆县外流生源1200人,占当年升学总数的27%;黔江区外流生源2000人,占当年升学总数的35%;铜仁市外流生源2426人,占当年升学总数的53.4%。部分学校为了弥补资源不足,与外界职业学校联合办学。如赫章县综合职业技术高级中学与贵州省电子工业学校联办电子电工专业,与贵州省贸易经济学校联办幼教专业,与贵州省旅游学校联办旅游管理与服务专业,与贵阳市交通学校联办汽车运用与维修专业,与毕节电大联办水利水电专业。

表5-4　2008年乌江流域四所职业学校双师型教师统计表

学校名称	教师总数(人)	双师型教师人数(人)	百分比
金沙二职中	68	6	9.00%
毕节地区工业学校	94	17	18.00%
赫章县综合职业技术高级中学	83	16	19.00%

学校名称	教师总数(人)	双师型教师人数(人)	百分比
武隆职业教育中心	133	40	30.00%

(三)学校教育、家庭教育和社会教育脱节,民族教育功能整体性缺乏

为了掌握乌江流域家庭教育和社会教育发展水平,课题组通过问卷调查和访问的方式,对恩施地区、毕节地区、道真仡佬族苗族自治县、务川仡佬族苗族自治县、彭水等地农村少数民族家庭子女的受教育水平、社会文化认知情况和当地"打工儿童"情况进行了调研,初步了解到一些情况。

从调查区域看,乌江流域城乡家庭教育不公平现象非常突出,农村家庭教育严重缺失。调查发现,乌江流域贫困家庭多,少年打工现象普遍,农村家庭子女辍学现象严重。据统计,乌江流域农村家庭人均纯收入明显偏低。2004 年,全国农村居民人均纯收入2936.4 元,而 2008 年乌江流域农民人均纯收入不足全国平均收入的 70%。于是,部分家庭为解决贫困问题,缓解家庭经济压力,不得不让孩子辍学打工。同时,调查还发现,大部分家长为初中及初中以下的文化程度,文化程度较低,这在很大程度上也决定了他们对子女厌学所采取的放任态度和处理方式,再加上改革开放使一部分家庭因从事个体经营走上富裕道路,更使他们认为"书读多无用"甚至"读书无用"。这种消极态度就直接放任孩子从厌学过渡到真正辍学,在一无技能、二无知识的情况下过早进入社会,不仅给家庭和社会带来沉重的就业压力,而且对过早进入社会的他们来讲,由于心理压力大,工作辛苦,最终也会对自身成长产生负面影响。由此,大部分家长不懂得教育子女的科学方法,教育观念相对滞后,教育内容偏颇、教育方法不当,致使家庭教育陷入了误区,从而制约了家庭教育的长足发展。

同时,乌江流域社会教育更没有发挥应有的功能。一般来说,社会教育包括由社会机构(即学校以外机构)举办的青少年教育机构和成人教育机构。这些专门组织的社会教育机构旨在通过各种教育活动来弥补学校教育和家庭教育之不足,促进青少年的个性全面发展。除了专门组织的教育活动以外,一些社会媒体也担当社会教育任务,如报刊、书籍、图书馆、广播、电视和电影等和学校举办的各种教育活动,如函授、刊授、扫盲、各种职业训练班、科学报告和讲座等。

从这个意义来说,乌江流域城乡社会教育的不公平是显而易见。调研发现,乌江流域很多地区山高路远,地广人稀,不要说图书馆、美术馆、群艺馆等文化设施,就连最基本的报摊、杂志兜售点等甚至都没有,甚至部分地区刚刚通公路,信息较为闭塞,社会教育严重缺失。可以说,乌江流域城乡社会教育差距巨大。所以,强化社会教育的公益性和普惠性,保障城乡居民享有接受平等教育的机会,建立覆盖城乡居民的基本公共教育服务体系,实现基本公共教育服务均等化,是实现乌江流域教育公平发展的关键所在。

四、民族教育不同主体之间的权利与责任存在缺位和越位

权利与责任的合理平衡是促进民族教育公平发展的重要保障。调研发现,乌江流域民族教育发展在权利与责任方面存在着诸多问题,需要引起社会重视。

(一)乌江流域民众存在教育权利贫困

诺贝尔经济学奖获得者阿玛蒂亚·森认为,贫困是一种权利现象而非资源问题,权利贫困是社会不公平的根源。权利贫困是

指权利享受不足的状态,具体表现为由于制度因素所造成的对社会里的部分人群在政治、经济、社会、文化、教育权利等方面的限制和歧视所导致的生活贫困或发展落后。①

　　权利贫困是乌江流域教育发展不公平的重要表现。由于教育对个人生存发展和对国家的强大繁荣的作用,受教育是人人享有的一项基本权利早已经成为国际社会的共识,并被载入了许多国家宪法以及国际法律文件中。《世界人权宣言》《经济、社会、文化国际公约》《儿童权利公约》《世界全民教育宣言》等国际人权法文件中都规定,受教育是个体应享有的一项权利,政府和社会必须提供个体必要的条件以使其实现该权利。② 调研发现,儿童享受的受教育权很不充分。乌江流域很多地区义务教育资源分布极不均衡,儿童没有享受公平的受教育权。不少区县在"普九"之后,各级政府普遍存在着要喘一口气的懈怠心理,这种心理的直接后果就是掩盖了"低标准、高覆盖"的突击式"普九"所带来的隐患,普九欠债、中小学危房率严重、中小学生的辍学率居高不下等等。在走访的学校中,城乡之间、同一行政区域的不同乡镇之间,同一乡镇的不同学校之间在物质条件、经费等配置方面存在着很大差异。尤其是城乡之间的差距更是达到了惊人地步:当城市中小学大力发展网络教学的时候,许多农村中小学却连基本教育经费都无法保障。

　　① 文建龙:《论权利贫困的社会认知》,《郑州航空工业管理学院学报(哲学社会科学版)》2007 年第 1 期。
　　② 吴庆荣、堀口晴生:《受教育的权利与使受教育的义务》,《继续教育研究》2009 年第 11 期。

（二）乌江流域各级政府在民族教育公平发展中存在一定程度的责任缺失

现代政府的功能是向社会成员提供有效的公共服务和合格的公共产品，对政府来说，提供每一个人最低限度的生存水准所需要的公共服务就应当成为其首要的职责。采取各种有效措施确保每一名适龄儿童入学接受规定年限的学校教育，是现代政府不容推辞的责任和义务。[①] 在乌江流域民族教育发展过程中，政府的资源配置与供给角色存在一定程度的错位，导致重点校与一般校、城市学校与农村学校差距巨大，出现了严重的城市中心主义倾向和精英主义取向。

调查数据显示，2008—2009 年度湖北省恩施市共有小学 231 所，其中非完全小学 21 所，教学点 72 个，其中有 72 所学校（办学点）没有厕所。统计显示，仅有 27 个教学点有食堂，22 个教学点有教师宿舍，2 个教学点有学生宿舍。24 个教学点没有教师办公室，所有教学点均没有语音室，4 个教学点有微机室，62 个教学点没有图书室，66 个教学点没有实验室。即使是在完全小学中，仍有 25 所学校没有修建厕所，71 所小学没有食堂，159 所学校没有学生宿舍。学校基础设施较差，条件也非常艰苦。而同城的舞阳中学占地面积 22540 平方米，建筑面积 13419 平方米，教学设施齐全，拥有多媒体报告厅、语音室、微机室、图书室、实验室，开通了 10M 宽带网和远程教育网，建起了校园局域网。恩施实验小学依山傍水，绿树成荫，环境优美，拥有教学楼、综合楼、后勤服务楼，教育教学设备现代化，已建成多功能电教室、多媒体网络教室、闭路

---

① 沈福俊：《从公民权利与政府责任看新〈义务教育法〉》，《上海教育》2006 年第 19 期。

电视系统及少儿电视台,每间教室里配齐了电脑和 42 英寸等离子电视机(48 套),还建有学校网站、校园宽带网、OA 办公网和电子备课室,各处、室、年级组及教师办公室均配有电脑,实现了无纸化办公。

新修订的《义务教育法》明确要求各级政府合理配置教育资源,缩小学校之间的办学差距,加强对薄弱学校的改造,并且提出在义务教育阶段,不分重点学校和非重点学校,还对城市中流动人口子女,以及进城务工人员的子女提供平等的教育条件提出了明确的要求,这些都以法律的形式明确了政府在保障义务教育均衡发展方面所应承担的义务。而上述不同学校之间的巨大差距,突显了政府在合理配置教育资源,促进教育公平方面责任的缺失。

同时,各级政府在教育发展中还存在着责任转嫁的现象,原本应当由各级政府按照职责范围由本级财政负担的义务教育投资责任以不同形式向政府以外的社会群体转移,突出表现就是以向受教育者收取各种费用的形式转嫁责任。由于政府投资力度不够,学校经费严重不足,于是部分学校便有了充足的理由收取各种费用。此外,政府还以拖延支付的形式转嫁责任。调查发现,在义务教育的基建投资方面,部分政府部门在拖延支付中把责任向社会甚至向学校转嫁。在学校扩建改建过程中,学校通过向银行借贷或让建筑商垫资把学校建立起来或完成更新改造工程,然而政府拨款却迟迟不到位。在此背景下,由于银行和建筑商都不愿意当然也没有理由承担这"飞来"的责任,于是义务教育阶段的学校就成了欠债大户,义务教育学校的校长也成了"躲债校长"。

其次,进城务工就业人员随迁子女的平等教育权利难以得到保障。《中华人民共和国义务教育法》规定,我国义务教育由地方负责,分级管理。适龄儿童接受义务教育主要由其户籍所在地政府负责,教育经费则按照户籍学生数下拨。这样,当儿童随父母迁徙到城镇,原户籍所在地政府不可能再负责他们的教育,而流入地政府没有承担他们教育的经费预算。在现实生活中,进城务工人员子女受教育权面临的主要问题是:公立学校设置了或明或暗的门槛,使进城务工人员子女入学有一定的难度。调查发现,如很多地方的公立学校对进城务工人员子女的入学都设置了一定的条件,如暂住证、实际住所居住证明(房屋产权证或房屋租赁登记备案表)、就业证明(如劳动合同、受聘合同、营业执照等)、流出地政府出具的进城务工人员务工证明和其他相关手续等。进城务工人员子女失学、辍学现象严重。

(三)乌江流域民族教育主体之间的教育责任失衡

教育责任失衡,是指学生家庭和社会把本应由各自予以承担的相应教育责任转移到学校和教师身上,进而导致家庭、社会和学校的教育责任"此消彼长"的不合理分化现象。调查发现,在乌江流域部分区县特别是落后农村地区,学校、教师、家长在各自教育责任上都出现不同程度的缺位、越位以及转移等失衡现象。

教育社会学认为,家庭、学校和社会是教育学生的共同责任主体,青少年学生的健康成长和全面发展有赖于多元责任主体的协同互动,教育学生的责任应该由家庭、学校和社会共同承担。但调查发现,因教育责任的不合理分化而使得乌江流域学校—社会—家庭共同筑构的"三位一体"的教育网络面临断裂或解构的危机,教育的责任产生了转移。其中最突出的表现是家庭教育责任转移,"重生轻育"现象非常严重。一部分学生家长把家庭教育的责

任全部交付给学校或教师,有意或被迫放弃对孩子的教育权,致使
家庭处于教育责任"真空"的境状,从而导致家庭教育的缺失。特
别是农村富余劳动力大规模外出务工,子女的监护、教养问题无条
件地落到了老者或相关亲人的身上,家庭教育的责任发生了实质
性的位移。尤显突出的是,家庭教育的责任日益明显地转移到了
学校和教师身上。

　　课题组认为,"留守儿童"的教育问题就是乌江流域农村地区
家庭教育责任转移最集中的体现和反映。在很多农村地区,越来
越多的教师除肩负着教学、辅导任务外,实际上还承担了对孩子全
部的教养和监护责任,直接造成了教师社会责任的被动扩展和学
校的不堪承受之重。社会和家庭将本该由学校、家庭和社会共同
承担的教育责任全部交付给学校,使得学校处于孤立状态,不得不
将家庭和社会应该承担而又没有承担的责任承担了下来,学校一
定程度上承载了外界给予的重负,承担了它不该也无法承担的重
任。① 据统计,乌江流域留守儿童人数呈上升趋势,已经形成了一
个特殊校园群体。这些留守儿童缺乏心灵关爱、生活关照和学习
帮助,给这些儿童的健康成长造成了极为不利的影响。面对这一
特殊情况,乌江流域部分区县开始尝试组建了一批留守儿童托管
中心承担起了家长和教师的双重责任。如在前文述及的务川仡佬
族苗族自治县的泰坪儿童托管中心,393 名学生中有留守儿童 200
人,托管中心对留守儿童要生活上关心和照顾,学习上帮助和辅
导,安全上教育和监督,时刻关注他们的一言一行,保障他们的健
康安全,教师们的工作量大大增加。

---

① 刘春花:《对教育责任失衡的思考》,《教育发展研究》2005 年第 11 期。

表 5 - 5　乌江流域 100 所农村初级中学留守儿童分布情况统计表

年级	总人数（人）	有效回收（份）	有效问卷百分比(%)	留守儿童数（人）	留守儿童比例(%)
初一	3500	3400	97.14	3039	89.38
初二	3000	2947	98.23	2267	76.92
初三	2000	1509	75.45	633	41.94
合计	8500	7856	92.42	5939	75.60

同时,将本不该由学校承担的责任不合理地转移给学校并将责任绝对化,这在客观上造成了学校教育责任过重,不堪承受。因此,为避免学校安全事故的发生,部分区县和学校作出了许多防止在校内或由学校组织的校外活动中出现事故的决定,这就导致很多学校减少甚至取消春游、秋游、参观、考察以及各种集体活动,有的学校关闭了校内的小卖部,以防止学生吃了小卖部的东西食物中毒,有的学校把学生下午进校的时间推得很迟,中午学生不得在校内停留,以防在此期间学生打闹发生事故等等,这些都是学校责任不堪重负甚至是被迫推卸自身教育责任的表现。

（四）乌江流域民族教育特别是义务教育权利和责任指归不明

调查发现,尽管国家以立法形式对各级政府相关行政部门的教育管理权限做了明确划分,但在实际操作过程中却出现了教师管理体制不顺的突出问题。调查表明,乌江流域 39 个区县在农村教师管理体制方面都不同程度地存在教育行政部门权力失位、人事部门越位的现象。人事部门对教师人事权的越位不仅表现为对教师的编制、招聘录用、职务评审等权利的直接控制,而且还将职称英语考试、计算机的培训和考试甚至中小学教师继续教育的权责都纳入公务员的考评，由人事部门掌管，因此教育部门对教师的管理权被日益边缘化。在调查中，某县实行的"五长"（县委分管副书记，分管县长，宣传部长，人事局长，教委主任）会商制选拔教师，这一方面说明了相关部门对教师录用的重视，但这其中是否存在越权、抢权，也值得思考。在学校对教师选聘的权力集中到了县人事局，县人事局执行了"逢进必考"的事业单位工作人员录用制度，但考核内容并不专门针对教育教学能力而设计，结果造成相当部分教师教育专业的大学毕业生当不了教师，而出现大量非教育专业的大学毕业生却"考"进教师队伍的情况。在有的地方甚至出现了学兽医、市场营销等专业的大学毕业生考进了中小学教师队伍的现象。某县一所规模并不算大的学校，竟有7名转业军人由人事部门安置进校，学校只有都安排做保安等工勤工作，严重加剧了专任教师与教辅工作人员比例的失调。

课题组在调查中得知，乌江流域某县分管教育的县委常委亲自兼任教育工委书记，全县教育的大小事几乎是他一人说了算，大到某个干部的任免，代课教师转为公办教师，小到某个村小的教师调动和任免都需要他这个县委常委点头。调查还发现，某县2010年以县委的名义发了一个文件，规定凡是有初中的学校必须送多少学生去指定的职业高中读书，否则校长和班主任要被通报或者就地免职等等，教师和学校对此均异常紧张，毕业班的班主任甚至不敢与同为教师的亲戚朋友接触以避免流失毕业生的嫌疑。

在"以县为主"的教育管理体制中，政府的基本职能应该表现在解决市场失灵和促进教育公平两个基本方面，政府管理教育的基础性责任应该是追求教育领域的社会公平、保证教育领域的公共利益。政府职能的"越位"主要表现为政府集中了办学和管理的职能，从晋升提拔到人员考核、从学校分班到教材选用、从人事调动到干部任免等,都事无巨细、样样独揽。教育行政部门对学校的领导与管理依循着以管制为主的"全能政府"、"无限政府"的模式。学校俨然成了教育行政部门的附属机关,尤其表现突出的是对校长等领导的选拔与任用上,校长职务与一定的行政级别挂钩。不同层次的校长对应着不同的行政级别,校长行政化现象的存在,不仅容易出现教育行政部门对学校领导干部的任命随意性较大问题,而且会滋生不按教育规律办事、长官意志浓厚、不尊重教师、只追求晋升所需的政绩等问题。在课题组调查中,所到之处的校长选聘与任用上带有明显的行政化色彩,对校长等领导干部的选拔与任用,缺乏灵活的、公平的、公开的、竞争的机制,依然是委任制而非聘任制。

同时,在乌江流域普遍存在"自己监督自己"的督学政策。教育管理系统是由决策系统、执行系统和监督系统构成。其,政府是决策系统,教育行政部门既是决策又是执行系统,学校是执行系统,而教育督导则属于监督系统。监督系统的作用是对有关决策执行情况进行监督,对偏离有关方针、政策的做法予以纠正;收集有关执行信息,反馈给决策系统以影响决策。调查发现,乌江流域教育决策、教育执行、教育监督三者是混在一起的,而且监督系统在相当长的时期内被忽视,还未能真正做到相对的独立性和垂直性,并没有真正发挥监督的作用,失去了设置监督机构的意义。

可见,乌江流域民族教育发展的责任与权利指归出现严重偏差,严重制约了民族教育的公平发展。

第二节　乌江流域民族教育发展中
遭遇不公平的归因分析

乌江流域民族教育在发展过程中,存在供给与需求不平衡、传统与现代的尴尬、结构与功能的失调、责任与权利的缺位和越位等种种问题。课题组认为,导致上述问题出现的原因较多,但归纳起来,主要有以下几个方面:

一、狭隘的教育观念阻滞了民族教育的公平发展
(一)精英主义价值取向造成乌江流域民族教育发展的不公平

"精英"一词最早出现在 17 世纪的法国,意指"精选出来的少数"或"优秀人物"。这少数人物在智力、性格、能力、财产等方面超过绝大多数人,直接对社会的发展和进步产生重要的影响。为了尽快促进科技的发展和生产力水平的提高,甄别优秀人才,挖掘人力资源中的"富矿"并培养一批具有全球化视野适应当今社会各方面要求的人才是在社会劳动发展到智力化日益显著之时早出人才、多出人才的一条捷径。教育的公平发展不仅要求人人在享有受教育权利方面的平等,更要求教育机会的均等,任何一个人都有获取优质教育资源的机会和权力,国家和政府应该提供同等的优质教育条件给每一位受教育者。在当前人们所提倡的教育机会均等的理念中是一种依照每个个体的天赋、才能、金钱等取得的机会,而未假定所有个体在各个方面上的平等。然而在乌江流域的教育发展中,人为地将教育资源有差异的有等级的分配,将公共教育资源集中投向"重点学校"、"示范学校"、"名牌学校",从而使

这类学校的办学条件优越,教学质量年年攀高。当然,这种政策无疑在一定程度上推动了乌江流域部分学校教学质量的提高,但也造成了在教育公平发展中城乡之间、校际之间、区域之间在资源配置和教育质量上的巨大差距,这种把学校、学生分为不同等级,为了选拔少数"尖子"而使多数人的利益受损的教育,是违背义务教育的性质和宗旨的,影响着乌江流域学校基础教育的公平发展。

同时,由于受教育精英主义价值取向的影响,在发展过程中乌江流域重点学校、示范学校、一般学校享受着不同的待遇。比如在招生计划上,在湖北恩施市的省级重点(示范)高中招收的计划生比例分别不得少于本校当年实际招生人数的70%、市(州)级重点(示范)高中招收的计划生比例分别不得少于本校当年实际招生人数的80%、一般高中招收的计划生比例分别不得少于本校当年实际招生人数的90%;而对各类型学校招收择校生的比例也有严格的要求,省级重点(示范)高中、市(州)级重点(示范)高中、一般高中分别不得高于本校当年实际招生人数的30%、20%和10%。也许重点学校的教学质量高,招生人数供不应求,相关政策故意缩减正常的招生人数,留出更多的比例招收"择校生",其目的在于择校背后高额的"教育利润",而一般中学只留给10%的比例。

在择校费的问题上,姑且不论择校费的合理性与合法性的问题,至少在教育部门的相关教育政策的规定中的已经带有深深的等级烙印。某省就规定省级重点(示范)高中三年择校费最高不得超过2.7万元(即每生每学期4500元)、市(州)级重点(示范)高中三年学费最高不得超过2.1万元(即每生每学期3500)、一般高中三年学费最高不得超过1.5万元(即每生每学期2500元)。在录取过程中先由省级重点(示范)高中挑选,再由市(州)级重点

（示范）高中选择，最后才是一般高中，这样只会造成重点学校的学生越来越好，所谓的教学质量越来越高，有了好的学生学校的水平也随之提高，对于重点高中来讲属于良性循环。但对于一般性高中不仅面临招生困难，而且学生的基础知识、能力等各方面都较之重点学校选拔的学生差之千里，只会形成恶性循环，重点学校越来越好，一般学校越来越差，甚至面临招不起生的困境。这种价值的错误导向和政策的故意倾斜导致了教育在发展中的严重不公平。

在收费问题上，《贵州省普通高中学校收费标准》就明确规定，松桃民族中学、务川中学为二类省级示范性普通高中，学费标准为 700 元/生/学期；普安一中为三类省级示范性普通高中，学费标准为 600 元/生/学期；遵义县一中由三类升为二类省级示范性普通高中，学费标准为 900 元/生/学期。一类省级示范性普通高中招收择校生的比例最高不得超过学校当年招生计划总数的 25%，择校费每生三年最高不得超过 1.8 万元；二、三类省级示范性普通高中招生择校生比例最高不得超过学校当年招生计划总数的 20%，择校费每生三年贵阳市最高不得超过 1.5 万元。调查发现，由于精英主义教育思想盛行，乌江流域很多区县往往还是按照传统的做法，突出重点，打造名牌，层层设置的重点学校加剧了教育领域内部资源配置的失衡，导致在地区内、区域内学校之间差距的扩大，甚至是人为地制造差距，制造出了一大批"薄弱学校"，这就加剧了乌江流域学校基础教育的不公平性。

这种将有限的教育资源集中于带有各种招牌的"重点"学校、"示范"学校，是乌江流域每一级教育和财政主管部门普遍的行动逻辑，乃至成了教育主管部门的天性。在威宁彝族回族苗族自治县一所普通中学需要用 8 万元的可支配经费去面对 84 万元的正常运转需求,而邻近的一所重点中学却可以得到近百万元的"教育现代化工程改造"拨款,重庆一所重点学校全年投入的经费比某县一年全部教育经费还要多。在大方县调查发现,为了给同城的一所重点中学的发展"让路",同为县城中学的一所普通中学不得不将接近完工的教学楼停工,学生都集中在板房教室中上课,将经费转移到重点中学使用。在乌江流域很多市、县和乡镇,可以看到这种普遍的等级性倾斜:重点学校比一般学校、市属学校比区属学校、县教育局直属学校比乡镇学校、乡镇"中心校"比起非中心校,总是能够得到更多投入和支持。这种行动逻辑的背后有着复杂的利益关系,教育资源的掌控者咬定"重点扶持"的价值取向——当然是"不平等取向"——不放松,主要动机可能不再是为所谓"人才"的"早出""快出",或者通过树立"典型"来"带动一般",其实质是已陷入精英主义教育取向转向利益博弈的怪圈中,学校基础教育就在精英主义教育取向中遭受不公平的发展待遇。

(二)新一轮"读书无用论"思潮影响了乌江流域民族教育的公平发展

"知识改变命运,教育成就未来",这句耳熟能详的名言说明了教育或者说"读书"对中国孩子的意义。特别是对于贫困农村来说,教育是改变这里孩子命运的唯一途径,唯有奋发图强刻苦努力的学习方能跳出"农门",实现身份和阶层的垂直流动。早在20世纪80年代末90年代初,曾经流行着"搞原子弹的不如卖茶叶蛋的,拿手术刀的不如拿剃头刀的"的顺口溜,"读书无用论"一时成为热门话题。在"知识就是力量,知识就是效益"的前提下,乌江流域广大农村地区新一轮的"读书无用论"思想却在蔓延,由于读书成本在非义务教育阶段愈发昂贵,许许多多的农村家庭子女放弃了继续深造进修的学习机会。大方县的一位家长用一句流行当地的民间顺口溜做了最好的注脚："上学也考不上,考得上也供不起,供得起也找不到工作,找到工作工资也不高,还不如个打工仔"。可以认为,这种思想正严重影响乌江流域各族学生对知识的追求和家长对教育的投入。

调查发现,外出打工使得农村年轻人有了更多的接触城市文化的机会。他们从外出务工的亲身经历、现身说法中成为了新型打工族。通过打工赚钱,这些年轻人获取了人生历程中的第一笔收入,他们也像城里人一样买时尚服饰,佩戴各种装饰首饰,配备各类现代化的通讯工具和数码产品,在他们的眼中唯有这些才显示了自己的成功和人生的价值,并在亲朋好友和家人中产生了一种"示范效应",特别对那些尚在学校苦读的学生无疑充满吸引力,很多家长也由此开始反思自己送孩子上学的选择是否适宜,权衡投入与产出。在接受了市场经济洗礼之后,农民朋友沾上了实利主义色彩。在课题组调查中,有家长给我们说明了孩子是否继续学习或者深造的决策依据,他们在孩子刚上学时就开始算计读书成绩如何,能否考入县级重点或示范高中,又能否考入大学,考入什么样的大学,大学毕业后能否找到体面的工作。由此,在此背景下,部分成绩差的孩子就基本上被剥夺了继续学习深造的资格。课题组在对乌江流域的实地调研中,发现基本上都奉行"教育赔本论"和"蠢孩逻辑",蠢孩能够让父母放心并依靠自己的肩膀和体力赚取血汗钱,回到家乡还能够获得"真有出息"的美誉。众多家长都盘算着如果孩子读书不能够升学,多年来上学的学费和教育负债甚至精神损失如何弥补? 以后如何在村内面对已外出打工多年并小有收获的同龄人和处于"熟人社会"的父老乡亲,为己付出和操劳多年的父母颜面何存? 毕业后是再走"蠢孩"之路还是另辟他径,十二年的学校基础教育所学究竟有无用处?

课题组到农村中学调查后发现,在上述思潮的影响下,辍学现象就较为严重。课题组追问他们,是不是国家的免费义务教育政策没有落实呢?他们的回答是,免费义务教育政策基本落实,但非义务阶段教育支出所占比重过高,他们也对孩子以后的继续教育感到担忧。问卷显示,有子女在高中及高中以上阶段学习的家庭中,对"供子女上学感到负担过重"的比例超过八成,而有初中及小学子女的家庭这一比例则明显下降,只有不到两成,也就是说,在国家大力"普九"的同时,九年制教育中家庭教育负担明显减轻,但随着"普九"工作力度的加大,子女对高中甚至大学教育的需求也逐渐加强,而作为乌江流域农村家庭来说,收费制度并轨后的高额学费,对他们来说的确是不小的经济负担,有的家庭一年的人均纯收入总额也不够支付高等教育一年的学费。所以这一现实问题也是影响农村家庭教育的重要原因。

在"读书无用论"思潮的影响下,很多青少年的厌学思想也严重影响了乌江流域民族教育的发展。由于交通不便,经济欠发达,文化氛围不浓厚,再加之市场经济的冲击和"读书无用论"思潮的泛滥,对眼前短暂利益的追求也就在乌江流域各族群众心中占据主要位置,普遍崇尚物质利益的现象也对广大青少年身心的成长造成了负面影响,并进而致使许多中小学生产生厌学的情绪。他们主观上没有对学习的渴望,不思进取,再受客观条件的制约,最后学习成绩不好就辍学打工。因此,要提高乌江流域农村的教育水平,创造良好的文化氛围、加强农村青少年思想道德教育是必要的,地方政府、学校应要不断加大对基层共青团组织建设的重视程度和投入力度。

(三)"城市中心主义"价值取向影响着乌江流域民族教育发展的公平性

20 世纪 80 年代中期,我国家下放基础教育的管理权限,建立基础教育由地方负责、分级管理的体制,义务教育经费主要由地方政府负担,尤其是县、乡政府,这在一定程度上极大地调动了地方办教育的积极性。但与此同时,一些经济落后区县,乡级财政能力不足,县际之间、乡际之间经济发展的不平衡直接影响了义务教育的实施。由于中央财政承担义务教育经费比重极低,虽然有关部分采取了一些单项的"工程"、"计划",但由于没有建立起扶持贫困落后地区的财政转移支付制度,致使农村尤其是贫困地区教育的贫弱地位没有根本改善。在教育经费投入上,国家教育政策也是偏向于城市。《中华人民共和国义务教育法实施细则》规定:"实施义务教育的学校新建、改建、扩建所需资金,在城镇由当地人民政府负责列入基本建设投资计划,或者通过其他渠道筹措;在农村由乡、村负责筹措,县级人民政府对有困难的乡、村可酌情予以补助。"这就是说,城镇的教育经费基本由国家全包,农村的主要由农民自己筹措,这是一种明显的倾斜政策,并子一定程度上带有对农村的歧视。教育政策中"城市中心主义"导致教育不公平的制度性原因,除了传统以中央为主、忽视地方的资源配置模式外,另一个重要因素是无视城乡差距、以城市社会和居民为出发点的"城市中心"的价值取向。多项调查表明,导致农村学生流失辍学的重要原因之一,是由于教学内容设置与农村学生认知存在较大差异,致使许多学生成为学业的失败者。这一"规则的不公平"导致了在受教育机会上的"起点的不公平"。近年来,社会反映强烈的不同省市学生、城乡学生入学机会不公平,就是明显例证。

长期以来,在高度集中的计划体制下,公共政策以"中央"、

"国家"的利益和价值为中心,较少考虑城乡、地区和阶层之间的利益平衡,并在城乡二元结构的实现中逐渐形成了一种以城市社会和居民为出发点的"城市中心主义"的价值取向,国家的公共政策优先满足甚至只反映和体现城市的利益,这种"城市中心主义"价值取向在教育上体现的非常明显,主要表现在以下几个方面:

1. 重点学校制度是"城市中心主义"价值取向的表现形式之一。重点学校集中了有限的教育资源,并成为其他一般学校的样板,把学习成绩优异者通过严格的考试选拔集中起来,作为国家的预备精英层,在较好的教育条件下促使部分学生优先发展。

2. 以城市收入标准制定学费标准是"城市中心主义"价值取向的表现形式之二。在城乡贫富差距进一步拉大的社会背景下,以城市收入标准制定学费标准,使得广大贫困地区家庭越来越没有能力支付高昂的教育经费。国务院对农民负担有明确的规定,一律不得超过一年农民纯收入的5%,那么按照城市收入标准制定学费,对广大贫困地区学生而言就是极大不公平和不平等。

3. 以城市学生的实力为依据制定入学标准是"城市中心主义"价值取向的表现形式之三。教育主管部门,主要以城市学生的学力为依据制定统一的教育标准、入学标准、考试内容和考试科目,这对于教育资源极为匮乏的农村和边远地区的学生无疑是很不公正的。多项调查表明,教学难度过高,难以习得是导致农村学生流失辍学的重要原因。目前,高考英语科目的考试加入了听力测试,而且要求增加英语口语和计算机水平测试的呼声一直很高,这一设想如若实行,无疑将在一定程度上进一步加剧城乡学生之间的不平衡,使更多的农村和边远地区学生失去接受高等教育的机会。

二、经济条件差距制约着乌江流域民族教育的公平发展

(一)乌江流域经济发展水平滞后,导致民族教育的公平发展受限

　　新中国成立尤其是改革开放三十年来,乌江流域经济社会发展取得了巨大成就,各族人们社会生产、生活水平有了很大提高。但是,由于特殊地理环境的限制和复杂的社会历史背景,乌江流域仍然是我国西南地区的经济欠发达地区,社会生产力水平尚待大幅提高,"老、少、边、穷"的特征还十分突出,经济相对落后状态仍然没有改变,并且地区差异和城乡差异非常明显。从城乡差距来看,城乡绝对差距从1978年的157元扩大到2007年的7659元,年均扩大250元,全国城乡绝对差距从1997年的209元扩大到2007年的9646元,年均扩大315元。从相对差距来看,乌江流域城乡收入比从1978年的2.42∶1上升到2007年的3.84∶1,高于全国平均水平,而同期全国从2.56∶1扩大到3.33∶1,增长幅度比较平缓。

　　贫困程度深、贫困面大、贫困人口多,是乌江流域的基本区情。根据国家统计局资料显示,1978年以来,乌江流域农民人均纯收入相当于全国农民人均纯收入的比例从85%下降到2006年的55%,30年下降了30个百分点。尽管2007年、2008年这一比例有所提升,仍然分别仅为57.34%和58.75%,这说明目前条件下,要从根本上改变乌江流域农村贫穷落后的面貌绝非一朝一夕之功。另外,从流域内部来看,各地农村的发展也极不平衡。

表5－6　2007年乌江流域民族地区农民年均纯收入抽样统计表（单位:元）

地区	农民纯收入	地区	农民纯收入	地区	农民纯收入
大方县	2600	黔西县	2600	黄平县	2598
威宁彝族回族苗族自治县	2101	赫章县	1287	施秉县	2259
金沙县	2600	水城县	2178	镇远县	2218
普定县	2745	织金县	2600	务川仡佬族苗族自治县	1833
正安县	2433	福泉市	1902	道真仡佬族苗族自治县	2229
咸丰县	2806	石阡县	2044	印江土家族苗族自治县	2410
酉阳县	2778	思南县	2539	德江县	2191

　　课题组在镇雄县了解到,截止2008年年底拥有141万人口。其中农业人口占总人口的95%,人口密度每平方公里为371人,是云南省第一人口大县,但全县经济总量小,人均占有量少,人均生产总值2054元,仅为云南省人均水平的22%,为昭通市人均水平的54%,排云南省倒数第一位。全县2007年地方财政一般预算收入排全省第58位,人均财政收入85元,为云南省人均水平的8%,为昭通市人均水平的34%,排全省倒数第二位。地方财政一般预算支出人均734元,为云南省人均水平的20%,为昭通市人均水平的59%。农民人均纯收入1568元,为云南省人均水平的60%,为昭通市人均水平的92%,排云南全省第113位。全县贫困面大,贫困程度深。全县有贫困人口29.37万人,其中居住茅草房、权权房人口9万户,绝对贫困人口占云南省总数的4.4%,占昭通市总数的27.4%。有6万余人居住在生产生活环境极端恶化地区,基本丧失生存条件,严重影响了对教育的投入。

（二）历史上教育资源配置缺乏公正性和公平性，影响当下民族教育的公平发展

在贵州民族地区，由于经济欠发达，在较偏远的县（市）县级财政保工资、保吃饭都成问题，很多地方义务教育是负债发展。因此，为实现"两基"目标，部分区（县）基本上是以贷、借、垫等方式解决资金缺口，背上了沉重的教育债务。同时，由于还贷能力差，一些地区向银行贷款就更困难。调查发现，那些已基本实现"两基"的地方政府大都背上了巨额债务，短期内也难以还贷。于是，负债累累的"普九"达标县，要巩固、提高义务教育压力就更大。因此，投入发展教育的经费极为有限，学校办学条件改善步伐缓慢，乡镇中小学实验仪器、图书等功能室配套设施普遍严重不足，现代远程教育设施不配套，教育手段无法跟上。贵州黔南州目前仍有中小学危房26.8万平方米亟待改造，有些乡镇边远小学甚至存在"有生无校"的状况。部分区县由于教学点分散且地处边远，教育资源也不足，特别突出的是村级完小都没有学生宿舍和食堂，有的学生到村级完小读书要走10多公里、到镇中心学校要走40多公里。在寄宿制学校，学生住宿条件也非常艰苦，学校一间13平方米的宿舍要住十五六个学生，而且宿舍阴暗、潮湿、陈旧。学生食堂卫生条件也很差，对学生的身体健康构成很大威胁。

2006年1月，国务院出台了农村义务教育经费保障新机制，将农村义务教育全面纳入国家财政保障范围，经费由中央和地方财政分项目按比例共同分担，免除农村学生学杂费，由财政补助学校公用经费。新机制实施后，财政补助的公用经费拨款标准主要参考各地前两年的生均公用经费水平和"一费制"标准。但是，乌江流域教育投入长期不足，部分区县自定生均公用经费和"一费制"标准原来就偏低，在此背景下参考各地原有水平制定的新公用经费标准普遍过低。调查发现,贵州省农村小学、初中公用经费新标准仅为 80 元/人/年和 105 元/人/年,比同处西部地区的新疆维吾尔自治区农村小学、初中公用经费 120 元/人/年和 160 元/人/年,青海省农村小学、初中的公用经费标准 163 元/人/年和 190 元/人/年都低,差距进一步拉大,产生了强者愈强、弱者愈弱的马太效应。2009 年,中央出台实施农村义务教育公用经费基准定额,2010 年该基准定额全部落实到位,各地不得再收一切杂费与综合服务费。新标准实施后一些农村地区中小学校实际可用财力下降,实际运转经费总量没有得到有效增长,与新标准实施前相比反而出现一定程度的下降,学校办学条件、正常运转困难,管理和发展遭遇新问题。

根据课题组的调查,乌江流域很多地方区县级财政负责部分的教育债务仍未结清,甚至被调查的个别区县负有超过千万的教育债务,部分区县的校舍、运动设施、实验设备等基础设施设备严重短缺,严重制约了教育的发展。

(三)恶劣的自然环境迟滞了乌江流域民族教育的公平发展

乌江流域地形复杂,地貌类型主要有高原、山原、山地、丘陵、盆地等,高原山地多,面积大。乌江流域上游地区的威宁彝族回族苗族自治县、赫章、毕节、大方、纳雍一带主要分布在高原,这一地区处于云贵高原的东部延伸带,平均海拔在 1900 米—2600 米之间,高原面上起伏和缓,多波状浅丘,盆地交错。高原面破碎,地形切割强烈,大型河流阶地少,水土流失严重,地表河常常潜入地下形成暗河或者伏流,形成高原丘陵洼地,山石裸露严重,石漠化、荒漠化明显。部分地区河深谷高,河面与两侧高山相对落差 700 米—950 米,有些地方甚至相差 1000 米以上,峡谷两面悬崖绝壁。乌江流域总体气候宜人,但受大气环流及地形等影响,大部分地区气候呈多样性，"一山分四季，十里不同天"。气候不稳定，灾害性天气种类较多，干旱、秋风、凝冻、冰雹等频度大，对经济发展特别是农业生产有一定负面影响。特殊的地形地貌决定了乌江流域人居环境较差，生产力水平低下，经济水平落后，民族教育发展受到极大制约。

由于特殊的地理条件，导致乌江流域民族地区人口分散，地广人稀，办学成本在无形之中进一步增高。为了节约办学成本，农村初中教育不得不向乡镇聚集，这必然增加了农民接受教育的费用，也使集中资源办学面临严峻挑战。在贫困地区，农民收入低，许多人难以完成初中教育。在贵州农村，到处可以见到"读完初中，再去打工"的劝学标语。可见，如何资助民族地区数额巨大的贫困生入学，已经成为乌江流域"两基"攻坚的难题之一。

调查发现，乌江流域已形成了州市地区设高中、区县设初中、乡镇设完小、村设教学点、教学点一般开办一二年级最多到三年级的办学基本模式。教学点不寄宿，有的偏远村落学生到教学点要走数千米路，从家到学校要花去 1 个多小时时间。在乡镇完小，大部分学生可以寄宿，但由于路途远，很多学校一个月放一次假，一次假在 5 天—8 天，即便如此，很多学生依然无法按时返校。学生上小学、初中主要靠搭乘拖拉机、摩托车、步行等，如遇雨雪等天气，学生根本无法正常到学校上课。由于担心小孩在路上不安全，部分家长不愿意送子女上学，部分适龄少年儿童也因上学路途远、艰苦不愿意上学。在与部分乡村教师的座谈中了解到，经常上学的主要是学校附近村子的学生，偏远村子的学生到校上学的时间相对较短，部分学生上午 10 点、甚至 11 点过后才到学校上课。

(四)乌江流域生产方式原始落后,粗放型经济占主导地位,减少了对民族教育的需求

自然环境脆弱、气候恶劣、灾害严重,生产力低下,传统农、牧业居主导地位,广种薄收、粗放管理、靠天吃饭仍是乌江流域的基本特征。由于受传统小农生产方式影响,加之地理环境封闭、交通闭塞和观念保守,所以,落后的手工劳动方式在乌江流域仍占重要地位,劳动者凭借传统而简单农耕技术和经营方式同自然界进行着简单的能量交换,有相当一部分农村群众劳动技能和素质较低,缺乏基本的致富技能。课题组抽样调查推算,乌江流域国家扶贫开发重点县农村居民家庭受过技能培训的劳动力比重不到10%,困难群众人口基数大,生活水平不高。

因此,由于传统的农业生产方式没有得到根本改变,农牧业生产科技含量很低,,对劳动力的需求量也就相对较大。于是,相当一部分少年儿童被留在家里帮助从事生产劳动。调查发现,有的小孩甚至在10来岁就在帮助家里干农活。所以,这种简单的再生产对文化科技知识的要求程度不高,导致农村家庭对教育的需求动力严重不足。

三、不健全的教育体制难以化解民族教育公平发展中的矛盾

(一)"主不起来"的教育管理体制带来乌江流域民族教育公平发展的系列矛盾

2001年,《基础教育改革与发展决定》将进一步完善农村义务教育管理体制作为工作中的重中之重,要求建立地方政府负责、分级管理、以县为主的体制。国家承担确定义务教育的教学制度、课程设置、课程标准,审定教科书的责任,中央和省级人民政府通过转移支付承担扶持贫困地区和少数民族地区义务教育的责任。省级和地(市)级人民政府承担教育统筹规划,搞好组织协调的责任,县级人民政府对本地农村义务教育负有主要责任,要求抓好中小学的规划、布局调整、建设和管理,统一发放教职工工资,负责中小学校长、教师的管理,指导学校教育教学工作。调查发现,在部分富裕的乡(镇)政府承担了相应的农村义务教育的办学责任,改善办学条件,提高了教师待遇。2006 年,新修定的《义务教育法》把保障义务教育经费首当其冲,要求制定适应义务教育基本需求的有关经费标准,中央和地方各级政府根据职责共同负担义务教育经费并负责落实。此次修订主要强调教育投入要由中央、省、地(市)、县四级政府共同承担责任,不再单独强调"以县为主";而今后所谓"以县为主",更多的是指一种管理责任。

　　《义务教育法》的"以县为主"是个巨大的进步,但是也有学者提出批评意见,力图在"教育公平与效率"之间寻找一个新的平衡点,力求在确保教育管理效率的过程中缓解"乡镇办学"所带来的一系列教育公平矛盾①。不可否认,"以县为主"的管理体制缓解了义务教育发展中的财政压力,改善了过去普遍存在的县域经济发展不平衡所致的义务教育发展不平衡的状况,缩小了乡镇之间的教育差距,在满足农村学校基本办学条件、保障教师基本待遇、解决"上学难"的问题等方面做了突出贡献。但伴随税费改革的全面推进,农业税、教育附加费被取消,建立在萎靡的象征性财政基础上的县级财政同样陷入了入不敷出的境遇,以致县级政府的财政能力与财政责任失衡,难以负担义务教育经费的投入,于是"以县为主"根本"主"不起来。乌江流域是一个以发展农业为主

---

① 鲍传友:《"以县为主"基础教育管理体制的公平与效率问题及思考》,《教育科学》2009 年第 3 期。

的地区,县级财政遭遇教育经费投入的困境,他们不得不大幅削减教育经费开支、出现降低农村教师待遇标准(克扣教师地方津贴和绩效工资)的倾向。正如前文所分析,"以县为主"的管理体制仍未化解义务教育的债务的问题,乌江流域部分学校债务缠身,相关部门债权混乱,相互推诿。因此,长期以来困扰农村的债务问题在"以县为主"的管理体制中仍然没有得到很好化解,使得教育投入缓慢,改善教育教学条件举步维艰。

调查发现,乌江流域县级政府在发展民族教育中还掺入了更多功利性因素,用政治中的"亮点工程"、"形象工程"、"短期见效工程"办教育,没有从民族教育或民族学校对当地农村自身发展、经济建设的作用的视角出发,尤其是在新农村建设中,民族教育或民族学校应该发挥何种功能,如何发挥其应有的功能,在"以县为主"的管理体制中都没有给予恰当的回答,以致影响了民族教育对于促进当地经济和社会发展的功能的发挥,可以说在一定程度上影响了教育对社会的贡献。"以县为主"管理体制的功利性趋向,没有彻底解决乌江流域民族教育中供给与需求的矛盾,其教育资源配置失衡的现象屡见不鲜,农村学校与城市学校、重点学校与薄弱学校的差距并没有绝对缩小,农村学校和薄弱学校的教育质量和效益没有得到真正的提高,造成了乌江流域民族教育的公平从形式上入学机会不公平的矛盾转向了教育过程中获取教育资源的不公平。

(二)民族教育的公平保障机制缺失带来教育发展的不公平

保障机制是对公共政策的原因和结果信息的一种监测,通过这种检测以保证政策的有效执行,促进既定政策目标的实现。从乌江流域民族教育发展的总体状况来看,虽然党和政府采取了促进教育公平发展的一系列举措并取得一些成效,但由于教育公平保障机制的缺陷,乌江流域民族教育发展中不公平、不均衡的现象依旧突出,限制了民族教育的全方位发展,也制约着民族地区经济、社会的进步。民族教育是一种制度性公共产品,其主要责任在于政府,民族教育的发展规划、制度革新、机构设置、人员管理、经费投入等方面的工作,都应该由政府来做,而不能将其全部或者部分责任转嫁给社会或家庭。基于此,政府是保障民族教育公平实现的主要责任人,要将责任落到实处,有赖于"问责制"的保障。在乌江流域民族教育发展过程中,"问责制"要发挥实效离不开一套操作性强的运行机制,诸如谁来问责? 通过什么程序问责? 何时问责? 向谁问责? 没有一套完整的具有可操作性的问责运行机制,"问责制"成为了一句空话。即便有着监督权力的人大常委会也缺乏监督措施和方案,对各类教育法规政策的实施状况、对民族教育发展中存在的弊端都无从监督。

实施财政转移支付制度是发达国家克服和缩小区域间义务教育发展不平衡的成功经验。实施义务教育财政转移支付旨在维护教育的公平,解决地区间义务教育财政的不平衡问题。在我国新义务教育法第四十六条就规定:"国务院和省、自治区、直辖市人民政府规范财政转移支付制度,加大一般性转移支付规模和规范义务教育专项转移支付,支持和引导地方各级人民政府增加对义务教育的投入。地方各级人民政府确保将上级人民政府的义务教育转移支付资金按照规定用于义务教育。"但在乌江流域民族教育发展过程中,财政转移制度缺乏相应的规范化管理和监督机制,义务教育转移支付资金有不少被挪用、截留。转移支付的初衷为维护公平,然而在操作中却出现资金分配不公正、不公开的现象,政府对转移支付的管理不规范,缺乏切实可行的办法、标准、依据。这使乌江流域的义务教育一般性转移支付不能按规定比例拨发,专项转移支付也常被挪用和挤占。

(三)二元城乡体制造成民族教育发展中的不公平

城乡二元制以规制的方式确定了一种泾渭分明的关于城市与农村的边界。在城乡分割的二元结构下,城市几乎聚集了大部分的社会资源。在教育方面,由于城乡分离的户籍制度,一方面大量富余农村人口长期滞留于农村,农村家庭经济负担加重,多数农民家庭在承担子女教育费用时相当的困难。另一方面,流入城市的农民因没有城市户籍而无法获得与城市人同样的权利和福利,大批进城务工就业的农民子女被远远超过他们的经济承受能力的入学赞助费、借读费、建校费等花样不断翻新的各种费用挡在城市学校之外,无法接受到与城市儿童平等的义务教育,从而使他们从一开始就与城市儿童拉开了距离,形成了城乡二元教育分割结构,产生了"农村教育"和"城市教育"的天壤之别。

同时,城乡二元的户籍制度造成了不同省区居民教育资源享有的不均等:高等教育资源享有的不均源于以居民所属地为限定条件报考的户籍制,基础教育资源享有的不均源于户籍制下形成的城乡二元体系和区域发展失衡。在义务教育方面,一个孩子如果离开了自己的户口所在地,那么他接受优质义务教育的权利也就随之被剥夺。因为非本地户口的外地子女要想上条件优越的公办学校,只能缴纳数倍于本地学生费用的高额的"借读费"或"赞助费"。对于收入较低的外来务工人群,其子女就学更成难题。而为农民工所办的学校(大部分是民办学校)普遍存在"四低"问题——"低投资、低收费、低薪酬、低质量",政府不补助,社会不支持,教师的工资比农民工还低,教学质量保证不了。

调查发现,在乌江流域民族学校教育中,学校教师编制的要求具有严重城乡二元结构的特征。教育部文件规定中小学教职工编制标准是:城市高中1∶12.5,县镇高中1∶13,农村高中1∶13.5,城市初中1∶13.5,县镇初中1∶16,农村初中1∶18,城市小学1∶19,县镇小学1∶21,农村小学1∶23。课题组发现,在乌江流域部分省市则把这个编制变成了最低标准。《贵州省中小学教职工编制标准》中规定,学校类别教职工与学生比例幅为城市高中1∶12——∶15,县镇高中1∶13——∶16,农村高中1∶13.5——∶16.5,县镇高中1∶13——∶16;城市初中1∶13——∶16,县镇初中1∶16——∶19,农村初中1∶18——∶21;城市小学1∶19——∶22;县镇小学1∶21——∶24;农村小学1∶23——∶28。编制标准以压缩编制和效率优先、城市优先为导向,存在编制标准整体偏紧、城市偏向和城乡严重倒挂的突出缺陷,忽视了广大农村地广人稀、生源分散、交通不便、学校规模较小、成班率低,存在大量村小特别是尚存在分散教学点;忽视了一名学生也需要多位教师教的实际。由此,由于广大边远山区经济不发达,经济欠账大,教师工资占政府经费比例大和编制标准的城乡倒挂的共同作用,乌江流域农村地区各地教师编制数量减少和压缩,进一步加剧了农村中小学教师编制与数量的严重不足,进而造成农村学校运转和发展的困难,一些规模小的农村学校与教学点甚至由于缺少编制而难以为继。

四、历史因素影响乌江流域民族教育的公平发展

(一)历史欠账多困扰着乌江流域民族教育的公平发展

新中国成立时,乌江流域教育积贫积弱。文献记载,1949年前后,贵州经济发展滞后,大多数地县属于贫困地区,80%以上的工农子女都不能上学。1949年11月,贵阳市军事管制委员会文教接管部开始接管学校。从1949年到1953年共接管的公私学校有国立大学3所,中等学校(包括师范学校和职业学校)81所,私

立中学 8 所(经合并后的数量),全省接管的教职工计 6095 人,其中幼儿园 267 人,小学 3342 人,中等学校 49 人,普通高校 78 人。新中国建国前,全省仅有公办省立幼稚园,安顺师范、贵阳师范、盘县师范附属幼儿园及几所小学附设幼儿园,几所私立和教会办的幼儿园,1950 年全省仅有幼稚园 7 所,幼儿 1141 人,教职工 67 人,1952 年也只有幼儿园 27 所,在园幼儿 7515 人,教职工 266 人。1949 年全省接管的小学 494 所,在校生 5.9 万人,经过发展到 1952 年全省小学也只有 6941 所,学生 810100 人,学龄儿童入学率有了较大提高,也只有 27.2%。而当时全省只有职业教育学校 5 所,共 43 个班,教职工 172 人,工人 34 人,到 1952 年全省有中等技术学校 6 所,学生 2263 人,1956 年有 12 所,学生 7633 人。当时师资队伍的基本情况是,数量严重不足,业务能力等不能适应需要。1950 年全省仅有中等师范学校 5 所,学生 1300 人,1952 年发展到 10 所,学生 5000 余人。1950 年贵州省教育经费仅为 41.7 万元,占财政支出的 2.9%。1952 年增加至 363 万元,占财政支出的 5.56%。这一时期的县教育经费,由"地方附加粮"开支,教师待遇很低,工资以大米支付,一般每月 150～250 市斤大米。1951 年提到平均 320 斤。有的地区教师要自己到乡下背粮食,个别县三四个月不发工资,由于当时工业品和粮食价格差别大,粮价低,教师生活十分艰苦。1954 年后,教育经费改为国家拨款,经费有所增加,1953 年全省教育经费为 1143.7 万元,占财政总支出的 12.76%,1957 年增至 2121.7 万元,占财政支出的 13.3%。[1]

在师资配备上,历史欠账很大。据松桃苗族自治县教育局

---

[1]　孔令中:《贵州教育史》,贵州教育出版社 2004 年版,第 448 页。

领导介绍,在 1954 年,松桃苗族自治县全县在校学生 18911 人,配备教师 412 人,比率为 1:45.9。1959 年,在校生增到 52445 人,教师增加到 1204 人,比率为 1:43.2。1980 年在校学生为 84272 人,教师 3864 人,比率约 1:22。1990 年在校学生 82261 人,教师为 4086 人,比率为 1:21.3。教师数量一直都不能满足需要。

同时,由于乌江流域财政收入长期增长幅度小,自给能力低,财政承受能力弱,可供支配的资金少,制约了教育投入的增长,迟滞了教育的公平发展。如 2006 年 1 月,国务院出台了农村义务教育经费保障新机制,将农村义务教育全面纳入国家财政保障范围,经费由中央和地方财政分项目按比例共同分担,免除农村学生学杂费,由财政补助学校公用经费。新机制实施后,财政补助的公用经费拨款标准主要参考各地前两年的生均公用经费水平和"一费制"标准,而受原有经济发展水平所限,其自定生均公用经费和"一费制"标准原来就偏低,在此背景下参考各地原有水平制定的新公用经费标准普遍过低。比如,贵州省农村小学、初中公用经费新标准仅为 80 元/人/年和 105 元/人/年,而同处西部地区的新疆维吾尔自治区农村小学、初中公用经费为 120 元/人/年和 160 元/人/年,青海省农村小学、初中的公用经费标准为 163 元/人/年和 190 元/人/年,差距越来越大。

(二)长期以来民族教育定位不准致使民族教育公平发展出现偏差

民族教育是我国教育体系中一种特殊的教育形式,是我国教育体系的重要组成部分之一。因此,作为一种特殊的教育形式,民族教育具有自身的特殊内在结构和模式、特殊的任务和目的,也有着特殊的定位。著名民族教育学家、中央民族大学滕星教授在讨论民族教育概念时就对我国民族教育的定位给出了准确描述。他认为,民族教育有狭义和广义之分,狭义的民族教育是指少数民族教育,即对在一个多民族国家中对人口居于少数的民族的成员实施的复合民族教育。广义民族教育则是指作为有着共同文化的民族或共同文化群体的民族集团进行的文化传承和培养该民族或民族集团的成员,在适应现代主流社会,以求得个人更好的生存和发展的同时,继承和发扬本民族或本民族集团的优秀传统民族文化遗产的社会活动。① 在他看来,我国民族教育的特殊定位基于以下两方面:一是要使得少数民族个体或者成员具备适应以主体民族文化为主的现代主流社会的能力,以求得更好的生存与发展;二是要少数民族个体或者成员能够不断继承和发扬少数民族优秀文化遗产,以使得少数民族群体或者个人能在现代主流社会背景下获得社会政治、经济以及文化等领域的平等权利。滕星教授对我国民族教育的定位,真实体现了我国多民族、多文化的统一多民族国家的客观实际,总结和归纳了少数民族教育在我国民族优秀传统文化弘扬与传承方面所占的重要地位和作用,也深刻揭示了我国民族教育内在的特殊性,具有一定的科学性。

乌江流域是一个多民族、多文化的民族聚居区域,民族教育在传承和弘扬少数民族优秀文化遗产方面有着不可忽视的地位和作用。甚至可以认为,大力推动和发展民族教育,是一件关系到乌江流域经济与社会发展、民族团结与社会和谐、少数民族文化的传承与保护等方面的大事,具有举足轻重的地位。

但是,课题组调查发现,乌江流域民族教育发展存在定位不准、目的不明等问题,严重影响了乌江流域民族教育自身的公平发

---

① 滕星:《民族教育概念新析》,《民族研究》1997 年第 2 期。

展,是导致乌江流域民族教育不公平问题的重要内在原因。

首先,各级教育部门对民族教育的认识不清,没有真正把握民族教育发展的重要意义和价值,也没有弄清国家发展民族教育的真实目的和任务,导致了社会各界对民族教育的价值取向认识缺位。调查组在松桃苗族自治县、务川仡佬族苗族自治县、威宁彝族回族苗族自治县、恩施市调查期间就"为何要建民族学校"、"国家发展民族教育的目的和任务"等问题与这些区县的部分教育主管部门同志进行了座谈和讨论后发现,这些教育主管部门并没有弄清民族教育与非民族教育的区别。在他们看来,民族教育只是寻求一种资源的手段,与非民族教育并没有多大差异。

其次,绝大部分民族学校教师对民族教育认识也存在一定偏差,导致了整个民族教育体系功能的缺位,甚至是丧失。在松桃苗族自治县,调查组在采访松桃苗族自治县盘石镇从事双语文教学的某老师时,就"民族教育与非民族教育有何不同"问题进行了讨论,但出乎意料的是,对方只知道有不同,却并不知道二者之间的不同到底是在什么地方。在第一线真正进行双语教学的教师,也存在认识上的误区,他们对民族教育的定位问题认识存在偏差。在酉阳县民族小学校,从事双语文教学的某老师也对调查组说了实话:"其实,(我们)一不知道怎么搞(双语教学),为何要搞(双语教学)。"此话,真实地反映了第一线教师对我国民族教育的看法。

鉴于一线教师的这种认识和观念,因此,现行部分地区编写的双语教学教材,如湖北省恩施土家族苗族自治州民族宗教事务委员会等编写的《恩施民族文化读本》、铜仁地区编写的《苗文读本》、酉阳县编写的校本教材在传承民族文化、培养成员社会适应能力方面所起的作用就值得深入商榷和反思。

最后,受教育者本身对民族教育的忽视和不在乎态度,也进一步加剧了原本功能就已缺位的民族教育的不公平发展。调查发现,在"读书无用论"等厌学思想再次喧嚣之时,在"高考指挥棒"大行其道的背景下,乌江流域很多少数民族成员本身就认为,民族教育与其他非民族教育并没有区别,他们要考虑的是如何考试升学,"是不是民族教育"或者"民族教育搞得怎样"不是他们该去考虑的。在他们看来,"退一万步说,考学时,你就是民族(知识)学得再好,也起不到作用,因为别人(大学)也不会要,不在乎你这个,别人(高校)看的是分(高考分)",这话真实说明了受教育者家长或者个体对民族教育的真实看法。

由此可见,我国民族教育定位不准也是导致乌江流域民族教育不公平发展的重要社会文化原因之一。教育主管部门、一线教师以及学生家长和受教育者本身,都对民族教育的定位、目的和任务存在认识不足的问题,甚至是存在认识上的误区。可以认为,民族教育定位不准,是导致乌江流域民族教育不公平的重要内在原因。

(三)多年来不合理的学校布局加剧了不公平

学校布局是一个国家或地区学校在空间上的分布结构,与社会经济发展水平、人口分布状况及地方精英对学校布局的认识等密切相关,而学校布局调整则是基于上述因素对学校地域分布、规模大小等进行的调适与整合。

改革开放前,中小学布局是严格按就近入学的原则进行,并尽量达成到"村村有小学"的目标。20世纪90年代以来,我国便开始着手进行乡村学校布局的调整工作。据统计:"从1990年到2001年,我国小学和初中分别由766072所和71953所分别减少到491273所和65525所,11年里,小学平均每年减少24981.7所,初中平均每年减少 584.4 所。"①20 世纪 90 年代中期,乌江流域推行"撤区并乡建镇"后,由于撤并后的乡镇政府通常都设在交通便捷、人口集中且经济基础雄厚的地方,因而,学校布局调整通常都是:初中以现乡镇政府所在地为单位、小学以村为单位,在乡镇行政区划内进行布局,调整仅在本乡镇之内,乡镇之间的学校各自独立平行、互不合并。

这样的布局调整后,教育资源闲置与教育资源短缺并存,出现了部分学校办学条件不达标的现象。为此,从中央到各地政府纷纷出台标准,规范调整。2006 年贵阳市出台了《贵阳市义务教育阶段中小学办学条件标准(暂行)》,规定:学校设置要充分照顾学生的就学便利。其服务半径要根据《贵阳市中小学布局调整规划》,按学校规模、交通环境及学校住宿条件等因素确定。其中,农村每个(镇)至少配置 1 所小学、1 所初中或 1 所九年制学校。地域较大,人口较多的乡(镇),可适当增加学校数,以满足入学需要。但是,中小学布局问题仍然没有得到很好的解决。

调查发现,乌江流域中小学校布局存在高中向县城集中、初中向乡镇集中、"高小"向乡镇和管理区集中、"高小"以上学校向寄宿制学校过渡的现象。同时,调查还发现,布局调整问题行政化倾向严重,相关政策不配套,后续政策没跟进,进而导致了或是学生上学路程远,或是家长的经济负担和学生的生活压力加重,或是增加了教师工作负担等问题。中小学布局调整是一个教育资源优化配置的过程,目的在于节约经济资源和提高办学效率。通过裁减过于分散的校点,提高教育资源的使用效率,特别是减少教师编制

---

① 容中逵:《当前我国乡村学校布局调整问题研究》,《中国教育学刊》2009年 8 期。

和减少学校建设资金以减轻教育财政负担,成为地方政府的一个工作目标。由于布局调整需要撤并大量村校,却在一定程度上造成村民教育投入的加大。一方面,村校是农村集体经济的一部分,村校撤并后,校舍被废弃,直接造成集体经济损失;另一方面,村校撤并后,学生将到较远的村外学校读书,离校较远的学生将不得不在校寄宿或乘车上学,生活成本和交通成本支出增加,加重了学生家庭的经济负担。

无论是"人民教育人民办"还是"人民教育政府办",都是为了解决教育机会的供求矛盾,政府和民众的教育利益在根本上是一致的。但具体而言,政府的教育供给能力和意愿与群众的需求却未必吻合。在撤校并校过程中,政府希望通过撤并分散的村小和教学点以优化资源配置,实现集中办学,改善办学条件,提高教育质量,缩小校际落差,实现区域内的教育均衡发展,从而给民众提供更加优质和公平的教育。但是,民众对优质教育尽管有强烈需求,多数家长也希望子女能享受到优质教育的同时,也更希望子女能够就近、安全、方便地求学。所以,在优质资源与安全求学不能兼顾的情况下,他们宁愿舍弃优质教育机会而保留村校和教学点,以方便孩子就近入学,特别是在山区、交通不便等地区,村民的这一愿望更为强烈。

调查组认为,导致中小学布局不合理的原因在于:一是缺乏科学合理的规划。农村中小学布局调整是一项复杂的系统工程,要顺利实施,必须制定科学合理的规划,但由于一些地方政府对政绩的片面追求,导致布局调整忽视当地的实际情况,缺乏长远规划,对老百姓的心理感情、经济承受能力、自然条件和人口变化规律等考虑不够。二是缺乏相应的政策保障机制。布局调整的顺利实施需要一定的政策保障机制,特别是经费保障机制来支撑,才能保证其积极效应的发挥。但是,由资金投入不足而引发的问题,如布局调整过程中予以保留的农村中小学的基础设施不足问题,寄宿制学校贫困生的生活负担问题,寄宿制学校建设和管理费用问题等,已成为当前乌江流域农村中小学布局调整过程中各种矛盾的集合点。调查发现,布局调整过程中有关专项资金的分配,各地一般是根据项目县社会经济发展和教育发展状况,并考虑人口数、危房状况、生均校舍、人均财政收入、农民人均纯收入、义务教育普及程度、地域特点、办学条件基础及规划目标等各方面因素。由于缺乏充分调查,不少项目资金的分配过程就是自下而上的材料申报过程;而在材料申报的过程中,有些乡、村、校为了得到资金、多拿资金在申报材料上弄虚作假。而规划资金的决策层由于人手少、时间紧、工作量大,根本无法对每一项申报材料进行调查、核实,因此对其中的失真材料就缺乏了解和洞悉,因此资金分配去向、额度等都难以做到公平、合理。一些特别贫困、最需要教育扶贫的乡、村、校,则因为贫穷、落后、闭塞及在当地的弱势地位而从一开始便失去了递送申报材料的机会。三是教师配备没有跟上。农村中小学合理布局的目的是通过合理配置教育资源,实现教育资源利用效率和教育质量的提高,而教育质量提升的关键在于师资条件的改善。学校布局调整不仅是对教育有形的物质资源的整合,更重要的是学校人力资源的整合,对乌江流域农村中小学布局调整能否顺利推进具有决定性的意义。但从调研情况看,目前农村中小学教师队伍建设尽管已取得了一定的效果,但还远远不适应布局调整后农村教育发展的需要。除了优秀教师大量减少和流失,教师年龄老化现象严重,教师数量和学科结构不能满足需要外,更为突出的一个问题是专职生活教师和心理辅导老师普遍缺乏。

第六章　公平与发展：乌江流域民族教育发展的策略研究

乌江流域民族教育公平发展是一个系统工程，需要从理念、观念、制度等方面进行务实的创新。创新民族教育公平发展理念，大力弘扬求真务实精神，加快调整教育结构，推进发展方式转变，推动乌江流域民族教育公平发展。

第一节　创新教育理念，促进乌江流域民族教育公平发展

先进的民族教育理念是行动的先导，是民族教育的灵魂。民族教育发展理念决定着民族教育的发展道路，影响着民族教育发展模式和发展成果，理念不新，思路、举措、机制体制等就不可能创新。乌江流域民族教育公平发展中出现的问题很多与民族教育发展理念密切相关。

一、教育公平：政府教育政策的基本价值取向

教育是实现和谐社会的重要基础及保障，很多国家都以法律的形式确保受教育者享受公平的教育待遇，政府是教育公共服务的提供者，也是教育公共利益的维护者，维护教育的公平是政府的一项重要职责。乌江流域民族教育应当坚持以突出民族性和地域

性的教育公平作为制定教育政策的基本价值取向。以教育公平原则为指导，不断调整乌江流域民族教育发展的各项政策和制度。以教育公平为基本价值目标，在乌江流域建立受教育者学习和生活相关的制度，做出乌江流域民族教育公平发展的远景规划，并引导乌江流域的社会成员树立民族教育公平观，在民族教育活动中合理行使教育权利、自觉抵制民族教育不公平发展的现象，维护和促进乌江流域民族教育发展的公平。基于地域的特殊性、民族教育发展的程度、民族教育公平发展的内容和重心，乌江流域民族教育的公平发展将传统与现代、结构与功能、供给与需求、责任与权利的四个维度作为民族教育政策的基本价值取向，以"提高民族教育品质，丰富民族教育内涵"为主，通过走特色化、民族化之路大力发展民族职业教育，通过帮扶、"借力"、"自强"相结合大力发展优质高中教育和高等教育，实现乌江流域民族职业教育、高中教育、高等教育快速公平发展的价值观。

　　教育政策是政府调控教育公平的重要手段，政府主管部门作为教育公共政策的制定者和执行者，对维护教育的公平有不可推卸的义务和责任。政府作为实现教育公平的"第一责任人"，首先体现在制定政策上对教育的公平发展上不能失职、更不能"缺位"。如果教育政策本身存在不公平问题，就会影响教育的公平发展，最终会影响社会的稳定和可持续发展。政府应该站在资源合理配置的高度，充分优先考虑到城乡差距、地区差距、民族差距、性别差距、阶层差距等重要因素来制定教育政策。乌江流域民族教育政策更应从乌江流域文化、经济和民族教育发展的特殊性着手，在认清民族教育功能的独特性的基础上，以民族教育功能的实现为出发点和落脚点来制定。各级政府应将教育公平作为乌江流域民族教育发展的重要目标，在教育政策的制定中，一是要考虑乌江流域民族教育在发展中与其他地区存在的现实差距，采用差距对待的原则，具体地区具体对待，教育政策向贫困地区、弱势群体倾斜，以重点扶持的方式促进落后地区教育的发展；二是在教育决策中应由过去的封闭状态转向开放状态，应有教育利益相关者务必参与决策活动，教育政策的出台应该体现大多数人的要求和利益，避免简单地以效率为发展导向的民族教育；三是教育公平的发展重点在于"人"的公平发展，在政策决策过程中应坚持民族教育是多层次、多形式教育的观念，民族地区每一个人都能够在富有弹性、灵活多样的开放教育体系中得到发展，建立一个开放、多元的教育体制和灵活的学制即为终身教育的社会环境和制度，只有这样每个社会成员才能实现自我发展，民族教育才是公平的发展；四是在教育政策的制定过程中不能忽略民族教育的民族性特点，民族教育承担者不同于普通教育的功能，其最核心的特点就是民族性。对民族文化的传承和发展以及帮助少数民族融入主流社会，政策制定者不能够脱离民族教育的特性来制定教育政策。围绕民族教育特性制定的教育政策才能够促进民族教育公平发展。

二、和而不同：民族教育公平发展新视野

《国家中长期教育改革和发展规划纲要（2010—2020 年）》将促进教育公平作为国家的基本教育政策，要求首先保障公民依法享有受教育的权利，其次保障教育的机会公平，致力于以合理配置教育资源来重点促进义务教育的均衡发展和扶持困难群体，教育公平发展关注的重点区域在农村地区、边远贫困地区和民族地区。乌江流域，一个深受城乡二元结构影响的典型的农村地区，一个地跨云南、贵州、重庆、湖北四省的边远贫困地区，一个居住着苗族、彝族、布依族、土家族等 40 多个民族的多民族聚居的民族地区，其

民族教育的发展必须以公平作为重要的价值追求。

"以和为贵"是中国文化的根本特征和基本价值取向。"君子和而不同"正是对"和"这一理念的具体阐发。"和而不同"追求内在的和谐统一,而不是表象上的相同和一致。乌江流域民族教育在发展过程中所面对的生态现实、历史背景、经济条件、学生生源、服务地域、功能定位、政策制定、制度实施、教育投入、教育资源配置、办学模式、办学定位、办学特色、培养目标上都应有所不同。这种不同,是追求内在和谐统一的不同,只有不同的发展才能体现出特色,只有包容差异并和谐协调的发展才是公平的发展。

"夫和实生物,同则不继。以他平他谓之和,故能丰长而物归之。若以同稗同,尽乃弃矣。"这句话深刻说明,"和"是处理人与人之间、事物之间相互关系的基本原则。和乃表达不同事物、不同方面同时共存、相互补充、相互调济达到总体上的和谐之意,同非一方消灭一方,也非一方同化另一方,而是在两者不同或差异中寻求交汇点,进而推动事物的发展。和是承认矛盾对立面存在的和,同是否认矛盾对立面差异的同,是无原则的苟同。"和而不同"的方法论,既顾全大局,又承认局部和个体的差异,既强调群体的利益,又不忽视个人的利益。

对于乌江流域民族教育而言,遵循"和而不同"的发展理念,才是公平的发展。"和而不同"就是指多种不同的事物之间和睦相处,但各种事物又具有自身的独特个性,不随便盲从附和其他事物,也就是各种异质元素和谐共存,形成一个有机的整体,同时又保持自己的独立的和有特色的东西。民族教育不仅要突出民族性,而且还要强调多元文化性,解决传统与现代的冲突、供给与需求的失衡、结构与功能的失调、权利与责任的位移问题。在科学技术日新月异的今天,知识观念的快速更新,民族教育在发展中也面临着现代化步伐加快的挑战。民族教育现代化的发展不是某地区某民族的问题,而且还是需要整个社会共同应对的问题。民族教育只有追求现代化价值才能够实现公平,只有满足民族地区人们对教育优质教育资源需求才叫公平,合理布局结构才能够保证公平。民族教育在教育定位、办学规格、人才培养等方面的价值追求应该包容普通教育的价值目标,这是"和"。"和"是追求的目标,是一个公平的目标、发展的目标。"不同"是对不同地区、不同类型、不同类别的教育的公平标准有不同的判断,实现"教育应有功能"的充分发挥。乌江流域民族教育的公平发展,义务教育属于国家行为,应该讲均衡;职业教育为地方服务,突出地域特色和民族特色;高等教育应该既基于民族特色又具有国际视野,突出公平与竞争的结合。民族教育生长于民族传统文化之中,民族教育的思想、观念反映了民族传统文化多年的历史积淀,乌江流域民族教育的公平发展离不开独特民族性的框定。乌江流域独特的地域性、多样化的经济生活方式、差异化的民族心理状态以及民族教育公平发展中独特的困境和问题要求以"不同"的方式、"不同"的标准来实现公平的发展。

首先,"和而不同"理念要求从文化相对主义的视角促进乌江流域民族教育的公平发展。文化相对主义的核心是尊重差别,强调不同民族文化一律平等,反对批判甚至摧毁那些与自己文化不吻合的东西,要求不同民族文化之间相互包容、互相尊重,承认民族文化的独立存在,寻求各类民族文化的相互理解与和谐共处。文化相对主义反对"主体民族教育中心现象",承认多元共存的现实,正是由于民族文化之间的差异性,才能在相互借鉴、相互比较中发展自己。在乌江流域这个多民族地区,公平发展民族教育就意味着开展多元的教育。如果民族教育发展中一味地追求主流文

化、单一文化,忽视其乌江流域本土文化,乌江流域民族教育发展
的外相中表征了形式繁荣的教育公平,只是一种显性的公平,其间
阻碍了一种隐性公平的实现,对内在、隐性的多元文化的认可是教
育公平的重要因子。民族教育真正的公平发展是尊重多元文化差
异的公平发展,民族教育只有寻求民族文化的差异性,考虑少数民
族地区和农村地区学生的实际特点,才能实现公平。

　　其次,"和而不同"理念要求从在公平的差异性中发展乌江流
域民族教育。乌江流域民族教育要实现公平发展,有必要从教育
对象的独特自然、社会环境、文化、物质生活方式和社会组织结构
等方面厘清教育公平中合理存在的差异性,大力倡导和而不同。
亚里士多德认为,公平有两层含义,一是完全平等,二是比例平等,
"比例平等"就包含了差异性的公平。罗尔斯主张社会的和经济
的不平等应这样安排,使它们被合理地期望适合每一个人的利益;
并且依系于地位和职务向所有人开放①,体现了公平的差异原则。
罗尔斯所期望的事实上的公平需要以一种不公平为前提,言外之
意就是对事实上不同等的人要用不同等的尺度,体现出同等情况
同等对待,不同情况不同对待的差异性。教育公平就是在趋近的
过程中寻找动态的平衡,正如罗尔斯所强调的机会要向不利者最
大利益的情况下,社会才会允许差别和不公平。教育公平是基于
类本质的同一性而提出,然而教育中的各要素不可能就只是一种
抽象空洞的类存在物,教育中各要素的存在是现实的,我们就不能
够将现实的本质完全压缩于类的统一规定性之中,因为教育正是
在不断追求差异的生命表现过程中求得整体的发展与进步的。因

---

　　① [美]约翰·罗尔斯:《正义论》,何怀宏译,中国社会科学出版社1988年
版,第62页。

地理环境和自然气候条件的限制,乌江流域部分地区在人口分布、生产方式、经济发展程度等方面均存在很大差异。部分区县人口稀少,是典型的"十里一户,百里一村",孩子上学交通极为不便,为上学去来得花上近 6 个小时的艰辛跋涉。同时,由于地域环境和个体的差异,在教育中还反映出家庭之间贫富失衡,家庭富裕的孩子可以远走他乡去教育质量较好的城市学校就读,他们有经济实力让孩子"择校",相对比较贫困的家庭则只能够获取平等入学的机会和权力。此外,交通便利地区与边远交界地区教育也表现出较大的失衡,这种失衡与城乡教育的差异、城镇教育与郊区教育的差异、中心校与村校的差异具有相似性。因此,不能用平均求公平,只能是讲差异公平。

最后,"和而不同"理念还要求从城乡统筹的视野来促进乌江流域民族教育的公平发展。通过对乌江流域民族教育公平发展中存在问题的梳理,不难发现,乌江流域民族教育城乡发展极不平衡。这种不平衡决定了民族教育发展的"二元性"。城乡统筹是将城市与乡村作为社会发展的一个整体,短期的城市偏向或者乡村偏向都不能够达到协调和谐发展的目标,城乡统筹就是要充分利用城市和农村这一强大的引力,形成融合,破除二者之间的界限,建设一个能够不断向前发展,总体环境优美的美好定居之地——作为自然—空间—人类系统的'城乡融合社会'"[①]。城乡协调发展不是消灭城乡差别,而是在于改善城乡结构和功能,协调城乡利益关系,实现城乡关系的完全融洽。乌江流域是典型的大

---

① Douglass, Mike. *A regional network strategy for reciprocal rural-urban linkages. An Agenda for policy research with reference to Indonesia. Third World Planning Review*, 1998, 20, (1)

农村小城市的城乡二元社会结构,城市教育远远优于农村教育。在民族教育发展中,农村教育相对弱小,城乡教育的统筹发展就是在共同发展中求和谐,在和谐发展中实现公平,不是只要乡村教育不要城市教育的发展,也不是只要城市教育不要乡村教育的发展。"和而不同"理念指导下的民族教育公平发展,其目的是为缩小城乡教育差距,加快城乡教育一体化建设,实现城乡教育协调、均衡、公平和一体的发展。在乌江流域民族教育发展中应坚持"共同发展",在资源配置上应突出"雪中送炭",而非"锦上添花",在教育评价上应实现"多元评价",而非"单一认定",在资源利用上应"帮扶共享",而非"封闭独享"①。

三、共生教育②:民族教育公平发展新思路

"共生"(Symbiosis)原是生物学专业术语,泛指生物界两个或两个以上有机体一起生活在共存关系,即由一种生物生活在另一种生物的体内或体外所构成的互相依赖的关系,共生揭示出事物之间的相互依赖,共存共荣的关系。教育学意义上的共生,是指在一定生态环境中具有有机联系的同一类型的不同对象之间、不同类型的对象之间、个体与群体之间相互承认、相互依赖、利益互惠的共存关系。共生不只是一个词,更是一种哲学,一种伦理、价值观,是人类未来发展的方向。共生是一种包含了经济增长、政治对抗、人性施恶在内的竞争、紧张和强权关系中建构起来的一种富有

---

① 李涛:《公平的基点:中国城乡教育统筹改革的路径思考》,《辽宁师范大学学报(社会科学版)》2009 年第 3 期。

② 张诗亚:《共生教育论:西部农村贫困地区教育发展的新思路》,《当代教育与文化》2009 年第 1 期。

创造性的关系，是一种价值合众与联盟，是在相互调和、妥协、合作中创建和解共存、和衷共济、和谐共享的关系。

乌江流域是一个富饶与贫困共生之地，自然人文资源富集与经济科技滞后并存。乌江流域民族教育的公平发展，要将自然与人文的独特基因融入现代化的潮流，抓住独特的自然与文化形成的独特因子，将民族教育置之于共生体系中，实现人类自身的生长同它外部世界的良性发展形成一个共生互补的系统，而非以所学知识去征服自然，以所学本事去挖矿、去纯粹地作资源上的攫取，进而促使在乌江流域民族教育发展过程中人与自然、社会建立良好的互动关系，即人与自然、社会的"共生"关系。

四、培育核心竞争力：民族教育公平发展的基本目标

在1990年5月的《商业评论》杂志上，Prahalad和HaMel发表的《企业的核心竞争力》一文第一次明确提出了"核心竞争力"这一概念。核心竞争力的英文原意是"核心能力或核心技能"，主要被用于企业之中，是企业不断创造新产品和提供新服务以适应市场的能力，蕴藏于企业内部，属于企业独有并支撑企业过去、现在和未来的竞争优势。"核心竞争力"是一种无形的资源、是企业在长期的改革中，不断发展、积累、不断沉淀的结果，是企业的特色和优势，这种优势根植于企业的组织与文化中，具有自我生成的显著特点，难以被他人简单的模仿和复制。

如今，"核心竞争力理论"已经延伸到社会发展的诸多领域。把"核心竞争理论"引入民族教育领域，将带来民族教育发展的新视野。在教育发展中培育核心竞争力，就是要让教育发展具有不易被模仿的独特性，并在教育体系中形成某一个方面的优势，且对教育其他因素产生积极作用，进而形成促进教育发展的合力，促成

教育发展内在能力的生成。由此,学校发展的核心竞争力是包含独特的办学理念、学校文化、学校凝聚力及优质教育等多个方面。所以,乌江流域民族教育发展的现实问题急迫需要培育"核心竞争力",即在教育条件、教育理念、社会认同、人才资源、动力机制等方面进行特色培育,促成优势。核心竞争力的培育不仅能增强乌江流域民族教育的实力和改善民族教育的形象,而且还能为乌江流域民族教育的发展提供持久的动力,形成乌江流域民族教育发展有利的生存空间和竞争优势,从而实现民族教育在现代化的追求中实现公平的发展。

乌江流域民族教育核心力的培育应坚持共性与凸显特色的统一。乌江流域民族教育的发展务必符合教育的基本规律,在教育规律的指导下开展教育实践,一方面反映了教育发展中的共性因子,另一方面应体现个性和特色,表现出不易被模仿的独特性,突出地域特色和民族特性。乌江流域民族教育的公平发展离不开"民族特色",那些贯之以"民族"二字的民族学校,应该在发展中脱离普通教育定势的束缚,形成"民族"在教育发展的品牌。所以,民族学校不应只是名字的民族性,更要在学校的内涵建设、文化氛围、办学理念等方面体现民族性,展现民族味。

乌江流域民族教育核心力的培育还应坚持继承传统与改革创新的有机统一。民族教育核心竞争力的形成非一朝一夕之功,需要不断积淀多年以来形成的传统。传统是资本,传统是根基,乌江流域民族教育不能够抛弃有史以来的发展经验和教训,特别是教育公平发展中的点点滴滴,这些传统、经验和教训是乌江流域民族教育构建核心竞争力实现其公平发展的重要筹码。同时,乌江流域民族教育发展要直面现实,依据当今民族教育发展的趋势、民族教育环境和条件的变化,实实在在,兢兢业业,抓住乌江流域民族教育公平发展中的核心问题,以解决问题为切入点,在民族教育发展的局部优势中凸显核心竞争力,推动和实现民族教育的公平发展。

第二节　健全体制机制,保障乌江
流域民族教育公平发展

在乌江流域民族教育发展过程中,不同利益群体围绕着现行教育资源分配制度而对有限教育资源的争夺,已经形成了教育不公平的局面。调查表明,体制机制是制约乌江流域民族教育公平发展的重要因素。只有解决了体制机制问题,处理好政府、市场与学校的关系,确立教育的公益性、公共性、公正性等基本价值,协调好民族教育各个主体的基本权利和职责,乌江流域民族教育才能实现公平发展。

一、确立乌江流域民族教育公平发展制度设计的基本原理
(一)运用机制设计理论,明确乌江流域民族教育公平发展的制度设计路径

机制设计理论起源于赫尔维茨 1960 年和 1972 年的开创性工作,它所讨论的问题是,对于任意给定的一个经济或社会目标,在自由选择、自愿交换、信息不完全等分散化决策条件下,能否设计以及怎样设计出一个经济机制,使经济活动参与者的个人利益和设计者既定的目标一致。机制设计理论把社会目标作为已知,试图寻找实现既定社会目标的经济机制。即通过设计博弈的具体形式,在满足参与者各自条件约束的情况下,使参与者在自利行为下选择的策略的相互作用能够让配置结果与预期

目标相一致。

根据机制设计理论,怎样进行乌江流域民族教育公平发展的制度设计呢? 首先是社会目标(包括宏观和微观的各个方面)的选定,第一步是目标的确定化和清晰化,由于民族教育问题的复杂性,必须抓住事物的本质,忽略次要因素,使目标简化而明确;第二步是最优机制的设计,在这一过程中要考虑到激励相容、直接显示和实施的可行性,这将直接决定机制性能的优劣;第三步是对机制运行的分析,考查机制能否顺利运行,重点是对机制实施的可行性分析。

基于以上设计,课题组认为,乌江流域民族教育的发展应该是公平的发展,不是畸形发展;应该是民族教育的发展,而不是其他教育的发展;是提高乌江流域全民素质、振兴乌江流域经济和社会发展的教育。因此,明确发展目标:学前教育规范化、义务教育均衡化、高中教育精品化、职业教育民族化、家庭教育科学化、社会教育数字化。

评价公共教育资源配置公平的具体指标包括:基础教育(小学、初中、高中阶段)生均预算内教育事业费和公用经费;生均校舍建筑面积、危房比;生均教学仪器设备值和生均图书册数;生师比、专任教师学历结构和职称结构等。① 在市场经济条件下,竞争机制作用的结果形成强势和弱势群体,政府的责任和义务在于保障弱势群体,为他们提供基本的生存和发展的权利、机会。在教育领域中,政府应推进和保障群体间的教育公平。根据我国现阶段社会经济发展水平,需要选择不同群体间义务教育入学机会公平

① 　王善迈:《教育公平的分析框架和评价指标》,《北京师范大学学报(社会科学版)》2008年第3期。

这一有限指标，包括性别间、民族间、农民工子女与城镇子女间、残疾儿童与正常儿童间、贫困人群与非贫困人群间。

（二）借鉴同素异构原理，建构乌江流域民族教育公平发展的组织机构

同素异构原理认为，相同的物质原子在不同的分子结构中，因排列顺序、空间构架上的不同而形成了在物理性能、化学性能、经济价值具有巨大差别的物质。这是自然界和生命运动中常见的现象。对于社会问题来讲，同样存在这样的现象。同素异构原理一般是指事物的成分因在空间组合关系和方式的不同，即在结构形式和排列次序上的不同，会产生不同的结果，引起不同的变化。在生产和管理过程中，同样数量和素质的劳动力，因组合方式不同会产生不同的劳动效率。① 后来，学术界将此作为人力资源开发的10 大原理的首条，组织结构由金字塔向扁平化、网络化发展，以增强组织的适应性和灵活性，有效发挥组织人力资源的积极性、创造性和主动性。②

教育机构臃肿是乌江流域民族教育发展迟缓的原因之一。因此，需要进行教育组织结构的变革，形成良好、健康的组织结构。乌江流域地广人稀，交通不便，经济落后，资金有限，教育低投入。与此同时，而乌江流域教育系统组织层级多，管理幅度小，管理成本高，效率低下。因此，教育系统的变革还需要进行学校组织结构的变革，打破传统的层级分明的组织结构，实现教育管理机构和学校组织结构扁平化，提高教职员工的工作积极性、主动性和创造

---

① 谌新民：《人力资源管理概论》，清华大学出版社出版 2005 年版，第 110页。

② 余昌国：《人力资源开发的 10 大原理》，《人才资源开发》2004 年增刊。

性。在学校内部,也需要压缩管理编制,减少管理机构。美国的中小学管理成本也尽量控制在非常低的水平,美国中小学内没有行政部门,只有 1 名校长带 1—2 名教学辅助人员,其余全是教师。校长和教辅人员的主要职责也是为学生和教师提供服务。一个中型学区教委通常负责 50 所中小学。① 这与乌江流域的"校长——副校长级——教导主任、科研主任、政教主任、总务主任—年级组长、教研组长—教研组教师、年级组教师、教辅人员—学生"形成了多大的反差。

对于乌江流域而言,教育投入本身就少,教师数量不足,因此,必须减少机构减管理人员数量,压缩管理机构,降低管理费用成本,把有限的资金用在民族教育的"刀刃"上。根据国内外的成功经验,课题组提出乌江流域教育系统的组织结构思路:明确学校是民族教育功能的实现机构,是家长教育期望的实现机构,是学生个体发展的培育机构。学校是提供教育服务,满足学生学习和生活需要的组织。因此,把学校建设成学习型组织而不是行政化组织。按此思路,课题组建议:(1)取消地区级教育主管部门和乡级教育管理部门;(2)学校去行政化,走教育集团化;(3)在学校内部,减少行政人员和后勤人员,将后勤人员改编为生活教师。

(三)运用木桶原理,确定乌江流域民族教育公平发展的评价取向

教育公平最终要体现在教育质量上。评价是以一定的标准对某个事物进行价值方面的判断。教育质量评价在教育发展及其质量提高上具有导向性的影响,与学生成长、人才培养、教师发展和

---

① 董志学:《美国基础教育对我国的几点启示——基础教育是创建和谐社会和国家持续发展的长远动力》,《基础教育参考》2006 年第 9 期。

学校建设乃至社会与教育的公平发展直接相关，是促进教育公平的重要手段。

在教育公平视野下，木桶理论是建立评价机制的重要理论基础。木桶理论认为，一只水桶能盛多少水，并不取决于最长的那块木板，而是取决于最短的那块木板。这一理论有两个推论：其一，只有桶壁上的所有木板都足够高，那水桶才能盛满水。其二，只要这个水桶里有一块不够高度，水桶里的水就不可能是满的。这就是说，任何一个组织都可能面临的一个共同问题，即构成组织的各个部分往往是优劣不齐的，而劣势部分往往决定整个组织的水平。因此，乌江流域民族教育是否公平，是否发展，不是看（至少不是单纯看）重点学校建设的程度，而是要看整体水平，看乌江流域全部的民族教育功能发挥情况。

民族教育质量高低取决于民族教育在多大程度上满足民族社会及民族成员的教育需求。乌江流域民族教育质量应该能够正确反映民族的、科学的、现代的民族教育发展水平，如果在民族教育中缺失民族文化，就会造成民族教育质量的严重缺失和发展落后。

民族文化是民族教育的重要内容，是民族教育的根本所在。在民族教育当中，如果民族文化教育缺位，就会失去被称为民族教育的根基，也就无法谈及民族教育的质量问题。只有在民族文化适切的前提下，对民族教育的质量做出评价，才能真正反映出民族教育最深层的内涵。因此，民族教育质量观应该充分体现民族文化的适切性。如果充分发挥评价在教育活动中的功能和作用，教育的公平发展就会有良好的效果。因此，必须考虑通过评价来促进民族教育公平发展。

二、完善乌江流域教育公平发展的社会环境

(一)构建有利于民族教育公平发展的经济社会环境

教育人类学认为:民族教育发展与民族地区经济社会发展关系密切。一方面,民族教育的发展越来越受到民族地区经济社会发展的影响,另一方面,民族教育发展又反过来推动民族地区经济发展与社会进步。乌江流域少数民族居民总收入相对较低,城乡差异较大,承担不起高额的教育费用,严重损害了民族教育发展的基础。因此,课题组认为,鉴于乌江流域经济社会发展的现实,应该牢固树立优先发展民族教育理念,通过制度建设,优化民族教育发展的经济社会环境。

1.本着公平、公开和公正的原则,平等对待各级给教育。一方面,对民办学校、幼儿园的管理、指导、评估以及相关政策方面与公办学校同等对待;另一方面,将民办学校的发展纳入整个教育发展规划,对民办学校在招生、教师职务评聘、教研活动、教育科研课题项目资助、表彰奖励等方面与公办学校一视同仁。

2.以进城务工人员子女和留守儿童接受良好教育为目标,把对城市外来务工就业人员子女的管理纳入本地义务教育阶段学生管理范围,统筹安排城市外来务工就业人员子女的教育管理工作,落实接受完义务教育的城市外来就业人员子女参加中考的各项政策,做到在录取条件、收费项目和标准方面与当地居民子女同等待遇,进一步强化留守儿童的管理工作,建好留守儿童之家,优化留守儿童的教育成长环境。

3.以为企业培养输送高素质的技能型人才为目标,优化人才服务体系。牢固树立"抓职教就是抓经济、抓职教就是抓就业"的观念,积极组建职教集团,大力推进学校和企业在更高层次、更广

领域的合作。同时,深化职业教育改革,全面推行学分制,深化"双元制"办学模式,努力提高职业教育办学质量和水平,打造职教品牌,办出特色,进一步增强职业教育服务经济社会发展的能力。

4.以规范办学行为为目标,提高学生服务水平。改革城乡义务教育经费保障制度,规定义务教育学校只允许按照"一费制"标准收取课本费、作业本费、寄宿学生交纳住宿费,规范向自愿在学校就餐的学生伙食费四项费用收取工作。同时,加大贫困学生救助力度,确保贫困学生能够顺利完成学业。继续以"奉献一片爱心、构建和谐社会"为主题,做好义务教育阶段家庭贫困学生"一免一补"工作,要求各学校把救助困难学生工作列入重要工作日程,加大工作力度,明确资助对象,统一资助标准,规范资助形式,保证乌江流域没有一个孩子因家庭贫困而失学。在全面免除城乡义务教育阶段所有学生杂费后,要加大职业学校、普通高中等高中段贫困学生的救助力度,进一步扩大救助面,提高资助标准,切实减轻学生和家长的负担。

5.全面推进素质教育,努力提高教育教学质量。督促各级各类学校开齐开足开好国家规定的所有课程,特别是要结合乌江流域民族民间文化活动搞好合实践教学、音体美和卫生健康教育等课程,促进全体学生德、智、体、美、劳全面和谐发展。

6.建立健全优化发展环境的长效机制。一是对各级教育管理部门和学校的广大领导干部进行宗旨教育和业务理论教育,对教师进行职业道德教育和师德师风教育,进一步树立服务意识,提高为群众和学生服务的能力;二是加强制度建设,规范从政从教行为;三是加大监督力度,确保政令畅通;四是严肃纪律,对损害优化发展环境的行为予以严肃查处,并追究相关部门领导的责任。

（二）明晰民族事务主管部门是民族教育补偿的责任人

乌江流域教育主管部门机构设置及其职能部门围绕负责教育行政的主要工作领域,设有负责教育人事、教育督导、教育评价、教育事业财务等工作的处室;围绕教育业务的主要工作领域,设有负责基础教育管理、职业技术教育管理、成人教育管理、高等教育管理、社会力量办学管理等处室。在民族事务主管部门中,设置了赋有教育管理职能的处、科作为特殊的保障机构,具体地配合教育主管部门综合地管理民族地区教育事业。但是,如前所述,现在的管理实际存在两个问题,教育主管部门中特殊保障机制功能的模糊性和民委系统特殊保障机制功能的弱化倾向,这就需要进一步完善民族教育管理的实施机制。

完善乌江流域教育行政制度的实施机制是一项复杂的系统工程。根据国务院对教育部和国家民委的职责规定,前者管理学校的办学方向和教育方针的贯彻情况,进行教学研究和教学改革以及检查评估教育与教学的质量等;后者则关心民族政策的贯彻,提供或帮助解决教育的经费问题,以及为民族地区教育事业输送干部等。从这个规定可以看出,民族事务主管部门是民族教育补偿的责任人,应该承担起对民族教育弱势人群的补偿职责。

对社会弱势人群的补偿是衡量社会公平的重要尺度之一。各级民族事务主管部门应建立对乌江流域社会低收入阶层、少数民族、妇女和女童、残疾人、农村和边远地区人口的补偿制度,利用国家财政的专项资金、转移支付、免税与退税、提供优惠贷款、发达地区的对口支援,或利用政府机制、社会机制和市场机制相结合的融资方式,以及国际合作渠道引进资金,推动民族教育的发展;承担起有限教育资源的合理分配,改变以往教育资源过于集中投向少数重点中小学和大学的局面,对乌江流域民族教育发展实行扶助和倾斜,使有限的教育资源发挥最佳的效益。

三、落实和完善乌江流域教育公平发展的教育投入制度

为强化政府对农村义务教育的保障责任,普及和巩固九年义务教育,国务院下发了《关于深化农村义务教育经费保障机制改革的通知(国发〔2005〕43号)》,提出从2006年开始实施农村义务教育经费保障机制改革,根据"明确各级责任、中央地方共担、加大财政投入、提高保障水平、分步组织实施"的基本原则,逐步将农村义务教育全面纳入了公共财政保障范围,建立了中央和地方分项目、按比例分担的农村义务教育经费保障机制。按照改革的实施步骤,到2010年,农村义务教育阶段中小学校公用经费基准定额全部落实到位。改革之后,明确各级政府的责任,规范保障范围,提高公用经费水平,强化校舍维修改造等诸多内容。在不考虑教师工资增长因素的前提下,2006—2010年五年间中央与地方各级财政累计新增农村义务教育经费约2182亿元。其中,中央财政新增1258亿元,地方财政新增924亿元。另外,中央财政每年还安排中小学布局调整专项资金。因此,鉴于乌江流域经济社会发展相对滞后的实际,课题组建议:

(1)实现教育财权与事权的统一。首先,赋予教育部门教育经费预算的编制权。教育经费预算应在平衡教育经费需求与供给的基础上进行编制,即先由教育部门提出教育经费需求预算,然后会同财政和计划部门,根据财力可能,平衡需求与供给,提出教育经费预算建议并纳入国家预算,报同级政府和人民代表大会审核批准。同时,将教育经费的分配权和管理权划归教育部门。这包括教育经费预算在内的国家预算经人民代表大会通过后,由财政部门划拨给教育部门,由教育主管部门把教育经费在各级各类教

育和学校之间的分配(包括非教育部门举办的教育和学校)管理和监控。各种检查验收制度也需进行系统的梳理,避免责任权利不明和弄虚作假现象发生。

(2)实现教育投资多元化,深化投资体制改革。首先,国家和政府要继续加大教育投资力度,缩小在教育经费占 GDP 比重上与发达国家的差距;其次,积极运用财政、金融和税收等杠杆吸引银行资金、社会资金和国外资金,鼓励各类捐资助学,制订相应奖励措施,还可推进银教合作,发展教育储蓄和教育保险;要大大提高教育经费和资源的使用效益,减少重复设置和投资,强化教育资源整合。

(3)推进义务教育阶段学校预算编制制度改革,将各项收支全部纳入预算管理。全面实行农村中小学预算编制制度,将农村中小学所需各项经费(人员经费支出预算、公用经费支出预算、资助家庭经济困难学生经费支出预算和校舍维修改造等项目支出预算等)纳入区县(自治县、市)教育部门预算,由区县(自治县、市)教育行政部门汇总编报同级财政部门,纳入区县(自治县、市)级财政预算管理,实行综合预算。健全预算资金支付管理制度,加强农村中小学财务管理,严格按照预算办理各项支出,推进农村中小学财务公开制度,确保资金分配使用的及时、规范、安全和有效,严禁挤占、截留、挪用教育经费。

(4)各级政府要进一步增加教育投入,既要保证农村义务教育经费的持续稳定增长,又要保证其他各类教育经费的投入水平不断提高。义务教育、高等教育经费至少要省级统筹,职业教育、高中教育要逐步实现省级统筹。

(5)义务教育阶段学校严格执行"一费制",提高教育收费制度的公开度和透明度。乌江流域各区县(自治县、市)政府应在安排农村义务教育经费时要切实做到公开透明,要把落实农村义务教育经费保障责任和投入情况向同级人民代表大会报告,并向社会公布,接受社会监督。

(6)切实加强农村义务教育经费的监督管理,确保专款专用,提高资金使用效益。乌江流域各区县(自治县、市)财政、教育、物价、审计和监察等有关部门要加强对农村义务教育经费安排与使用、资助家庭经济困难学生、农村中小学危房改造和中小学收费等情况的监督检查。

(7)深化办学体制改革,激活办学机制。一要真正实现办学主体多元化,制定操作性强的措施积极鼓励和扶持社会力量以多种形式办学,同时通过加快教育体制和结构改革,充分发挥公办学校主渠道作用;二是要加大政策支持力度,应多奖励私人办学和企业出资办学,进一步明确投资回报问题和利益分配问题,提高办学主体的积极性;三是要鼓励探索和尝试市场经济体制中的新路子,进行多种模式、多种机制的办学试验,防止资金挪用或用于工资和职工福利发放。

四、强化乌江流域教育公平发展的教育管理制度

(一)针对乌江流域民族教育实际,完善现行教育制度,促进教育公平发展

民族教育是一个复合概念,因此各级政府部门和社会各界就应树立整体性教育观念,坚持民族教育在乌江流域城乡之间、区域之间的共同发展,缩小城乡之间、区域之间教育差别,关注农村地区尤其是贫困农村地区普及九年制义务教育发展水平和质量的提高。农村义务教育不仅应在发展步骤与速度上跟上城市的发展步伐,同而且还要在办学条件与教育质量上达到城市同等的水平。

同时,还要做到统筹教育规模、结构、质量和效益的协调发展,统筹各级各类教育的协调发展,统筹城乡和区域教育的协调发展,处理好统筹教育的发展、改革与稳定之间的关系,并把促进教育公平作为教育改革和发展的基本政策取向,保证各族群众享有接受良好教育的机会。

(二)大力完善乌江流域教师队伍管理机制

学校管理的本质是人的问题,是对人的积极性、主动性、创造性的开发和利用问题。因此,要提高教育教学质量,推动教育公平发展。教育管理者必须根据教师的心理和劳动特点,运用现代管理中的激励理论与方法,搞好教师队伍建设,充分调动教师的积极性和创造性。

调查发现,在考核与管理方面,各级政府还没有建立起一套真正适合乌江流域教师队伍发展实际的制度或规定,这不仅在一定程度上忽视了教师权利的保证和福利待遇的享受,而且还直接影响了教师从教的积极性。因而,建议采取如下措施来推动教师管理体制的健全和完善:

第一,依照《教育法》、《教师法》和《国务院关于基础教育改革与发展的决定》的规定,乌江流域各级教育行政部门应依法履行中小学教师的资格认定、招聘录用、职务评聘、培养培训、流动调配、工资管理等方面的职能,真正做到有法可依,依法办事。

第二,积极进行中小学教职员的聘任制改革,确立"按需设岗、公开招聘、平等竞争、择优聘任、严格考核、合同管理"的聘任基本原则,在教师队伍建设中要强化制度建设,建立健全告诫制。如果聘任的教职员在任期内不能履行聘用合同,首先进行告诫,要求限期改正,否则予以解聘。同时,在上级教育主管部门核定的教师职务结构比例内,科学、合理地设置教师职务岗位,逐步实现由身份管理向岗位管理的转变。

第三，理顺教师和校长管理体制，大力推进教育人事制度改革，做到"用人"与"求事"相结合。调研发现，在乌江流域民族高等院校中就面临如何处理好学校中的管理约束与学术民主的问题。一方面，民族高等院校要多出人才、快出人才、多出成果、快出成果；另一方面，高校又是一个学术性机构，还要遵循科研规律。因此，学校既要有只争朝夕的紧迫感，又要加强约束和管理的力度，对教师的政治思想倾向、职业道德和教学科研工作有明确的要求。同时，还要给予一定的适度空间，使之充分发挥想象力和创造力，优化研究工作的物质条件和人文环境，鼓励创新，专心做好科学研究。

第四，建立以县为主的校长和教师队伍的管理体制。一支好的教育管理干部队伍是办好基础教育的保证。建设一支好的中小学校长为主体的教育管理干部队伍，必须将干部的选任、培训、调整、奖惩等四大管理环节有机地统一起来，以不断增强干部队伍的活力，不断提高干部队伍的素质。因此，一方面，全面改革教育人事管理体制，即各中学、中心小学和县直各中小学校校长由县教育局提名任免，教师的编制、聘用、考核、调度由县教育局统一任用、统一管理、统一调配。另一方面，以建立健全校长负责制为重点，以教师聘任制为基础，建立对教职工科学的考核机制，实行动态聘任和利益分配改革，把教职工的工作效果与人事制度、分配制度结合起来，促使教师通过县教育人才交流中心这一中介组织，进行学校之间、城乡之间的合理流动。

（三）变革教育管理制度

全面深化民族教育管理体制的改革，建立适应民族教育公平发展需要、以县为主的义务教育管理体制和运行机制是推动民族

教育发展的重要制度保障。因此,根据乌江流域目前经济与社会事业发展状况,课题组建议:

第一,建立以省(直辖市)为主的经费管理体制。实行教育经费由省(直辖市)统一管理,省级教育主管部门认真履行教育经费预算和安排的职能,落实筹措教育经费的政策,保障义务教育的投入。

第二,建立以县为主教育资源配置体系。学校布局统筹规划发挥效益,在很大程度上取决于学校布局是否合理。学校布局不合理,既会造成在学校建设中的财力物力浪费,又会造成教育资源的浪费。因此,建议各区县县委、县政府把教育管理的人权、财权、事权下放给县教育局,建立以县教育主管部门为主的教育教学的管理机制,县教育局把学校管理的人权、财权、业务指挥权下放给校长,将中小学校长负责制真正落到实处,试行中小学校长有权推荐副校长及中层干部,有权招聘教职工,有权在包干指标内调剂安排使用经费,有权根据学校实际安排教育、教研、教学等项工作,校长对学校的发展负有全责。

第三,减少行政管理色彩,建立现代学校制度。加强教育领域的内部管理制度改革,人事制度改革、后勤体制改革要引入竞争机制。诸如,将学校所有权与管理权、经营权明晰;实行教师聘用制;建立绩效工资制度;在招生、毕业分配方面实行淘汰制度等。

第四,以县为单位,组成一个或几个学校教育集团。为深入推进城乡共同体学校"捆绑"工作,积极探索集团化办学新途径。一方面,学校教育集团应实现扁平化的管理,变学校的金字塔式科层式管理为学校管理的简约化。另一方面,学校要减少中间管理层,加宽控制幅度,以有利于学校组织的效率提高和加快信息传递速度。

五、构建乌江流域民族教育公平发展的评价制度

(一)建立乌江流域民族教育质量评价指标体系

课题组认为,张布和先生的"民族教育质量评价体系的理论探索"①和"民族教育改革与发展的瓶颈——教育评价"②对建立乌江流域民族教育质量评价指标体系有借鉴作用。他认为,评价指标的设计看似是个技术性工作,但实质上具有很强的理论性。设计指标之前,要理清关于评价指标的理论根基。民族教育虽是个特殊的领域,但归根结底仍属于教育活动。因此,指标设计应能够全面地反映民族教育的整体状态,既凸现它的特殊性,又包括民族教育作为教育活动所具备的一般特征。③ 基于民族教育质量意识,根据民族教育质量评价的前提、准则和依据,充分突显民族教育民族的、科学的和现代的特征,建构民族教育质量评价体系应该突出文化的适切性。文化适切的民族教育质量评价兼顾宏观领域、中观领域和微观领域各项因素的评价,评价指标体系的构建可设计四个板块。④

第一板块为基础性保障指标。主要指学校教育常规工作开展的必要前提和基本条件,涉及人、财、物,这是构成民族教育质量的最基本要素。调查发现,仅就乌江流域民族学校而言,虽然地处经

---

① 张布和:《民族教育质量评价体系的理论探索》,《大学(研究与评价)》2008 年 12 期。

② 张布和:《民族教育改革与发展的瓶颈——教育评价》,《民族教育研究》2008 年 4 期。

③ 张布和:《民族教育质量评价体系的理论探索》,《大学(研究与评价)》2008 年 12 期。

④ 张布和:《民族教育质量评价体系的理论探索》,《大学(研究与评价)》2008 年 12 期。

济欠发达地区,但办学条件在当地算是比较好的。虽然办学经费来源于有限的国家投入,并且还基本上能满足学校教育的需要。但要进一步全面提高民族教育质量,仍需要加大投入。这些指标体现了办学的基础需要和基本要求,是实施民族教育的必要保障。

第二板块为质量发展性指标。质量发展性指标主要侧重学校的质量文化建设和质量监控机制的评价,目的是确保质量意识和发展态势。根据民族教育发展不平衡的现实,在基础性指标评价的基础上实行发展的过程性评价,促使不同的学校采取最适合自己的策略,提高民族教育质量。因此,发展性指标的内容应遵循民族教育发展的基本要求:一是要满足民族经济社会发展和人力资源开发的需要;二是有利于国家和地方政府对民族教育的宏观计划和监控、决策、比较;三是便于政府和教育主管部门对民族教育实行科学管理,社会和家长对民族教育的了解、监督、配合和支持;四是与民族地区的社会环境和资源条件相联系,促进民族教育的现代化和均衡化。①

第三板块为文化适切性指标。该指标的设置主要是为了促使民族教育在达到国家常规要求的基础上,立足民族教育自身发展实际,借助民族文化传统的优势,以民族文化特色为切入点和发展的增长点,积极探索,厚积薄发,逐步形成自己独特的、优化的、稳定的文化适切的民族教育特征,引导和促进民族教育不断向具有内涵的质量发展攀升。

教育人类学认为,文化是教育的内容,教育又是传承文化的主要途径。民族教育应该保护和弘扬民族文化的多样性。乌江流域

---

① 张布和:《民族教育质量评价体系的理论探索》,《大学(研究与评价)》2008年12期。

民族教育主要是要通过双语教学的改革与强化,突出民族性。课题组调查发现,乌江流域双语教学基本上是两大类,一类是迫不得已因为学生听不懂汉语进行的双语教学,这类逐渐在减少。第二类是为突出"特色"而开设得双语教学。因此,要探讨"双语教学"效果评价办法,就要弄清并端正"双语教学"的开展目的。

　　双语教学的最终目的是提升对民族文化的认同和民族文化的弘扬,但是,在乌江流域,如果学生学习到的知识没有用武之地,学生的学习动力肯定不足。因此,必须把双语教学与民族文化、旅游经济等密切结合起来,学习双语就要能够在传承民族文化和旅游开发上真正发挥作用,评价也应该围绕这个目的进行,突出双语教学的服务性与实效性。

　　第四板块为教育效益性指标。基本思路是把市场经济的一般规律引入民族教育,按照教育投入与教育产出之间的比值来评价民族教育。[①] 这部分指标既有体现面向全体、促进全面发展的质量评价,也有体现促进学生主动发展、衡量学生个性张扬的个性化评价(如学生个性特长发展);同时,既要考虑经济效益又要充分考虑社会效益、国际政治影响等,以此对民族教育的整体质量和效益状况进行全面衡量。

　　张布和提出的"四个板块"是紧密相连、相辅相成、逐级提升的,同时又是不同的责任单位来保证实现的。基础性指标是办好教育的基本要求、是教育发展的必备条件和制度保障,是衡量教育是否按教育规律办事,合格与否的重要标志,是国家层面需要给予保证的;质量发展性指标是在规范性基础上的发展与提高,重在衡

---

　　① 张布和:《民族教育质量评价体系的理论探索》,《大学(研究与评价)》2008 年 12 期。

量内在质量的提升与丰富,是各省级政府需要强化设计的;文化适切性指标是从民族文化建设着眼,重在衡量教育内隐的民族特色和长期发展的厚重积淀,是需要民族教育执行部门必须认真思考的;而教育效益性指标则是对前三者实际效用的价值判断,是衡量民族质量效益水平的主要客观依据。

(二)创新乌江流域民族教育教师评价机制

通过教育质量评价的导向功能,让广大教师自觉地把目光从只关注学业成绩,转向落实教育公平,真正关注每个孩子的成长,这是当前学校管理中需要努力探索的一个重要课题。

在现行大班额授课制度下,如何实现学生素质的全面提高,被广大一线教师认为是落实教育公平的最大难题。破解这一难题的关键是转变现有的以"平均分、及格率、优秀率"为主要参考的班级教学成绩评价体系,建立以全体学生的进步指数为重点的"增值"评价,把每个班级学生成绩的提高值(提高总量)作为教师教学评价的重要依据。在保证优秀学生进步的基础上,强调以学习过程中的"进步幅度值"的纵向变化作为评价教师教学效果的重点,使得教师教学研究的范围、课堂关注的对象发生根本性的改变。从单一关注尖子生到关注全体同学甚至更加关注学习成绩不理想的学生,因为学习成绩不理想的学生进步的空间和潜力明显更大。与此同时,为了帮助全体学生的进步提高,教师必然更加重视摸清学生,特别是成绩中下等学生的实际学习状态,自觉研究发掘其学习动力的策略、激发学习兴趣的教学艺术。在这种评价机制下,广大教师应将关注的目光投向全体学生,特别是关注的重点从欢迎优秀生到敞开胸怀接纳成绩较差的学生。

课题组认为,只有加强教育过程中的针对性,教育教学才能真正产生效果。在学校教育教学实践中,应该针对不同学生的特点,选择切合学生实际的教育教学内容,加强个性化教学,对全体学生统筹兼顾、因材施教。

(三)建立木桶效应评价机制

根据美国管理学家彼得提出的木桶理论及其演变,建构乌江流域民族教育的评价机制,提升乌江流域民族教育发展的整体水平。

第一,评价应该有利于"总量"的增加。一个水桶的储水量,取决于水桶的直径大小。我们可以把被评价的任何对象都看成是个水桶,比如,评价一位学生,他的特长就好比是水桶的直径,如果我们不选人家的特长,就不能充分发挥他的功能。这点非常重要,对于民族教育来说,考核不一定进行书本的理论考核,也可以是技能考核。只有这样评价,才能实现人的个性发展,才能实现民族教育的公平发展。当然,对于每个区域来讲,每个区域的教育都是不同的一个水桶,直径大的水桶,其储水量自然要大于其他水桶。也就是说,某地区的教育发展的起步也是不完全一样的,有的基础扎实,有的基础不牢,有的资源面广,有的资源面窄,这都对发展起到关键的作用。在对区域进行评价的时候不能看绝对数,应该看"变化",这样才能鼓励相对落后地区发展,实现"总量"的增加,逐步实现公平发展。

第二,评价应该有利于民族教育结构调整。在每块木板都相同的情况下,水桶的储水量还取决于水桶的形状。众所周知,在周长相同的前提下,圆形的面积大于方形的面积。因此圆形水桶是所有形状的水桶中储水量最大的,它强调组织结构问题,结构决定力量,结构决定着水桶的储水量。因此,要合理设计民族教育的组织结构,同时要处理好权利和责任问题。因此,课题组建议围绕民族教育功能来设计民族教育机构。

　　第三，评价应该有利于积极性的调动。水桶的最终储水量，取决于水桶的使用状态和相互配合。每个水桶总会有最短的一块板，最短板的高则水桶的储水量。不过，在特定的使用状态下，通过相互配合，可增加一定的储水量，如有意识地把水桶向长板方向倾斜，其储水量就比正立时的水桶多得多；或为了暂时的提升储水量，可以将长板截下补到短板处，从而提高储水量。因此，在教育的投入，资源配置上要向"薄弱地区"、"薄弱学校"倾斜。水桶的长久储水量，还取决于水桶各木板的配合紧密性，配合要有衔接，没有空隙，每一块木板都有其特定的位置和顺序，不能出错。如果每块木板间的配合不好，出现缝隙，最终只能导致漏水。这就提示我们，民族教育系统的各"要素"（资源的有效配置、不同教育类别的配合，不同课程的衔接）要配合好。在评价时，要看民族教育的系统结构与功能，不能就事论事。课题组认为，各级学校、各门课程、各种活动、各类人员（统称为要素）都是一块木板，而且每块木板都会有自己的长处和短处，也就是说每个要素要能包容其他要素的缺点，发挥自己的优点，相互协助，密切配合，调动一切可以调动的积极因素。只有这样才能促进民族教育"量"上的增加、"质"的提高，实现公平发展。

　　第四，评价要抓住关键问题。首先，在储水前要清楚这样一个疑问，是先有水还是先有桶？先有大水桶还是先有小水桶？按照水桶理论，必然是先有水桶，再有水，然后不断调整，从小水桶到大水桶，没有哪只水桶一开始就足够大。这里提示我们：是先发展还是先公平。课题组的观点是首先是发展，扩大优质教育资源；当优质教育资源足够的时候，公平就不是大问题了。因此，在评价时应该鼓励发展，做大做强民族教育体系。

　　一个水桶，首先它至少要有两块最牢固的木板装成提柄，以能轻松提取,这两块长板必须能负荷起整个水桶的重量。作为教育系统,必须培养核心竞争优势,以核心优势统领整个系统的发展。同样,一只太深的水桶,却装着太浅的水,这必将影响水桶的使用效率。这同样是我们不需要的,比如,在农村把教学楼盖的又大又豪华,就是没有好老师,更没有几个学生,这也不是教育公平发展追求的最终目标。

木桶储水多少还取决于各块木板的厚度。这一点非常重要,如果木板的厚度不够,水桶的直径越大,木板越长就越危险。我们可以将教育系统的硬件看成是木板的长短,将教育系统的软件看成是木板的厚度。这样就很容易理解了,对于整个教育系统来说,民族教育发展不仅仅是看拥有多少大楼、有多少设备,更要看拥有多少"文化"。

第三节　优化资源配置,确保乌江流域民族教育公平发展

教育公平是社会公平的重要基础,教育公平的关键首先是要确保机会公平。在推进乌江流域民族教育公平发展的过程中,要积极采取切实有效的措施加大对乌江流域民族教育的投入力度,加强民族教育师资队伍建设,合理配置教育资源,改善民族地区就学条件,加快缩小教育差距,推动教育均衡发展。

一、不为所有,只为所用:推动乌江流域民族教育师资队伍建设

民族教育师资队伍建设是确保教育事业改革与发展,实现民族教育公平的关键所在。在乌江流域民族教育体系中,教师队伍

建设仍然是推动民族教育均衡发展,实现教育公平的核心内容之
一。鉴于乌江流域民族教育师资队伍建设的现实困境,怎样化解
矛盾,优化教师队伍结构,提高师资队伍质量,既是一个重要的理
论问题,又是一个迫切的现实问题。课题组认为,推动乌江流域民
族教育师资队伍建设,就要采取各种可行的有效措施,不断优化乌
江流域民族教育教师队伍建设,为教师的成长和成才提供良好的
教育生态环境,建设一支数量足够、质量过硬、结构合理的教师
队伍。

　　良好的成长环境是教师成长和成才的重要基础。在乌江流
域,要进一步加大优化师资队伍的制度建设力度,大力营造"人尽
其才,才尽其用"的民族教育教师成长环境,积极培育和提升民族
教育教师特别是农村教师队伍的素质和水平,推动教师队伍结构
的进一步完善与合理发展。

　　近些年来,乌江流域各级党委、政府也采取了有效措施来推动
教师队伍建设,取得了一些成绩。一方面,中共中央、国务院相关
部委先后启动了农村义务教育学校教师特设岗位计划、中等职业
学校教师素质提升计划、教育部直属师范大学师范生免费教育、中
小学教师国家级培训计划等农村师资队伍建设计划,并积极推进
义务教育学校绩效工资改革,修订《中小学教师职业道德规范》,
并启动中小学教师职务改革试点等。另一方面,乌江流域各省市
也加大了师资队伍建设力度。从 2006 年开始,贵州省连续 4 年实
施"特岗计划",为包括乌江流域部分区县在内的 50 余个边远贫
困县的 1250 余所农村学校补充了近 2 万名特岗教师。2007 年,
贵州省开始实施"农村教师素质提升工程",并拨款 1000 余万元,
对包括乌江流域民族贫困地区在内的 50 个国家扶贫开发重点县
的农村中小学校长、教导主任、骨干教师等进行培训,目前已有超

过 3700 名农村学校骨干教师受惠。同时，贵州省还继续加大农村紧缺学科教师的培训，仅 2008 至 2009 两年就培训农村中小学音体美骨干教师 2200 余人。这些措施的实施和推行，不仅缓解了乌江流域农村师资数量的不足，而且通过招聘一批英语、音体美、信息技术等紧缺学科特岗教师到农村学校任教，有效改善了农村中小学教师队伍的学历结构、学科结构和年龄结构，取得了很大实效。

但是，调查发现，乌江流域教师师资队伍建设仍然还存在很多问题，需要社会各界的通力协作，建立并完善教师资格准入、教师流动和教师资格退出管理制度，促进教师队伍合理发展，优化教师资源配置，完善师资队伍结构。

（一）加大师资政策倾斜力度，让优秀人才"下得来、留得住"，真正促进教师队伍的年轻化、专门化和人才化

调查发现，固然国家制定并推行了部属师范大学生"免费师范生"计划，但是，"免费师范生"却很难真正留到乌江流域去献身教育事业，这不仅有很多主观原因，而且还有很多客观原因，十分复杂。因此，课题组建议：一方面，变目前的"免费师范生教育"为无息贷款和奖学金，用向所有师范学校和师范专业学生贷款、奖学金的方式，建立"激励、保障、竞争、择优"机制，确保师范生"下得去、待得住、干得好"，真正成长为民族地区农村教育的骨干力量；另一方面，乌江流域各级党委、政府要给到农村基层工作的师范生加大补贴和提高福利待遇，发放艰苦边远地区津贴和民族地区工作津贴，办理各种社会保险，解除他们的后顾之忧。

（二）端正态度，采取有效政策和措施，健全教师队伍的人才流动管理机制，吸引优秀人才充实到教师队伍中来

一方面，要增加乌江流域基层工作的师范生的再培训和进修、

深造的机会,对进一步深造的教师在同等条件下优秀录取;另一方面,要建立农村教师和城市教师、高职称教师和低职称教师轮岗制度,让真正热爱教育事业的优秀人才能够真正投身到教育一线中来。

(三)建立并完善教师资格退出机制,真正优化教师队伍结构,提高教育质量

调查发现,当前很多支教教师是迫于压力去支教的,因为相关文件中明确规定:如不参加支教,教师的晋职、晋级、评优资格将被取消。部分选择"免费教育"的师范生,也是为自己选择后路,害怕以后找不到工作。因此,乌江流域部分教师缺乏工作动力和教书育人的积极性,难以安心。因此,课题组建议,一方面要允许师范生选择自己的专业方向和个人前途。对无意于从事教育事业者,依据不同的服务年限和绩效考评偿还被免除的费用;对不认真从事教育事业者,要建立清退机制。另一方面,对现有真正不诚心投身教育事业的教师,鼓励转行或者从事其他职业,再从师范院校选拔专业对口的年轻教师补充,让教育回归教书育人的本质上来。

总之,只有采取切实有效的措施,打破常规的做法,才能满足师资队伍数量上的问题;只有狠抓师德师风问题,提高教师素质,并使教师能在乌江流域这样艰苦的地方安心工作。

二、双管齐下,多措并举:持续增加乌江流域民族教育投入

课题组认为,要推动乌江流域民族教育公共发展,就必须逐步建立和完善以国家财政拨款为主、多渠道筹措民族教育经费为辅的民族教育投入体制。随着西部大开发战略的实施和社会主义市场经济的逐步建立,乌江流域民族教育的投入也应逐渐打破原来仅仅依靠国家支持的模式,建立多元化的民族教育投入机制,不断开拓和利用社会资源,进一步优化民族教育资源配置,有效促进民族教育的发展。因此,在对乌江流域进行深入调查的基础上,课题组提出了乌江流域民族教育投入的基本模式:政府保证稳定投入、社会积极参与、鼓励个人赞助和加征资源税收等四位一体的投入新架构。

首先,各级政府是乌江流域民族教育投入的主要力量。政府投入既要保证投入总量,又要保证投入去向;既要注意总量增长,又要注意考评投入效果。课题组调查发现,从数量上说,各级政府部门的投入基本上能维持乌江流域民族教育发展的基本运转,目前出现的问题是已投入的资金和物质利用率不高,浪费现象严重,用于管理的费用也非常高。同时,教育腐败也是一个重要原因。因此,需要政府有关部门加强监管,确保投入去向的正当性和严肃性。

其次,社会积极参与投入应是乌江流域民族教育投入模式的一个重要组成方面。百年大计,教育为本。为推动社会各界来共同搞好乌江流域的民族教育发展,课题组提出:唱响"企业赞助教育,教育回报企业",号召企业赞助乌江流域困难学校,让企业也成为推动教育改革和发展最重要的力量。

企业是一种重要的社会组织,也是一个重要的社会力量。在企业的发展与壮大过程中,不仅需要大批实用型、技术型和理论型人才,而且还需要一些高科技技术、产品和产业。因此,积极号召企业参与乌江流域民族教育发展,加大对学校和人才培养的支持力度,增加投入,走校企联合之路,这不仅是企业本身发展的需要,更是乌江流域民族教育发展的需要,是一种双赢的良性互动与合作。

再次,个人适当交费应是确保乌江流域民族教育投入的一个重要方式。课题组认为,在乌江流域非基础教育阶段,个人应当适当交费。20世纪90年代以来,乌江流域民族高中教育已逐渐演变成"学杂费+择校费"并举的成本分担双轨制。在双轨制下,乌江流域的高中特别是其中的"优质"高中(主要为省市级重点示范高中),实行的是成本分担形式,即一部分学生只缴纳较低的学杂费上学,而另一部分学生则需缴纳高额的择校费(或曰赞助费等名目)。

在政府投入不足的情况下,学校只有把收入来源转向学生。学生学费的增幅是有限的,但通过对"高分"学生收取较低的学费,对"低分"学生收取高额择校费,可以转移公众的关注点。这些学生由于未达到"分数线",因此交高费上学也显得"合情合理"。

课题组认为,鉴于乌江流域民族教育资源不足、投入有限的客观条件下,双轨制还是有存在的必要。换句话说,只有通过发展才能解决公平,只有一部分通过自己的努力实现了优质教育资源,才能使更多的人享受优质教育资源。

同时,我们必须清醒地认识到,教育发展也要追求效率和公平的和谐。在双轨制下,政府有关部门一方面要努力把降低择校费标准作为改革工作的重心,并将降低择校费应与择校生招生规范化结合在一起,另一方面也要积极创造条件,努力实现"公办学校不择校,择校找民校",大力发展民办优质教育资源,为"特殊考生"提供就学条件。

最后,加征民族教育自然资源税,是增加乌江流域民族教育投入的新手段。鉴于乌江流域矿藏资源丰富、产量大、品种多的客观实际,课题组提出,坚持"取之于民、用之于民"、"取之于该地、用之于该地"原则,在乌江流域矿产资源开发中,开征适当税率的

"民族教育发展赞助税"。这是增加乌江流域民族教育投入、优化资源配置和推动民族教育发展的重要方式。

三、实事求是，合理布局：改善乌江流域民族教育就学条件

课题组认为，面对民族教育结构不合理、布局不科学的现状，要下大力气调整民族教育布局结构，优化民族教育资源配置和民族教育内部结构，推动乌江流域民族教育公平发展。

（一）优化民族教育结构

民族教育结构是否合理，直接影响着民族教育的科学发展以及民族教育对经济社会发展的推动作用。因此，要推动乌江流域民族教育发展，首先就必须要对民族教育结构进行调整，完善民族教育体系。

1. 调整层级结构，协调初等、中等与民族高等教育的发展

在坚持"两基"在民族教育的"重中之重"地位的同时，要积极、稳步地发展乌江流域民族中等高等教育，调整民族初等教育、中等教育、高等教育的比例，满足学生多样化的升学需求，突破乌江流域民族教育发展中的中等教育的"瓶颈"制约，实现乌江流域民族教育发展规模、内在结构、教育质量和社会效益的统一和协调。

2. 调整类型结构，促进普通教育与职业教育和谐发展

课题组认为，大力发展民族职业教育是落实科教兴国战略和人才强国战略，是推进乌江流域走新型工业化道路的重大举措。为此，要合理调整教育结构，重点加强职业教育，扩大职业教育的规模，合理配置教育资源，推动民族职业教育与基础教育、高等教育协调发展。

调查发现，乌江流域民族职业教育与普通教育发展存在着一

定的失衡。乌江流域部分区县政府非常重视普通教育的投入,确保普通教育的发展,但是却在一定程度上忽视了民族职业教育发展,造成了职业教育发展滞后,影响了劳动者素质的提高和各级各类技能人才的培养,特别是能够适应乌江流域区域经济和行业发展需要的高素质、高技能专门人才的培养。因此,乌江流域要想实现经济社会的跨越式发展,必须调整民族教育的类型结构,大力发展职业教育,重点办好各级各类职业技术学校和成人文化技术培训机构,使初高中毕业后未能升学的青年和脱盲人员能得到一些实用技术培训,为乌江流域培养大批实用型劳动者与专门人才、为民族地区脱贫致富服务。

3. 调整专业结构,促使民族教育适应区域经济社会发展的需要

专业设置是人才培养的前提,影响着人才类型,也关系到乌江流域的民族地区经济与社会发展。因此,在发展民族职业教育时,还要根据当地经济社会发展的实际情况,调整专业结构和课程设置,发挥区域资源优势,突出民族特色和地方特色,培养乌江流域急需的各级各类人才。

调查发现,乌江流域民族职业教育在学科和专业结构方面存在以下问题:第一,文科比例偏高,且语言类偏多;第二,工程技术类专业比重低;第三,应用类专业低层次重复建设较严重;第四,部分专业的设置明显落后于经济社会发展需要。同时,各科类内部的结构也不尽合理,应用学科、新兴专业和边缘学科的发展较为薄弱。因此,要在坚持民族教育为乌江流域经济社会发展全面服务的前提下,根据区域的特点和实际需要以及产业结构调整与各行业对人才的需求,对民族教育专业结构进行调整与改革。在保持原有优势学科专业的同时,适当增设一些区域发展所需的经济、

法、工、管理类学科专业,做到文史哲与农林医教工经法管相结合,基础学科专业和应用学科专业并重,形成适应经济建设和社会发展需要、具有地方特色和民族特色的民族教育学科专业结构体系,为乌江流域各项事业的快速发展提供智力支持和人才保证。

(二)完善中小学校布局

一般认为,学校布局有着内在的规律和结构。姚永强提出,规模经济理论是学校布局调整的重要理论基础,这一理论认为生产的最终目的是规模经济。农村中小学布局调整既要注重规模经济最大化,适度扩大学校规模,同时更应强调教育公平的充分实现,坚持就近入学原则,根据地域特点、人口分布、教育层次等因素加强学校布局调整。① 王嘉毅等认为,要在教育公平视野下思考农村学校布局调整问题。他认为,在农村学校布局调整中,一些地方由于措施失当,导致偏远山区一些适龄儿童因路途远而无法上学,出现了"教育真空地带"。这不符合学校布局调整的本意,更不利于实现教育公平。教育公平要求社会必须保证每个人都"有学可上",必须保障弱势群体对公共教育资源的平等享有权。因此,对学校布局的调整应该进行统筹规划、区别对待、合理布局,从而兼顾、体现和促进教育公平。②

鉴于乌江流域中小学布局中存在的问题,课题组提出的对策思路是:

首先,要根据乌江流域各区县人口变化趋势和经济发展规律,

---

① 姚永强:《基于规模经济视域下的农村中小学布局调整》,《现代教育科学》2009 年第 3 期。

② 王嘉毅、吕晓娟:《教育公平视野中的农村学校布局调整》,《甘肃社会科学》2007 年第 6 期。

科学制定农村中小学布局调整规划。这个规划要把学生的安全放在第一位。学生的人身安全问题至少要考虑这样四个方面：交通安全、住宿安全、饮食安全、健康安全。

其次，切实保证乌江流域各区县边远贫困地区的孩子能够公平地享受优质教育。农村中小学布局调整后，由于政府加强了乡镇中心学校和县城学校的建设，这些学校的教学质量、教学设施和教学环境都比原来分散在下面村屯的教学点要好得多，从而导致家长愿意把孩子送到城镇的学校就读。但是，村小和教学点的存在也为改善山区、边远地区儿童接受基础教育困难的状况提供了便利。所以，在对待村小和教学点的撤留问题上，不能根据单一的标准来判定其去留，主要应考虑这样几个因素：位于偏远地区、山区学生转到其他学校上学确实不方便的不能撤；中心校或完小如果不能解决学生的寄宿问题，其所辖的村小或教学点不能撤；对于村民及家长都不同意撤销的村小和教学点，应该遵从群众的意愿不能强行撤并。对保留下来的村小和教学点给予适当支持，建立强有力的监督机制或问责制保证中心校对村小和教学点的投入；如有可能，可将村小和教学点的经费由相关政府教育行政部门统一管理、专款专用。对教学点的教学要尽可能实行教师走教，解决部分学科师资不足和教学点教师教学质量差等问题。

第三，配套政策必须跟上，特别要加强乌江流域农村中小学师资队伍建设。一是建立农村中小学教师保障制度。政府及教育主管部门对农村中小学教师在编制方面应制定特殊政策进行倾斜，让农村教师也有充裕的时间研究教材教法。二是要建立农村中小学教师激励制度。在待遇上建立面向农村、边远和艰苦地区中小学教师优惠制度。三是建立教师定期交流轮岗制度。交流重点是由城市向农村、由强校向弱校、由超编校向缺编校定期流动。在部分地区已经探索的基础上,可进一步探索建立一定数量的流动编制以保障教师流动任教;尽快建立城镇教师到农村任教服务期制度,并以此作为教师职务晋升和评优的重要条件;要求城镇教师到农村支教,鼓励他们当中的优秀者去最艰苦的地区工作;对支教教师给予必要的交通、食宿等补贴。四是改善农村中小学的教学与生活条件。要稳定农村教师队伍,政府和教育主管部门就必须着重改善农村教师的生活条件。

第四,加大对乌江流域民族贫困山地区学生资助的力度,尽量要做到"困难补助"全覆盖。课题组调查发现,现在乌江流域一个农村中小学生如果住校每年的教育开支大约是 1500—2000 元,而按照《关于深化农村义务教育经费保障机制改革的通知》标准计算,小学生年减负最多为 730—770 元(包括免杂费 140—180 元,免费教科书 90 元,部分家庭经济困难寄宿生生活补助 500 元),而一般小学生年均减负仅为 230—270 元;初中生年减负最多为 1290—1340 元(包括免杂费 180—230 元,免费教科书 180 元,部分家庭经济困难寄宿生生活补助 750 元),而一般初中生年均减负仅为 360—410 元。照此计算,免除学杂费后一般家庭每年还要负担 1000 元以上的教育支出。这对于贫困家庭而言,仍然是非常沉重的负担。因此,针对农民家庭贫困的现实和农村中小学布局调整后家长负担加重的实际情况,进一步加大对乌江流域农村贫困学生资助的力度,对这些学生从实行全免学杂费和教科书费过渡到"义务教育全免费",即不仅完全免收学杂费和免费给这些学生提供教科书,而且还应扩大义务教育阶段家庭经济困难寄宿生生活补助的范围,免费给这些学生提供伙食、校服、交通补助等,以解决义务教育阶段农村贫困家庭学生面临的经费困难问题。

（三）调整高中布局

调查发现,从目前乌江流域各区县高中布局上看,各区县政府存在着干预缺位、宏观调控能力脆弱的缺陷。在乌江流域农村地区,高中学校的布局向县城、城镇3所左右,但这些高中学校都位于县城的城区和人口密集的大镇。调查发现,乌江流域部分县区出现这种情况:在城区有2—3所普通高中而在乡镇地区、边缘山区几乎没有普通高中的布点。高中学校分布分散,不等距分布,辐射半径有限,给边远山区生源就读高中带来诸多不便,这种情况制约着高中的普及率。同时,异地就读学生家庭经济负担加重,教育成本增加。在普通高中城镇化、城市化的潮流中,许多农村学生不得不支付高额的生活费、住宿费、租房费等,学生家庭的经济压力增加,贫困家庭子女完成高中学业困难。在某县的访谈中,调查组了解到,一名普高学生每年的学费、书费、住宿费、伙食费等几项共需8000元左右,而该县农民2008年的人均纯收入仅为2101元。

因此,课题组建议应该把最好的高中建到郊区去。课题组认为,以城市为中心的高中学校格局值得商榷。首先,从教育规律的角度看,普通高中教育在城市里进行,对学生的成长不利。现在许多家庭都是一个孩子,对子女的教育也非常重视,但不能只重视知识和智能的教育,更为重要的是要多培养孩子的意志和毅力,多培养孩子的自理能力和吃苦精神。许多家长也都明白:让孩子吃点苦有好处但是做不到,因为现在城市生活"太优越"了。其次,从教育公平的角度说,以城市为中心的高中学校格局,使近一半的初中毕业生不能接受高中教育而被过早分流,同时又使进入普通高中尤其是重点高中的竞争比考大学还要激烈。因为普通高中都集中在城市和县镇的结果导致农村孩子上高中不但要考出比城市孩子高得多的分数,还要另外花费一笔住宿费和伙食费等开支。调查发现,上普通高中的城镇户口学生走读,而农村户口学生则要住宿。这种状况使得原本条件有限的农村孩子上高中的支出就大增,既加剧了农村孩子的升学困难,又成为了农村初中生流失辍学比例居高不下的一个原因。所以,如果把普通高中建在郊区,既能够让城市的学生体验到农村的艰苦,通勤的艰辛,又能够适当减轻农民的负担,学校也能扩大"生源"。因此,改变以城市为中心的价值取向,改革高中教育布局上的城乡差距,甚至是专门在一些交通条件好的农村适当布局一些普通高中学校,能帮助更多的农村学生获得接受普通高中教育的机会。

第四节　强化执行落实,实现乌江流域民族教育的公平发展

教育公平不只是对学生的公平,还包括对教师的公平以及各类型、各类别教育的公平。哲学家西塞罗说:"让我们记住,公正的原则必须贯彻到社会的最底层。"因此,作为社会系统的一个重要组成部分,教育公平应是涉及社会公平的方方面面。从实践操作角度来说,推动乌江流域教育民族教育的公平发展,就要切实把中央的政策落到实处。因此,课题组建议,以实施"六大工程"为突破口,即民族民间文化进课堂工程、"以师为师,师从师出"的名师培训工程、义务教育薄弱学校救助工程、建设虚拟家庭,弥补家庭教育的缺失"工程、职业教育振兴工程、民族教育信息现代化工程,全面提高民族教育质量,为乌江流域经济社会发展培养合格人才。

一、民族民间文化进课堂工程

从功能主义角度来说,民族教育应该具有推动民族地区经济持续发展的经济功能、巩固"中华民族多元一体格局"的政治功能、守望民族精神家园的文化功能、促进少数民族学生身心健康成长的个体发展功能等。因此,要推动教育公平发展,真正实现民族教育的基本功能,民族教育本身就要真正体现教育的民族性,并在传承和保护民族优秀文化方面做出自己的应有贡献。

但是,由于受市场经济、教育精英化大潮、人口流动以及一些陈旧观念的影响,乌江流域民族民间文化的价值并没有引起部分区县政府及社会各界的足够重视,部分民族优秀文化遗产还面临着后继无人的尴尬,濒临消失。苗族蜡染、水族刺绣、土家族摆手舞等面临着失传的危险。因此,课题组建议:中央政府和乌江流域各级地方政府应该制定相关的扶持政策,设立专项资金,支持出版适合乌江流域不同地区、不同民族中小学生阅读习惯的教材,加大相关教师队伍的培养力度,从提高学生兴趣入手创新教学方式,让"民族民间文化进课堂"落到实处,切实保护好乌江流域特色民族民间文化。具体来说,需要处理好以下几个问题:

(一)坚持"一体多元"的民族教育课程设置的基本原则

中国民族教育学界在引进西方多元文化教育理念的基础上,经过分析、批判和改造形成了符合中国国情的多元文化一体教育理论。这一理论认为,要在承认和尊重民族文化多样性的基础上,实施多元一体的民族教育,"使其正确认识民族、社会群体间的文化差异,正确判断其他民族文化与本民族文化间的关系及相互间的影响,养成处理不同文化的得当的行为方式,促进其个人的自我发展。"①从实践层面，这一理论提出了一些具体措施：面向所有学校，特别是少数民族学校实施多元文化教育课程，在教学内容上反映出多元文化的内容，课程与学生实际相联系，增强学习兴趣，提高学业成绩。

在此基础上，国内学者进而提出了"跨文化交际教育和文化判断力教育"，强调在实施多元文化教育的过程中，要"实现多民族地区的家庭、社区和学校教育之间的衔接和连贯性，使学习者的学习策略能够适应多元文化的环境，形成跨文化交际和适应的能力"②，"教会学生在接受与体验文化的过程中善于对文化信息识别与取舍、评价与更新，引导学生成为理性地利用和发展人类的思想文化去改造主客观世界的实践主体。"我们认为，这些理论不仅是对我国多元文化一体教育理论的丰富和完善，而且是学校教育优化少数民族学生文化适应机制的有效方式。

在课题组看来，对乌江流域民族教育课程设计来说，要树立"一体多元的民族教育课程设计"原则，"立足本民族、面向全国、放眼世界"，引入多民族、多元文化共存的理念。"一体"要突出国家导向和国家标准，推进民族教育现代化，增强学生加入主流社会的能力，这部分课程设置在新课程标准的"学术类课程"中，以保证人类共同文化成果的文化传承；"多元"就是要在地方课程和校本课程中充分体现民族性和地域性。这类课程安排在新课程标准的"非学术类课程"中，培养学生对多民族文化的适应能力，理解

---

① 包景泉：《多元文化与民族教育》，《内蒙古社会科学（汉文版）》2004 年第3 期。

② 崔延虎：《跨文化交际教育：民族教育若干问题探讨——教育人类学的认识》，《新疆师范大学学报》2003 年第 2 期。

异民族文化的能力,接纳异文化,容忍和发展异文化,确立文化相
对主义观念。按照这个原则进行设置课程、编写教材,并在教材中
建构、形成并逐步完善民族教育功能的知识和技能体系,教材内容
要体现现代化和民族化的统一。同时,在形式上,教材用语尽量
"民族化",不仅要求用民族语言编写教材,而且还必须充分体现
民族语言的特殊表达和思维方式;在内容上,教材还必须尽量把现
代化的新内容以少数民族能接受的形式表现出来,这样才有利于
民族学生对教材内容的理解和把握。

　　每一个民族都有自己悠久和引以为豪的悠久历史、丰富多彩
的风俗习惯以及珍贵、独特的文化遗产。因此,在乌江流域民族教
育发展过程中,必须重视且兼顾民族文化、民族心理和民族习俗在
儿童身心发展过程中的重要作用。只有把民族传统文化与现代教
育融为一体,才能增强教育教学的适应性和针对性,促进民族教育
走向现代化。基于此,在乌江流域民族教育课程资源的开发与利
用中,应根据各民族的特殊需求挖掘各具特色的课程资源,把那些
反映地方自然地理、风土人情、学生感兴趣的、体现学生生活经验
的、富有民族特色的文化、自然资源开发为课程内容和活动。但
是,不同民族有不同的生活条件、文化传统和社会实践,因而具有
不同的心理特点。鉴于个体差异和群体差异,应"因材施教",也
应"因族施教"。

(二)正确认识乌江流域"双语教育"的特殊性

　　双语教学是指在某个国家或某个地区有两个(或两个以上)
民族同时存在,并存在两种或两种以上文化历史背景条件下,可能
或必须运用两种语言进行交流的情景。这两种语言中,通常有一
种是母语或本族语,而另一种语言往往是后天习得的第二种语言
或者是外国语。

乌江流域双语教学比较特殊，既不同于我国新疆、西藏等地的双语教学，又不同于诸如美国等国家的双语教学。由于与周边民族以及汉族的长期交流与融合，乌江流域绝大部分少数民族已经转用汉语，仅有很少的部分民族语言存在且也已处于濒危状态。课题组在实地走访、听课观摩后发现，当前乌江流域少数民族双语教学很多都流于形式，缺乏实在内容。某自治州"五个一工程"就仅仅要求每所民族学校要有一处民族特色的标志性建筑，有一套关于民族常识的乡土教材，有一台民族民间的文艺节目，有一组民族传统的体育项目，以及每个学生有一套民族特色的校服。因此，课题组认为，双语教学的目的之一就是要提高当地各族群众认识和保护民族文化的意识，激发他们的民族荣誉感，让他们感知到学习民族语、运用民族语不是"无用的"，而是一种义务与责任，是一种民族精神的体现。同时，要强化双语师资队伍建设，建议成立少数民族语言（苗语、彝族语、土家语等）教研室，致力于教学与学术研究，并有意识地培养双语教学师资后备力量，提高双语教师队伍的后续发展能力。

（三）坚持"课堂"的教学公平

教育学理论认为，平等的课堂学习身份是学生享受课堂公平的基础。约翰·罗尔斯（John Rawls）在谈到平等的基础时提出了适用于平等概念的三个层次：第一个层次是"把平等应用于作为公共体系的体制"；第二个层次是"把平等应用于体制的实际结构"；第三个层次是有权获得平等待遇的主体的能力。① 根据这三个层次，作为课堂学习主体的身份的平等至少在课堂中体现为三

---

① ［美］约翰·罗尔斯：《正义论》，何怀宏译，中国社会科学出版社1988年版，第229页。

个方面:一是课堂规则的平等性。课堂规则可以按照实用主体区分为两类,一类是学生使用的规则,另一类是教师使用的规则。不论是哪类,都要把公平放在第一位,对待所有课程应该是平等的,不能分主科副科,只能分学术类、非学术类,也就是在学法、教法上有所不同。学生使用的规则平等主要指在课堂纪律、人格尊严、学习机会等方面,所有学生都是平等的主体,不存在学优生与学困生、干部学生与普通学生、"权贵"学生与"贫贱"学生的区别。教师使用的规则的平等主要指教师在对待学生的态度和行为上所持有的价值观对所有学生都是一视同仁的,没有任何的主观偏见。

课堂资源是课堂中可供学生利用的学习资源,学生的发展在很大程度上取决于课堂经历,而课堂经历在很大程度上又取决于学生对课堂资源的充分利用,因此,课堂公平要求课堂资源的公平分配。从课堂中主要存在的资源要素来看,课堂资源的公平分配主要表现在教师资源、课程资源、环境资源和学生资源等四个方面。教师资源的公平分配要求教师与学生在有效互动时间、互动内容等方面具有平等性,不存在"厚此薄彼"的行为。课程资源的公平分配是指所有学生都有同等地接触具有挑战性学习材料的机会;都能参与课程问题的讨论;都能操作和使用各种仪器、标本和挂图等。环境资源在这里主要指课堂空间,其公平分配则要求学生所处的位置都能有利于师生之间、生生之间的互动,没有哪些位置比另一些位置更有利于学生的发展。学生资源的公平分配则是指每一个学生所处位置的左邻右舍都有可供学习和交流的学生"榜样";课堂中不同学习小组在成员构成上都具有同质性,从而使每一个学生都能够在相似的环境中经历、体验课堂学习。

要建构公平的课堂,就必须解构现存课堂社会结构中的不平等,重新建构公平的课堂社会结构。解构课堂社会结构,就是消解

原有的课堂社会结构的"合法性"。这需要消解学生的社会背景,
防止社会中不平等因素通过课堂社会结构进行代际"遗传",使学
生不因家庭背景优越而受到课堂的特别优待;消解学业秩序,使每
一个学生都能获得自尊、自信,从而主动、积极地参与课堂教学,避
免学优生始终认为"我最棒",而学困生始终认为"我最差"的思想
的恶性循环;消解同伴地位,使同伴地位中的不平等不至于影响到
学生在课堂中的经历;消解法定化角色的差异,培养干部学生的服
务意识,教师要避免在课堂中对干部学生的特别关照,使干部学生
与非干部学生的地位平等。在解构原有的课堂社会结构的同时,
也就塑造了一种民主、平等的课堂社会结构,这种课堂社会结构主
张处于课堂情境中的学生个体都是待发展的个体,他们具有同样
的处境,即知识的缺乏、技能和能力的亟待发展、情感的亟待陶冶,
只要通过自身的努力,人人都有获得成功的可能;学生之间学业的
差异不是构成严格的学业等级的条件,而是相互竞争、彼此制衡的
"资本"。

二、"以师为师,师从师出"的名师培训工程

教师队伍建设是影响乌江流域民族教育公平发展的核心问题
之一。因此,要推动乌江流域民族教育公平发展,就必须建立一支
结构合理、质量过硬的师资队伍。课题组调查后发现,对于师资队
伍建设,长江师范学院做了有益尝试,建构了"以师为师,师从师
出"的师资队伍培养模式。

(一)"以师为师,师从师出"的基本理念

"以师为师,师从师出"的师资队伍培养模式的建立主要在树
立教师队伍建设新理念,建构教师队伍教育文化和探索创立"以
师为师,师从师出"的组织体系。

第一，树立教师教育新理念。"以师为师，师从师出"的教师教育理念，根植于教师和学生的双重身份及其相应的文化诉求：教师不但是学生的老师，还是今后中小学教师的老师；学生不但是现在教师的学生，还是今后学生的老师；现在的老师既是老师，也是学生（因为知识更新速度实在是太快）。这一理念凸显师范生在师范文化的濡染、师范专业的训导、师范院校教师的引领下师德师能的形成和提升。

第二，建构"以师为师，师从师出"的教师教育文化。"以师为师"集中体现了学校尊师重教、勤奋好学的厚重的师范文化；"师从师出"则集中体现了学校教师教育的专业性和职业化，强调教师教育的使命和责任。"以师为师，师从师出"的教师教育理念坚守了教育的真谛，确立了教师教育专业化发展的基本路径，规定了学校人才培养的规格及其特质。强调在教师教育实践中，应该始终将"示范"渗透在教师教育的各个环节，把"育人"贯穿在教师教育的始终，把人的全面发展作为教师教育的最终目标，着力塑造师资队伍"学高为师"的智慧、"身正为范"的人格、"敬业自强"的品质以及"学而不厌、诲人不倦"的人师精神。

第三，创立"以师为师，师从师出"的组织体系。建立成立教师教育决策组织教师教育工作委员会、设立教师教育咨询机构教师教育专家咨询委员会、创建统筹教师教育资源的专门机构教师教育学院、建构"以师为师，师从师出"的教学体系、创新"以师为师，师从师出"的研究体系和坚持师范性与学术性有机结合的教师教育路径。

（二）"以师为师，师从师出"在乌江流域教师队伍建设上的实践

鉴于在长江师范学院实施的成功经验，乌江流域所有承担教师教育任务的学校要尽量积极打造能够初步胜任教育教学的教师教育专业学生,并让他们到师资力量比较薄弱的乌江流域各类学校进行顶岗学习,这样他们不仅将大学的文化带到这些农村学校,而且他们还会换回部分一线教师来到高校脱产学习、培训,进一步提高教学知识水平和教学技能,从整体上提高教师队伍整体素质,具体措施在于:

第一,建立教师教育创新与服务综合改革示范区。在平等、自愿、公平、互利的基础上,由乌江流域师范高校与乌江流域各区县教委、中心城市重点中小学,农村中小学签订"四方合作协议"。建立"师范院校—县(区)教委—中心城市重点中小学—示范区农村中小学"的垂直沟通协调机制和"师范院校—中心城市重点中小学—示范区农村中小学"的横向服务联系机制。通过自上而下的方式,搭建以"师范大学—基层政府—中心学校—基层中学"为模式的合作框架。以基层乡为区域,师范院校与地方政府合作建设"××师范学院教师教育创新与服务综合改革示范区"。

在示范区内,师范院校每年派遣师范实习生到示范区的农村中小学进行半年支教服务,聘请具有一定实践经验的特级教师负责指导师范生的见习,促进专业化成长。同时,师范院校负责师范生实习、学校被"顶岗"教师的职后培训,为其设计菜单式的个性化、草根型培训内容,帮助示范区农村中小学教师的专业成长,帮助示范区实施教师教育网络联盟计划,通过互联网提供相应的学习资源和专家辅导,为示范区教师开展研修培训提供支撑。另外,选拔师范院校在职具有高级职称(教授、副教授或研究员)的一线教师、示范区所在县域的重点中小学高级教师、特级教师,形成师资队伍建设的指导教师队伍,在教育实践中对教师的教育见习、教育实习、理论学习、教学技能训练、人生价值观教育等进行指导。

在示范区内,实施"教师教育网络联盟计划",加快计算机远程教育平台和教师教育门户网站建设,努力为乌江流域农村中小学教师培训提供信息和技术支持。构建以师范院校为主体的区域教师学习与资源中心,打通中心城市优质师资资源与农村中小学资源的通道,以信息化带动教师教育现代化,使农村中小学教师能分享优质教育资源。

第二,构建"四位一体",多向互动的教师教育创新与服务实验区。通过"四位一体"多方互动教学实践活动,统筹城乡,盘活资源,大力推进师范院校、乌江流域各区县教委、重点中小学、农村中小学四者的多向互动关系,实行教师互聘、干部互派、教改互动、资源互通,搭建教师教育与基础教育对接的平台,加快实现师资力量的城乡统筹。在教育行政部门的协同下支持师范院校与乌江流域中小学建立长期稳定的合作培养师资的关系,采取委托培养、"换岗轮训"、合作研究、共建优秀师资库等灵活多样的方式,鼓励和支持师范生在学期间参与中小学的各项教育教学活动,毕业后能深入农村中小学工作。

师范院校应充分发挥教师教育的优势,通过"顶岗轮训"的方式将乌江流域广大农村教师"解放"并"召回",为这些教师职后发展提供高质量、持续的、强有力的专业支持。在大面积对农村基础教育师资素质调查的基础上,形成公共的"菜单式"的培训内容,以供每位教师根据自己的需要选择,同时为每位农村基础教育教师量身定做个人成长计划,为每名受训教师量身定做培训菜单,针对不同教师实施不同内容的培训,创建符合每一位乌江流域农村基础教育教师发展需要的培训体系,构建差异性培训模式。打破整齐划一、一成不变的职后培训内容,按照农村基础教育教师的需求研发项目、拟定课程、设计方案、遴选培训师。

三、义务教育薄弱学校救助工程

义务教育是提高整个民族素质的根本保证。义务教育质量的高与低,直接关系着一个民族或国家的兴衰。因此,义务教育的公平是强调均衡发展,突出国家投入。因为,义务教育是政府规定的、适龄儿童必须接受的免费教育,免费性、世俗性、强制性是义务教育的三大主要特征。义务教育中的"义务"既指家长(父母)有义务和责任保证子女接受完成政府规定年限的义务教育;国家或政府也有义务和责任提供一切必要的教育资源,包括教学场地、教材、设备、师资等,在硬件投入上是中央政府的责任。因此,在不断强化政府自身承担教育义务的同时,也要强制家长承担教育义务,这样才能保质保量地完成义务教育这一宏伟的系统工程。

调查发现,乌江流域存在着大量薄弱学校,部分薄弱学校甚至还不具备办学的基本条件。与此同时,薄弱学校分布的地区往往居住着大量的贫困人口,这些贫困人口连温饱还难以维持。有些家庭缺乏经济来源,一年到头收入几乎为零,债台高筑。因此,课题组提出,有必要在乌江流域实施义务教育薄弱学校救助工程,以解决特殊贫困阶层的义务教育问题。基本做法是:以颁布相关的法律和政策为依据,以制定有效的改造计划和程序为机制,以提供专门的资金与技术扶持为措施,以提高整体的师资水平为重点,以形成鲜明的办学特色为突破口。

(一)义务教育薄弱学校的认定与救助程序

薄弱学校主要是指那些校园建设、教学设施、师资力量、学生生源、信息资讯,升学率、教学成果等方面与国家基本办学标准相差较大、难以维持基本教育活动开展的学校。从学校本身角度来看,薄弱学校一般具有生源条件差,教师素质不高,学校管理缺位,办学条件不足等特征。当然,薄弱是相对的,不是绝对的。一般来说,农村学校比乡镇学校"薄弱",乡镇学校比都市学校"薄弱"。

为了保证救助计划的顺利实施,提高救助的效率,走薄弱学校救助循环上升改造程序。这一程序是:根据办学基本标准,鉴定薄弱学校→根据需求和经济条件,提出改造计划→严格监督,实施改造计划→第三机构评估改造成效→根据经济社会发展,提出新的改造计划→实施新的改造计划→彻底实现教育公平。

(二)义务教育薄弱学校的国家统筹与地方监管

鉴于乌江流域各地经济社会发展的不平衡性以及教育发展程度的差异,就需要四省市联合行动,协作努力,交流合作,搞好义务教育薄弱学校改造计划。

第一,切实制定义务教育薄弱学校认定标准。课题组建议,依据乌江流域经济与教育发展实际状况,乌江流域四省市政府及教育部门联合制定统一的《中小学办学设施标准》、《中小学标准化学校建设标准》、《中小学校办学条件标准》等地方标准,就中小学校园面积、教学设施、师资状况、班额设置等方面作出标准化规定。

第二,确立薄弱学校由教育部统筹的原则。根据制定的上述标准和学校布局计划,乌江流域各省市核定薄弱学校名单及规模并上报教育部。教育部根据实际情况统筹规划,立项推动薄弱学校建设,统一进行财政拨款。教育部应成为义务教育经费筹集和分配的主体,并根据不同人群和阶层的收入差距,教育部应保证乌江流域低收入人群基本的受教育机会,确保底线公平。

第三,确立薄弱学校地方政府监管原则。各级地方政府要确保教育部拨款专款专用,防止教育腐败发生,确保薄弱学校的正常运行。

(三)鼓励薄弱学校自力更生主动"脱贫"

在推行薄弱学校救助工程过程中,薄弱学校要不等不靠,通过自奋自强推动学校发展也是重要内容之一。一方面,薄弱学校要积极主动,营造良好的发展氛围。薄弱学校要积极取得外部支持,争取政府、教育主管部门的扶持力度,在硬件设施、师资力量与建设、学生来源、升学等方面给予关照,提高学校美誉度;同时要争取政府与社会各界的大力支持,加大投入,形成良好的办校氛围;要联合多方面的力量、建设良好的教育环境。另一方面,树立以人为本的现代教育取向,苦练内功,推动教育质量提升。薄弱学校要深入研究学生,尊重学生,热爱学生,给予学生尊重和人性化的关怀,同时引导学生把做人放在首位,教授做人、明理、自立的基本道理,帮助学生树立良好的世界观和人生观。此外,薄弱学校还要进一步健全内部管理,凝聚人心,提高教职员工的积极性。

四、虚拟家庭建设工程

民族教育学认为:任何一位青少年的成长,都离不开学校教育、社会教育和家庭教育,三者关系密切,缺一不可。家庭教育对于孩子的成长、成才具有不可忽视的作用。

调查发现,随着改革开放的逐步深入推进,乌江流域大量青壮年外出务工,形成了一个数量庞大的打工族群体。这一群体的形成经历了由原先的个别现象到现在的大量出现、由原先的已婚者到现在已婚者和未婚者并存、人数由少变多的发展过程[①]。大量

---

① 王希辉:《打工族与西部民族杂居山区的社会文化变迁——以湖北省恩施土家族苗族自治州小王村为例》,《重庆邮电大学学报(哲学社会科学版)》2007年第4期。

外出务工人员的出现,导致了留守儿童数量的不断攀升,留守儿童家庭教育的严重缺失,给乌江流域的未来发展带来了极大隐患。

在安顺市普定县猫洞乡进行调查时,猫洞乡党委副书记黄朝阳向调查组提供了当地留守儿童的调查情况,深入描述了当地留守儿童因为家庭教育缺失而存在的问题。

木耳小学位于猫洞乡南面,服务范围覆盖木耳、柯托、龙场、抵档四个行政村。这些年来,大量农民工外出务工,孩子基本由亲属带领,形成了大量的留守儿童。这些留守儿童已经由当初的个别现象转变成了一个亟待解决的社会问题。主要表现在以下几个方面。

第一,缺乏抚慰,身心健康令人堪忧。据实地调查显示:70%的父母年均回家不足3次,有的甚至几年才回家1次;近30%的留守儿童很难与父母通话、通信,有的甚至一年难以听到父母的几次声音。由于父母长期外出,留守儿童的情感需求得不到满足,遇到心理问题得不到正常疏导,极大地影响了其身心健康,形成人格扭曲的隐患,导致一部分儿童行为习惯和卫生习惯较差,并且极易产生心理失衡、道德失范、行为失控甚至犯罪的倾向,有的无聊聚集,引发社会治安问题。

第二,学习状况不容乐观。由于留守儿童绝大多数是由爷爷奶奶或者外公外婆代为监护照管,对孩子的教育观念和监护能力令人担忧,绝大多数监护人认为只要孩子能有饭吃就行,读得多少算多少。由于监护人素质不高,学校、家庭、社会三位一体的教育就变成了学校唱独角戏。从实地调查问卷结果中不难看出,留守儿童的学习成绩不容乐观,这背后主要是心理问题干扰及学习自控力较差造成的。农村父母文化程度以小学居多,很难辅导子女功课,80%的教师认为留守儿童自律性较差,以及79%的留守儿童无人督促学习。

第三,监护状况堪忧。监护既是权利,又是义务。结合木耳小学留守儿童实际情况,监护分为:基本监护(照顾被监护人的生活)以及深层监护(对被监护人进行家庭教育)。监护人情况分析:据调查、留守家庭中84.6%,是由爷爷奶奶等隔代亲人照看,15.4%由亲戚代管。尽管82.4%的隔代亲人很高兴照看留守子女,但是由于体力、知识等原因,57.1%的隔代监护人表示"照看孩子感到吃力",85.8%的亲戚表示"不乐意但没办法"或"无所谓只要父母给钱",可见他们对待孩子的态度相当冷漠,大多碍于情面而照顾,我们所接触的大多数留守儿童都是这种情况。沟通是实现家庭教育的前提。而64.4%的监护人直接表示"很少或不与孩子谈心",只有11.3%的留守子女表示"有烦恼的时候和照顾我的人说",同时54.3%的孩子还透露监护人有过罚跪、罚站等家庭暴力行为,可见双方在沟通态度和方式上存在很大问题。在教育态度方面,58.8%的隔代亲人及亲戚表示"只照顾生活,别的不管",只要有所交代就可以了,这说明孩子缺乏必要的家教氛围,无论是爷爷奶奶还是亲戚,对孩子大多局限于吃饱穿暖的浅层关怀,难以尽到对孩子的教育责任。

可见,乌江流域留守儿童问题已成为一个需要解决和应对的实际问题。因此,根据在乌江流域调查的实际以及国内解决留守儿童的成功经验,课题组提出,将乌江流域寄宿制学校发展与留守儿童托管中心建立结合起来,以求探讨解决我国西部民族地区农村留守儿童问题的经验和基本模式。

课题组建议,应该把留守儿童教育问题纳入县级以上政府的政绩考核中,并且要做到以下几点:

第一,建立寄宿制学校与留守儿童托管中心合为一体的寄宿制学校。这种寄宿制学校是目前解决乌江流域农村留守儿童教育难题非常有效的措施之一。各区县在每个乡至少要建立一所包含留守儿童托管中心的寄宿制学校，并从教师编制、经费投入等方面保证学校的正常运转。

第二，政府是农村留守儿童教育工作的主导力量。政府各部门都应该支持包含留守儿童托管中心的寄宿制学校建设，教育、民政要承担主要责任；妇联等群众组织要发挥其优势，在筹措资金、组织校外辅导员等方面多下功夫。建成"留守儿童工作绿色通道"，形成自上而下且分工明确的工作网络保障体系。

第三，要积极为留守儿童创设一个健康成长的环境。如文化局，公安局等职能部门要经常查一查网吧、游戏厅内有无留守儿童，查一查违法犯罪行为的侵害对象有无留守儿童，查一查混迹街面的人群中有无留守儿童。还应建立留守儿童家长花名册、家庭地址、学校班级以级留守儿童家长在外务工的联系方式，地址等。发现问题及时与留守儿童家长联系。

第四，农村中小学校是留守儿童教育工作的基本力量。农村中小学校应设立留守儿童成长档案袋，开设针对留守儿童自立自强教育的课程，开设丰富多彩的课外活动，建好校内图书室，加强对留守儿童的心理辅导。农村中小学班主任和老师要给予留守儿童特别的关爱，强化行为规范的养成训练。

就目前情况看，寄宿制学校与留守儿童托管中心合为一体，主要解决三个问题：一是教师待遇问题，二是经费保障问题，三是日常管理问题。因此，课题组建议：

第一，各区县加大对乌江流域农村寄宿制学校建设的投入力度，确保每所寄宿制学校正常运转的经费支持。

第二，适当增加教师编制。根据中小学生（主要是小学低年级学生)年龄小、生活自理能力差的特点,应按一定比例(课题组调查的数据是 1∶75,但是不能低于 2 名,也就是一男一女)给寄宿制学校配备专门的生活教师和适当数量的后勤人员,并对生活教师和其他相关后勤人员的素质提出相应要求。生活教师的职责不仅仅是照顾学生的饮食起居,还应树立"保教结合"意识,身体力行、言传身教,担负起对学生的教养责任。

同时,还要配备至少一名心理咨询与辅导教师,设立"心理健康咨询室",建立寄宿生心理发展档案。规模比较小的学校也要安排有经验的教师担任心理医生,及时发现和诊治寄宿生出现的心理健康问题,帮助他们解决心理上的困惑。

第三,加强日常管理。学校要依据法律法规制定各种规章制度,作为学校日常管理的重要依据。在学生日常管理上,一是要安排教师全天值班。寄宿生全天都在学校里生活,课余时间多,容易发生安全事故,必须安排教师值班。二是要建立陪护制度。生活指导教师负责处理突发事件等,保证学生夜间安全。三是强化卫生管理。要严格卫生制度,配备好学校医务人员,防止流行性疾病发生。四是办好食堂。学校食堂要办好伙食,注意营养搭配,保证成长发育中学生的营养健康。五是要定期排查安全隐患。对校内外环境定时检查,及时排除隐患。同时还要对学生进行安全知识教育,提高他们的安全意识。

第四,开展丰富多彩、有益身心的活动。学校应从寄宿的特点出发,开展丰富多彩的活动来满足寄宿生的需要。一是晚自习除了完成当天的作业外,可组织学生看电视、读书看报、下棋、进行各种体育比赛等;二是可以根据学生的爱好特长,由专门的教师对学生进行特长培养,如组织艺术团、科普活动小组、各种兴趣小组等;三是开展主题班会、联谊会、道德法制讲座等活动,让寄宿生充分感受到来自学校大家庭的温暖。为此,学校应提供更多适合儿童的读物,并且增加儿童的体育娱乐设施,增添儿童精神上的慰藉及生活上的乐趣。

五、民族职业教育振兴工程

就目前情况看,乌江流域职业教育的主要问题是:鄙薄职业教育的观念比较普遍,职业教育吸引力不强;结构、质量与社会需求不适应;投入不足,办学条件较差;"双师型"教师严重不足;农村职业教育薄弱和行业企业参与积极性不高。课题组认为,要推进乌江流域职业教育发展,培养各种实用型合格人才,就有必要推动职业教育振兴工程。

首先,把民族职业教育提高到维护乌江流域民族团结、社会和谐与经济可持续发展的高度上来认识。发展职业教育是推动乌江流域经济发展、促进就业、改善民生、解决"三农"问题的重要途径之一,是缓解乌江流域劳动力供求结构矛盾的关键环节,必须给予高度重视并加以解决。推动乌江流域职业教育发展对促进少数民族和民族地区经济社会发展,促进各民族共同团结奋斗、共同繁荣发展等都具有重大而深远的特殊意义。

在西部大开发政策的支持下,乌江流域从以农业为主的经济格局逐渐向工业化、信息化、城镇化、市场化、国际化转型,这迫切要求大幅度提高一线劳动者的综合素质,尤其要加快培养技能型人才。同时,为促进就业,改善民生,缓解劳动力供求结构矛盾,解决农业、农村劳动力的素质问题也应大力发展职业教育。

其次,确立职业教育发展的基本原则与主要目标,大力推进职业教育的发展与转型,为乌江流域培养各级各类人才。

第一,确立坚持为乌江流域振兴服务原则。紧紧围绕乌江流域经济发展和社会发展的水电、矿藏、农林、旅游等主导产业、通过资源整合和重点投入等措施,加大专业改革与布局结构调整的力度,培养高级技能型和中级实用型人才,为民族地区和民族经济振兴提供人力支持,全面提升产业质量。

第二,确立坚持为乌江流域农业、农村和农民服务原则。农村职业教育是乌江流域教育事业中的薄弱环节,也是教育发展振兴的重点和难点。因此,要大力改革和发展农村职业教育,加快农村人力资源开发,推进农业和农村经济结构战略性调整,提高农业综合生产能力和可持续发展能力,提高农业的现代化、工业化和城镇化水平,全面繁荣农村经济,稳定增加农民收入,是使乌江流域广大农民过上小康生活的迫切需要,也是逐步实现城市职业教育与农村职业教育均衡发展的需要。

第三,坚持对现有职业教育资源的整合。加大对职业教育院校布局结构及专业调整的力度,打破部门界限和学校类别界限,优化职业教育资源配置,在改革和提高质量上下功夫,盘活现有资源,提高其整体效益。注意区域内职业教育专业的合理分工,实现集约化办学。

在确立以上原则后,利用三到五年时间,在乌江流域基本建成适应社会主义市场经济体制,与市场需求和劳动就业紧密结合,与普通教育相互渗透,初中高等层次衔接、学历教育与培训并举、特色鲜明的现代职业教育体系,为乌江流域经济社会发展培养合格人才。

课题组认为,在具体操作上,要从以下几个方面入手:

第一,创新、改革乌江流域现有职业教育管理和发展模式。

首先,设立"职业教育改革试验区",努力争取开展"升学直通车制度和学历层次再提高"的实验项目。通过"中考"制度改革

（科目对应、分值相等、内容区别），选拔出"职业能力"强的学生到职业高中就读，形成"职业高中"、"高等职业学校"、"应用性本科院校"、"专业学位研究生教育"的直通车教学与升学模式，探索读职业学校也可以正常达到博士学位的路子，为生产一线培养最高层次的人才。

其次，在适应当地经济社会发展需要、具备办学条件的前提下，依照法律法规和相关政策，支持职业学校自主决定招生规模、专业设置、合作办学、学籍管理、教师聘任、教材选用等。推进公办职业学校改革传统办学模式，面向市场办学，以推行"订单式"培养为突破口，创新人才培养模式，激发办学潜力和活力。深化职业学校人事和分配制度改革，实行岗位设置管理和教职工全员聘用制、校长公开招聘及校长任期制。推行学校内部岗位绩效工资制，建立优教优酬、多劳多得、激励与约束统一的分配机制。在坚持教育公益性质的基础上，加大财政对教育的投入，鼓励和支持学校采取"股份合作"、"公办民助"、"项目融资"等多种形式，吸引民间资本和外来资金，促进公办职业教育办学体制、机制改革。

再次，大力支持民办职业教育发展。落实发展民办教育的有关政策，将民办职业教育作为加快职业教育发展、扩大职业教育规模的重要力量，积极鼓励和支持有条件的单位、社会组织和个人举办中等职业学校和职业培训机构。民办中等职业学校在用地和减免市政基础设施配套费、申报重点学科、重点实训基地建设项目，以及评奖、评优等方面享受与公办职业学校同等的待遇。优先扶持一批具备条件的民办中等职业学校，对学校规模和专业设施设备投入达到一定标准、质量良好的民办中等职业学校给予奖励性补助。

最后，深化民族教育教学改革。转变办学思路，重点发展为乌江流域支柱产业、民族经济产业、高新技术产业、新兴服务业、文化产业服务的专业,以及经济社会发展急需和紧缺的其他专业。逐步缩短学制,推行半工半读、跨地域学习、工学交替、分阶段完成学业等职业教育培养、培训新模式。改革以学校和课堂为中心的传统人才培养模式,加强实践环节教学,实行工学结合、校企合作的培养模式。实训教材按照企业的实际操作流程设计,增强职业教育的针对性和适应性。建立企事业单位接收职业学校学生实习的制度。围绕农业、旅游、矿产、建材化工、电力等支柱产业特色产业的发展,结合国家开展数控、计算机、护理、汽修、生物技术、建筑工程等紧缺人才培养培训工程,由省级相关部门、企业集团、行业协会牵头,依托本部门、行业、企业集团、所属职业院校,组建一批职业教育集团。成立一批行业职业教育协调委员会,以集团和行业协会为载体,探索以专业发展为纽带,以校企合作为重点,以提高劳动者素质为目的,优势互补、互利互惠,低投入、高产出的职业教育发展新模式。

第二,实施"职业学校改扩建工程",扩大职业教育规模。加大乌江流域职业学校布局调整力度,进一步规划各级各类职业学校的布局,整合职业教育资源。通过调整合并,优化现有中等职业教育资源,努力建设一批办学条件优越、规模较大、教育教学质量高、社会效益好的职业学校,解决职业教育学校布局分散、办学条件差、规模小、效益低的问题,做大做强中等职业教育,提高办学效益,以适应经济建设和社会发展的需要。加强独立设置的高等职业院校建设,重新规划本科院校举办的高职院校及专业。专科层次高等职业教育院校(含高等职业教育办学点)数量上要有增不减,在地方本科院校集中开办四年制应用性本科层次的高等职业教育。

　　第三,实施"职业教育教师队伍建设工程",提高师资整体水平。首先,为实现职业技术人才的培养数量与质量的倍增,开展以骨干教师为主的全员培训,以双师素质教师培养为重点,建设一支师德高尚、教育观念新、改革意识强、具有较高教学水平和较强实践能力、专兼结合、结构合理的教师队伍。其次,依托乌江流域本地高等学校,建成高等职业学校(院)骨干教师培训基地,以及职业学校教师实训基地。在高校设立职业教育师资班,培养职业教育专职教师,成为职业教育专职教师来源的主渠道。再次,加强在职培训,提高教师的综合业务素质。充分利用各地培训网络,开展新知识、新技术、新工艺、新方法的知识更新的短训,对新增专业课程开发培训、素质培训、现代信息技术等方面进行培训。最后,实施职业学校教师特聘、特岗、特邀计划。聘请行业、企业在职或退休高级技师和技工到中等职业学校任教;在国家实施的"特岗教师计划"中,每年安排一定数量的特岗教师到中等职业学校任教;建立职业教育兼职教师人才储备库,供职业院校选聘使用,实现资源共享,优势互补。

六、民族教育信息现代化工程

　　在乌江流域,如何扩大教育的规模,解决向山区不利人群延伸教育技术以有效缩小贫困山区与发达地区差距? 如何建立一种投入少,见效快,形式多样的教学环境,以便及时地弥补教育资源的不足,适应素质教育的需要? 如何打破"经济落后——教育滞后——经济落后"这种恶性循环的状况,以极低的成本,构建农村家庭教育和社区教育系统,使农民朋友尽快获取脱贫致富的技能? 一句话,乌江流域民族教育如何才能后来居上? 这是课题组密切关注和苦苦思索的问题。

随着社会生活方式、工作方式的不断改变,教育方式和学习方式也在不断的改变,人们在时间和空间上的隔阂正在逐渐被消解。为推动乌江流域民族教育公平发展,使乌江流域也能尽快、尽可能地享受优质教育资源,因此,在借助现代多媒体技术等高科技手段的基础上,课题组建议,应在乌江流域迅速开展教育的信息化、现代化建设,这是发展乌江流域民族教育的一个明智选择。

课题组认为,根据乌江流域的当下实际,推进民族教育信息现代化工程应该是坚持"三步走"战略:一是依托中央远程教育工程试点示范基地、现代远程教育工程的实施架构天网工程;二是大力推动乌江流域计算机教育工程的实施,提高硬件配置水平,广泛开展信息技术教育;三是构建地面网络工程,开发教育综合信息平台,建立乌江流域民族教育综合信息平台,有效引进和整合优秀教育资源。

当前,四省市要密切协作,共同投入建立乌江流域民族教育门户网站,打造乌江流域民族教育网群:以地区教育门户为中心,县(市、区)教育行政部门网站为纽带,各乡镇以上中小学为目标,形式多样、资源共享、数据互通的教育门户网群。

首先,打造全国最大的民族教育资源库,按照"引入国家资源、开发特色资源、购买急需资源、共享上传资源"的资源建设思路,采取引进和自主开发相结合,实现区内区外优质教育资源共享,形成文字、音频、视频等多种媒体形式的优质民族教育资源库。

其次,构建家校互联平台,促进教育的社会化。让优秀的教育资源走进千家万户,促进教育的公平。建立优质资源的个性化空间,建立和丰富教育论坛空间,为优秀教师提供教学交流的个性化空间,为优秀学生提供展示个人才能的免费空间,实现教、学的交流与教育资源的共享。紧紧围绕颁发的《国家中长期教育改革和发展纲要(2010—2020年)，加强系统筹划，以建设数字化教育环境、实现教育信息化为基本目标，以培养创新型人才、提高师生信息素养为根本任务，全面提升教育信息化整体水平和应用程度。教育教学应用是教育技术的基本落脚点，信息技术与课程整合、教育资源共享和网络教研、教师博客、班级主页、家校通等各种各样的教育技术应用是民族教育信息现代化工程的抓手。

此外，基于各种信息技术在教育领域的渗透和应用以及社会经济发展对信息化的迫切需求，教育现代化必然会推动传统教育观念、教育手段、教育方式、教学内容等发生重要变革。通过推动教育信息化和现代化发展，不仅可以使乌江流域民族教育能够分享优质的教育资源，消除在时间、空间上对信息获取的不平等现象，特别能够使边远贫困地区的教育效率，在现有基础上得到成倍的提高，使教育、教学、教学环境、教材、课程以及知识结构在教育化信息的作用下，发生本质的变化，而且还有助于加快知识的更新速度，提高培养学生的思维能力，有利于创造性思维的形成与发展。

调查发现，根据语言和文字使用的情况，乌江流域少数民族主要分为三大类型，一是无本民族语言和文字的少数民族，教学基本使用汉语言、汉文字，教材使用全国统编教材；二是有语言而无本民族文字的少数民族；第三种是有语言有文字的少数民族，这些民族大都使用双语教学，使用民族和全国统编教材。根据这一民族语言文字特点，在推进民族教育信息化、现代化建设过程中，应视其特点，选择不同的环境模式、教学模式和工具模式。

首先，使用汉语言、汉文字和全国统编教材的学校，应尽量与当地普通学校的信息化建设同步，提高优势资源的共享能力，加大人力资源的交流力度。

其次,使用双语授课和使用民族教材的地区与学校就应不断推进教育信息化、更新现代化建设的观念与意识,条件比较好的学校还要加强环境建设、网络建设、设备建设、人才建设以及与教育信息化建设。在此基础上,还应加快民族信息资源的建设,采用引进、制作、协作的形式进行。

最后,乌江流域各级政府部门在推动民族教育信息化、现代化发展过程中也要担负起重要责任。一则要积极开展教育信息化骨干人才的培养,提高教育信息化人才的质量,以满足社会与学校信息化建设的需求。二则还要有选择、有重点地发展适合民族地区的现代远程教育工程。以建立远程教育教学中心和教育电视卫星接收点为重点,实现卫星教育电视的"校校通"。三则要大力推广在乌江流域边远学校使用教学光盘,建立 VCD、DVD 播放点。四则要积极开发、引进、译制适合民族教育信息化建设的教育、教学资源。

由此可见,从执行层面来说,推动乌江流域民族教育的公平发展是一项系统工程,需要政府、社会、学校、家长以及学生等通力合作,各负其责,共同来推进乌江流域民族教育的公平发展,为乌江流域民族地区经济与社会发展、民族团结与和谐贡献力量。

参　考　文　献

（一）论文类

巴战龙、滕星：《人类学·田野工作·教育研究———一个教育人类学家的关怀、经验和信念》，《中南民族大学学报（人文社会科学版）》2004 年第 2 期。

常永才、孟雅君：《中国比较教育研究方法的革新：文化人类学视角》，《比较教育研究》2004 年第 12 期。

常永才：《中国少数民族教育学研究：历史、成就与问题》，《中央民族大学学报（哲学社会科学版）》2000 年第 1 期。

陈时见、朱利霞：《一元与多元：论课程的两难文化选择》，《广西师范大学学报（哲学社会科学版）》2000 年第 2 期。

程东海、胡双喜：《试论课程民族性及其凸显策略》，《中国农业教育》2009 年第 3 期。

褚宏启：《教育现代化进程中的教育传统与教育现代性》，《北京师范大学学报（社会科学版）》2000 年第 3 期。

董有刚：《贵州抗日救亡运动中的民众教育馆》，《贵州文史丛刊》2005 年第 4 期。

费孝通：《关于我国民族的识别问题》，《中国社会科学》1980第 1 期。

冯建军：《教育公正需要什么样的教育平等》，《教育研究》2008 年第 9 期。

付国林:《斯大林民族定义辨析》,《阴山学刊》1994 年第 4 期。

高丙中:《非物质文化遗产:作为整合性的学术概念的成型》,《河南社会科学》,2007 年第 2 期。

耿金声:《论民族教育的概念和民族教育特点》,《民族教育研究》,1991 年第 2 期。

顾明远:《实现教育公平需要政府远见》,《中国教育学刊》2008 年第 2 期。

郭彩琴:《教育公平辨析》,《江苏高教》2002 年第 1 期。

郝时远:《Ethnos(民族)和 Ethnic group(族群)的早期含义与应用》,《民族研究》2002 年第 4 期。

郝时远:《对西方学界有关族群(ethnic group)释义的辨析》,《广西民族学院学报(哲学社会科学版)》2002 年第 4 期。

郝时远:《构建社会主义和谐社会与民族关系》,《民族研究》2005 年第 3 期。

郝时远:《美国等西方国家社会裂变中的"认同群体"与 ethnic group》,《世界民族》2002 年第 4 期。

郝时远:《美国等西方国家应用 ethnic group 的实证分析》,《中南民族学院学报(人文社会科学版)》2002 年第 4 期。

胡萍、周兴茂:《中国民族教育及其学科的历史回顾、成就与展望》,《湖北民族学院学报(哲学社会科学版)》2005 年第 1 期。

金东海、师玉生:《义务教育均衡发展与贫困地区学生就学资助的关联研究》,《西北师大学报》2009 年第 6 期。

劳凯声:《在义务教育阶段建立教育公务员制度的思考》,《中国教育报》2009 年 2 月 12 日。

李东成:《民族教育研究:"九五"回顾与"十五"展望》,《中国民族教育》2001 年第 2 期。

李风圣:《公平与效率研究述评》,《经济问题》1995 年第
3 期。

李俊杰:《我国少数民族科技政策完善与创新研究》,《中南民
族大学学报(人文社会科学版)》2009 年第 5 期。

李良品:《乌江流域历代科举人才的地理分布》,《贵州民族研
究》2004 年第 3 期。

李良品:《乌江流域明代学校教育的发展、特点与深远影响》,
《重庆社会科学》2007 年第 1 期。

李良品:《渝东南民族地区明清官学教育与科举考试》,《西南
民族大学学报(人文社科版)》2003 年第 11 期。

李润洲:《试论教育公平的基本特征》,《教育评论》2002 年第
5 期。

李涛:《公平的基点:中国城乡教育统筹改革的路径思考》,
《辽宁师范大学学报(社会科学版)》2009 年第 3 期。

李振锡:《论斯大林民族定义的重新认识和修改》,《民族研
究》1986 年第 5 期。

刘尧:《教育公平研究综述》,《交通高教研究》2002 年第
4 期。

马雷军:《论多元文化背景下民族教育优惠政策的转型》,《民
族教育研究》2009 年第 6 期。

马戎:《从社会学的视角思考双语教育》,《云南民族大学学报
(哲学社会科学版)》2007 年第 6 期。

马戎:《从王桐龄〈中国民族史〉谈起——我国 30 年代三本
〈中国民族史〉的比较研究》,《北京大学学报((哲学社会科学
版)》2002 年第 3 期。

马戎:《关于"民族"定义》,《云南民族学院学报(哲学社会科学版)》2000 年第 1 期。

马戎:《经济发展中的贫富差距问题——区域差异、职业差异和族群差异》,《北京大学学报(哲学社会科学版)》2009 年第 1 期。

马戎:《理解民族关系的新思路—少数族群问题的"去政治化"》,《北京大学学报(哲学社会科学版)》2004 年第 6 期。

马戎:《民族研究的创新需要坚持实事求是、解放思想》,《西北民族研究》2008 年第 1 期。

马戎:《强化中华民族的"民族意识"》,《人民论坛》2008 年第 14 期。

马戎:《全球化与民族关系研究》,《西北民族研究》2007 年第 4 期。

马戎:《中国各族群之间的结构性差异》,《社会科学战线》2003 年第 4 期。

石中英:《教育公平的主要内涵与社会意义》,《中国教育学刊》2008 年第 3 期。

石中英:《教育公平是社会的基础性公平》,《教育理论与实践》2008 年第 18 期。

谈松华:《"短缺教育"条件下的教育资源供给与配置:公平与效率》,《教育研究》2001 年第 8 期。

谭再琼:《重庆市少数民族地区基础教育问题分析与对策探讨》,西南师范大学 2001 年硕士论文。

谭志松:《武陵地区民族教育的历史与现状》,《湖北民族学院学报(哲学社会科学版)》2005 年第 3 期。

滕星,马效义:《中国高等教育的少数民族优惠政策与教育平等》,《民族研究》2005 年第 5 期。

滕星、巴战龙:《从书斋到田野——谈教育研究的人类学范式》,《西北师大学报(社会科学版)》2005 年第 1 期。

滕星、彭亚华:《20 世纪 80 年代后的中国民族教育研究发展综述》,《中央民族大学学报(哲学社会科学版)》2007 年第 2 期。

滕星、苏红:《多元文化社会与多元一体化教育》,《民族教育研究》1997 年第 1 期。

滕星、张俊豪:《试论民族学校的民族认同与国家认同》,《中南民族学院学报(人文社会科学版)》1997 年第 4 期。

滕星:《关于民族教育与民族教育研究》,《中央民族大学学报(哲学社会科学版)》1988 年第 1 期。

滕星:《凉山彝族社区学校实施彝汉双语教育的必要性》,《民族教育研究》,2000 年第 1 期。

滕星:《民族地区人口素质、经济和基础教育现状、发展途径》,《民族教育研究》1992 年第 3 期。

滕星:《问题与困境——西部偏远贫困地区的少数民族基础教育》,《中国教师》2003 年第 5 期。

滕星:《应在贫困地区实施免费义务教育》,《求是》2003 年第 19 期。

滕星:《中国民族教育学的产生与发展》,《民族教育研究》1999 年第 1 期。

滕星:《中国少数民族教育学概论综述》,《民族教育研究》1991 年 1 期。

王鉴:《关于民族教育学的几个理论问题》,《西北师大学报(社会科学版)》2005 年第 1 期。

王鉴:《简论民族教育的概念及其本质》,《西北师大学报(社会科学版)》1994 年第 2 期。

王鉴:《我国民族教育现状、经验、展望》,《民族教育研究》1994 年第 4 期。

王铁志:《浅谈少数民族教育及其特点》,《民族教育研究》1989 年 6 期。

王希辉:《论乌江流域少数民族文化的开发与保护》,《黑龙江民族丛刊》,2008 年第 4 期。

肖建彬:《论教育公平研究中的若干理论问题》,《西北师大学报(社会科学版)》2003 年第 3 期。

徐杰舜:《再论族群与民族》,《西北第二民族学院学报(哲学社会科学版)》2008 年第 2 期。

杨东平:《从权利平等到机会均等——新中国教育公平的轨迹》,《北京大学教育评论》2006 年第 2 期。

杨东平:《对建国以来我国教育公平问题的回顾和反思》,《北京理工大学学报(社会科学版)》2000 年第 4 期。

杨东平:《正视教育公平》,《教育参考》2001 年第 4 期。

张羽琼:《论明代贵州书院的发展》,《贵州社会科学》2002 年第 5 期。

张羽琼:《论清代贵州社学的发展与衰亡》,《贵州师范大学学报(社会科学版)》2002 年第 2 期。

赵世超、司晓宏:《关于在西部建立教师特殊津贴制度的思考与建议》,《教育研究》2002 年第 5 期。

(二)著作类

[德]康德:《道德形而上学基础》,唐钺译,商务印书馆 1959 年版。

[法]卢梭:《爱弥儿》,李平沤译,商务印书馆1991年版。

[捷克]夸美纽斯:《大教学论》,傅任敢译,人民教育出版社1957年版。

[美]罗尔斯:《正义论》,何怀宏译,中国科学出版社1988年版。

[美]萨托利:《民主新论》,冯克列等译,东方出版社2000年版。

[美]斯潘诺斯:《教育的终结》,王成兵等译,江苏人民出版社2006年版。

[英]哈耶克:《自由秩序原理》,邓正来译,三联书店1997年版。

[美]阿瑟·奥肯:《平等与效率—重大的抉择》,王奔洲等译,华夏出版社1987年版。

[意]卡洛·M.齐波拉:《欧洲经济史》第2卷,张菁译,商务印书馆1988年版。

安方明:《社会转型与教育改革》,社会科学文献出版社2006年版。

陈桂生等:《教育理论的性质与研究取向》,华东师大出版社2006年版。

陈红涛:《中国民族教育模式研究》,四川科技出版社2002年版。

陈涛等:《贵州民族教育调查》,中央民族学院出版社1990年版。

陈玉屏:《民族教育研究》,四川民族出版社2003年版。

段超:《土家族文化史》,民族出版社2000年版。

范明:《高等教育与经济协调发展》,社会科学文献出版社

2006 年版。

冯建军:《教育公正——政治哲学的视角》,福建教育出版社
2008 年版。

高书国:《中国城乡教育转型模式》,北京师范大学出版社
2006 年版。

耿金声等:《中国少数民族教育史》,吉林教育出版社 1994
年版。

管维良:《巴族史》,天地出版社 1996 年版。

贵阳市地方志编纂委员会:《贵阳市志·教育志》,贵州人民
出版 1991 年版。

贵州教育志编纂办公室:《贵州教育年鉴》(1949—1984),贵
州人民出版社 1986 年版。

贵州省毕节地区地方志编纂委员会:《毕节地区志·教育
志》,贵州人民出版社 1994 年版。

贵州省地方志编纂委员会:《贵州省志·教育志》,贵州人民
出版社 1990 年版。

贵州省统计局、国家统计局贵州调查总队:《贵州改革开放 30
年》,中国统计出版社 2009 年版。

贵州省遵义市地方志编纂委员会:《遵义地区志·教育志》,
贵州人民出版社 2002 年版。

郭彩琴:《教育公平论》,中国矿业大学出版社 2004 年版。

哈经雄等:《民族教育学通论》,教育科学出版社 2001 年版。

黄健民:《乌江流域研究》,中国科学技术出版社 2007 年版。

黄林芳:《教育发展机制论》,上海财经大学出版社 2006
年版。

黄仕清:《土家族地区教育问题研究》,民族出版社 2003

年版。

金东海:《少数民族教育政策研究》,甘肃教育出版社 2002年版。

孔令中:《贵州教育史》,贵州教育出版社 2004 年版。

李国钧等:《中国教育制度通史》,山东教育出版社 2000年版。

李良品、莫代山、祝国超:《乌江流域民族史》,重庆出版社2009 年版。

李廷贵等:《贵州民族教育概论》,贵州人民出版社 1991年版。

李文华、陈永孝等编著:《流域开发与管理》,贵州人民出版社1988 年版。

李兴国:《贵州民族教育研究》,贵州教育出版社 2000 年版。

联合国教科文组织国际教育发展委员会编:《学会生存——教育世界的今天和明天》,教育科学出版社 1996 年版。

廖其发等:《中国农村教育问题研究》,四川教育出版社 2006年版。

刘英杰:《中国教育大事典》,浙江教育出版社 2001 年版。

龙子建、田万振等:《湖北苗族》,民族出版社 1999 年版。

罗廷华:《贵州苗族教育研究》,贵州民族出版 2000 年版。

马和平、高旭平:《教育社会学研究》,上海教育出版社 1998年版。

彭英明:《土家族文化通志新编》,民族出版社 2001 年版。

冉苒:《教育探索与思考》,贵州民族出版社 1999 年版。

世界银行、联合国教科文组织高等教育与社会特别工作组编:《发展中国家的高等教育:危机与出路》,教育科学出版社 2001

年版。

孙培青:《中国教育史》,华东师范大学出版社 2009 年版。

孙若穷、滕星等:《中国少数民族教育学通论》,中国劳动出版社 1994 年版。

谭志松:《武陵地区民族教育理论与实践》,民族出版社 2005 年版。

谭志松:《武陵地区民族教育历史与现状》,民族出版社 2005 年版。

滕星:《20 世纪中国少数民族教育理论、政策与实践》,民族出版社 2002 年版。

汪育江编著:《乌江流域考察记》,贵州科技出版社 2000 年版。

王海明:《公正平等人道——社会治理的道德原则体系》,北京大学出版社 2000 年版。

王军、董燕主编:《民族文化传承与教育》,中央民族大学出版社 2007 年版。

王军:《文化传承与教育选择——中国少数民族高等教育的人类学透视》,民族出版社 2002 年版。

王锡宏:《中国少数民族教育本体理论研究》,民族出版社 1998 年版。

王正平:《教育伦理学》,上海人民出版社 1988 年版。

邬志辉:《当代教育改革实践与反思》,东北师范大学出版社 2006 年版。

吴洪成:《中国西南古代教育史》,西南师范大学出版社 1998 年版。

吴明海:《中外民族教育政策史纲》,中央民族大学出版 2006

年版。

吴永章:《湖北民族史》,华中理工大学出版社1990年版。

夏铸等:《中国民族教育五十年》,红旗出版社1999年版。

项蕾:《贫困地区教育与经济发展研究》,贵州教育出版社2003年版。

谢启晃:《中国少数民族教育史纲》,广西人民出版社1989年版。

谢维和等:《中国的教育公平与教育发展(1990—2005)——关于教育公平的一种新的理论假设及其初步证明》,教育科学出版2008年版。

熊明安:《中华民国教育史》,重庆出版社1990年版。

熊明安等:《四川教育史稿》,成四川教育出版社1993年版。

张楚廷:《教育哲学》,教育科学出版社2006年版。

张诗亚:《西南民族文化教育溯源》,西南师范大学出版社1994年版。

张铁道:《中国西部少数民族儿童教育质量与效益研究》,甘肃文化出版2003年版。

张学敏:《贫困与义务》,西南师范大学出版社2002年版。

张羽琼:《贵州古代教育史》,贵州教育出版社2002年版。

赵安君:《民族教育与民族经济》,辽宁大学出版社1994年版。

中国教育年鉴编辑部:《中国教育年鉴·2002》,人民教育出版社2002年版。

重庆市人民政府办公厅、重庆市人民政府发展研究中心、重庆市社会科学院:《1978—2008:历史丰碑——中国重庆改革开放三十周年纪实》,重庆出版社2008年版。

后　记

　　本书是 2007 年度全国哲学社会科学规划西部项目《教育公平与乌江流域民族教育发展研究》(项目编号:07XMZ030)最终研究成果。

　　乌江流域是位于我国西南地区的重要少数民族聚居地区。千百年来,苗族、土家族、彝族、布依族、仡佬族、侗族、水族等少数民族及其先民在这片土地上繁衍生息,辛勤劳动,创造了丰富的人类文明成果。新中国成立尤其是改革开放以来,乌江流域经济社会发展取得了很大成就,各族人民的生产、生活水平都有了迅速提高,社会面貌也焕然一新。但是,乌江流域仍然没有摆脱"老、少、边、穷"的帽子,经济发展还较为落后,社会发育程度不高,民族教育发展不公平问题还比较突出。

　　鉴于此,伴随着对民族教育公平问题的追索和探求,我们以《教育公平与乌江流域民族教育发展研究》为题申报了 2007 年度全国哲学社会科学规划项目并获准立项。经过课题组近四年的调查研究,2010 年 10 月课题组向全国哲学社会规划办公室提交项目材料申请结项,2011 年 1 月国家社科基金年度项目成果鉴定等级公告发布,本课题正式圆满完成调查与研究工作,正式结项。

　　本课题的研究思路和思想观点,是在西南大学靳玉乐教授、朱德全教授指导下,由课题主持人彭寿清教授提出,具体的调查与研究工作由彭寿清、于海洪、冉隆锋、张大友、王希辉、邱德雄、熊正贤和雷继红完成,此外,王元涛、王道福分别负责完成了乌江流域留守儿童教育、乌江流域职业教育发展等两个专题的研究工作。

在近四年的调查与研究工作中,课题组得到了乌江流域相关省(市)、区(县、自治县、市)有关部门的大力支持与帮助,尤其是贵州省教育厅、重庆市教育委员会、松桃苗族自治县民族宗教事务委员会、松桃苗族自治县党委办、松桃苗族自治县盘石镇镇政府等、秀山土家族苗族自治县民族宗教事务委员会、酉阳土家族苗族自治县民族宗教事务委员会、黔江区民族宗教事务委员会、彭水苗族土家族自治县民族宗教事务委员会、湖北省恩施土家族苗族自治州教育委员会、恩施土家族苗族自治州民族宗教事务委员会、恩施市教育局、恩施市芭蕉侗族乡政府、利川市教育局、咸丰县教育局等单位为本课题的调查与研究给予了无私帮助,在此表示真诚感谢!

同时,乌江流域有关学校也给予了课题组无私的帮助。湖北民族学院、贵州师范大学、贵州民族学院、遵义师范学院、铜仁学院、重庆工贸职业技术学院等有关院校以及湖北省恩施市三岔乡茅坝小学、重庆市酉阳县民族完小、贵州省务川民族高中和务川中学、贵州省松桃苗族自治县盘石镇民族小学校以及其他学校等都为课题组调查与研究提供了大量一手资料,给课题组的实地考察提供了无私帮助和支持。

本书整体框架由彭寿清、于海洪、冉隆锋、张大友、王希辉集体讨论提出,然后分章节完成了初稿的撰写任务。最后,彭寿清对最终成果进行统稿,王希辉负责了最终成果的校对工作。

在书稿即将出版之际,课题组对大家给予的帮助与无私奉献,一并表示真诚谢意! 同时也对人民出版社编辑同志的辛勤劳动表示真诚感谢!

　　乌江流域民族教育的公平发展问题纷繁复杂,在研究期间使用了大量的内部数据和不宜公开的案例,在送审过程中是以附录形式系统列出的,在公开出版时,对附录进行了加工,只选取少部分内容放到了正文中,删除了近10万字的附录,可能给读者带来不便,请谅解为盼。

　　因时间、人力和水平所限,书中存在不足甚至是错误将在所难免,敬请专家、学者批评指正。